司法鉴定 Expert Testimony
300个实用问题与真实案例

福建天泽司法鉴定所 / 编

人民法院出版社

图书在版编目（CIP）数据

司法鉴定300个实用问题与真实案例／福建天泽司法鉴定所编．
—北京：人民法院出版社，2018.6
ISBN 978－7－5109－2172－8

Ⅰ.①司…　Ⅱ.①福…　Ⅲ.①司法鉴定—问题解答　Ⅳ.①D918.9－44

中国版本图书馆CIP数据核字（2018）第112776号

司法鉴定300个实用问题与真实案例

福建天泽司法鉴定所　编

责任编辑　李安尼　**执行编辑**　赵芳慧
出版发行　人民法院出版社
地　　址　北京市东城区东交民巷27号（100745）
电　　话　（010）67550579（责任编辑）　67550558（发行部查询）
65223677（读者服务部）
客服QQ　2092078039
网　　址　http://www.courtbook.com.cn
E－mail　courtpress@sohu.com
印　　刷　三河市国英印务有限公司
经　　销　新华书店

开　　本　787×1092毫米　1/16
字　　数　440千字
印　　张　24.75
版　　次　2018年6月第1版　2025年6月第3次印刷
书　　号　ISBN 978－7－5109－2172－8
定　　价　78.00元

司法鉴定300个实用问题与真实案例

编委会

主　　编：俞裕钦

副 主 编：董淑莹　钟泽欢

编　　委：上官稳发　林启航　龚炳华　吴　耀
吴金椿　林　莉　施亚锦　甘　培
俞雯馨

编写人员：李志强　林美晖　刘汐龙　吴祖容
陈开愿　吴立善　王　盼　汪　增
李原春　欧雅君　潘　晶　杨美娟

序

一年前，福建天泽司法鉴定所俞裕钦所长开始酝酿写一本书，要我作序。因为工作忙，一直没动笔。

2018年1月16日，俞裕钦所长送来初稿，我眼睛为之一亮。

看了即将在人民法院出版社出版的《司法鉴定300个实用问题与真实案例》，我油然对本书作者产生三个感觉：对事业的追求、对知识的探索和对鉴定的理解。

对事业的追求。通常，司法鉴定工作有三种态度：一是把工作当作事业，二是把工作当作职业，三是把工作当作副业。把工作当作事业，是一种责任恪守与精神境界，是有内涵、有操守的价值追求，有标尺、有责任的品格魅力。把工作当作职业，是谋生糊口。把工作当作副业，则是混事混职。《司法鉴定300个实用问题与真实案例》一书的作者是一群“把工作当作事业”的集体。该书可以反映集体协作的精神，也有实效创新的效果。这就是我所寻找的，在当下浮躁的背景下，实属难得。

对知识的探索。所谓“知识”，可以是关于理论的，也可以是关于实践的。在哲学中，关于知识的研究叫认识论，知识的获取涉及感觉、交流、推理。知识具有一致性、公允性，判断真伪要以逻辑，而非立场。《司法鉴定300个实用问题与真实案例》一书的作者，有刻苦钻研的态度，有理论实践的结合。他们把工作中遇到的司法鉴定案例，加以归纳、总结，不断拓宽视野，更新结构，提高鉴定水平，探索内在规律。这些可以在《司法鉴定300个实用问题与真实案例》一书中看到。而这些也是司法鉴定人所孜孜以求的。我认为，在一定程度上，作者达到了此目的。

对鉴定的理解。司法鉴定是指在诉讼过程中，对案件中的专门性问题，由司法机关或当事人委托法定鉴定单位，运用专业知识和技术，依照法定程序作出鉴别和判断的一种活动。鉴定意见是诉讼中一项重要的证据种类，司法鉴定工作与诉讼进程、诉讼结果关系密切。《司法鉴定300个实用问题与真实案例》一书紧紧围绕以审判为中心的诉讼制度改革，端正态度，摆正位置，强化鉴定人的责任意识，提高鉴定意见的公正性、准确性，接受人民法院质询和出庭作证。这些在《司法鉴定300个实用问题与真实案例》中都有所反映。

看了《司法鉴定300个实用问题与真实案例》这本书，您一定会和我一样产生良好感觉，同时还会对作者的辛勤劳动产生由衷敬意。

这就是我要为《司法鉴定300个实用问题与真实案例》作序的原因。

我认为它值得一看，也乐意推荐给广大读者。

我在福建省高级人民法院司法鉴定管理部门工作了30多年，也出了一些专业书籍。但像《司法鉴定300个实用问题与真实案例》这样的参考工具书，还没出过。该书语言朴实简练，问答切题易懂，案例具体可靠，理论与实践结合，实用价值颇高，非常适合于基层法官、检察官、警官和律师阅读，也适合从事法医病理、法医临床、物证鉴定、DNA鉴定、工伤伤残、医疗损害、交通事故、海事物证、工程质量、工程事故原因、工程造价以及环保业、保险业、劳动仲裁、公证人员、司法调解人员阅读。

这是个伟大的时代，这是个变革的时代，这是个创新的时代，但未来的成功者不止于技术，而在于技术背后的行动。未来已来，就在当下。福建天泽司法鉴定所俞裕钦所长告诉我，他们要面向未来，迎接挑战！

“吹灭读书灯，一身都是月。”天泽人正以饱满的热情投入到司法鉴定工作和学术交流活动中去，相信会取得更大的进步！

很高兴看到人民法院出版社适时出版《司法鉴定300个实用问题与真实案例》，特此作序。

黄瑞亭　写于福州

2018年1月16日

前　言

福建天泽司法鉴定所是一家开展综合性业务的司法鉴定机构。鉴定范围主要有建筑工程、海事物证、法医临床、法医病理、法医物证等司法鉴定。自2012年年底审批成立以来，受理和办结了许多关于建筑工程、海事物证的司法鉴定案例。在鉴定过程中，我所常常会遇到当事人、法官、律师咨询各类问题，有政策性、法规性、技术性等问题，而且很多问题会被经常性地重复提出。我所从2014年开始将经典案例汇编成册，编辑出版了自有版权的《司法鉴定案例》期刊，并定期刊出。期刊中主要收集了关于邻里建房纠纷、楼层漏水、联排房屋建设影响、施工爆破影响、工程事故原因、建筑工程质量、工程造价纠纷、加固修复费用等鉴定案例，海事物证和法医类司法鉴定案例。刊物发行后，受到广大法官和律师的认可与赞赏，同时建议我们整理、汇编、出版，这个建议与我所的想法不谋而合。加之建筑工程和海事物证司法鉴定一直没有规范的参考工具书，其鉴定范围、技术规范、鉴定手段、出庭质证仍在不断完善中。基于此想法，我所编辑了这本建筑工程和海事物证方面的工具书，为大家答疑解惑！同时也希望这本《司法鉴定300个实用问题与真实案例》能为法官和律师们办案提供参考与帮助，给司法鉴定同行们提供借鉴。

司法鉴定学是一门综合性很强的科学，它是社会科学和自然科学的有机结合，有法医类学科、声像资料类学科、物证类学科、环境损害类学科、建筑工程司法鉴定学科等。建筑工程司法鉴定又称为“工程法医”，是一门学科。“工程法医”与法医在法律地位、社会作用、工作模式、技术原理、文书规范等许多方面都相同，几乎是对称分布。“工程法医”与工程建筑都用建筑学理论，前者鉴定工程危险等级、事故原因，后者把工程建设从无到有、从小到大；“工程法医”与工程检测都用检测仪器，前者为司法鉴定，仅在出现工程质量纠纷无法协商解决时进行，后者为法定检测，所有工程都要进行（强制性）；“工程法医”与工程造价咨询都用清单或定额计价，前者用于工程造价纠纷鉴定，采用仪器现场勘验工程量为主，后者用于工程预算、决算、审核，纸质资料为主。总之，前者是异常情况案件少、项目待定、平台技术、综合资质；后者是正常情况数量多、项目确定、分工明细、专业资质。“工程法医”在建筑工程司法鉴定中发挥着重要作用，它是解决我国建筑工程司法纠纷的必要手段。谈到司法鉴定，大多数人脑海里立刻浮现的是法医临床、法医病理和法医物证这些常规的鉴定项目，但对于建筑工程和海事物证司法鉴定等其他类鉴定感觉既陌生又好奇。然而，这些其他类的司法鉴定实际上与我们的生活息息相关、安危相连。

随着我国房地产的蓬勃发展，建筑工程纠纷案件“井喷”，各种建筑工程质量问题层出不穷。工程事故的原因主要有：材料、地基基础、地勘、设计、技术、设备、施工工艺、天气、周围环境、劳动态度、人为破坏等因素。当某一因素发生时，就需要我们“工程法医”用科学的技术手段、严谨的鉴定方法来解析问题症结所在，查找工程事故产生的原因，分析其原因存在的客观性、可能性、合理性和科学性，目的就是为广大法官和律师们提供一份专业权威的鉴定意见。

全书共分为六章，即：司法鉴定一般性问题解答、建筑工程司法鉴定问题解答、海事物证司法鉴定问题解答、法医类司法鉴定问题解答、司法鉴定委托注意事项、司法鉴定100例。前面五章主要针对司法鉴定一般性问题、建筑工程、海事物证、法医临床、病理、物证的法律法规、鉴定范围、鉴定标准、政策性、技术性、委托注意事项等常见性问题做了归纳、整理汇聚成200道，并作出相应解答；第六章则精选了我所办结的具有代表性的司法鉴定100例，配备原版照片600多张，占据全书篇幅的一半。可供读者参考，深刻理解司法鉴定的内涵与外延。

最后，本书在编辑时得到了福建省司法厅领导、司法鉴定与司法考试处、法规与行政审批处、平潭综合实验区司法办公室的大力支持；得到了福建省高级人民法院主任法医师、硕士生导师、司法鉴定科学研究院研究员黄瑞亭教授的指点和编审；得到了福建省司法厅黄世华主任的指正；得到了江西赣安司法鉴定中心钟泽欢主任的审阅；同时，也得到了广大不愿意署名的法官和律师们的雅正；在此我们对他们的无私付出表示最衷心的感谢！福建天泽司法鉴定所独立出书尚属首次，请大家批评指正，非常感谢！我们将不忘初心，砥砺前行！

内 容 提 要

全书共分六章。第一章司法鉴定一般性问题，共33道，解答司法鉴定的定义、鉴定范围、司法鉴定机构、司法鉴定人、收费、出庭质证等一般性法律法规的问题。第二章建筑工程司法鉴定问题，共66道，解答建筑工程司法鉴定的基本概念、工程事故原因分析、工程质量评定、工程造价纠纷司法鉴定等问题。重点提示司法行政管理机关审批的鉴定机构与市场监督管理局注册的带有行业行政管理机关审批的建筑类有限公司有本质性的区别。第三章海事物证司法鉴定问题，共57道，解答鉴定范围、海事物证特色的司法鉴定问题。第四章法医类司法鉴定问题，共27道，解答法医临床、法医病理、法医物证等司法鉴定有关问题。第五章司法鉴定委托注意事项，共17道，从鉴定机构的角度出发，让委托方如何精准委托达到省时、省力、省钱的目的。合计200道问题解答。第六章精选我所已经结案并且被委托方采信的司法鉴定100例，其中，建筑工程司法鉴定71例、海事物证司法鉴定23例和法医类司法鉴定6例。几乎涵盖了可能涉及司法鉴定的各种类型，相信委托方都可以对号入座。

目 录

第一章　司法鉴定一般性问题解答

问题1：福建省关于司法鉴定的管理依据有哪些?

答：福建省司法鉴定的管理依据主要有以下几条：（1）2005年《全国人民代表大会常务委员会关于司法鉴定管理问题的决定》，这是根本依据；（2）司法部制定的《司法鉴定机构登记管理办法》和《司法鉴定人登记管理办法》，这两个文件是管理的基本依据；（3）2016年经过修改的《司法鉴定程序通则》是司法鉴定机构、司法鉴定人执业的基本依据；（4）福建省人大常委会于2014年9月26日通过的《福建省司法鉴定管理条例》是福建省登记管理和司法鉴定管理的重要依据。

问题2：何为司法鉴定?

答：根据《全国人民代表大会常务委员会关于司法鉴定管理问题的决定》，司法鉴定是指在诉讼活动中鉴定人运用科学技术或者专门知识对诉讼涉及的专门性问题进行鉴别和判断并提供鉴定意见的活动。

〔释义〕本条是关于司法鉴定概念的规定。

司法鉴定通常也称为鉴定，在诉讼活动中，司法鉴定是查明案件事实的一种重要方法和手段，随着科学技术的不断进步，其在诉讼中的作用也越来越重要。为了有利于明确本决定的调整范围，本条特对司法鉴定的概念作了规定。根据本条规定，司法鉴定的概念主要包括以下几层意思：

第一，司法鉴定是在诉讼活动中进行的，是一项涉及诉讼的活动。本决定之所以将诉讼法中的“鉴定”称为“司法鉴定”，并不是鉴定活动本身具有司法职能，而是因为鉴定是在司法诉讼活动中进行的。在现实生活和工作中，需要运用科学技术或者专门知识进行鉴别和判断的问题很多，但这类活动不一定都属于本条规定的司法鉴定。只有在诉讼活动中对案件的某些专门性问题进行鉴别和判断的活动，才属于本条规定的司法鉴定，由本决定加以调整。我国的诉讼活动，包括刑事诉讼、民事诉讼、行政诉讼三种。因此，本条规定的“在诉讼活动中”，就是指在刑事、民事、行政三种诉讼活动中。

第二，司法鉴定的主体是鉴定人。本条规定的“鉴定人”，是指在诉讼活动中，依法接受委托对诉讼涉及的专门性问题进行鉴别和判断并提供鉴定意见的人。鉴定人不属于司法工作人员，而是一种特殊的证人，有的国家的法律将鉴定人称为“专家证人”。作为一种特殊的证人，鉴定人有依法就提供的鉴定意见出庭作证的义务。根据有关法律规定，鉴定人必须具有解决相关诉讼涉及的专门性问题所必需的科学技术或者专门知识。实践中应当注意的是，不能把鉴定机构等同于鉴定人。鉴定机构是由一定人数的鉴定人组成的组织，鉴定机构接受当事人或有关部门委托进行鉴定的，应当指派鉴定人进行鉴定，鉴定意见应由具体从事鉴定的人员对鉴定意见签名。

第三，司法鉴定的目的是为了解决诉讼涉及的专门性问题。依照我国有关法律规定，对于诉讼涉及的专门性问题，需要进行鉴定的，应当依法进行鉴定。《刑事诉讼法》第144条规定：“为了查明案情，需要解决案件中某些专门性问题的时候，应当指派、聘请有专门知识的人进行鉴定。”《民事诉讼法》第76条规定：“当事人可以就查明事实的专门性问题向人民法院申请鉴定。当事人申请鉴定的，由双方当事人协商确定具备资格的鉴定人；协商不成的，由人民法院指定。当事人未申请鉴定，人民法院对专门性问题认为需要鉴定的，应当委托具备资格的鉴定人进行鉴定。”

可见，司法鉴定的目的就是为了解决诉讼涉及的专门性问题。本条规定的“诉讼涉及的专门性问题”，是指在刑事、民事、行政诉讼中，属于案件证明对象范围内的事项，如血型的确定，精神疾病的认定等，仅凭侦查人员、检察人员或者审判人员的直观、直觉或者逻辑推理还是无法作出肯定或者否定的判断，必须依法运用科学技术手段或者专门知识进行鉴别和判断才能得出正确的结论。诉讼涉及的专门性问题是一个外延很广泛的概念，对于具体哪些事项属于诉讼涉及的专门性问题，诉讼法及本决定都没有明确规定，由案件的具体情况决定。有的案件不存在专门性问题，就不需要进行鉴定；有的案件比较复杂，可能要进行多项鉴定。

第四，司法鉴定的方法是运用科学技术或者专门知识进行鉴别和判断。司法鉴定是诉讼活动中一项重要的调查取证活动，由于在诉讼活动中有些问题不是能够凭着直观、直觉或逻辑推理直接认识和判断的，因此必须借助于科学技术或者专门知识进行鉴别和判断。本条规定的“科学技术”，是指人类在利用自然和改造自然过程中形成的反映自然、社会、思维等客观规律的知识体系。所谓“专门知识”，是指人们在某一领域的生产劳动及实践中积累起来的知识经验。一个司法鉴定问题有时需要由许多跨学科的专家参与研讨才能获得客观、公正、科学的鉴定意见。第六章案例中，许多鉴定问题都采用了跨学科的“专门知识”。司法鉴定技术应该是平台技术，集专家智慧，解鉴定难题。

第五，鉴定人应当提供鉴定意见。鉴定人在完成鉴定工作后，应当依照法律规定的要求，向委托人提供本人签名的书面鉴定意见。本条规定的“鉴定意见”，是指鉴定人在运用科学技术或者专门知识对诉讼中涉及的专门性问题进行鉴别和判断的基础上，给出的结论性意见。鉴定意见作为鉴定人个人的认识和判断，表达的只是鉴定人个人的意见，对整个案件来说，鉴定意见只是诸多证据中的一种证据，审判人员应当结合案件的全部证据，加以综合审查判断，从而正确认定案件事实，作出正确判决。但在当前司法实践中，由于对鉴定意见的本质特征缺乏必要的知识，一些审判人员往往对鉴定意见不加分析判断，不对鉴定意见进行必要的质证和审查，在审判中盲目地予以认定，导致审判受制于鉴定，“打官司”变成了“打鉴定”，在诉讼中出现了不少问题。特别是在一个案件中对某一事项有多种不同鉴定意见的情况下，审判人员往往以鉴定人员的学历高低、资历深浅，或者鉴定机构的级别来决定对鉴定意见的取舍，而忽视通过对每个鉴定人进行质证，进而审查其鉴定意见的科学性、可靠性，从中选择正确的鉴定意见。

问题3：司法鉴定范围有哪些?

答：包括法医类、物证类、声像资料鉴定、环境损害类以及根据诉讼需要由国务院司法行政部门商最高法、最高检确定的其他应当对鉴定人和鉴定机构实行登记管理的鉴定事项。

鉴定单位接受对外委托的业务一般有如下类别：（1）法医类鉴定包括法医病理鉴定、法医临床鉴定、法医精神病鉴定、法医物证鉴定和法医毒物鉴定；（2）物证类鉴定包括文书鉴定、痕迹鉴定和微量鉴定；（3）声像资料类鉴定；（4）环境损害类司法鉴定包括环境监测司法鉴定、空气污染、水质污染、土壤污染、重金属污染等；（5）建筑工程司法鉴定；（6）海事物证司法鉴定包括船舶、码头、水上设施设备、水产养殖、水岸堤坝、水流泥沙等鉴定；（7）工程造价司法鉴定；（8）会计司法鉴定；（9）知识产权司法鉴定；（10）税务司法鉴定；（11）农业司法鉴定；（12）资产评估司法鉴定；（13）计算机司法鉴定；（14）产品质量司法鉴定；（15）枪弹痕迹司法鉴定等。

1. 法医类鉴定

法医鉴定是司法程序中有关技术工作的一项重要内容，包括法医病理鉴定、法医临床鉴定、法医精神病鉴定、法医物证鉴定和法医毒物鉴定，是运用医学、生物学、人类学及物理、化学等方面的知识对与人身有关的活体、尸体及生物物证等的检验鉴定工作，从而取得死亡原因、伤害程度、凶器种类、血型分析、事实确认等结论性意见。法医鉴定意见是三大诉讼法的重要证据种类，由于其与人身密切相关，决定了法医鉴定在诉讼和非诉讼活动中具有十分重要的意义。它是查明案件事实，分清案件性质的重要根据，同时又是鉴别案内其他证据是否真实的重要手段。可以说，法医鉴定工作的好坏在一定程度上影响着司法公正与否。正如同国家的法制制度分为司法权、立法权、行政权一样，相应地法医鉴定也正在逐步走向司法鉴定、立法鉴定、行政鉴定三大领域。

（1）法医病理鉴定。

法医病理鉴定俗称尸体鉴定。参考目前国内的有关规定，法医病理鉴定，是指运用法医病理学的理论和技术，通过尸体外表检查、尸体解剖检验、组织切片观察、毒物分析和书证审查等，对涉及与法律有关的医学问题进行鉴定或推断。包括死亡原因鉴定、死亡方式鉴定、死亡时间推断、致伤（死）物认定、生前伤与死后伤鉴别等。

《刑事诉讼法》第129条规定：“对于死因不明的尸体，公安机关有权决定解剖，并且通知死者家属到场。”《刑事案件现场勘查规则》规定：“勘验有尸体的现场，必须有法医参加，尸体检验要求做到：详细检查死者的衣着情况，尸体的外表现象以及伤痕的形状、大小和位置；根据需要，捺印十指指纹和掌纹，提取血、尿、胃内容等；对无名尸体的相貌特征，生理、病理特征，以及衣着、携带物品和尸体包装物的特征，进行细致检查，详细记载，并一律捺印十指指纹和掌纹。”

法医病理鉴定主要涉及以下内容：

①确定死亡原因，主要在于确定自然死亡（病死或老死）还是非自然死亡（暴力死亡），在同时存在损伤与疾病时，要分析损伤、疾病与死亡的关系，对于存在几种致命性损伤，应确定主要死因，以便澄清谁应负主要致死责任。

②判定致死方式，即判定是他杀、自杀还是意外死亡，判定致死方式要比确定死亡原因复杂，常须结合现场勘验和案情调查进行全面分析，然后做出判断。

③推断死亡时间，是指人死后到尸体检验的时间，推定死亡时间有助于侦查范围的确定，主要根据尸体现象所见和对生物化学变化的检测，结合当时当地的气象条件进行综合判断。

④认定致死伤物体，主要是根据损伤的形态、大小、程度及其他性质，如依据损伤内的附着物来推定，或对咬痕、扼痕、捆绑痕、注射针孔以及各种工具打击痕迹等的性质、形成方式和方法来判断。

⑤鉴别生前伤与死后伤，即推断死者损伤是生前造成的还是死后形成

的，以及生前损伤后经过的时间。在鉴定中，还可通过骨骼、牙、毛发的检验推定死者的性别、身高、年龄、血型等。

（2）法医临床鉴定。

法医临床鉴定俗称活体损伤鉴定。法医临床鉴定，是指运用法医临床学的理论和技术，对涉及与法律有关的医学问题进行鉴定和评定。其主要内容包括：人身损伤程度鉴定、损伤与疾病关系评定、道路交通事故受伤人员伤残程度评定、职工工伤与职业病致残程度评定、劳动能力评定、活体年龄鉴定、性功能鉴定、诈病（伤）及造作病（伤）鉴定、致伤物和致伤方式推断等。

《刑事诉讼法》第130条规定："为了确定被害人、犯罪嫌疑人的某些特征、伤害情况或者生理状态，可以对人身进行检查，可以提取指纹信息，采集血液、尿液等生物样本。犯罪嫌疑人如果拒绝检查，侦查人员认为必要的时候，可以强制检查。检查妇女的身体，应当由女工作人员或者医师进行。"活体损伤的鉴定是以活体为主要研究对象，运用临床医学的理论与技术，研究并解决涉及法律问题的人体伤、残及其他生理、病理等问题。

法医临床鉴定主要涉及以下内容：

①损伤程度的鉴定。这是活体检查中最常见的内容，包括确定损伤的性质与程度、推定致伤物体与作用方式、估价损伤的愈后及可能发生的后遗症。其中的损伤程度鉴定直接关系到定罪与量刑、民事赔偿和治安行政处罚。根据损伤的严重程度分为重伤、轻伤和轻微伤。

②伤残程度与劳动能力鉴定。鉴定时须参考与残疾程度鉴定有关的法规，主要有道路交通事故伤残十级分类法、职业伤与职业病致残程度鉴定标准、人身保险伤残程度分类表等。

③性问题鉴定。检验是否被强奸，有无性病传染，有无妊娠分娩，是否堕胎，确定性功能状态。

④疾病的诊察。确定现有疾病与损伤的因果关系，包括疾病是否由损伤所引起，或原有疾病因损伤而加重、恶化。

⑤诈病（伤）及造作病（伤）鉴定。诈病是身体健康的人为了达到个人目的伪装有病，如伪装肢体瘫痪或伪装精神病。造作病是故意毁损自己或授意别人毁损自己造成的损伤或疾病。活体损伤鉴定，主要是根据伤病的具体情况选择应用相应的临床医学诊断方法，如采用视觉、听觉脑干诱发电位、CT（电子计算机断层扫描）、核磁共振、PET（正电子发射计算机断层显像）等检查方法，但应当注意的是在法医学鉴定中被检查者出于各自的动机，有可能夸大病情或伤情，也有可能隐匿病情或伤情，所以，要以客观检查为主，探讨各种症状，对被检查者的陈述和症状进行审查，才能保证鉴定的客观、公正。

（3）法医精神病鉴定。

法医精神病鉴定是指运用司法精神病学的理论和方法，对涉及与法律有关的精神状态、法定能力（如刑事责任能力、受审能力、服刑能力、民事行为能力、监护能力、被害人自我防卫能力、作证能力等）、精神损伤程度、智能障碍等问题进行鉴定。

《民法总则》第21条规定："不能辨认自己行为的成年人为无民事行为能力人，由其法定代理人代理实施民事法律行为。"第22条规定："不能完全辨认自己行为的成年人为限制民事行为能力人，实施民事法律行为由其法定代理人代理或者经其法定代理人同意、追认，但是可以独立实施纯获利益的民事法律行为或者与其智力、精神健康状况相适应的民事法律行为。"《刑法》第18条规定："精神病人在不能辨认或者不能控制自己行为的时候造成危害结果，经法定程序鉴定确认的，不负刑事责任，但是应当责令他的家属或者监护人严加看管和医疗；在必要的时候，由政府强制医疗。间歇性的精神病人在精神正常的时候犯罪，应当负刑事责任。尚未完全丧失辨认或者控制自己行为能力的精神病人犯罪的，应当负刑事责任，但是可以从轻或者减轻处罚。"《刑事诉讼法》第60条规定："凡是知道案件情况的人，都有作证的义务。生理上、精神上有缺陷或者年幼，不能辨别是非、不能正确表达的人，不能作证人。"《行政处罚法》第26条规定："精神病人在不能辨认或者不能控制自己行为时有违法行为的，不予行政处罚，但应当责令其监护人严加看管和治疗。间歇性精神病人在精神正常时有违法行为的，应当给予行政处罚。"

精神病鉴定的目的在于确定行为人是否具有刑事责任能力和民事行为能力，判断有无责任能力。对精神病的鉴定首先是从临床精神病学的基础出发，全面检查分析，确定有无精神病，同时从法律的角度确定犯罪时的精神状态及严重程度和它与犯罪的因果关系两方面考虑，具体判断标准如下：一是不能辨认自己的行为，个人虽患有精神疾病，但如果仍有辨认自己行为的能力，还是要负相应的刑事责任。二是不能控制自己的行为，即虽可能有辨认能力但丧失了控制能力，其行为已无法受到主观意识的支配和控制。三是必须是在发生危害行为的当时处于不能辨认或者不能控制自己行为的状态。四是在精神疾病的间歇期或是疾病缓和期出现危害行为的，因其精神活动已恢复正常，即不能评定为无责任能力。五是处于智能缺损状态，即尚未完全丧失辨认或者控制自己行为能力的状态，应当在一定程度上负刑事责任。

（4）法医物证鉴定。

法医物证鉴定俗称人体物证鉴定。法医物证鉴定，是指运用免疫学、生物学、生物化学、分子生物学等的理论和方法，利用遗传学标记系统的多态性对生物学检材的种类、种属及个体来源进行鉴定。其主要内容包括：个体识别、亲子鉴定、种族和种属认定等。

在法医工作和日常生活中需要进行个体识别的情况很多，在尸体方面，交通事故的遇难者、路上突然死亡者或无名尸体、凶杀后移尸案件、碎尸或尸体毁容案件、江湖河海的浮尸、车船及飞机失事导致多人伤亡、执行死刑时验明正身等都需要进行个体识别。活体方面，有因年幼失散、拐骗敲诈或追捕罪犯等也要进行个体识别，以确定身份。此外，亲子鉴定也是十分重要的，即应用医学和生物学的理论和技术，通过对遗传特征的检验来判断所称父母与子女是否有亲缘关系。DNA 是细胞基本遗传物质，通常可通过 DNA 的分析来判断亲生关系。

（5）法医毒物鉴定。

法医毒物鉴定是指运用法医毒物学的理论和方法，结合现代仪器分析技术，对体内外未知毒（药）物、毒品及代谢物进行定性、定量分析，并通过对毒物毒性、中毒机理、代谢功能的分析，结合中毒表现、尸检所见，综合作出毒（药）物中毒的鉴定。

毒物是在一定条件下，以较小剂量给予时，可与生物体相互作用，引起生物体功能性或器质性损害的化学物。毒物鉴定的意义在于澄清死亡案件的性质，在法医检案工作中，常遇到突然死亡、死因不明的案件，通过法医毒化分析，区分是中毒死亡还是因病猝死。毒物，广泛地说还包括毒品，是指某些物质，其少量进入人体或者动物体后，被体内消化产生物理反应或者化学反应，侵害机体的组织和器官，破坏机体正常的生理功能，引起功能障碍、组织损伤，甚至危及生命造成死亡的那些物质。根据毒理学原理，毒物可分为腐蚀性毒物，如硫酸、盐酸、硝酸、苯酚、氢氧化钠、氨及氢氧化氨等；毁坏性毒物，能引起生物体器质损害的毒物，如砷、汞、钡、铅、铬、镁、其他重金属盐类等；障碍功能的毒物，如阿托品、可卡因、甲醇、安定药、苯丙胺、氰化物、亚硝酸盐和一氧化碳；农药，如有机磷、有机氮、百菌清、百草枯、溴甲烷等；杀鼠剂，如磷化钵、敌鼠强、杀鼠灵等；有毒植物，如乌头、钩吻、曼陀罗、夹竹桃等；有毒动物，如蛇毒、河豚、蟾蜍、蜂毒等；细菌及霉菌性毒素，如沙门菌、肉毒、葡萄球菌、黄曲霉素、黑斑病甘薯等。在司法实践中，经常会遇到毒物的鉴定问题，一般在投毒、自杀、意外中毒、走私、吸毒、贩毒、种毒等案件中，会遇到毒物的鉴定问题。毒物鉴定首先要详细了解中毒经过、临床症状、尸体解剖所见、检材的种类和数量等，通过对毒物分析，来判定是否中毒、是否是中毒死亡、是何种毒物、通过何种途径、何时进入体内引起中毒的。

2. 物证类鉴定

物证类鉴定是司法鉴定术语。物证类鉴定，包括文书鉴定、痕迹鉴定和微量鉴定。

（1）文书鉴定。

文书鉴定是指运用文件检验学的原理和技术，对文书的笔迹、印章、印文、文书的制作及工具、文书形成时间等问题进行鉴定。

文书，是指公文和书信，但在实际办案中作为证据的文书往往超出了公文和书信的范围，如车票、船票、飞机票、发票、收据、人民币等，其内容的真伪及制作方法都需要进行鉴别。文书鉴定是对案件中涉及的文字书写、文字制作、文书物证反映的具体内容、文书的制作方法、文书的真假等有关问题的分析、鉴别、认定等活动。文书鉴定不仅在分析案情、缩小调查范围、明确案件的调查方向、认定犯罪嫌疑人等方面可以提供证据。

文书鉴定包括笔迹鉴定，伪造、变造文书鉴定，打印、复印、印刷文书鉴定，文书物质材料鉴定，文书制作时间鉴定。笔迹是书写人利用笔或其他书写工具，写在纸张或者其他材料上，反映书写人书写习惯特征的一种文字符号。由于每个人生理特征、心理因素和学习写字时的方式、方法、环境、条件的不同，由这些因素所决定的书写习惯也不相同。笔迹鉴定的主要目的是，确定遗留在文书物证上的字迹是否为某人所留，以及确认遗留在不同地方的字迹是否为一人所写。伪造、变造文书是指按照一定真实的样本，或者根据个人的特殊需要，利用各种技术方法设计、制造的文书，或者采用挖补、擦刮、改写、填写、消退、改换、拼接等手段，对真实文书进行的伪造。在司法鉴定中，经常遇到的伪造文书有伪造护照、身份证、有价证券、人民币、外币、介绍信、票据等。对文书的鉴定主要通过对检材与真样的比照检验来进行，要比较制作版型，还要从版面内容如图案、文字、印文、底纹、印刷油墨、纸张以及防伪材料等方面来进行鉴别。为了更好地观察和比较文书中的一些细小特征，检验人员需要借助显微镜、比对投影仪、紫外线灯或其他专门鉴别仪器进行鉴别。可疑文书被确定为伪造的之后，有时还需要进一步确定具体的伪造方法，为侦查提供方向，为抓获犯罪嫌疑人提供线索。随着办公现代化的发展，电脑、打印机、复印机等已广泛运用于人们的日常学习、工作和生活中。目前，在案件侦查过程中，已开始对制作文书的打印机、复印机进行认定。在案件调查中，对文书物质材料的鉴定，对确定侦查方向，缩小侦查范围，查缉犯罪嫌疑人具有重要意义。文书物质材料是指制作文书所使用的纸张、墨水、油墨、印油等材料。

（2）痕迹鉴定。

痕迹鉴定是指运用痕迹学的原理和技术，对有关人体、物体形成痕迹的同一性及分离痕迹与原整体相关性等问题进行鉴定。

运用枪械学、弹药学、弹道学的理论和技术，对枪弹及射击后的残留物、残留物形成的痕迹、自制枪支和弹药及杀伤力进行鉴定。痕迹是指由于人、动物或者其他物体的运动，在物质性客体上形成的物体的移动、物质增减、形态结构改变等物质性变化。现在痕迹鉴定仍然在各种诉讼活动中广泛运用，几乎所有的现场都会涉及痕迹的鉴定问题。在诉讼活动中，最常见的痕迹鉴定主要有指纹鉴定、足迹鉴定、工具痕迹鉴定和枪弹痕迹鉴定等。指纹是指手指上的乳突线花纹。指纹具有人各不同、触物留痕、排列规律和终身不变的特征。由于指纹上布满了汗腺并不断分泌着汗液，往往还从其他物体上沾有油脂、油漆、灰尘、血迹等，当其接触物体时，就必然留下指纹，而且指纹的稳定性非常突出，一旦形成，终身都不会改变。指纹在诉讼中有“证据之王”的誉称，通过指纹鉴定可以直接认定遗留指纹的个人。近些年来，虽然一些作案人反侦查意识增强，但随着计算机、激光等高科技仪器的发展和运用，指纹发现、显现、提取和比对技术也有了飞跃，大大提高了指纹在司法活动中的证据作用。在刑事诉讼中，通过对指纹的分析和识别，可以为分析案情、为串并联案件，以及为认定犯罪嫌疑人提供方向和证据。足迹是人们在站立和行走时，与地面或其他承受面接触形成的脚掌或鞋、袜等形象痕迹。足迹是刑事案件调查中经常使用的一种重要物证。足迹有两大类特征：一是足迹的形象特征，即单个足迹所反映的赤脚、鞋或袜外表结构特征；二是足迹的步伐特征，即单个或成趟足迹，反映人的行走习惯规律的特征，这些特征是经过长期练习和反复实践形成并固定下来的，由于性别、年龄、身高、体重、职业、步行姿势等各种因素的不同，每个人所反映出的步伐特征也不一样。通过对足迹的分析鉴定，可以判断人的身高、年龄、体重、走路姿势等，还可以分析遗留的时间、作案人逃跑的方向等，在条件较好时，通过足迹循迹追踪，或将足迹作为警犬嗅源，直接抓获或认定犯罪嫌疑人。工具痕迹是指利用工具破坏物体或者打击人体时，在物体或人体上形成的痕迹。工具痕迹是犯罪现场上最常见的一种痕迹，作案人使用改锥、钳子撬门压锁、剪切障碍物都会留下工具痕迹。通过对工具痕迹的分析、鉴定，可以确定作案手段，分析作案人的个人行为特征，为案件性质的确定，为侦查方向的确立提供证据。枪弹痕迹是指枪支在发射子弹的过程中形成的痕迹。它包括留在弹头、弹壳上的痕迹以及射击附带痕迹。子弹在击发时，通常要经过装弹、射击和排壳3个过程。在机械作用和弹药燃烧后产生的强大压力之下，弹头、弹壳与枪支机件会产生强烈摩擦，从而在弹头、弹壳上形成反映枪管内壁、弹匣口、击针等形象痕迹。在子弹被击发时，伴随着弹头穿射目的物，从枪管喷出的枪油、未燃尽火药、烟垢等微量物质，往往会附着在弹壳壁内部和目的物的弹头入射口表面，这些微量物质就会形成痕迹。通过对枪弹痕迹的分析，可以判断发射枪支的种类，认定发射枪支；还可以判断作案人的射击距离、射击角度、射击顺序，确定案件的性质，为侦查提供方向。

（3）微量鉴定。

微量鉴定是指运用物理学、化学和仪器分析等方法，通过对有关物质材料的成分及其结构进行定性、定量分析，对检材的种类、检材和嫌疑样本的同类性和同一性进行鉴定。

在现场或其他与案件有关地点，提取到的各种量小体微的物质，都有可能成为微量物证。在当今刑事犯罪中，作案人作案手段和方法日益狡猾，事前精心策划、事中处处伪装、事后极力破坏，在犯罪现场很难提取到明显的痕迹物证，由于微量物证具有体小量微，在现场容易留下，但不易被注意的特点，往往使作案人不能破坏或伪装。随着现场勘查技术和微量物证分析技术的快速发展，微量物证的范围及作用正在不断扩大。在司法实践中，常见的微量物证鉴定有爆炸残留物、射击残留物、纵火物证、泥土、灰尘、粉尘、玻璃或金属残渣等物证的鉴定，还有纤维、纺织品、塑料、橡胶、油脂、涂料等物证的鉴定。

物证鉴定的种类分为两大类，一类叫同一认定，另一类叫比对检验。

①同一认定。

物证技术学的先驱保罗柯克说过："一个客体只能与其自身同一，因为它是一个独立存在的客体，是区分于所有其他客体的。无论多么相似的客体之间也终有差异。也许两个客体能够相似的使任何检验都无法区分它们，但它们也绝不能同一。"他认为：如果没有这样的一个基本观点，就不可能正确理解同一认定的含义。

从这套理论来说，一个客体可以和许多客体同类，但只能和其自身同一。在物证鉴定中进行同一认定的前提是：所鉴定的客体本身具有唯一性。所以同一认定只能是不同痕迹的造成客体是否同一，或在不同形态下留下的物证是否同属一个客体。

常见的同一认定可以分为以下两类：

A 人体个体识别

所有的犯罪主体都是人，所以人体物证的个体识别成为刑事鉴定中一个极其重要的领域。我们知道，生物个体是由细胞组成的，高等生物的细胞中含有细胞核。每个个体都有独特性、唯一性，这种唯一性是由细胞核中的遗传物质决定的。这种遗传物质是一种 DNA 分子长键。现代遗传学认为，每个人的遗传物质 DNA 都具有唯一性，而每个人不同组织中的细胞都含有 DNA 物质。所以使人体物证的个体识别成为可能。也就是说，通过体液、人体组织等，可以进行人体识别从而达到同一认定的目的。同理，因为每个人的遗传物质 DNA 不同，使人的指纹也有其唯一性，而人类做事情大都用手，这也使指纹成为犯罪现场最易发现的物证。所以指纹学作为一个古老而又有效的学科一直在物证鉴定中发挥着重要作用。

B 整体分离技术

一般认为："不具有稳固的空间界限的物体不可能成为犯罪侦察学同一认定的客体。"也就是说像液体、松散物，由于没有确定的牢固的形状，所以不能成为同一认定的客体。只有固体物质才能进行整体分离。

比如，玻璃掉在地下碎了，碎成几块，而拼起来正好构成原来一块整体玻璃的形状，这就是整体分离技术。整体分离技术依据的机理是：两个客体的偶然分体不可能按照完全一致的形式，也就是每一次分离都具有唯一特性。

②比对检验。

有许多物质其本身并不具有特异性，无法进行同一认定，只能进行种类认定。物证中有许多这样的情况，并不是技术手段限制了分析水平，而是因为物体本身不具有特异性。

一般来说，比对检验也是种类检验，物质的分类可以有许多种，有大类、有小类，还带有更细的类。而比对检验就是从大类、小类、更细的类一直分下去，看到哪一级能把两物质分开，证明其不是一个物质。所以严格地说，比对检验的结果，只有区分开的，才具有绝对的意义，而区分不开的，只能证明它们属于一类，不能证明其是同一的。比对检验和同一认定一样，是犯罪侦察过程中一种十分重要的认识活动。对于定案来说，种类认定的鉴定意见没有同一认定的力度大，但其应用范围却比同一认定更为广泛。

3. 声像资料鉴定

声像资料鉴定是指运用物理学和计算机学的原理和技术，对录音带、录像带、磁盘、光盘、图片等载体上记录的声音、图像信息的真实性、完整性及其所反映的情况过程进行鉴定；并对记录的声音、图像中的语言、人体、物体作出种类或同一认定。

声像资料鉴定主要涉及以下内容：

声像资料的完整性检验：即确认声像资料是否有开始、结束、删除、添加、篡改、编辑等特征，声像资料是否完整的专门性工作。

说话人鉴定：是指利用声谱仪等综合检验方法对录音中说话人与已知说话人的语音进行分析，以确认说话人是否因信号较弱而言语内容听辨不清的声像资料。可以采用技术手段对录音进行处理，以提高语音的信噪比，从而能够听辨清楚言语内容。

语音人身分析：就是根据录音中的言语内容对未知说话人的性别、年龄、身高、体态、生活地域、文化水平、职业特点进行的分析推断，为侦查破案提供线索和方向。

噪音分析：是对录音中语音之外声音的声源或声源类型的分析。同一人的检验活动，进行话者确认的案件，要有案件发生过程中作案人的说话录音（检材录音）和案件提供的嫌疑人的说话录音（样本录音）。

噪音降除：就是通过应用软硬件对含有噪音的语音文件进行技术处理，提高语音的信噪比，消除噪音对语音的掩盖。

微弱语音增强：对遇到的语音信号较弱而言语内容听辨不清的声像资料，可以采用技术手段对录音进行处理，以提高语音的信噪比，从而能够听辨清楚言语内容。

图像鉴定：对录像带、光盘（如：VCD、DVD）等载体所记录的人体、物体图像特征进行分析、比较和判断，确定其真实性、完整性及其所反映的情况过程，并对记录的人体、物体作出种类或同一认定鉴定。

声像器材的鉴定：是指对声像资料的种类、牌号、厂家、产地的检验以及声像资料是否是某台录音机或摄像机录制的等。

音像制品检验鉴定：即确认音像制品是否是盗版。

语音内容整理：对录音资料通过处理、听辨整理话者语音文字内容。

动态特征、质量、数量的检验鉴定：通过图像测量比对技术确定图像中的人像身高和物体质量、数量；通过图像中特征比对确定人与物的同一；在视频图像内容的检验鉴定中，还可利用每秒二十五帧的特点，利用专业软件进行逐帧分析。

声纹鉴定：声纹，也称语图，是由专用的电声转换仪器（语图仪）将声波特征绘制成的波谱图形。声纹鉴定就是把未知人的语声和已知人的语声，通过语图仪分别制成声纹图谱，再依据声纹图上的特征进行分析、比较和判断，确定二者是否为同一人。

录音资料内容整理：对录音带、录像带、光盘、软盘等资料的声音进行降噪、放大、文字整理、语音识别、话者识别。

录音资料真实性检验：录音资料中间是否有停顿、编辑、剪辑、背景噪音是否一致鉴定。

图像辨认：是对录像带、光盘（如：VCD、DVD）等载体所记录的人体、物体图像特征进行分析、比较和判断，确定其真实性、完整性及其所反映的情况过程，并对记录的人体、物体作出种类或同一认定鉴定。

4. 环境损害司法鉴定

环境损害司法鉴定是环保部、司法部、最高人民法院、最高人民检察院达成共识的产物，成为司法鉴定的新类别。环境损害司法鉴定是指依法取得有关环境损害司法鉴定资格的鉴定机构和鉴定人受司法机关或当事人委托，依据环境保护法律法规和有关国家、部门、行业标准以及有关环境科学知识、气象学、水力学、空气动力学、水质、污水、重金属、放射性等，对影响环境的物理指标、化学指标和生态系统等进行检验、鉴别和判断并提供鉴定意见的活动。环境损害司法鉴定类加到老三类当中，形成新四大类司法鉴定。它包含了广泛的内容，如：空气、水质、土壤、雾霾、沙尘暴、水质污染、工农业排放物（有害气体、液体和固体废渣）、重金属、放射性等司法鉴定。

5. 建筑工程司法鉴定

建筑工程司法鉴定是指依法取得有关建筑工程司法鉴定资格的鉴定机构和鉴定人受司法机关或当事人委托，运用建筑学理论和技术，对涉及诉讼活动的建筑工程质量、材料和安全等与建筑工程相关的专业性问题进行鉴定与判定，并提供鉴定意见的活动。其主要内容包括：建筑工程质量评定、工程质量事故鉴定、工程造价纠纷鉴定等。

现在规划、勘探、设计、审图、监理、检测、工程造价、施工、建设、开发、质检都为同一行政管理机关审批和管理，被称为最后一道防火墙的司法鉴定若再由同一机关审批管理，真正的第三方在哪里？随着高铁、高速公路、国道、房地产等的蓬勃发展，建筑工程项目激增，公路、桥梁、隧道、涵洞、房屋、城建工程项目质量事故时有发生，加上人民维权意识增强，建筑工程纠纷案件呈现几何级增加。办案机关和社会对建筑工程司法鉴定的需要逐年增加，第三方的建筑工程司法鉴定应运而生。由省级司法行政管理机关审批和管理建筑工程司法鉴定机构和司法鉴定人，是完全必要和及时的。

根据定义可见，建筑工程司法鉴定是综合性一条龙法律服务的鉴定，与行业鉴定分很多细项不同，在建筑工程司法鉴定实践过程中，更能够满足“以审判为中心”的需求。比如房屋周边施工（修路、挖基坑、打桩、爆破等）引起的房屋损害，房东要索赔，施工方又不认账，其事实有可能是房东有意敲诈，也有可能是施工方赖账，这里法院就要委托鉴定施工行为是否造成房屋损害（原因鉴定），施工行为和房屋老旧在损害当中的占比（参与度鉴定），房屋是否构成危房（安全性鉴定），如果是危房要重建，重建造价多少（设计、预算造价鉴定），如果不是危房，加固修复费用多少（加固方案、工程造价鉴定）。一个案件要做好几种鉴定。如果是行业鉴定，一家鉴定机构具备一种鉴定资质只能做一种鉴定，所以势必需要多家鉴定机构参与，如：工程质量检测机构、设计加固的设计院所、工程造价咨询机构等；并且他们之间还要沟通数据和信息，这使得鉴定周期变长。对于大标的工程他们还有受理的价值，小标的再分成三家或四家机构来鉴定，鉴定费不够成本，不予受理也在情理之中。这样就造成小案件无法鉴定，耽误了法官结案时间。而具备建筑工程司法鉴定的鉴定所就能满足法院的鉴定要求，一条龙服务，更好地为“以审判为中心”服务。

建筑工程司法鉴定不仅为法院审判相关工程质量纠纷类案件提供了专业的技术支持，同时也担当了面向社会服务的鉴定责任。建筑工程质量问题轻则引发纠纷和矛盾，使原被告双方饱受官司之苦，重则会影响人身安全，成为影响社会和谐稳定的一个重要因素。

6. 海事物证司法鉴定

海事物证司法鉴定是指依法取得有关海事物证司法鉴定资格的鉴定机构和鉴定人受司法机关或当事人委托，运用船舶驾驶、轮机管理、水上运输、码头构筑、水产养殖、水质污染、淤泥沉积、河床海床变化、水上设施设备、测量技术、保险理赔、水上设备施工工艺、流体力学等理论和技术，结合国家和地方的相应法律、法规、规范，对与海事相关的问题进行鉴定并提供鉴定意见的活动，其主要内容包括：

（1）船舶海损、货损和机损司法鉴定：船舶相碰撞或触碰码头或沉没造成海损，货物损失，机器损失以及第三方水产养殖区或海洋污染或码头或水上设施设备的损失，需要分析原因厘清责任，进而责任分摊，确定修复费用，理赔金额等。

（2）码头和设备修复司法鉴定：包括码头和设备安全性鉴定、损坏部位现场勘验、修复方案设计、修复费用评估鉴定。

（3）水产养殖司法鉴定：海域围垦水产养殖、水库池塘水产养殖、网箱水产养殖、滩涂水产养殖、人造水产养殖池（场）等或遇洪涝灾害、或遇人为有意或无意破坏（如：投毒、闸门管理不善）、或遇工地施工水质污染、或遇上游排放、或遇征用等以及养殖条件不成熟造成水产品病害、死亡的，需要对水产品损失原因、损失金额进行司法鉴定。

（4）水灾损失司法鉴定：对山洪暴发、开闸泄洪、城市内涝等被水淹没过的动物（人和其他动物等损失）、植物（粮食、花草苗木等损失）和物品（房屋、装饰品、家具、工具、设备等损失）进行司法鉴定。

（5）水质污染司法鉴定：对因为水质污染造成的人、动物或植物的损失进行司法鉴定。

（6）水土流失司法鉴定：对植被破坏、工程施工、山洪暴发等造成的水土流失损失进行司法鉴定。

（7）水上设施等质量、事故原因、损失金额评估鉴定。

7. 工程造价司法鉴定

工程造价司法鉴定是指依法取得有关工程造价司法鉴定资格的鉴定机

构和鉴定人受司法机关或当事人委托，依据国家的法律、法规以及中央和省、自治区及直辖市等地方政府颁布的工程造价定额标准，针对某一特定建设项目的施工图纸及竣工资料来计算和确定某一工程价值并提供鉴定意见的活动。

工程造价司法鉴定的特征：工程造价司法鉴定的鉴定对象是与造价有关的工程事实，诉讼当事人一般有承发包双方，有的涉及分包。

由于建筑工程生产周期长，生产过程复杂，定价过程特殊，所以鉴定涉及材料量大，内容多。

建筑工程造价目前正处在新旧体制交替，工程造价计价依据和计价办法正在发生深刻变化的时期，使鉴定的依据处于指导与市场价并存、行业标准多元化的境地。

建筑市场承包商之间竞争十分激烈，垫资承包、阴阳合同、拖欠工程款、现场乱签证、工程质量低劣等社会现象在诉讼活动中全部折射出来，鉴定难度大。

8. 会计司法鉴定

会计司法鉴定是指依法取得有关会计司法鉴定资格的鉴定机构和鉴定人受司法机关或当事人委托，运用会计学的原理和方法，通过检查、计算、验证、鉴证和监证对会计凭证、会计账簿、会计报表和其他会计资料等财务状况进行检验、鉴别和判断并提供鉴定意见的活动。

会计司法鉴定对象是诉讼涉及的财务会计问题，通过解决诉讼涉及的财务会计问题，获取会计司法鉴定意见作为诉讼证据，从而达到查明财务会计事实的目的。

会计司法鉴定与其他司法鉴定一样，需要通过检验检材获取鉴别判定专门性问题所需的信息。司法会计鉴定中的检材包括：

（1）诉讼涉及的财务会计资料，如：财务凭证、会计凭证、会计账簿、会计报表、其他财务会计资料。

（2）财务会计资料证据，即诉讼主体已经作为证据材料固定的那部分财务会计资料。

（3）与鉴定事项有关的《勘验检查笔录》。

9. 知识产权司法鉴定

知识产权司法鉴定是指依法取得有关知识产权司法鉴定资格的鉴定机构和鉴定人受司法机关或当事人委托，根据技术专家对本领域公知技术及相关专业技术的了解，并运用必要的检测、化验、分析手段，对被侵权的技术和相关技术的特征是否相同或者等同进行认定；对技术转让合同标的是否成熟、实用，是否符合合同约定标准进行认定；对技术开发合同履行失败是否属于风险责任进行认定；对技术咨询、技术服务以及其他各种技术合同履行结果是否符合合同约定，或者是否符合有关法定标准进行认定；对技术秘密是否构成法定技术条件进行认定；对其他知识产权诉讼中的技术争议进行鉴定并提供鉴定意见的活动。

知识产权鉴定包括以下内容：

（1）商业秘密案件司法鉴定。

①权利人主张的信息是否不为公众所知悉；

②权利人主张的信息是否具有经济性、实用性；

③被控侵权方的信息与权利人的非公知信息是否相同或相似；

④其他与商业秘密相关的鉴定事项。

（2）专利案件司法鉴定。

①被控侵权产品或方法的技术特征与专利的技术特征是否相同或等同；

②根据被告提供的证据材料，判定被控侵权技术是否属于原告专利申请日之前已经公开的公知公用技术；

③被控侵权产品的外观设计是否与原告的外观设计专利相同或者相近似；

④被授予专利权的发明或者实用新型是否具备新颖性、创造性；

⑤发明、实用新型专利说明书是否充分公开技术方案；

⑥其他。

（3）著作权/版权案件司法鉴定。

①权利人的作品是否具有独创性；

②被控侵权作品与权利人的作品是否相同或相似；

③软件著作权中对于软件代码是否具有同一性进行鉴定。

（4）商标案件司法鉴定。

①被控侵权商标是否与权利人的注册商标相同或相近似；

②其他。

（5）技术合同类案件司法鉴定。

①技术开发合同、技术转让等合同的技术成果是否达到合同约定的技术标准或存在重大技术缺陷；

②转让方履行技术转让合同所交付的技术文件资料是否符合合同约定的标准；

③履行合同所做的技术指导是否符合合同约定的技术服务内容；

④其他。

（6）集成电路布图设计案件司法鉴定。

通过比对侵权产品与权利人的集成电路布图是否相同或者等同进行鉴定。

（7）其他类知识产权案件司法鉴定。

①被控侵权产品的名称、包装、装潢与权利人产品的名称、包装、装潢是否相同或相近似；

②其他。

10. 税务司法鉴定

税务司法鉴定是指依法取得有关税务司法鉴定资格的鉴定机构和鉴定人受司法机关或当事人委托，依据国家有关税务方面的法律法规以及相关的科学技术知识，对涉及诉讼的纳税数额等有关税收方面的专门性问题进行检验、鉴别和判断并提供鉴定意见的活动。

主要鉴定范围包括以下几个方面：

（1）对偷税、抗税、逃避追缴欠税、骗取出口退税、虚开增值税专用发票，用于骗取出口退税、抵扣税款发票，伪造、出售伪造的增值税专用发票，非法出售增值税专用发票，非法购买增值税专用发票、购买伪造的增值税专用发票，非法制造、出售非法制造的用于骗取出口退税、抵扣税款发票，非法制造、出售非法制造的发票，非法出售用于骗取出口退税、抵扣税款发票，非法出售发票等十二种破坏社会主义市场经济秩序犯罪的手段、事实、数额实施鉴定。

（2）对税务管理、税款增收、税务检查纠纷的事实、性质、程序、数量实施鉴定。

（3）对税务代理纠纷的事实、性质、程序、索赔实施鉴定。

（4）对其他涉税疑难问题的司法鉴定。

11. 农业司法鉴定

农业司法鉴定是指依法取得有关农业司法鉴定资格的鉴定机构和鉴定人受司法机关或当事人委托，运用生物科学、农业科学等专业知识对涉及诉讼的农业专门技术问题进行检验、鉴别和判断并提供鉴定意见的活动。

主要鉴定范围包括：（1）农业生产资料（作物种子、种苗、化肥、农药、饲料、禽畜品种）农产品、水产品、畜禽产品引起的质量事故；（2）农业生态环境污染、生态环境破坏鉴定及损失评估；（3）植物分类、果树、蔬菜、园林、花卉、植物病理鉴定；（4）农业生产技术、畜牧生产技术鉴定；农业生产事故技术鉴定；（5）食品营养分析、食品添加剂分析鉴定。

12. 资产评估司法鉴定

资产评估司法鉴定是指依法取得有关资产评估司法鉴定资格的鉴定机构和鉴定人受司法机关或当事人委托，依据国家的规定和有关资料，根据特定的目的，遵循适用的原则，选择适当的价值类型，按照法定的程序，运用科学的方法，对资产价值进行评定和估算并提供鉴定意见的活动。

13. 计算机司法鉴定

计算机司法鉴定是指依法取得有关计算机司法鉴定资格的鉴定机构和鉴定人受司法机关或当事人委托，运用计算机理论和技术，对通过非法手段使计算机系统内数据的安全性、完整性或系统正常运行造成的危害行为及其程度等进行鉴定并提供鉴定意见的活动。

从理论上讲，计算机鉴定人员能否找到犯罪证据取决于：有关犯罪证据必须没有被覆盖；取证软件必须能找到这些数据；鉴定人员能知道这些文件，并且能证明它们与犯罪有关。因此，计算机司法鉴定范围是具有局限性的，它一般集中于对计算机内的存储的数据进行鉴定，有时也包括对计算机中软件、程序进行功能性鉴定，对取证过程中取得的证据链进行鉴定。其中计算机内的数据包括各种存储介质以及通过网络实时传输的数据。如：软盘、硬盘、U盘、ZIP盘、JAZ盘、磁带、磁光盘、CDROM、CDR、CDRW、DVD、MO、CF卡、MS卡、SD卡、MMC卡等，网络硬盘、电子邮箱等；对软件、程序的功能鉴定包括是否为盗版软件、是否存在软件侵权行为等。鉴定文件格式包括电子表格、Word文档、数据库、文本文件、日志文件、电子邮件、图片、视频文件、声音文件、交换文件、临时文件等。

计算机司法鉴定的措施主要有：

（1）专业数据复制，保持数据的原始性。取证分析的数据是被分析机器上数据的原始逐位比特复制来的，对原始数据不做直接分析。

（2）保持数据在分析和传递过程中的完整性。专业数据取证计算机，确保分析软硬件环境不会改变分析的数据，数据传递过程中数据没有改变。

（3）保持证据的连续性。如果确实需要改变数据，必须保证证据的连续性，即在证据被正式提交给法庭时，必须能够说明在证据从最初的获取状态到在法庭上出现状态之间的任何变化。

（4）取证过程的可认证性。也就是说，整个过程是受到监督的，由鉴定人员所做的所有调查取证工作都应该受到由其他方委派的专家的监督。

（5）取证过程和结论的可重现性。由于电子证据的特殊性，任何取证分析的结果或结论可以在另外一名鉴定人员的操作下重现。

14. 产品质量司法鉴定

产品质量司法鉴定是指依法取得有关产品质量司法鉴定资格的鉴定机构和鉴定人受司法机关或当事人委托，依据产品质量法律法规和有关国家、部门、行业标准以及相关科学技术知识对某一特定产品的质量进行检验、鉴别和判断并提供鉴定意见的活动。

15. 枪弹痕迹司法鉴定

枪弹痕迹司法鉴定，是指依法取得有关司法鉴定资格的鉴定机构和鉴定人受司法机关或当事人的委托，运用枪痕弹迹相关知识、技术对相关问题进行鉴定并提供鉴定意见的活动。

枪弹痕迹，包括弹头、弹壳、弹孔、着弹点、附着物及枪支发射后的特有痕迹；根据弹痕和火药痕迹可以判断射击的距离和方向；根据弹头、弹壳痕迹可以判断枪支种类和认定发射的枪支；根据射击痕迹、弹头、弹壳分布的位置，可以判断罪犯在作案现场的活动情况。

问题4：其他类“司法鉴定”的定义

答：根据诉讼需要由国务院司法行政部门商最高人民法院、最高人民检察院确定的其他应当对鉴定人和鉴定机构实行登记管理的鉴定事项。环境损害司法鉴定就是这样得来的，成为第四司法鉴定类别，由原来的老三类，成为现在的新四类。问题三的第5条到第15条都属于其他类司法鉴定。

问题5：鉴定人和鉴定机构的主管机关是谁?

答：根据《全国人民代表大会常务委员会关于司法鉴定管理问题的决定》第3条：国务院司法行政部门主管全国鉴定人和鉴定机构的登记管理工作。省级人民政府司法行政部门依照本决定的规定，负责对鉴定人和鉴定机构的登记、名册编制和公告。通俗的理解就是国家司法部和各省司法厅。

〔释义〕本条是关于鉴定人和鉴定机构登记管理的主管机关及其管理权限的规定。

根据本条规定，首先应当明确的是，对鉴定人和鉴定机构的登记管理工作由司法行政部门负责。在本决定实施以前，我国对鉴定人和鉴定机构的登记管理有两套系统，一是司法行政部门的登记管理；另一个是法院系统的登记管理。1998年，国务院机构改革“三定”方案赋予司法部指导面向社会服务的司法鉴定工作的职能。为了规范面向社会服务的司法鉴定工作，司法部根据“三定”方案的要求，先后制定颁布了《司法鉴定机构登记管理办法》《司法鉴定人管理办法》《司法鉴定执业分类规定（试行）》等多个部门规章，规定了对面向社会服务的司法鉴定机构和司法鉴定人实行登记注册管理的制度。鉴定机构和鉴定人必须向司法行政机关申请注册，经批准登记并予以公告，才能开展司法鉴定业务。并要求各省建立司法鉴定管理委员会，指导、协调本地区司法鉴定机构的鉴定工作。许多省也相应制定了司法鉴定的地方性法规。其后，最高人民法院也先后颁布了《人民法院司法鉴定工作暂行规定》《人民法院对外委托和组织司法鉴定管理办法》，规定人民法院建立鉴定机构和鉴定人名册制度，鉴定机构和鉴定人向法院申请，缴纳申请费，经法院批准，列入人民法院鉴定人名册。这样就形成了司法行政部门和人民法院同时对鉴定人和鉴定机构进行登记管理的局面。许多已经在司法行政系统登记的鉴定人和鉴定机构又到法院系统进行登记注册。由于两套登记管理系统，按照各自规定的条件注册登记，不仅导致登记管理工作的重复和浪费，而且由于对鉴定意见的采信是由法院决定的，对未列入人民法院鉴定人名册的鉴定机构或鉴定人作的鉴定，法院往往不予认可，进行重新鉴定，又导致了鉴定资源使用上的重复和浪费，加剧了司法鉴定工作长期存在的条块分割、政出多门、多头鉴定、重复鉴定等情况，出现案件因鉴定工作不顺畅而久拖不决的问题。

近几年来，如何理顺鉴定机构管理体制的问题一直是司法体制改革研究工作中的一个问题。经过充分论证研究，在各方面达成基本共识的基础上，本决定规定，由国务院司法行政部门主管全国鉴定人和鉴定机构的登记管理工作。省级人民政府司法行政部门依照本决定的规定，负责对鉴定人和鉴定机构的登记、名册编制和公告工作。将司法鉴定人和司法鉴定机构的登记管理工作，统一交由司法行政部门负责。这样规定，对于规范鉴定机构的设置，更好地为社会提供鉴定服务，保障诉讼的顺利进行，具有重要的意义。本条规定的“登记管理工作”，主要是指对鉴定人和鉴定机构按照本法规定的条件进行注册登记、编制名册、向社会公布的工作。至于鉴定机构和鉴定人开展鉴定业务的日常工作，如鉴定活动中涉及诉讼的程序、鉴定仪器设备的购置和维护、鉴定人员的技术培训等，不属于这里说的“登记管理工作”的范畴。

根据本条规定，对鉴定机构和鉴定人实行两级管理制度，由国务院司法行政部门即司法部负责对鉴定人和鉴定机构进行登记管理的全面工作，省级（包括省、自治区、直辖市）人民政府司法行政部门即司法厅（局）具体实施对鉴定人和鉴定机构进行登记、名册编制和公告工作。国务院司法行政部门是国家司法行政管理的最高机关，负责全国范围内的司法行政管理工作，由其全面负责对司法鉴定实行登记管理，便于其在全国范围内统一设定、规划管理的内容和管理的方式，防止出现“条块分割、各自为政”的情况，切实保障鉴定机构和鉴定人独立、自主地开展鉴定活动。所谓“主管”，是指国务院司法行政部门并不负责具体的登记管理事务，而是对登记管理工作进行领导、规范和监督，如制定实施本决定的实施细则，并报国务院批准，以解决如何接受申请、进行审核、登记、编制名册以及向社会公告等具体问题，与国务院价格主管部门协商确定鉴定的收费项目和收费标准等。省级司法行政部门负责具体的登记、名册编制和公告工作，即由省级司法行政部门按照本决定和司法部制定的规范性文件负责具体登记管理工作。省级以下各级司法行政部门（不含省级）不承担对鉴定人和鉴定机构的登记、名册编制和公告工作。根据本条规定，一个省（包括自治区、直辖市）应当有一个统一的鉴定人和鉴定机构名册。这样规定，主要是为了建立统一的鉴定人鉴定机构准入制度，保证鉴定工作的质量和水平，同时有利于委托选择和委托鉴定机构和鉴定人，方便当事人参与诉讼活动。

本条规定的“登记”，是指对符合条件的人员，或者符合条件的法人和其他组织，向司法行政部门提出从事司法鉴定业务和设立鉴定机构的申请，由司法行政部门经过审核，对符合条件的予以登记注册，成为鉴定人或者鉴定机构的活动。“名册编制”是指司法行政部门对经过登记注册的鉴定人和鉴定机构进行汇总、分类，编制成名册的活动。编制统一的鉴定人和鉴定机构名册，便于管理和相关人员查阅。名册的编制应当采用科学的方法进行。比如，可以根据专业技术领域或鉴定业务的种类进行编制，或者根据地域范围进行编制等。“公告”是指司法行政部门利用媒体等形式向社会公布鉴定人和鉴定机构的名册，以便社会公众了解鉴定人从业的范围和鉴定机构的基本情况，方便当事人和司法机关在诉讼中进行司法鉴定的委托。

问题6：申请从事司法鉴定业务的人员，应当具备什么条件？

答：《全国人民代表大会常务委员会关于司法鉴定管理问题的决定》第4条规定：“具备下列条件之一的人员，可以申请登记从事司法鉴定业务：（一）具有与所申请从事的司法鉴定业务相关的高级专业技术职称；（二）具有与所申请从事的司法鉴定业务相关的专业执业资格或者高等院校相关专业本科以上学历，从事相关工作五年以上；（三）具有与所申请从事的司法鉴定业务相关工作十年以上经历，具有较强的专业技能。因故意犯罪或者职务过失犯罪受过刑事处罚的，受过开除公职处分的，以及被撤销鉴定人登记的人员，不得从事司法鉴定业务。”

〔释义〕本条是关于自然人申请从事司法鉴定业务资格、条件的规定。

本条共分两款。

第1款是关于自然人从事司法鉴定业务条件的规定。根据本款规定，需要具备本款第（1）项到第（3）项所列条件之一，才能从事司法鉴定业务。在诉讼活动中，鉴定人是凭借其具有的专门知识、技能或特别经验，对诉讼中涉及的专门性问题，从专业的角度提出意见。西方有的国家将他们规定为“专家证人”。为了保证鉴定人提出的鉴定意见具有一定的权威性、客观性和科学性，就需要一定的专业知识和实践经验，也就是说他应当是其所从事鉴定业务领域的专家。本款规定了申请登记从事鉴定业务的条件，具体来说：

第一，具有与所申请从事的司法鉴定业务相关的高级专业技术职称。司法鉴定是一种专业技术工作，鉴定人是以专家身份提供证据、参与诉讼活动的，鉴定人应当具备较高的技术职称，对其所从事的司法鉴定领域的专门知识有过系统的学习，具备一定的学历条件，这样才能与其任务、地位、身份相称。

根据本项规定，具备高级专业技术职称的可以申请从事司法鉴定业务。我国目前专业技术职务评审已开展28个系列。包括：高等学校教师、自然科学研究、社会科学研究、工程技术、卫生技术、农业技术、新闻、档案、文物博物、出版、图书资料、工艺美术、教练员、技工学校教师、翻译、播音、会计、统计、经济、中专学校教师、中学教师、小学教师、实验技术、律师、公证、艺术、船舶技术、民用航空，其中以考代评的专业技术资格系列有计算机软件工程师、国际商务师、会计师、审计师、统计师等系列。不同的行业领域有不同的高级专业技术职称，如在高等学校、科研机构从事教学科研工作，高级专业技术职称是指教授、副教授，研究员、副研究员；会计专业职务的高级职称是指高级会计师；卫生技术人员的高级职称是指主任医（药、护、技）师、副主任医（药、护、技）师，文物、博物专业职务的高级职称是指研究馆员、副研究馆员等。法医技术人员靠用卫生技术系列，法医技术人员高级技术职称为主任法医师、副主任法医师。

这里规定的“相关”是指高级专业技术职称必须与所申请从事的鉴定业务有关联。司法鉴定有很多种类，涉及领域较多，不同的鉴定专业特点也不同，为了保证鉴定的科学性，要求申请人需要具有与所申请从事的司法鉴定业务“相关”的高级专业技术职称。

第二，具有与所申请从事的司法鉴定业务相关的专业执业资格或者高等院校相关专业本科以上学历，从事相关工作5年以上。专业技术人员执业资格是对从事某一职业所必备的学识、技术和能力的基本要求。“执业资格”是政府对某些责任较大、社会通用性强、关系公共利益的专业技术工作实行的准入控制，是专业技术人员依法独立开业或独立从事某种专业技术工作学识、技术和能力的必备条件。执业资格一般要通过考试方法取得。专业技术资格考试所取得的资格是以考代评的专业技术职称。根据本项规定，只要取得各自专业的执业资格或者具有相关专业本科以上学历，并从事相关工作5年以上，即可以申请从事司法鉴定业务。比如不担任主任医师或副主任医师的执业医师，如果已有5年以上医师工作经历，或者具有医科大学本科以上学历，从事5年以上医学研究工作的，可以申请从事司法鉴定业务。

第三，具有与所申请从事的司法鉴定业务相关工作 10 年以上经历，具有较强的专业技能。由于实践中有的鉴定工作需要丰富的实践经验和专业技能，而国家目前并没有设定这方面的学科和评定这方面的技术职称，比如指纹鉴定、笔迹鉴定等。因此本项规定，具有较强的专业技能，并从事相关工作 10 年以上的，也可以申请从事司法鉴定业务。

根据本款的规定，符合上述三项条件规定中任何一项规定的人，即属于具备申请登记从事司法鉴定业务的条件。

本条第 2 款是关于不得从事司法鉴定的人员的规定。通常情况下，自然人具有第 1 款所规定的条件，即可申请从事司法鉴定业务，但本款规定了例外情况。根据本款规定，下列三种人员不得从事司法鉴定业务：

第一，因为故意犯罪或者职务过失犯罪行为，曾受过刑事处罚的人员。本条规定中的故意犯罪是指根据我国刑法规定所有故意实施的犯罪行为。所谓职务过失犯罪，是指行为人违背职务上必要的注意义务，造成严重后果的行为，这里的职务过失犯罪，不能仅理解为刑法分则第九章规定的渎职罪的范围，凡是与履行自己工作职务有关的职务过失犯罪，都包括在内。仅仅曾经实施过上述规定的犯罪行为，并不必然丧失从事司法鉴定业务的资格，还必须是曾经受过刑事处罚的。“受过刑事处罚”，是指依照我国的刑事法律规定，行为人的行为构成犯罪，并经人民法院判处刑罚，包括被人民法院依法判处刑法规定的各种主刑和附加刑。如某人被人民法院判处有期徒刑 1 年，宣告缓刑 1 年，在缓刑考验期内遵守刑法的有关规定，缓刑考验期满，原判的刑法不再执行，这种情况也属于“受过刑事处罚”。如果某人虽曾受到司法机关的追诉，但其行为符合刑法规定的不需要判处刑罚或者免除处罚的情况，因而人民法院决定免予刑事处罚的，则不属于“受过刑事处罚”。同样，如果检察机关对上述情况依照刑事诉讼法的规定决定不起诉的，也不在“受过刑事处罚”之列。对于因故意犯罪或职务过失犯罪受过刑事处罚的，一律不得从事司法鉴定业务。

第二，受过开除公职处分的人员。这里规定的“开除”是指依法定的程序被用人单位开除。开除是行政处分中最为严厉的一种处罚。这里的“公职”，主要是指在国家机关、国有公司、企业、事业单位、人民团体中担任职务。开除公职的原因可能多种多样，但是无论什么原因，只要是被开除公职，就不得从事司法鉴定业务。

第三，被撤销鉴定人登记的人员是指符合本决定第 13 条规定条件之一，曾被省级司法行政主管部门给予撤销登记处理的人。本决定第 13 条第 2 款规定，鉴定人或者鉴定机构有下列情形之一的，由省级人民政府司法行政部门给予停止从事司法鉴定业务 3 个月以上 1 年以下的处罚；情节严重的，撤销登记：（1）因严重不负责任给当事人合法权益造成重大损失的；（2）提供虚假证明文件或者采取其他欺诈手段，骗取登记的；（3）经人民法院依法通知，拒绝出庭作证的；（4）法律、行政法规规定的其他情形。

问题7：申请从事司法鉴定业务的法人或者其他组织，应当具备什么条件？

答：《全国人民代表大会常务委员会关于司法鉴定管理问题的决定》第5条规定："法人或者其他组织申请从事司法鉴定业务的，应当具备下列条件：（一）有明确的业务范围；（二）有在业务范围内进行司法鉴定所必需的仪器、设备；（三）有在业务范围内进行司法鉴定所必需的依法通过计量认证或者实验室认可的检测实验室；（四）每项司法鉴定业务有三名以上鉴定人。"

〔释义〕本条是对法人或其他组织申请从事司法鉴定业务条件的规定。

所谓"法人"，是指具有民事权利能力和民事行为能力，依法独立享有民事权利和承担民事义务的组织。"其他组织"是指不具备法人条件的其他团体或单位。

法人或者其他组织申请从事司法鉴定业务，必须同时具备如下四项条件：

第一，有明确的业务范围。首先，法人或者其他组织申请从事司法鉴定业务必须有业务范围。业务范围表明了鉴定机构的鉴定活动所涉及的专业领域，是鉴定机构自身定位的重要依据。其次，法人或者其他组织所申请从事的鉴定业务的范围必须是明确的。所谓明确，是指需要对从事的一种或者多种鉴定业务作出明确说明。司法鉴定有不同的种类，法人或者其他组织可以申请从事一种或者多种鉴定业务，如法医类鉴定或者声像资料鉴定或者同时从事这两种鉴定业务，也可以只申请从事法医类鉴定种类中的法医临床鉴定等。总之，在申请时必须提出明确的鉴定事项范围。不同类型的鉴定要求是不同的，明确的业务范围，既有利于社会了解该鉴定机构所能提供的服务项目，也有利于司法行政主管部门对鉴定机构的审查、管理。

第二，有在业务范围内进行司法鉴定所必需的仪器、设备。司法鉴定以科学技术为基础，进行司法鉴定必须有一定的物质基础。这里规定的"必需的仪器、设备"，应当根据申请从事鉴定业务的范围来确定。根据鉴定的范围，如果不需要该仪器、设备，则不能硬性要求申请人具备该仪器、设备；如果从事所申请的鉴定业务该仪器、设备是最起码的条件，那么不具备该仪器、设备，则不能批准该鉴定机构的申请。科技的高速发展为司法鉴定提供了越来越科学的方法和手段，但犯罪手段的不断发展，智能化犯罪的发展，也给司法鉴定工作带来了挑战，这都要求鉴定组织及时完善装备，保证鉴定的科学性。

第三，有在业务范围内进行司法鉴定所必需的依法通过计量认证或者实验室认可的检测实验室。实验室是指从科学上为阐明某一现象或事物的本质、特性而创造特定的条件，以便观察它的变化规律和结果的机构。实验室主要是从事校准和（或）检测工作的机构，可以分为校准实验室和检测实验室。实验室可以是在一个固定的地点，也可在远离固定设施的场所，或是在有关的临时或移动的设施中开展校准和（或）检测工作。

“检测实验室”是指从事检测工作的实验室。所谓检测（测试、检验），是指对给定的产品、材料、设备、生物体、物理现象、工艺过程或服务，按照规定的程序确定一种或多种特性或性能的技术操作。如在工厂（企业）的检测实验室需要进行生产过程中的工序检验和产品出厂前的最终检验，通常包括外观检查、性能测试和其他特性的试验、经检验符合产品规范要求的产品，出具产品合格证。检测的对象涉及面很宽，在工业部门主要是材料和产品。校准的目的是为了保证测量设备准确可靠，而检测是为了确定材料或产品的性能或属性而进行的测量或试验。对材料或产品的某些性能是需要定量确定其量值的，例如收录机灵敏度、酒精中乙醇的浓度等。但也有一些特性只能按规定的方法或程序进行操作，以其是否能通过（或不被损坏）来评定，如环境特性试验、安全性试验、可靠性试验、抗腐蚀性试验等。还有一些情况不可能严格区分测量和试验，例如电磁兼容性测试，既包括对电子设备电磁敏感度的试验，也包括对电子设备产生的电磁干扰场强度的定量测量，对测试的结果通常要出具测试报告。

计量是为实现单位统一及量值准确可靠而进行的科技、法制和管理活动，它属于测量而又严于一般的测量。“计量认证”是指由政府计量行政部门对有关技术机构（如检测实验室）的检定、测试能力和可靠性进行的考核和证明。根据有关规定，为社会提供公证数据的技术机构，必须经省级以上人民政府计量行政部门对其计量检定、测试能力和可靠性考核合格，取得计量认证合格证书。这里所称的公证数据，是指面向社会从事检测工作的技术机构为他人决定、仲裁、裁决所出具的可引起一定法律后果的数据。根据计量认证管理法规规定，经计量认证合格的检测机构出具的数据，用于贸易的出证、产品质量评价、成果鉴定作为公证数据，具有法律效力。

第四，每项司法鉴定业务有 3 名以上鉴定人。这是保证鉴定机构正常运转的基本要求。这里说的“鉴定人”，是指符合规定的鉴定从业条件的人员。如果在申请登记时拟承担鉴定工作的人是未经司法行政部门审核批准通过的鉴定人，则必须在申请登记鉴定机构的同时，提出担任鉴定人的申请。司法行政部门应当先审验其鉴定人的申请是否符合法定条件，再决定其鉴定机构的申请是否符合法定条件。

问题8：司法鉴定机构是否具有隶属关系及司法鉴定业务是否受地域的影响?

答:《全国人民代表大会常务委员会关于司法鉴定管理问题的决定》第8条规定：“各鉴定机构之间没有隶属关系；鉴定机构接受委托从事司法鉴定业务，不受地域范围的限制。鉴定人应当在一个鉴定机构中从事司法鉴定业务。”

〔释义〕本条是关于鉴定机构之间没有隶属关系，鉴定机构从事司法鉴定业务不受地域范围限制，以及鉴定人应当在一个鉴定机构中从事司法鉴定业务的规定。本条共分两款。

本条第1款是关于鉴定机构之间没有隶属关系和鉴定机构从事司法鉴定业务不受地域范围限制的规定。本款共规定了两个方面的问题。

1. 各鉴定机构之间没有隶属关系

司法鉴定是一种科学技术活动，是鉴定人运用科学技术或者专门知识对诉讼涉及的专门性问题进行鉴别和判断并提供鉴定意见的活动。根据司法鉴定实行鉴定人负责制度，鉴定人应当独立进行鉴定。因此，鉴定人和鉴定机构在进行司法鉴定提供鉴定意见时只服从科学，而不受任何行政命令的影响。各鉴定人在科学面前是平等的，各鉴定机构之间也应当是平等的，而不能有任何隶属关系。

2. 鉴定机构接受委托从事司法鉴定业务，不受地域范围的限制

根据这一规定，任何司法机关或者诉讼当事人，在各类诉讼中遇到专门性问题需要进行鉴定的，可以依法委托在我国境内任何地方的鉴定机构进行鉴定并提供鉴定意见。同样，任何鉴定机构，在其业务范围内也可以依法接受位于我国境内任何地方的司法机关或者诉讼当事人的委托从事司法鉴定业务。任何鉴定机构的鉴定人，也可以在全国任何人民法院出庭作证。任何单位或者个人无权限制任何鉴定机构从事司法鉴定业务的地域范围。本款作这样的规定，主要是考虑到两方面的因素。一是鉴定机构在全国各地的配置是不平均的，有的县市可能没有鉴定机构，即使是有鉴定机构，大多数鉴定机构也不可能使自己的业务范围涵盖所有的鉴定事项，因此，允许鉴定机构在全国范围内从事司法鉴定业务，可以有效地利用鉴定资源，为诉讼活动的顺利进行提供服务。二是限制鉴定机构从事司法鉴定业务的地域范围，可能会人为地造成鉴定机构在某个地域范围内的垄断地位，不利于各鉴定机构之间的正当竞争，不利于鉴定机构的发展，也不利

于提高鉴定机构的服务水平。

本条第2款是关于鉴定人应当在一个鉴定机构中从事司法鉴定业务的规定。根据本款规定，鉴定人从事司法鉴定业务，首先必须成为一个鉴定机构的工作成员。换句话说，一方面，鉴定人如果不属于任何鉴定机构，是不能从事司法鉴定业务的；另一方面，任何鉴定人不得同时属于两个或者两个以上鉴定机构。根据本决定第9条的规定，鉴定人从事司法鉴定业务，由所在的鉴定机构统一接受委托。鉴定人个人不得直接接受委托从事司法鉴定业务，因此，鉴定人必须属于某个鉴定机构。同时，根据本决定第5条第（4）项的规定，法人或者其他组织申请从事司法鉴定业务的，其申请的每项司法鉴定业务必须有3名以上鉴定人。如果鉴定人可以同时在多个鉴定机构中从事司法鉴定业务，不仅可能会影响其对司法机关或者诉讼当事人提供司法鉴定服务的质量，也会使鉴定机构应当具备的上述条件要求徒具形式。

问题9：法院和鉴定机构两者在司法鉴定中的权限

答：司法鉴定机构作为中立的第三方机构，其法律地位决定了没有任何审判的权利。鉴定机构只是法院或法官的助手，起到专家证人的作用。从技术角度进行判定，并且技术鉴定内容必须在法院委托范围内进行，不可超出范围鉴定。鉴定机构仅从技术角度分析问题产生的原因，而不去评价责任问题，应由法院根据鉴定意见去审理判定。简而言之，鉴定人员是技术专家证人，应分清与法官的责任划分，且不可“以鉴代判”。

鉴定机构鉴定最终结果应表述为鉴定意见，而不可以称为鉴定结论。鉴定意见在案件审理过程中能否被法院采信，取决于法院对证据的判断。

问题10：鉴定委托与鉴定收费问题

答：目前，委托单位或个人一般采取委托鉴定函或签订司法鉴定委托协议书的方式，与鉴定机构建立委托合同关系。司法实践中，法院一般采取司法鉴定委托书形式，不再与鉴定机构签订司法鉴定委托协议书。其他办案机关如公安局或检察院部分会与鉴定机构签订司法鉴定委托协议书。政府机构、企事业单位和个人都会签订司法鉴定委托协议书。

司法鉴定收费：全国性的统一司法鉴定收费取消了，目前实行的是各省司法行政管理和物价局联合发文的收费标准。目前《福建省司法鉴定收费管理暂行办法》对老三类的司法鉴定收费有细则和收费标准，其他类司法鉴定收费规定为市场调节。换句话说，其他类司法鉴定收费市场化，允许司法鉴定申请人有议价的权力。其他类司法鉴定名目繁多，制定收费标准难度大，效果差，减轻了司法行政管理机关和物价局的负担，更减轻了申请人的精神负担。有了议价权力，司法鉴定申请人往往可以在他自己的心理价位上成交，促进司法鉴定事业健康发展。

鉴定费缴纳方式：司法鉴定机构作为客观、公平、公正的第三方，不允许与任一方有利益冲突。司法鉴定人回避制度体现了这一点，收费方式也是一样，先收鉴定费，然后开展司法鉴定工作。在缴纳鉴定费的问题上，因为最高人民法院明文规定法院不得代收鉴定费，所以鉴定费一般由鉴定缴纳义务人（委托鉴定申请人）直接缴纳给鉴定机构，这就造成了委托人与缴纳人不同的矛盾，因此，法院与鉴定机构之间的关系应视为一种特殊的合同关系。

问题11：当事人未按约交纳鉴定费用，鉴定机构以此为由拒不出具鉴定意见的，如何处理？

答：当事人未按约交纳鉴定费用，鉴定机构以此为由拒不出具鉴定意见，人民法院审查属实的，可以责令当事人在指定期限内交纳鉴定费用，并告知当事人拒不交纳鉴定费用的后果。当事人在指定期限内仍拒不交纳鉴定费用的，鉴定机构可以退回鉴定，并由拒不交纳鉴定费用的当事人承担由此导致的不利后果。

问题12：司法鉴定人出庭收费依据是什么？

答：1. 国务院令第481号《诉讼费用交纳办法》自2007年4月1日起施行，该办法第6条规定：当事人应当向人民法院交纳的诉讼费用包括证人、鉴定人、翻译人员、理算人员在人民法院指定日期出庭发生的交通费、住宿费、生活费和误工补贴。第12条规定：诉讼过程中因鉴定、公告、勘验、翻译、评估、拍卖、变卖、仓储、保管、运输、船舶监管等发生的依法应当由当事人负担的费用，人民法院根据谁主张、谁负担的原则，决定由当事人直接支付给有关机构或者单位，人民法院不得代收代付。

2.《司法鉴定程序通则》在2015年12月24日由司法部部务会议修订通过，自2016年5月1日起施行。第44条规定，司法鉴定机构接到出庭通知后，应当及时与人民法院确认司法鉴定人出庭的时间、地点、人数、费用、要求等。

3.《最高人民法院关于行政诉讼证据若干问题的规定》自2002年10月1日起施行。第75条规定，证人、鉴定人因出庭作证或者接受询问而支出的合理费用，由提供证人、鉴定人的一方当事人先行支付，由败诉一方当事人承担。

《民事诉讼法》自2017年7月1日起施行。第74条规定，证人因履行出庭作证义务而支出的交通、住宿、就餐等必要费用以及误工损失，由败诉一方当事人负担。人民法院经审查认为申请人的异议主张成立的，鉴定人出庭费用由申请人的相对方负担；异议主张不成立，鉴定人出庭费用由申请人负担；异议主张部分成立的，由人民法院酌情确定鉴定人出庭费用的负担。当事人申请证人作证的，由该当事人先行垫付；当事人没有申请，人民法院通知证人作证的，由人民法院先行垫付。

4. 出庭费用补偿权。出庭费用补偿权，是证人、鉴定人的一项重要权利，证人、鉴定人对出庭受到的损失应当获得补偿。因此，对证人、鉴定人出庭给予合理的补偿是完全必要的。证人、鉴定人出庭作证或者接受询问的合理费用一般包括交通费、住宿费、误工费、生活补助费等合理费用。不应由证人、鉴定人自行支付，这样不仅有助于解决证人、鉴定人出庭活动的费用，而且可以保证其按时出庭作证或接受询问。

5. 其他类司法鉴定人出庭收费也是市场调节价。比如福建天泽司法鉴定所（以下简称天泽所）对建筑工程和海事物证司法鉴定人出庭收费是每人次2000元。收费理由是，每一本《司法鉴定意见书》都是几十页，由好多不同专业领域的专家共同完成，不是哪一位司法鉴定人可以单独完成的，出庭时也不可能让参与鉴定的所有人都去，所以出庭的司法鉴定人必须提前把参与鉴定的人员召集在一起，研讨本案《司法鉴定书》其他专业的专家为什么要这样描述，可能存在的漏洞；另外通知出庭都是几个月以后的事情，原先鉴定的案件也忘记得差不多了，必须要提前熟悉。为了协助司法鉴定人出庭圆满回答法官、原被告律师的质疑，天泽所会派助理参加出庭，助理出庭没有再收费用。综上主要的费用在于为了出庭，必须提前召开专家研讨会，几位专家加上几位助理的工时费，其次出庭时一位司法鉴定人、一位助理的工时费，合计工时成本超过4000元。为了减轻申请方的负担和法院质证需求，天泽所减半收费，只收2000元人民币。

问题13：司法鉴定人与专家辅助人的区别与联系

答：1. 司法鉴定人与专家辅助人的概念

司法鉴定人是指运用自己的专业技术对诉讼中事实问题进行鉴别和判断并提出鉴定意见的人员。在我国，一般认为《最高人民法院关于民事诉讼证据的若干规定》（以下简称《民事诉讼证据规定》）第61条第一次提出了专家辅助人的概念，即具有专门知识的人。该条规定为："当事人可以向人民法院申请一至二名具有专门知识的人员出庭就案件的专门性问题进行说明。人民法院准许其申请的，有关费用由提出申请的当事人负担。审判人员和当事人可以对出庭的具有专门知识的人员进行询问。经人民法院准许，可以由当事人各自申请的具有专门知识的人员就有关案件中的问题进行对质。具有专门知识的人员可以对鉴定人进行询问。”

鉴定人制度是我国民事诉讼中非常重要的制度，尽管其与专家辅助人制度的出发点都是为了解决诉讼中的专业性问题，但两者还是表现出了较为明确的区别。

2. 司法鉴定人与专家辅助人的区别

（1）设立目的不同。

司法鉴定的目的是为了解决诉讼涉及的专门性问题，帮助查明和认定案件事实。对于诉讼涉及的专门性问题，需要进行鉴定的，应当依法进行鉴定。确定专家辅助人制度的原因主要是保证当事人双方的诉讼均衡，加强当事人诉讼对抗，也有助于帮助法官公正裁判。由此可以看出，如果说专家辅助人是当事人的助手，那么鉴定人就是法官的助手，双方都有一个共同的功能就是维护司法公正。

（2）资格的要求不同。

我国民事诉讼中的鉴定人是指鉴定机构人员，对鉴定人的从业资格做出明确的规定。我国的司法鉴定人登记管理办法对司法鉴定人资格的规定如下：具有相关高级专业技术职称；或者具有相关的行业执业资格或者高等院校相关专业本科以上学历，从事相关工作5年以上；申请从事经验鉴定型或技能鉴定型司法鉴定业务的，应当具备相关专业工作10年以上经历和较强的专业技能等。而对于专家辅助人的要求一般只是抽象地规定其在一定领域内在知识、经验、技能、训练等方面具有优于常人的能力。较高的从业门槛也决定了鉴定人的范围要远远小于专家辅助人的范围。司法鉴定人是准入制，长期性，专家辅助人是聘任制，一次性。

（3）参与诉讼的方式不同。

根据我国《民事诉讼证据规定》第26条及第28条的相关规定，可以认为鉴定人进入民事诉讼主要是采用三种方法，当事人申请并由双方当事人协商确定鉴定人选后法院委托、当事人自行委托及必要时候法院依法授权委托。而专家辅助人则主要是当事人申请，法院不能越权追加。

（4）诉讼地位不同。

从鉴定人参与诉讼的方式可以看出，在诉讼过程中，鉴定人处于中立地位，是法官的助手，并且适用回避制度。其目的是为了帮助法官了解案件事实，公正司法裁判。因此，在实践中法官一般不会轻易地否定鉴定意见。专家辅助人是由当事人申请出庭，其出庭费用是由申请方当事人承担，而不是由败诉方承担。这就意味着专家辅助人是为申请方服务的，其地位并非中立，而是有较强的偏向性，也因此其不适用回避制度。由此也能看出其与鉴定人制度的设立初衷，制度架构上有较大区别。

（5）举证、质证的不同。

举证。在举证方面，鉴定人意见是法定证据中的一种，其适用关于证据的一切规定。关于证据，应当进行举证。对于鉴定意见而言，仅提供鉴定报告进行举证时不满足证据法的要求的，其须通过鉴定人的出庭来进行。而对于专家辅助人的言论，其本身并不是证据，无需举证，且通常为口头形式出现。

质证。大陆法系国家也规定了鉴定人必须出庭进行质证，但在大陆法系国家，对鉴定意见的质证是由法官作为主导的，当事人参与其中。因此，当事人对鉴定意见进行质证是在法官的指挥下进行的，并且法官在质证的过程中可以直接询问鉴定人。专家辅助人也是出庭质证。在庭审中，当事人申请聘用专家辅助人，一方面专家辅助人可以经法官允许而对鉴定人进行发问；另一方面，也可以对自己当事人或律师对鉴定人的询问给予一些提议。

3. 鉴定人与专家辅助人的联系

维林说："获得真相的最好方法是让各方能够证实真相的各种事实，然后双方展示他们所获得的所有材料，两个带有偏见的寻找者从田地的两端开始寻找，他们漏掉的东西要比一个无私的寻找者从地中间开始寻找所要漏掉的东西要少得多。"这个观点告诉我们，法官不可孤立判断，尤其是针对一些专门性问题时，在法官自身缺乏相关知识的情况下，如果偏听偏信则极易造成司法不公。鉴定人与专家辅助人的出现就是为了帮助法官和当事人解决专门性问题，促使法官多角度分析，多层面考虑，从而得出合理判断。由此可见，鉴定人与专家辅助人在一定程度上具有不可忽视的共性。

首先，二者都是具有一定专业知识的人，只是程度不同，标准不同，但都优于常人。其次，二者针对的都是专门性问题，都是对专门性问题所做的陈述和判断，带有较强的专业性和主观判断色彩。最后，二者都是为了帮助查明案件事实，协助法官客观分析，公正判断，提高司法效率，维护司法公正。

总而言之，二者都是适应社会发展、科技发展的产物，是民事诉讼的完善和进步。虽然现阶段还存在着不少问题和障碍，但是二者的出现，尤其是专家辅助人制度的出现，为公正司法，提高审判结果的科学性、合理性，增加当事人对审判结果的信赖和信服等方面具有重要作用。

问题 14：个人是否可以委托鉴定？

答：可以。

1.《司法鉴定程序通则》第二章司法鉴定的委托与受理从第 11 条到第

17条，没有一条对委托方进行限制，所以个人可以委托鉴定。

2.《民事诉讼证据规定》第28条规定："一方当事人自行委托有关部门作出的鉴定结论，另一方当事人有证据足以反驳并申请重新鉴定的，人民法院应予准许。"该条规定实际上赋予了自行委托鉴定应有的法律地位，弥补了现行法中的不足。原因有两点：其一，从举证责任的角度来所，当事人为其诉讼主张提供证据是当事人的义务。充分贯彻了"谁主张，谁举证"的原则。其二，从诉权的角度而言，将自行鉴定的鉴定意见作为证据提出，也是当事人的诉讼权力，即双方当事人可以享有充分利用鉴定意见作为证据方式来证明自己提出的主张，或用以反驳对方提出事实主张的权利。

问题15：个人委托鉴定与法院委托鉴定有何区别?

答：个人委托鉴定与法院委托鉴定的相同之处在于对被委托机构和从业人员均需经庭审质证才能确定其效力。

二者的区别之处：一是决定权、委托权行使的主体不同，前者是否进行鉴定，委托哪个鉴定机构鉴定均由当事人自行决定；而后者则由当事人提出申请，由人民法院委托鉴定机构进行鉴定。二是检材来源不同，前者所使用的鉴定材料由一方当事人提供，后者由双方当事人提供，或者虽由一方当事人提供，但法院需对鉴定材料进行质证。三是鉴定启动时间不同，前者往往是在立案前即已完成，后者往往存在于诉讼之中。四是法律后果不同，当事人一方自行委托所获鉴定意见，若于己不利，不会提交法院；而法院委托鉴定所获鉴定意见，则无论对申请人是否有利，都必须作为证据接受对方质证。

问题16：对个人委托鉴定意见存在异议申请重新鉴定需要哪些条件?

答：对法院委托鉴定申请重新鉴定的条件，《民事诉讼证据规定》第27条规定："当事人对人民法院委托的鉴定部门作出的鉴定结论有异议申请重新鉴定，提出证据证明存在下列情形之一的人民法院应予准许：（一）鉴定机构或者鉴定人员不具备相关的鉴定资格的；（二）鉴定程序严重违法的；（三）鉴定结论明显依据不足的；（四）经过质证认定不能作为证据使用的其他情形。对有缺陷的鉴定结论，可以通过补充鉴定、重新质证或者补充质证等方法解决的，不予重新鉴定。"

对于自行鉴定申请重新鉴定的，《民事诉讼证据规定》第28条规定，一方当事人自行委托有关部门作出的鉴定结论，另一方当事人有证据足以反驳并申请重新鉴定的，人民法院应予准许。对自行鉴定得出的鉴定意见，并不是对方当事人有异议就当然启动重新鉴定，而是要求对方当事人同时要有足够的理由反驳，即也要从鉴定机构或者鉴定人员是否具备相关的鉴定资格、鉴定程序是否严重违法等方面反驳，才准许重新鉴定。

问题 17：司法鉴定鉴材如何提交？

答：根据“谁主张，谁举证”的司法原则，司法鉴定的申请人应当提供相应的证据，按司法鉴定委托法律关系，申请人的证据应提供给法院或仲裁机构，质证证据后再由委托人移交给鉴定机构。司法实践中，许多案件的鉴定期限往往超过了工程施工期限，重要原因是因鉴材提供操作不规范造成。由于鉴定人未限制当事人提供鉴材的期限，允许当事人在鉴定过程中持续不断地提供材料，对方当事人对后续材料的真实性持有异议。因此鉴定机构一方面应向当事人书面明确鉴定需提供的相关材料，另一方面报鉴定委托机构备案，明确提交材料的期限，过期应视为当事人放弃权利，这是严格控制鉴定期限最关键的措施。当事人不提供有关材料是当事人自己的民事权利，鉴定人不应责怪当事人不提供相关材料，不应对缺乏鉴材而为难，而应严格控制送鉴材到期关闭时间，当事人不提供的视为没有材料，由当事人承担逾期不举证的不利后果，鉴定人只需对期限内收到的送鉴材料进行鉴定并出具相应的司法鉴定意见。

对于个人委托的，根据《司法鉴定程序通则》第 12 条规定，委托人委托鉴定的，应当向司法鉴定机构提供真实、完整、充分的鉴定材料，并对鉴定材料的真实性、合法性负责。

问题 18：当事人将鉴定资料直接提交给鉴定机构的，如何处理？

答：当事人应当将鉴定资料提交给人民法院，由人民法院组织质证后提交给鉴定机构，而不得直接提交给鉴定机构或鉴定人。

当事人直接将鉴定资料提交给鉴定机构的，鉴定机构应当告知当事人将鉴定资料提交给人民法院或者将鉴定资料转交给人民法院。未经人民法院组织质证，鉴定人直接根据当事人提交的鉴定资料作出鉴定意见的，人民法院应当对该鉴定意见不予采信，并重新进行鉴定或者对相关鉴定资料质证后由鉴定人重新出具鉴定意见。

问题 19：鉴定意见的异议与质询

答：对鉴定意见有异议的两种处理办法。

第一种：当事人向司法鉴定机构发出咨询函，指出不明白的、缺漏的项目或者是不正确的地方。鉴定机构应该抱着有则改之无则加勉的态度，对缺漏项补足，对当事人不理解的进行解释，然后给法院发出补充司法鉴定意见函。

第二种：当事人向法院提出申请，要求司法鉴定人出庭参加质询。当事人要支付出庭费和差旅费。

工程造价鉴定常因工程施工时间长，项目多，资料繁杂且时有资料不完整情况，使得工程造价鉴定比其他鉴定难度更大，当事人对鉴定报告的异议颇多。一般来讲，鉴定机构、鉴定人在出具正式报告之前可以先出具鉴定意见书初稿，由法院将鉴定意见书初稿送达双方当事人并限定在一定期间内由双方当事人针对鉴定报告提出异议，以便鉴定机构、鉴定人有针对性地进行修正，最后出具正式报告。

鉴定意见作为证据的一种也需要经当事人的质证。开庭时，法院若需要应通知鉴定人出庭接受当事人的质询。《民事诉讼证据规定》第59条规定："鉴定人应当出庭接受当事人质询。鉴定人确因特殊原因无法出庭的，经人民法院准许，可以书面答复当事人的质询。"当事人可以充分运用法律赋予的这一权利，在开庭过程中，通过对出庭鉴定人员的质询，确认实际作业人与鉴定意见签名人是否一致，审查鉴定意见是否确实是签字的鉴定人员所作，鉴定依据和鉴定过程是否充分、合法等。

问题20：人民法院对鉴定机构出具的初步鉴定意见如何处理?

答：鉴定人在出具正式鉴定意见前，可以出具初步鉴定意见，征求人民法院和当事人的意见。

收到初步鉴定意见后，人民法院应当及时向当事人送达，并要求当事人在一定期限内提交书面意见。当事人可以就鉴定意见与鉴定事项是否相符、计价原则和计价方式是否科学、鉴定依据是否合法、鉴定意见是否存在错漏等提出意见。当事人提交书面意见后，人民法院认为有必要的，可以组织当事人、鉴定人进行听证，听取当事人、鉴定人的意见。

人民法院将当事人提交的书面意见、听证意见反馈给鉴定机构后，鉴定人应当结合当事人提交的书面意见、听证意见对初步鉴定意见进行修正，并及时出具正式的鉴定意见。

问题21：人民法院发现鉴定意见存在问题的，应当如何处理?

答：人民法院发现鉴定意见存在鉴定依据采用不当、鉴定数据存在错漏等情形，应当书面告知鉴定机构，可以由鉴定人通过出具补充鉴定意见方式予以纠正的。

人民法院认为存在鉴定意见与鉴定事项不符、未按照人民法院确定的鉴定方法鉴定、鉴定程序违法等情形，难以通过出具补充鉴定意见方式予以纠正的，应当进行重新鉴定。

问题22：补充鉴定与重新鉴定

答：《民事诉讼证据规定》第27条规定："当事人对人民法院委托的鉴定部门作出的鉴定结论有异议申请重新鉴定，提出证据证明存在下列情形之一的，人民法院应予准许：（一）鉴定机构或者鉴定人员不具备相关的鉴定资格的；（二）鉴定程序严重违法的；（三）鉴定结论明显依据不足的；（四）经过质证认定不能作为证据使用的其他情形。对有缺陷的鉴定结论，可以通过补充鉴定、重新质证或者补充质证等方法解决的，不予重新鉴定。"鉴于建设工程司法鉴定具有程序复杂、工作量大、鉴定费用高的特点，重复鉴定往往会导致当事人诉讼成本的加大，因此，对待有缺陷的鉴定结果，当事人应尽量申请通过"补充鉴定、重新质证或者补充质证等方法解决"，以利于实现人民法院查明事实和降低诉讼成本的目的。

问题23：司法鉴定时效问题

答：目前司法鉴定是以现状为准去评判工程质量的，而工程质量有部分是随着时间而变化的，也就是说现状评判不合格不能代表当时施工时不合格，因此有时无法去推断工程施工时的质量情况。权宜之计是，根据保修期进行判定，即若工程质量在保修期内出现了工程质量问题，就可以按照工程质量施工验收标准进行判定，而不用考虑时间因素对工程质量的影响。目前我国工程质量保修期限的约定有两个方面：一是双方约定正常使用年限；二是若没有约定，则根据国务院令《建设工程质量管理条例》关于建设工程质量最低保修期的规定。

问题24：司法鉴定技术标准的选用

答：根据《司法鉴定程序通则》第23条规定："司法鉴定人进行鉴定，应当依下列顺序遵守和采用该专业领域的技术标准、技术规范和技术方法：（一）国家标准；（二）行业标准和技术规范；（三）该专业领域多数专家认可的技术方法。"

问题25：司法鉴定机构、检测机构、造价咨询单位的资质区别

答：司法鉴定机构：司法鉴定机构是司法鉴定人的执业机构，经省级司法行政机关审核登记，取得《司法鉴定许可证》，在登记的司法鉴定业务范围内，开展司法鉴定活动。司法行政机关对司法鉴定机构及其司法鉴定活动依法进行指导、管理和监督、检查。

检测机构：省、自治区、直辖市人民政府建设主管部门负责对本行政区域内的质量检测活动实施监督管理，并负责检测机构的资质审批。市、

县人民政府建设主管部门负责对本行政区域内的质量检测活动实施监督管理。

工程造价咨询单位：不属于实行司法鉴定登记管理制度的范围，工程造价咨询企业的执业资质应以建设行政部门的认定为准。工程造价咨询单位和造价工程师的审批、注册管理工作由建设行政部门负责。

问题26：质量检测与质量鉴定的联系与区别

答：建设工程质量检测是建设工程质量鉴定的重要手段。为了得出建设工程质量鉴定意见，除了进行建设工程质量检测工作外，还需要结合设计图纸复核、实物外观检查、内页资料查验等情况来综合判断。质量检测无疑是做出鉴定意见的重要依据之一，司法鉴定意见还要考虑法院委托范围、时间、地点，以及原被告的争议焦点。

检测出具检测报告，主要限于材料或结构功能项目的检测结果是否满足规范或设计的要求。鉴定出具鉴定报告，主要是给出建筑物结构功能的可靠性评定，一般使用可靠性等级来表示；同时，根据鉴定的目的给出相关可行性结论和建议。

问题27：检验报告书与司法鉴定意见书有什么区别?

答：1.《鉴定检验报告书》是司法鉴定机构和司法鉴定人对委托人提供的鉴定材料进行检验后出具的客观反映司法鉴定人的检验过程和检验结果的文书。《鉴定检验报告书》是对客观事实的检验和陈述，没有涉及鉴定人主观意见，例如对DNA的检验。

2.《司法鉴定意见书》是司法鉴定机构和司法鉴定人对委托人提供的鉴定材料进行检验、鉴别后出具的记录司法鉴定人专业判断意见的文书。《司法鉴定意见书》是根据客观事实的检验，由鉴定人给予鉴定意见，例如根据DNA的检验结果，计算二人是否有亲缘关系的结论意见。

问题28：司法鉴定意见书与检测和检验报告文书的主要区别有哪些?

答：1. 司法鉴定文书应当由司法鉴定人签名或者盖章。多人参加司法鉴定，对鉴定意见有不同意见的，应当注明。司法鉴定文书应当加盖司法鉴定机构的司法鉴定专用章。检测和检验报告应当由主检、复核、批准、审核、编制签名或盖章。检测和检验报告加盖单位检测专用章或公章。

2. 司法鉴定文书多数牵涉到法律纠纷、保险理赔、工伤评级等。检测多用于正常检测程序，证明某项工程是否按设计要求，生产或施工。

问题29：施工质量验收与工程质量司法鉴定的区别

答：施工质量验收是指建筑工程在施工单位自行质量检查评定的基础上，参与建设活动的有关单位共同对检验批、分项、分部、单位工程的质量进行抽样复验，根据相关标准以书面形式对工程质量达到合格与否做出确认。施工质量验收的依据是《建筑工程施工质量验收统一标准》和相关的验收规范。施工质量验收属于过程检验，施工过程中随时进行检验批的抽样验收，最后对单位工程或分部工程质量做出整体评定结论。

司法鉴定属于现状检验，无法对施工过程进行鉴定。受检验批抽样比例和检测手段的限制，相当多的检测项目事后无法进行复查。因此鉴定时，应让委托方明确鉴定事项，针对检测手段不能达到的检测项目事先告知委托方。鉴定意见的形式应为对是否符合标准要求，当需要对是否合格进行判定时，应慎重。判定不合格比判定合格要简单得多。这里面就存在一个问题，建筑工程施工质量验收规范检验批的验收采用抽样方案，合格率控制在一定概率范围内。因此即使验收合格的工程也可能存在不符合规范的部位和项目。局部可能存在质量问题，而当事人（作为单独一户）提出的鉴定内容就可能不符合规范要求，但是不能据此说整个工程不合格。从工程质量司法鉴定的角度，可以判定某项问题不符合标准要求。

问题30：建筑工程质量司法鉴定与一般工程检测的区别

答：1. 概念不同

司法鉴定是指在诉讼活动中鉴定人运用科学技术或者专门知识对诉讼涉及的专门性问题进行鉴别和判断并提供鉴定意见的活动。或者说，司法鉴定是指在诉讼过程中，对案件中的专门性问题，由司法机关或当事人委托法定鉴定单位，运用专业知识和技术，依照法定程序作出鉴别和判断的一种活动。

工程检测是为保障已建、在建、将建的建筑工程安全，在建设全过程中对与建筑物有关的地基、建筑材料、施工工艺、建筑结构进行测试的一项重要工作。

2. 服务目的不同

一般工程检测是为了判定工程质量，为使工程更好地服务而进行的检测。司法鉴定是为诉讼服务，为案件的审理提供技术证据。

3. 程序不同

司法鉴定更注重程序的合法性和中立性，鉴定事项更具针对性，鉴定过程更加注重委托人以及双方当事人的共同参与。不管是哪一种诉讼，其程序正义的最基本要求之一就是裁判者的中立性，可以说裁判者的中立性是程序正义的底线，没有裁判者的中立，就谈不上诉讼或审判的程序正义性，也就无所谓结果的正当性。因此，建筑工程司法鉴定更加需要中立性和程序的合法性。

4. 依据的标准不同

司法鉴定所采用标准应为适用标准，而一般检测采用现行标准。随着科学技术水平的提高和社会的进步，国家的规范、标准会定期进行修订。规范版本的不同，有时也会导致结论的差异。一般来说，新规范比旧规范标准更高、要求更严。这意味着按旧规范满足要求，按新规范可能不满足要求。但也可能出现相反的情况。进行一般性检测时，应采用现行的相关技术标准规范，即鉴定时国家执行的规范，这主要是从保证下一个目标使用期正常、安全使用的角度出发的。司法鉴定应该采用工程建设时执行的标准。当被鉴定项目刚好处于新、旧规范过渡时期，而双方的合同文件对依据的规范版本未作明确规定时，根据“从轻原则”，应该采用新旧规范中较低的标准。

5. 鉴定内容的不同

司法鉴定侧重在鉴定，即更看重鉴定意见，更需要将专业术语以法律语言描述，鉴定意见能为诉讼服务；而检测只是最终得到综合鉴定意见的一个手段，法官在审理过程中更关注最后的鉴定意见，而非检测所得到的数据。

问题31：质量监督与司法鉴定的区别

答：工程质量监督是建设行政主管部门或其委托的工程质量监督机构（统称监督机构）根据国家的法律、法规和工程建设强制性标准、对责任主体和有关机构履行质量责任的行为以及工程实体质量进行监督检查、维护公众利益的行政执法行为。在实践中，通常是工程质量监督机构（质检站）受建设行政主管部门的委托，代表政府行使行政监督执法，在从事工程质量安全监督活动中完全处于委托执法地位，与建设活动中的各方责任主体之间只具有行政监督关系。工程建设活动则由建设单位或者业主向质监机构申报监督或监督注册；在具体的执法活动中，则主要以保证建设工程安全使用和环境质量为主要目的，监督工程建设活动中各方责任主体履行质量责任的行为并辅以监督检查工程实体质量开展工作，工程竣工验收由建设单位组织各方责任主体依法、依规范标准和工程建设合同进行验收，而质量监督机构仅对建设参与各方的验收行为进行监督，质监机构不再对工程质量进行等级评定，而是具体实施竣工验收备案工作。

故而，质量监督是一种行政执法行为，质监机构对工程质量的法律责任是也是行政责任。司法鉴定则是社会中介机构受委托而依法进行的一种民事行为。

问题32：司法鉴定人出庭需要出具什么证件？

答：（1）身份证。法院安检室需要使用。（2）省级司法行政管理机关颁发相关鉴定范围的《司法鉴定人执业证》。（3）法院出庭通知书。（4）有的法院要求出具本单位的介绍信。

问题33：司法鉴定人出庭除出具《司法鉴定人执业证》外，还要出具其他能力证书吗？为什么？

答：不需要。因为：

第一，《司法鉴定人执业证》表明持证人员具备在证书规定的执业范围内可以做司法鉴定，无需再出具其他资质和能力证书。根据司法鉴定人的准入条件就可以知道，准入条件标准高并且严格。司法鉴定本身就是一门学科，是现有其他学科都无法取代的，它是法学+其他相应学科的新科学。比如法医学（Forensic Medicine）是应用临床医学、生物信息学、药学和其他自然科学理论和技能解决法律问题的循证医学，用于侦查犯罪和为审理民事或刑事案件提供科学证据。法医学应该看成是沟通“法学”与“医学”两个学科门类的桥梁学科。

第二，司法鉴定是平台技术。委托鉴定内容似乎只有一个问题，解决这个问题需要用许多跨学科的知识。例如：天泽所受理的案件——脆鱼会死吗？为了解决这个问题需要气象学、测量学、水力学、建筑学、环境污染学、水产养殖学、市场调查学，这些学科归于不同的专业。没有一个司法鉴定人可以全部精通，即使精通也不可能会获得这么多相应鉴定范围的执业证。为维护社会安宁稳定，具有该范围的司法鉴定机构应该铁肩担道义，以机构为平台组织各学科各专业的专家，针对这一问题结合现场取证和市场调查等获得资料，召开研讨会，得出科学鉴定意见，然后由代表性的司法鉴定人签字，出具司法鉴定意见书。也可以说《司法鉴定意见书》是集专家智慧的结晶。

第三，虽然有一些司法鉴定人具有几十本专业技能资质证书，但还是无法满足意见书中涉及的学科的细分要求。另外，出庭质证牵涉误工和诉讼成本问题，不可能参加鉴定的人员全部出庭。

第四，根据《司法鉴定程序通则》和《司法鉴定文书规范》，具备其他能力资质证书的人员在《司法鉴定意见书》上签名是无效的。

第二章　建筑工程司法鉴定问题解答

问题34：建筑工程司法鉴定的定义

答：建筑工程司法鉴定是指依法取得有关建筑工程司法鉴定资格的鉴定机构和鉴定人受司法机关或当事人委托，运用建筑学理论和技术，对与建筑工程相关的问题进行鉴定并提供鉴定意见的活动，其主要内容包括：建筑工程质量评定、工程质量事故鉴定、工程造价纠纷鉴定等。根据定义可见，建筑工程司法鉴定是综合性一条龙法律服务的鉴定，与行业鉴定分很多细项不同，在建筑工程司法鉴定实践过程中，更能够满足“以审判为中心”的需求。

建筑工程司法鉴定不仅为法院审判相关工程质量纠纷类案件提供了专业的技术支持，同时也担当了面向社会服务的鉴定责任。建筑工程质量问题轻则引发纠纷和矛盾，重则会影响人身安全，成为影响社会和谐稳定的一个重要因素。

建筑工程司法鉴定必须依据案发时的标准规范，使用通过计量认证的检测方法对工程进行现场检测，并由当事人或司法机关相关人员进行数据确认，然后，对现场确认的数据进行处理，通过分析和计算，对工程整体做出鉴定意见，并出具《某某项目建筑工程司法鉴定意见书》。

问题35：建筑工程施工合同纠纷案件类型

答：建筑工程施工合同纠纷案件主要有三类，包括工程款纠纷、工期纠纷和质量纠纷。其中工程款纠纷占绝大部分，而且其他两种纠纷即质量纠纷、工期纠纷也往往是由于工程款纠纷而引发的，其表现形式往往是承包方要求发包方支付工程款，发包方则以工程质量和工期违约进行抗辩或反诉以增加案件的复杂性，致使纠纷难以按时解决。此外，若工程建设造成周边建筑物损害，还存在侵权纠纷。所以在纠纷处理时往往会涉及造价、工期、质量、安全事故这四类鉴定。

（一）工程质量纠纷

要保证建设工程的质量，则必须在勘察、设计、施工这三个环节上让建设工程的质量符合国家规定的安全标准、技术规范及合同约定的要求。从建设工程合同主体的角度进行分析，则不难发现这三个环节分别属于承发包双方，所以造成建设工程质量问题的原因可以分为：承包人原因、发包人原因、承发包人以外的其他原因。

1. 因承包人原因造成的质量问题主要有四点原因：（1）未按设计图纸和施工技术规范施工；（2）未按经发包方审定的施工组织方案施工；（3）使用未经检验的或检验不合格的材料、构配件、设备，不符合设计要求、技术标准和合同约定；（4）分包人的原因。因承包人原因造成的质量问题应由承包人承担责任。《建筑法》第55条规定：“建筑工程实行总承包的，工程质量由工程总承包单位负责，总承包单位将建筑工程分包给其他单位的，应当对分包工程的质量与分包单位承担连带责任。分包单位应当接受总承包单位的质量管理。”第58条规定：“建筑施工企业对工程的施工质量负责。”第60条规定：“建筑物在合理使用寿命内，必须确保地基基础工程和主体结构的质量。建筑工程竣工时，屋顶、墙面不得留有渗漏、开裂等质量缺陷；对已发现的质量缺陷，建筑施工企业应当修复。”对于已经出现了工程质量问题的情况，《合同法》第281条规定：“因施工人的原因致使建筑工程质量不符合约定的，发包人有权要求施工人在合理期限内无偿修理或者返工、改建。经过修理，或者返工、改建后，造成逾期交付的，施工人应当承担违约责任。”第262条规定：“承揽人交付的工作成果不符合质量要求的，定作人可以要求承揽人承担修理、重作、减少报酬、赔偿损失等违约责任。”因此，由于承包人原因造成工程质量不符合约定的，承包人首先应当承担修复义务，具体体现为修理、返工或者改建，以达到约定的质量要求和标准。综上，我们可以看出建筑施工企业对工程质量负责是基本原则，出现质量问题后承包人应当进行无偿修理或者返工、改建。如承包人拒绝修理或者返工、改建的，按照《最高人民法院关于审理建设工程施工合同纠纷案件适用法律问题的解释》（以下简称《建设工程司法解释》）第11条之规定处理。该解释第11条规定：“因承包人的过错造成建设工程质量不符合约定，承包人拒绝修理、返工或者改建，发包人请求减少支付工程价款的，应予支持。”经常遇到承包人主张支付工程欠款，而发包人因工程质量问题主张减少给付工程欠款数额。发包人提出的理由是作为答辩还是作为反诉呢？审判实践中有不同意见，一种认为主张减少给付工程欠款数额是抗辩理由，无需提起反诉；另一种意见认为主张减少给付工程欠款数额不是抗辩理由，应当提起反诉；第三种意见认为应当根据合同约定，如合同约定工程质量有问题，减少给付工程款的数额或者其修复费用从给付的工程款中扣除，则是抗辩理由，否则应提起反诉。笔者同意第三种意见，即合同有约定从约定，没有约定时质量纠纷属于另一个法律关系，应当另案处理。此外，还需注意的是，以上规定适用于建设工程尚未交付之前的情况，交付之后则适用工程保修的规定。

2. 发包人原因造成的质量问题主要有三点原因：（1）提供的设计有缺陷；（2）提供或者指定购买的设备、材料等不符合标准；（3）直接指定分包人分包专业工程。如前所述，如果建设工程质量有缺陷，一般应由承包人承担责任。但建设工程质量缺陷是因发包人的过错而引起，如果发包人不承担相应的责任，而让承包人承担责任是不公平的。因此，《建设工程司法解释》第12条规定，发包人提供的设计有缺陷，提供或者指定购买的建筑材料、建筑构配件、设备不符合强制性标准，直接指定分包人分包专业工程的，应当承担责任。如果发包人在未经验收擅自使用后，却又以工程质量不符合约定为由要求承包人承担责任或者对抗承包人的工程款请求的，对此《建设工程司法解释》第13条规定："建设工程未经竣工验收，发包人擅自使用后，又以使用部分质量不符合约定为由主张权利的，不予支持；但是承包人应当在建设工程的合理使用寿命内对地基基础工程和主体结构质量承担民事责任。"因为《建筑法》第60条规定："建筑物在合理使用寿命内，必须确保地基基础工程和主体结构质量。"因此，无论建筑工程是否经验收、发包人是否擅自使用，如果建筑工程在合理使用寿命内地基基础工程和主体结构质量出现问题，承包人仍然要承担责任。该规定是强制性规定，要求承包人必须确保地基基础工程和主体结构质量在建筑物合理使用寿命内不能出现问题，这是承包人依照法律规定必须履行的工程质量保证义务，如果出现问题承包人就必须承担民事责任。前面提到建设工程三个主要环节——勘察、设计、施工，但本条规定只提设计而未提勘察是因为勘察是设计的基础、依据，勘察出错必然导致设计上的缺陷，所以《建设工程司法解释》仅规定了发包人提供的设计有缺陷应当承担因此而造成质量问题的责任。

3. 发包人和承包人以外其他原因造成的工程质量问题主要是指由于第三人、不可抗力等原因造成的质量问题。第三人造成的质量问题又不可归责于发包人或者承包人的，第三人应承担责任。对于不可抗力造成的工程质量，承、发包双方均不承担民事责任，而是按照风险分担原则来承担损失。

（二）关于工期方面的纠纷

工期方面的纠纷通常涉及违约金数额的计算、工程款本金及利息的计算、建设工程风险转移等问题，而工期纠纷的核心问题是如何确定实际工期，实际工期是指实际开工日期至实际竣工日期的日历天数。因此，确定了实际开工日期、实际竣工日期就可以计算出实际工期，进而解决因工期纠纷而引起的各个问题。实践中，实际开工日期争议不多，因为开工要领取开工许可证或由发包人出具开工令，开工许可证或开工令上记载着开工日期，实际开工日期与记载的日期不一致的，出现纠纷时法院或仲裁庭也很好认定。但对竣工日期的确定则争议很大，为此，最高人民法院在《建设工程司法解释》里明确了实际竣工日期的确定规则。解释第14条规定："当事人对建设工程实际竣工日期有争议的，按照以下情形分别处理：（1）建设工程经竣工验收合格的，以竣工验收合格之日为竣工日期；（2）承包人已经提交竣工验收报告，发包人拖延验收的，以承包人提交验收报告之日为竣工日期；（3）建设工程未经竣工验收，发包人擅自使用的，以转移占有建设工程之日为竣工日期。"据此，可以明确实际竣工日期，结合实际开工日期则可以计算出实际工期，进而解决因工期纠纷而引起的各个问题。值得注意的是，解释第14条第（2）项规定的"提交验收报告之日"，第（3）项规定的"转移占有建设工程之日"在实践中争议很少，但对于第（1）项规定的"竣工验收合格之日"则争议很多，主要是因为目前的建设工程验收过程中参与的单位多且程序繁杂。目前，建设工程验收是由承、发包双方当事人为主的自行验收方式，验收持续在工程的整个施工过程中，承包人通过签证的方式把验收报告交给发包人驻工地代表，驻工地代表签署意见来完成中间验收。如发包人有异议的，双方进行协商，提出整改意见，若争议大的由有关部门进行鉴定。工程最终验收时由发包人组织承包人、设计单位和监理单位共同进行验收，验收合格后参加验收的单位在验收报告上签章认可，然后按照规定送质监部门盖章，最后送工程档案部门进行备案。上述三个环节中签章认可日、质监盖章日、归档备案日哪一个是实际竣工日是有不同观点的。笔者认为，签章认可日应为验收合格日。因为现行法律法规规定建设工程实行备案制验收制度，政府主管部门不再主导建设工程的竣工验收，而且建设工程施工合同主要受《合同法》调整，理应体现当事人意思自治原则，所以签章认可日应为验收合格日。

（三）关于支付工程款方面的纠纷

工程价款纠纷案件是实践中最为常见的案件，绝大部分建设工程施工纠纷与工程价款有关，而且前述质量纠纷、工期纠纷的大部分案件也往往因由此类案件而引发。这类纠纷中的权利义务关系是明确的，即由发包人承担支付工程价款的义务。而纠纷的焦点集中在承、发包双方对于工程价款的数额无法达成一致意见，其主要有三方面的原因：（1）工程质量原因；（2）工期原因；（3）结算依据原因。其中工程质量、工期前面已经讨论过，这里主要介绍结算依据问题。工程价款结算主要依据两个因素：（1）计价标准或计价方法；（2）工程量。实践中的建设工程合同对上述两项内容亦多做约定，但由于建设工程履行期限长、履行过程中受影响因素众多，因此在工程最终竣工结算时仍然会出现对工程价款的数额无法达成一致意见的情况，由此而造成众多纠纷。对此，最高人民法院在《建设工程司法解释》第16条、第19条规定了工程款结算问题的处理原则。解释第16条规定："当事人对建设工程的计价标准或者计价方法有约定的，按照约定结算工程价款。因设计变更导致建设工程的工程量或者质量标准发生变化，当事人对该部分工程价款不能协商一致的，可以参照签订建设工程施工合同时当地建设行政主管部门发布的计价方法或者计价标准结算工程价款。"本条规定着重体现当事人意思自治原则，因此，在合同中明确约定计价标准或者计价方法，对于处理此类纠纷至关重要。解释第19条规定："当事人对工程量有争议的，按照施工过程中形成的签证等书面文件确认。承包人能够证明发包人同意其施工，但未能提供签证文件证明工程量发生的，可以按照当事人提供的其他证据确认实际发生的工程量。"本条规定同样体现当事人意思自治原则，因为工程签证是双方当事人的真实意思表示，据此来确定工程量体现了对当事人意思表示的尊重，但未能提供签证文件证明工程量发生的也可以按照当事人提供的其他证据确认实际发生的工程量。这就要求承包人在工程量有变化时应当尽可能获得签证，在无法获得签证的情况下应当保存好其他形式的证据，以便在纠纷中处于有利地位。按照前述方法可以解决工程款结算问题，但欠付工程款的利息如何计算呢？解释第17条、第18条对此也有规定。解释第17条规定："当事人对欠付工程价款利息计付标准有约定的，按照约定处理；没有约定的，按照中国人民银行发布的同期同类贷款利率计息。"解释第18条规定："利息从应付工程价款之日计付。当事人对付款时间没有约定或者约定不明的，下列时间视为应付款时间：（一）建设工程已实际交付的，为交付之日；（二）建设工程没有交付的，为提交竣工结算文件之日；（三）建设工程未交付，工程价款也未结算的，为当事人起诉之日。"从中可以看出欠付工程款的利息为法定孳息，而且同时规定了计息方法，为实践操作提供了良好的法律基础。此外，工程款结算中还应注意黑白合同的结算问题。实践中常常有承、发包双方就同一建设工程签订了与备案的中标合同实质性内容不一致的合同，此时通常把备案的中标合同称为"白合同"，另行订立的合同称为"黑合同"。在工程结算时，双方各执一份合同作为结算依据，给解决司法实践带来了困难。为此，最高人民法院在《建设工程司法解释》第21条规定："当事人就同一建设工程另行订立的建设工程施工合同与经过备案的中标合同实质性内容不一致的，应当以备案的中标合同作为结算工程价款的根据。"因为《招标投标法》第46条规定："招标人和中标人应当自中标通知书发出之日起三十日内，按照招标文件和中标人的投标文件订立书面合同。招标人和中标人不得再行订立背离合同实质性内容的其他协议。”据此，中标合同的实质性内容不得随意变更，应当以备案的中标合同作为结算依据，而且适用本条时应当注意，本条仅规定了结算的依据而未涉及合同效力问题，因为实践中起诉一方常以某份合同为依据要求按该合同进行结算，所以为及时解决双方的纠纷，司法解释仅明确了哪一份合同作为结算依据，而没有涉及合同效力问题。

建设工程合同是承包人以约定的期限和质量等级标准完成工程建设，发包人支付价款的合同。按照《合同法》的规定，建设工程合同包括三种：即建设工程勘察合同、建设工程设计合同、建设工程施工合同。

1. 建设工程勘察合同

建设工程勘察合同是承包方进行工程勘察，发包人支付价款的合同。建设工程勘察单位称为承包方，建设单位或者有关单位称为发包方（也称为委托方）。

建设工程勘察合同是为建设工程需要而作的勘察成果。工程勘察是工程建设的第一个环节，也是保证建设工程质量的基础环节。为了确保工程勘察的质量，勘察合同的承包方必须是经国家或省级主管机关批准，持有《勘察许可证》，具有法人资格的勘察单位。

建设工程勘察合同必须符合国家规定的基本建设程序，勘察合同由建设单位或有关单位提出委托，经与勘察部门协商，双方取得一致意见，即可签订，任何违反国家规定的建设程序的勘察合同均是无效的。

2. 建设工程设计合同

建设工程设计合同是承包方进行工程设计，委托方支付价款的合同。建设单位或有关单位为委托方，建设工程设计单位为承包方。

建设工程设计合同是为建设工程需要而作的设计成果。工程设计是工程建设的第二个环节，是保证建设工程质量的重要环节。工程设计合同的承包方必须是经国家或省级主要机关批准，持有《设计许可证》，具有法人资格的设计单位。只有具备了上级批准的设计任务书，建设工程设计合同才能订立；小型单项工程必须具有上级机关批准的文件方能订立。如果单独委托施工图设计任务，应当同时具有经有关部门批准的初步设计文件方能订立。

3. 建设工程施工合同

建设工程施工合同是工程建设单位与施工单位，也就是发包方与承包方以完成商定的建设工程为目的，明确双方相互权利义务的协议。建设工程施工合同的发包方可以是法人，也可以是依法成立的其他组织或公民，而承包方必须是法人。

建设合同的基本特点：（1）标的特殊：履约周期长、设计内容多、条款复杂、环节众多；（2）派生连贯：建设工程合同（包括勘察、设计、施工三类）会派生出监理、建筑材料、设备采购、专业分包等合同；（3）互为对价：承包人确保工期、质量、发包人支付价款；（4）承包人处于明显的弱势地位，需要法律给予特殊的保护。

建设工程合同纠纷产生的原因主要有以下几种：

1. 建设单位在项目建设过程中，频繁进行设计变更、新增建设项目，导致实际发生的工程造价高于建设单位的预算造价，双方难以就签证价款达成一致意见造成有关签证款的争议纠纷，以及建设单位资金短缺，无力支付施工单位相应的工程款。

2. 建设单位与施工单位因有关预付款、进度款、签证款纠纷无法达成一致意见，造成施工单位停工待款并向建设单位主张相应的机械、设备、人员误工损失，建设单位要求施工单位及时复工并向施工单位主张相应的工期、融资损失，导致双方发生索赔款的纠纷。

3. 施工单位向建设单位提交工程结算报告及结算资料后，建设单位迟迟不能审定工程造价，并以施工单位未提交结算资料或提交的结算资料不齐全作为其拖延工程款结算的抗辩理由，造成工程结算拖欠的纠纷。

4. 建设单位与施工单位在结算过程中，因对建设工程施工合同中约定的有关固定总价、固定单价、可调价的计价原则理解不同，造成有关结算款纠纷。

5. 因施工企业的挂靠以及工期、质量确有问题，或者未及时依约交付竣工资料导致建设单位与施工单位的逾期竣工或质量缺陷及损失索赔纠纷。

6. 建设工程交付使用后，因建设单位主张发生工程保修事宜，在未获得施工单位事先同意的情况下，直接委托第三方进行维修，施工单位要求返还工程质量保修金时发生工程保修金纠纷。

问题36：工程质量司法鉴定的类型

答：在涉及建设工程质量的有关民事诉讼中，依据鉴定的目的，通常情况下，常见鉴定有以下几种类型：

1. 施工质量鉴定

一般发生在建设单位或开发商与施工单位之间的民事纠纷中。发现或怀疑施工质量存在问题，通常是在以下情况中：在施工过程中或竣工验收时由监理或建设单位技术负责人发现，或是施工单位起诉建设单位拖欠工程款，建设单位反诉施工单位，施工质量存在问题。

施工质量鉴定属于现状检验，鉴定人员没有参与施工过程，无法直接对检验批准和分项工程做出评价。受检测手段的限制，相当多的检验项目尚无法事后采用检测方法进行复查。因而施工验收资料是重要的鉴定依据。问题是发生质量纠纷的工程项目，其施工质量验收常常是合格的，甚至是优良工程，如何判断验收资料的真实性成为鉴定的关键。从工程实践来看，如果所有验收资料都无法采信，要鉴定一项工程完全合格几乎是不可能的。鉴定人员在接受委托时最好让原、被告双方对竣工资料中没有异议的部分加以确认，将质量的异议范围尽可能缩小。

对于单纯的施工质量鉴定应该依据国家现行规范《建筑工程施工质量验收统一标准》（以下简称《施工质量验收标准》）及相应的各专业工程施工质量验收规范、完成的施工内容，分别对分项工程、分部工程或单位工程鉴定，确定是否符合标准。依据《施工质量验收标准》进行施工质量鉴定时，还要注意鉴定的时效性问题。《施工质量验收标准》没有明确规定该标准适用于竣工后多长时间以内，一般理解应该是投入使用之前，但不少质量纠纷是在使用一段时间后发生的，更有烂尾工程因纠纷拖延了很长时间，远远超过正常工程从竣工到验收的时间间隔。在这种情况下，需要了解哪些指标随时间会发生变化。几何量如钢筋间距、结构构件尺寸、混凝土蜂窝等一般不随时间变化；混凝土、钢筋、砂浆等材料强度一般在短时间内不会有很大变化；而砌体、混凝土的裂缝、钢筋的锈蚀（屋盖没有完工、粉刷层未作）则与时间有很大的关系。

2. 成品质量鉴定

一般发生在开发商与商品房购买者之间的民事纠纷中。随着住房商品化的推进和法制的逐步健全，居民的维权意识越来越强烈，加上开发商对房屋的质量淡漠，这类案件呈上升趋势。

尽管住户发现房屋质量问题大多是从施工质量，特别是外观质量开始，如屋面漏水、粉刷层脱落等，但房屋质量不仅与施工质量有关，还涉及勘察、设计质量。

成品质量的司法鉴定需要分析质量问题的原因，以确定责任人，成品质量涉及勘察、设计、施工、管理等各个环节，找出具体的原因成为鉴定工作的重要内容。

房屋的成品质量鉴定适用标准是一个值得探讨的问题。成品质量涉及勘察质量、设计质量和施工质量，似乎可以分别对照国家的勘察规范、设计规范和施工验收规范，评价其符合度。但根据最高人民法院2003年6月1日施行的《关于审理商品房买卖合同纠纷案件适用法律若干问题的解释》，如果购买的商品房因质量问题严重影响正常居住使用，法院应支持买房户解除房屋买卖合同。所谓质量问题严重影响正常居住使用，应该对鉴定标准中的“安全性显著影响整体承载”这一等级，而目前的设计类规范不具备做出整体评价的功能，只有《可靠性鉴定标准》才具备对房屋的整体安全做出评价的功能，用鉴定等级来反映。所以宜采用《可靠性鉴定标准》作为鉴定的依据。

3. 环境变化对临近房屋的损害鉴定

发生在住户与施工单位的民事纠纷中。城市密集区的基坑开挖、地铁施工、地下水抽取、采矿等引起的地面沉降都会对临近建筑产生不利影响。勘察设计质量问题一般较难直接发现，通常都是由其他问题，如成品质量、工程事故牵涉出来。

规划、勘察、设计质量的鉴定依据是国家现行设计规范和勘察规范。同施工质量的鉴定不同，勘察设计质量的鉴定结果无法得出一个总的结论，只能对不符合规范条文的内容逐条列出，分为强制性条文和一般性条文。

规范、勘察设计过程中的施工图纸审查、消防审查和规划审查等是在设计图纸被正式采用前进行的，属于事前检查，旨在提高设计质量。由审查单位将不符合现行规范要求的内容反馈给原设计单位进行整改，带有指导性的建设性，设计单位并不需要为设计欠缺承担责任。而规划、勘察设计质量的鉴定是一种责任追究。尽管两者依据相同的国家设计规范，但在具体条文的掌握上应有所区别。规划、勘察设计图纸审查，除了对强制性条文须完全符合外，出于提高设计质量的目的，对建议条文也可以从严要求；但对于司法鉴定，没有明显违反设计规范的，一般就不应视为过错。

4. 工程事故鉴定

当发生重大工程质量事故时，为了认定责任，需要做事故鉴定。工程事故鉴定并不单纯是技术鉴定，还涉及管理、政策法规等其他方面。依据事故的性质，除了追究民事责任外，可能还涉及刑事责任。

（1）鉴定的一般方法。

①对地质勘察报告的检查；②对设计图的复核；③对影响安全性指标的施工质量检查、检测（如混凝土强度、砌体强度、钢筋检测、构件截面尺寸复核、主体结构布置调查等）；④对材料质量的调查；⑤对工程建设中管理与变更信息的调查。

（2）鉴定必须的资料。

①工程设计资料（应包括所有的修改及变更）；②施工验收资料（检测数据、试验报告、施工日记、分部分项检验资料）；③地质资料；④监理资料；⑤变更指令。

现场勘验检测是此类鉴定工作的重要方法，不同的是检测方法有时会带来不同的鉴定结果。一般并不需要进行所有项目的检测，一个建筑物要测试哪些内容，需要由鉴定人员视工程的复杂程度、资料的完整性和可信性、房屋的现状和委托鉴定的目的而定，鉴定规范没有强制性的规定。现场检测不仅费钱费时，有些检测项目检测时对房屋的正常使用还会造成一定的影响，因而检测的内容、范围和数量必须在开始前向当事方提出来，通过质证的方式明确。检测工作必须遵循“必须、够用”、针对性、规范性、科学性、定量与定性结合以及协商一致的原则。

建筑工程质量缺陷的原因分析与责任认定应注意一些问题。

1. 缺陷产生的原因分析

建筑工程质量缺陷是指房屋及其他建筑工程的质量不符合工程建设强制性标准以及合同的约定。影响建筑工程质量的因素可归纳为勘察、设计、施工、使用、周围环境和管理等六大类，其中使用因素是指用户擅自改变结构、超载等不当行为；管理因素是指建设单位或监理单位在监督管理方面的失职行为。在分析因果关系时，要避免受外界影响、先入为主。一般采用“怀疑法”，即不轻易排除每一个可能的因素，根据已有的科学理论和实验结果进行梳理，分析它们之间的相关性。

当某一损伤现象由多种原因引起时，有时要分清各自的相关性是相当困难的，因为各因素相互作用的机理尚不清楚，也缺乏相关的技术标准。本着原因分析为责任认定服务的宗旨，分析重点可放在不同责任方的原因类别上，从而避免陷入科学依据不充分的主观推断之中，降低鉴定意见的科学性。当质量纠纷发生在商品房开发商和购房者之间时，前三类因素的责任方都在开发商，因而可不细分规划、勘察、设计、施工原因。

2. 责任认定

一般情况下，由规划、勘察、设计、施工、使用、周围环境和管理等原因引起的质量问题，其相应的责任方分别是规划部门、勘察单位、设计单位、施工单位、用户、周围影响源的相关单位和建设单位或监理单位。但有些情况还需要仔细分析，比如，建筑材料质量把关不严，质检员也应承担相应责任；如果建设方没有征得设计单位的同意，擅自修改设计图纸，则设计质量问题应由建设方承担。

与查找原因的“怀疑法”不同，在认定责任时，当没有证据表明某一方违反国家现行规范标准时，即应免除这一方的责任。采用这种方法在责任认定中常常容易夸大易于检测项目和规范规定比较明确的项目的责任，而缩小或忽视难以检测项目和规范规定比较原则的项目的责任，必须引起注意。

由多方原因引起的工程质量问题责任认定中，鉴定人员常常被要求区分责任大小和主次。由于不同种类的原因分属于不同的技术规范，目前尚没有技术规范涉及它们之间的相互关系。

问题37：建设工程质量司法鉴定使用技术标准的选用

答：目前我国尚无建设工程质量司法鉴定行业技术标准，鉴定标准参照有关建设工程行业质量技术标准，大致可以分为三类：第一类是设计规范，可以用来衡量设计质量；第二类是施工质量验收规范，可以用来衡量施工质量；第三类是服役工程的鉴定标准，如在房屋建筑工程中有《民用建筑可靠性鉴定标准》《工业建筑可靠性鉴定标准》《建筑抗震鉴定标准》《危险房屋鉴定标准》等，可以用来评价工程的现状安全性和使用性。

1. 施工质量鉴定的适用标准：对于单纯的施工质量鉴定，应该依据工程建设时期适用的、相应的各专业工程施工质量验收规范以及工程设计资料进行鉴定。

2. 规划、勘察、设计质量鉴定的适用标准：鉴定依据工程建设时期适用的、相应的各类设计规范和勘察规范。

3. 服役工程质量鉴定的适用标准：服役工程质量鉴定适用标准是一个值得探讨的问题。工程质量涉及勘察质量、设计质量和施工质量以及使用。

4. 环境变化对临近工程损害鉴定的适用标准：这类鉴定既涉及设计、施工规范，也涉及既有工程的鉴定标准。既要评价工程的现状，也要分析造成这类问题的原因。需要分别对施工前后被影响工程的现状做出评定，确定造成损害的程度。这类鉴定属于因果关系分析，涉及规范较多。

5. 工程事故鉴定的适用标准：除了分别对照勘测设计规范、施工验收规范以外，还要参考其他有关管理技术规定。

6. 相邻关系鉴定的适用标准：村镇自建房屋规范相对缺乏，加之村镇房屋建造随意性很大，因此，此类鉴定往往没有相应规范，实际鉴定过程中只能参照相应的国家标准进行评定，此类鉴定重点在于因果关系分析。

7. 工程现状质量类的鉴定：参照现行的国家相关专业施工验收技术标准。

8. 修复方案的鉴定：修复方案标准的选择焦点在于规范版本，应与委托人进行沟通，确定采用现行规范还是工程建造时的相应规范。比如老旧房屋结构安全性的修复，从房屋安全使用角度应该需要现行的结构加固修复标准，但是这样显然对原有施工单位是不利的，因为随着时代的进步，标准要求是不断提高的。用高标准去要求建造时相对低标准的工程，对施工方显然是不公平的。相反若委托方要求房屋达到现行标准的要求，就应该依据现行标准。

问题38：GB、GB/T、GB/Z标准有什么区别?

答：GB是强制性国家标准（GB－国标），GB读作：哥博；GB/T是推荐性国家标准（T－推荐），GB/T读作：哥博特；GB/Z是指导性国家标准（Z－指导），GB/Z读作：哥博指。

国家标准的编号由国家标准的代号、国家标准发布的顺序号和国家标准发布的年号（采用发布年份的后两位数字）构成。

GB是指国家强制性标准，必须执行。强制性国标是保障人体健康、人身、财产安全的标准和法律及行政法规规定强制执行的国家标准；不符合强制性标准的产品，禁止生产、销售和进口。

GB/T是推荐性国家标准，推荐性国标是指生产、交换、使用等方面，通过经济手段或市场调节而自愿采用的国家标准。推荐性标准，国家鼓励企业自愿采用。但推荐性国标一经接受并采用，或各方商定同意纳入经济合同中，就成为各方必须共同遵守的技术依据，或由企业自我声明符合某推荐性标准时（如在产品包装、说明书上明示），具有法律上的约束性。对GB/T推荐性标准，如果你引用的标准日期，那么采用标准日期的版本，若没有标准日期，则采用最新版本。

GB/Z是指导性标准，指导性国标是指生产、交换、使用等方面，由组织（企业）自愿采用的国家标准，不具有强制性，也不具有法律上的约束性，只是相关方约定参照的技术依据，起指导和规范某项活动的作用。

一般而言，下列标准属于国家强制性标准：（1）药品品质标准，食品添加剂品质及使用限量、有害物质限量标准，农、兽药品质及限量标准，农产品种子标准，饲料添加剂使用标准，疫病的防治标准（含检疫规程）；（2）产品及产品生产、储运和使用中的安全、卫生标准，劳动安全、卫生标准，运输安全标准；（3）工程建设的质量、安全、卫生标准及国家需要控制的其他工程建设标准；（4）环境保护的污染物排放标准和环境质量标准；（5）信息、能源、资源、交通运输和服务的安全所需要的标准；（6）防止欺诈行为所需要的标准；（7）国家公共管理所需要的标准；（8）法律、行政法规规定强制执行的相关标准。

说明一点，不是所有的GB标准全文都是强制性条文规定，具体应看标准“前言”部分的说明，它会给你列出哪些是强制性条文，哪些是推荐性条文，对推荐性条文在有条件的情况下尽量按照标准规定执行（即部分强制性，部分推荐性）。

《实施工程建设强制性标准监督规定》第2条规定：“在中华人民共和国境内从事新建、扩建、改建等工程建设活动，必须执行工程建设强制性标准。”第3条规定：“本规定所称工程建设强制性标准是指直接涉及工程质量、安全、卫生及环境保护等方面的工程建设标准强制性条文。国家工程建设标准强制性条文由国务院建设行政主管部门会同国务院有关行政主管部门确定。”

问题39：房屋会“衰老”吗?

答：会。房屋就像人的身体，同样会有生老病死，风吹雨打中难免会“患点小恙”，平时需定期保养。房屋在使用过程中，由于环境的变化和材料的老化，构件强度的降低，结构安全储备的减少，必然会产生由完好到损坏，由小损到大损，由大损到危险的变化。

问题40：什么原因会引起房屋损坏衰老?

答：(1) 设计因素——设计错误，无证设计，设计标准过低；(2) 施工因素——未按标准、规范操作，未达到设计要求，偷工减料等；(3) 材料因素——不成熟的材料，以次充好；(4) 地质因素——特种地基土体；(5) 人为损害——破坏性装修，缺修少养，使用不当，外界影响（如周边环境有爆破，基础、地下室、道路施工及车辆撞击等）；(6) 自然影响——温差、风、霜、雨、雪及腐蚀以及自然灾害（水灾、火灾、地震、台风等）。

问题41：哪些房屋需作安全鉴定?

答：(1) 达到一定的使用年限，有老化迹象；(2) 主体结构出现裂缝、倾斜等异常迹象，危及房屋安全；(3) 改变使用功能，明显增加负荷，有可能危及安全；(4) 发生过自然灾害（如水灾、火灾、台风、地震），影响房屋正常使用；(5) 周边环境进行地下管线、基础、地下室施工及爆破震动作用；(6) 危及房屋安全、正常使用的其他情形；(7) 公共场所（学校、医院、宾馆、礼堂等）需定期做安全性鉴定。

常见的房屋安全鉴定有以下几种：

1. *房屋安全性鉴定*

检测对象主要为20世纪50年代以后建造的房屋，属于常规的安全鉴定检查，也是房屋安全类型中最常见的一种。鉴定的复杂程度根据现场实际情况来确定，此类型房屋往往受使用环境的因素的影响。

2. *房屋正常使用性鉴定*

该类型房屋鉴定侧重考虑是否影响使用人正常的使用性，比如装饰装修破损、漏水、空鼓等现象等。而查勘中更侧重于对图纸的复核，现场的实际环境。往往产权补登或者改变房屋使用功能等常进行此类型的房屋鉴定。

3. 房屋改建结构的安全鉴定

此类型房屋主要为改造内部整体结构或者接建新房屋增大荷载等。鉴定的重点就是复核验算，检查其改造前和改造后对房屋整体是否产生了影响，是否满足规范的要求。

4. 房屋构件的安全鉴定

此类型鉴定对局部某一单个构件进行安全鉴定，如房屋拆改的混凝土梁、板、柱等单个构件对于房屋的体系是否造成影响，其是否会有破坏发展的迹象等进行详细地查勘鉴定。

5. 房屋安全突发事故紧急鉴定

由于地震、火灾、煤气爆炸、受外力影响等造成的房屋破坏需要鉴定人员第一时间根据现场实际情况判断出房屋严重受损的程度，并且结合相应的检测项目综合考虑该房屋是否为危房。此类型鉴定需要准备工作做得充分，能够随时进驻现场，有相应的应急救援方案和补救措施。

6. 危险房屋及房屋完损鉴定

在参考规范时，《危险房屋鉴定标准》（JGJ125－2016）常适用于有一定体系，但材料不合理的房屋，例如年代久远的砖木结构房屋；《房屋完损等级评定标准》常适用于不规则、不形成体系的非标准房屋。故鉴定时应根据现场实际情况合理选择规范依据和鉴定方法。

7. 房屋安全司法鉴定

此类型多发生于民事纠纷，由法院给予委托，需要当事人双方给予共同配合鉴定检测工作，特别是对于现场检测工作必须协商一致同意后方可进行，对于现场检测要进行工程质量检测，损坏原因分析。检测结果应该由当事人双方共同认可。

8. 房屋抗震安全鉴定

受2008年汶川地震对我国房屋的破坏造成的影响，近年来房屋抗震安全鉴定的比例逐年增加。近两年各种关于抗震内容的修订规范陆续执行，足以证明建设部对于抗震鉴定的重视度。在鉴定过程中混凝土结构和砌体结构占据很大的比例，对于结构性能和构造体系是鉴定查勘的关键。

9. 施工周边房屋安全影响鉴定

该类型的房屋安全鉴定一般分为三个阶段的鉴定，即初始查勘鉴定（施工前的房屋安全鉴定）、阶段性安全鉴定（施工过程中的房屋安全鉴定）以及终结安全鉴定（项目施工结束后，一般基坑施工到正负零）。根据施工的计划，实时进行跟踪鉴定和检测工作，发现问题及时预警。此类型鉴定往往涉及百姓的民事纠纷，应妥善处理好建设单位、施工方、居民们的相互关系，必要时可以申请政府相关部门介入协商解决矛盾冲突。

问题42：在什么条件下可申请房屋安全鉴定呢?

答：1. 在房屋建筑上设置高耸物、搁置物或者悬挂物的，属于拆改房屋结构、明显加大房屋荷载或者在楼顶设置广告牌等高耸物的，应当由原房屋设计单位或者具有相应资质等级的设计单位提出设计方案，经房屋安全鉴定机构鉴定符合安全条件后，方可设置。

2. 严重损坏的房屋一般不得装饰装修。确需装饰装修的，应当先进行房屋鉴定，并采取修缮加固措施，达到居住和使用安全条件后，方可进行装饰装修。

3. 非住宅房屋装修涉及拆改房屋结构、明显加大房屋载荷的，应当由原房屋设计单位或者具有相应资质等级的设计单位提出设计方案，经房屋质量鉴定机构鉴定符合安全条件后，方可施工。

4. 原有房屋改为学校、宾馆、公共娱乐场所或生产经营用房的，经营者应当向房屋质量鉴定机构申请房屋鉴定。

5. 因发生自然灾害或者爆炸、火灾等事故危及房屋安全的，房屋所有人应当及时向房屋安全鉴定机构申请房屋鉴定。

6. 兴建大型建筑或者有桩基、地下建筑物和构筑物等建设项目的，建设单位应当在开工前向房屋安全鉴定机构申请对施工区相邻房屋进行房屋鉴定，并按照规定采取安全保护措施。

问题43：影响房屋安全使用的因素

答：影响房屋安全使用的因素有以下几方面：（1）在建设过程中存在的安全问题：①工程缺乏必要的设计，结构不合理；②施工中使用劣质建材、偷工减料、施工工艺粗糙等。（2）在使用过程中存在的安全问题：①为了满足使用要求，擅自拆改房屋结构，改变房屋原有受力状态；②在装修过程中，擅自拆改房屋结构或明显加大荷载，给房屋整体性、抗震性和结构安全带来隐患；③随意改变房屋使用用途，影响结构耐久性；④未经设计和安全审定，擅自在建筑物上设置大型广告牌等。（3）周围环境影响：①在原有房屋周边新建建筑，由于附加应力影响，可能使原有房屋损坏；②在原有房屋周边开挖基坑，边坡处理不当，造成原有房屋基础滑移；③周边施工降水，使房屋地基土质发生变化，造成房屋损坏；④房屋地基受水浸泡，导致基础不均匀沉降，使上部结构损坏；⑤大型机械作业产生的震动也可能会对房屋造成影响。

问题44：建设、施工等单位在施工前，对施工周边的哪些房屋需进行房屋安全鉴定？

答：（1）距离2倍开挖深度范围内的房屋；（2）爆破施工中，处于《爆破安全规程》要求的爆破地震安全距离内的房屋；（3）地铁、人防工程等地下工程施工距离施工边缘2倍埋深范围内的房屋；（4）基坑和基础工程施工、爆破施工或地下工程施工可能危及的其他房屋。

问题45：关于工程周边房屋施工前房屋安全鉴定的必要性

答：众所周知，房屋在使用过程中，因施工质量问题、材料收缩问题、房屋超载使用问题等因素的影响，房屋本身或多或少产生开裂（裂缝）、空鼓、剥落等问题。同时，由于工程施工单位水平参差不齐，个别施工单位野蛮施工或没有采取必要的对周边房屋的保护措施或因施工过程中不可抗力因素（暴雨、地震、泥石流等）的发生等，亦或多或少对工程周边房屋产生影响。由于目前国家法律法规、工程标准在区别房屋新旧损坏上，没有具体的规定或说明，如工程施工前又没有对周边房屋进行房屋受损的鉴定（证据保存），往往在处理工程施工过程中或施工后由于房屋受损而产生争议，导致民事纠纷及法律诉讼。

工程施工前对房屋进行安全鉴定，对房屋本身已有裂缝进行长度、宽度测量、标记及拍照保存，同时对房屋的垂直度进行检测，对房屋安全状况及损坏状况进行全新掌握，为施工决策提供可靠的参照依据，同时为解决施工中或施工后因房屋受损纠纷提供依据。

施工前对工地周边房屋进行安全鉴定，是通过鉴定人员对周边房是否完好或损坏进行公正的计量、记录或对不稳定裂缝等损伤进行监测，评定房屋损坏程度，保存目前房屋损坏记录，目的是减少日后因房屋损坏而产生的纠纷。施工前对工地周边房屋进行安全鉴定，是通过鉴定勘查，既可以保证周围房屋在施工中正常、安全使用，亦对房屋目前存在的危险状况提出有效措施，使施工方能掌握情况，减少塌方伤人事故。施工前对工地周边房屋进行安全鉴定，可以有效地避免相邻工地施工产生的影响造成周围居民投诉，因为若施工前没有向房屋鉴定机构申请对周边房屋进行安全鉴定，居民的投诉就有可能令建设方及施工方被责令停工，影响施工进度，房屋损坏纠纷不断，责任难分，施工单位对房屋损坏影响赔偿费用增加。

施工过程中或施工结束后，再次对工地周边房屋进行房屋安全鉴定可通过施工前后两次鉴定结构对比，分析房屋损坏原因，确定上述工程施工是否影响房屋安全及影响程度，若发生房屋损坏纠纷时，施工前鉴定记录可作为区分房屋损坏责任的依据。

问题46：工程周边房屋施工前房屋安全鉴定流程

答：1. 施工前房屋安全鉴定费一般由业主（建设单位）支付，施工中及施工后是否做房屋安全鉴定一般根据是否引起纠纷而定。

2. 施工前房屋安全鉴定完成后，为预防风险的发生，建设单位一般购买“工程责任一切险”，对周边房屋进场参保，进行风险转移，为日后解决因施工导致房屋受损提供重要解决途径。

3. 施工后经鉴定单位鉴定，确定施工对房屋产生影响，委托鉴定机构/第三方评估机构对房屋受损程度进行受损造价评估，并根据评估价格进行赔偿或者进行维修加固处理，费用由施工单位承担。如购买了保险，一般由保险公司承担。

鉴定内容：

1. 施工前鉴定内容

（1）对房屋结构类型、建筑层数、房屋地址、建造年代、房屋朝向、房屋装修概况及房屋用途进行现场调查。

（2）检查地基基础是否出现沉降开裂，是否有造成房屋主体结构构件和墙体产生沉降裂缝；检查记录室内外地台是否有沉降裂缝，室外墙脚是否与地台有分离裂缝，分析房屋是否出现不均匀沉降现象；用全站仪、电子经纬仪或线锤对房屋垂直度及倾斜率进行检测，观测房屋是否出现倾斜现象。

（3）检查钢筋混凝土构件是否有开裂和变形等损坏现象，包括混凝土构件外观完损状态记录：开裂、保护层剥落、露筋等。

（4）检查砖墙砌体的损坏情况，包括墙体外观完损状态记录：裂缝、风化、腐蚀、灰缝疏松等；检查记录楼地面的损坏：是否出现起拱、剥落、沉陷、空鼓等现象。

（5）检查记录装饰部分的损坏情况：内外墙块料饰面、抹灰是否出现空鼓、剥落、风化、裂缝、龟裂、墙面渗水等现象。

（6）检查记录屋面的损坏情况：是否有漏水，隔热层是否保持良好。

（7）检查金属门窗是否出现锈蚀、变形，窗体玻璃是否碎裂、破损，其饰面五金、油漆是否剥落等现象。

（8）检查房屋水电设备的使用功能；给、排水管道是否有堵塞、锈蚀、漏水现象；卫生器具是否能正常使用；检查电照设备的完损情况、是否能正常使用。

（9）根据相关规定、规范对所鉴定的房屋作安全等级评定，并对不满足使用要求的构件提出可靠的处理意见。

（10）编写房屋安全鉴定报告。

2. 施工后鉴定内容

（1）对房屋结构类型、建筑层数、房屋地址、建造年代、房屋朝向、房屋装修概况及房屋用途进行现场调查。

（2）根据施工前鉴定报告结果，对房屋主体结构竖向构件垂直度进行检测，分析房屋是否出现倾斜现象。

（3）根据房屋施工前鉴定报告结果，对该房屋结构及构件出现新的损坏情况以及原有损坏变化情况进行检查记录。

（4）根据相关规定、规范，对所鉴定的房屋作安全等级评定，并对不满足使用要求的构件提出可靠的处理意见。

（5）分析工程施工是否对该房屋造成影响及影响的程度。

问题47：房屋安全鉴定的类别有哪些?

答：房屋安全性鉴定就是使用一系列检测的仪器、设备、工具和软件验算等技术手段，对建筑结构以及原材料的外观或内部的物理性能、化学性能等进行测试，并对检测数据进行加工、处理、分析。

房屋安全鉴定的类别很多，主要有：（1）房屋可靠性鉴定：①对结构建筑质量方面有怀疑的鉴定；②建筑物达到设计基准期继续使用的鉴定；③增加房屋使用荷载或改变结构布置的鉴定；④建筑物改造、加层或扩建前的鉴定；⑤建筑物出现结构性损伤的鉴定；⑥“三无”“五无”工程的鉴定。（2）灾后房屋损伤程度鉴定：①灾后结构损伤程度、残余承载力及结构可靠性的鉴定；②灾后砌体结构房屋损伤程度鉴定。（3）施工周边房屋安全鉴定：①施工前的证据保全鉴定；②施工中及施工后的损坏原因、程度及安全鉴定。（4）房屋损害纠纷鉴定。（5）危险房屋鉴定。（6）生产经营场所房屋安全鉴定。（7）建筑结构抗震鉴定。（8）建筑物建造年代鉴定。

问题48：申请房屋安全鉴定时需提交哪些相关资料?

答：（1）房屋可靠性鉴定需要提供房屋原结构设计图或竣工图（拆改结构或加建、扩建的需提供改造设计图或设计方案）等，涉及地基基础问题时要提供地质资料。（2）危险房屋鉴定需要提供房东身份证、房屋产权资料等。（3）施工周边房屋安全鉴定需要提供拟建工程基础类型、开挖情况及基坑支护方案、场地地质资料等。（4）火灾（水灾）后房屋损伤程度鉴定需要提供房屋原结构设计图，消防部门出具的火灾分析报告等。（5）房屋损害纠纷鉴定时，属渗漏影响的需提供房屋给排水图纸；属相邻建房影响或质量的需提供房屋结构施工图纸、地质资料等。（必要时提供施工监理及验收资料，属司法委托案件应提供起诉书和答辩状。）（6）建筑结构抗震鉴定需要提供房屋原结构设计图等。（7）房屋建筑年代鉴定需要提供房产证和测绘图复印件（必要时提供相关图纸）。

问题49：房屋常见的危险征兆有哪些?

答：（1）地面突然下陷、空鼓或裂缝突然加大，门窗突然变形。（2）承重柱、梁、板或者墙体出现严重裂缝，并且持续发展。（3）承重柱、梁、板或者墙体产生过大的变形，木构件或链接部位严重腐朽或已被白蚁蛀蚀。（4）墙体或者天花板的面层突然大面积剥落、脱落。（5）房屋突然发出异常的声音，如“劈啪声”“喳喳声”、爆裂声等。

问题50：什么样的房屋是危房?

答：危险房屋是指结构已严重损坏或承重构件已属危险构件，随时可能丧失结构稳定和承载能力，不能保证居住和使用安全的房屋。

危房鉴定常识包括以下几个方面：

1. 危房鉴定程序

受理委托→现场勘验→分析验算→评级定论→处理建议→出具报告。

2. 房屋的组成部分（地基基础、上部承重结构、围护结构）危险性鉴定等级划分

a级：无危险点；b级：有危险点；c级：局部危险；d级：整体危险。

3. 构件危险性鉴定等级划分

Td：危险构件；Fd：非危险构件。

4. 房屋结构类型划分

木结构、钢结构、砖木结构、砖石结构、砖混结构、钢混结构（含框架结构、剪力墙结构、筒体结构等）、混合结构（含有上述两类以上的结构）。

5. 综合评定原则

房屋危险性鉴定以整幢房屋的地基基础、结构构件危险程度的严重性鉴定为基础，结合历史状态、环境影响以及发展趋势，全面分析，综合判断。

在地基基础或结构构件发生危险的判断上，应考虑它们的危险是孤立的还是相关的。当构件的危险是孤立的，则不构成结构系统的危险。当构件是相关的，则应联系结构危险性判定其范围。

6. 构件危险性鉴定

地基基础：重点检查基础与承重砖墙连接处的斜向阶梯形裂缝、水平裂缝、竖向裂缝状况，基础与框架柱根部连接处的水平裂缝状况，房屋的倾斜位移状况，地基滑坡、稳定、特殊土质变形和开裂等状况。

问题51：危房鉴定等级划分为几级？

答：根据《危险房屋鉴定标准》危房鉴定等级划分为4级：

A级——无危险构件，房屋结构能满足安全使用要求；

B级——个别结构构件评定为危险构件，但不影响主体结构安全，基本能满足安全使用要求；

C级——部分承重结构不能满足安全使用要求，房屋局部处于危险状态，构成局部危房；

D级——承重结构已不能满足安全使用要求，房屋整体处于危险状态，构成整幢危房。

问题52：为什么房屋安全鉴定以栋为单位？

答：因为房屋结构系一整体，而鉴定就是对房屋的结构安全进行鉴别和判定，因此，房屋安全必须以栋为鉴定单位。

问题53：房屋鉴定的等级划分

答：1. 民用建筑可靠性鉴定标准按Ⅰ、Ⅱ、Ⅲ、Ⅳ四个等级对房屋的可靠性进行评定。

2. 工业建筑可靠性鉴定标准按一、二、三、四四个等级对房屋的可靠性进行评定。

3. 危险房屋鉴定标准按A、B、C、D四个等级对房屋的危险性进行评定。

4. 房屋完损等级评定标准按完好房、基本完好房、一般损坏房、严重损坏房四个等级对房屋完损程度进行评定。

（1）房屋完损等级评定项目。

在房屋完损等级的评定中，把房屋分为结构、装修、设备三大组成部分，并具体划分为十四个项目。①结构部分：划分为基础、承重构件、非承重构件、屋面和楼地面五项。②装修部分：划分为门窗、外抹灰、内抹灰、顶棚、细木装修五项。③设备部分：划分为水卫、电照、暖气和特种设备四项。

（2）房屋完损等级的划分。

根据房屋结构、装修、设备三部分各项目完好损坏程度，房屋完损等级分为四个等级：①完好房：结构完好，装修完好，设备完好，且房屋各部分完好无损，无需修理或经过一般小修就能正常使用。②基本完好房：结构基本完好，少量构件有轻微损坏；装修基本完好，小部分有损坏，油漆缺乏保养，小部分装饰材料老化、损坏；设备基本完好，部分设备有轻微损坏。房屋损坏部分不影响房屋正常使用，一般性维修可修复。③一般损坏房：结构一般性损坏，部分构件损坏或变形，屋面局部渗漏，部分结构变形，有裂缝；装修局部有破损，油漆老化，抹灰和装饰砖小面积脱落，门窗有破损；设备部分损坏、老化、残缺、不能正常使用，管道不够通畅，水电等不能正常使用。房屋需进行中修或局部大修、更换部分构件才能正常使用。④严重损坏房：结构严重损坏，结构有明显变形或损坏，屋面严重渗漏，构件严重损坏；装修严重变形、破损，装饰材料严重老化、脱落，门窗严重松动、变形或腐蚀；设备陈旧不齐全，管道严重堵塞，水、卫、电等设备残缺不全或损坏严重。房屋需进行全面大修、翻修或改建，才能正常使用。

（3）钢筋混凝土结构、砖混结构、砖木结构房屋完损等级评定方法。

①凡符合下列条件之一者可评为完好房：

A. 房屋的结构、装修、设备等组成部分各项完损程度符合完好标准。

B. 在装修、设备部分中有一两项完损程度符合基本完好的标准，其余各项符合完好标准。

②凡符合下列条件之一者可评为基本完好房：

A. 房屋的结构、装修、设备等部分各项完损程度符合基本完好标准。

B. 在装修、设备部分中，有一两项完损程度符合一般损坏标准，其余符合基本完好以上标准。

C. 结构部分除基础、承重构件、屋面外，可有一项和装修或设备部分中的一项符合一般损坏标准，其余符合基本完好以上标准。

③凡符合下列条件之一者可评为一般损坏房：

A. 房屋的结构、装修、设备部分各项完损程度符合一般损坏标准。

B. 在装修、设备部分中，有一两项完损程度符合严重损坏标准，其余符合一般损坏以上标准。

C. 结构部分除基础、承重构件、屋面外，可有一项和装修或设备部分中的一项完损程度符合严重损坏标准，其余符合一般损坏以上标准。

④凡符合下列条件之一者可评为严重损坏房：

A. 房屋的结构、装修、设备部分各项完损程度符合严重损坏标准。

B. 在结构、装修、设备部分中，有少数项目完损程度符合一般损坏标准，其余符合严重损坏标准。

（4）其他结构房屋完损等级评定方法。

A. 房屋的结构、装修、设备部分各项完损程度符合完好标准的，可评为完好房。

B. 房屋的结构、装修、设备部分各项完好程度符合基本完好标准，或者有少量项目完好程度符合完好标准的，可评为基本完好房。

C. 房屋的结构、装修、设备部分各项完损程度符合一般损坏标准，或者少量项目完损程度符合基本完好标准的，可评为一般损坏房。

D. 房屋的结构、装修、设备部分各项完损程度符合严重损坏标准，或者少量项目完损程度符合一般损坏标准的，可评为严重损坏房。

此外，对于重要房屋及构件，须经过复核或专业测试鉴定才能确定完损程度。

问题54：哪些房屋应及时进行抗震性鉴定？

答：依据《防震减灾法》第39条规定："已经建成的下列建设工程，未采取抗震设防措施或者抗震设防措施未达到抗震设防要求的，应当按照国家有关规定进行抗震性能鉴定，并采取必要的抗震加固措施：（一）重大建设工程；（二）可能发生严重灾害的建设工程；（三）具有重大历史、科学、艺术价值或者重要纪念意义的建设工程；（四）学校、医院等人员密集场所的建设工程；（五）地震重点监视防御区的建设工程。"

问题55：什么情况下，房屋可拆除重建？

答：1. 民用建筑可靠性鉴定。

子单元或鉴定单元适修性评级的分级标准

等级	分级标准
Af/Ar	易修，或易改造，修后能恢复原功能，或改造后的功能可达到现行设计标准的要求，所需总费用远低于新建的造价，适修性好，应予修复或改造
Bf/Br	稍难修，或稍难改造，修后尚能恢复或接近恢复原功能，或改造后的功能尚可达到现行设计标准的要求，所需总费用不到新建造价的70%适修性尚好，宜予修复或改造
Cf/Cr	难修，或难改造，修后或改造后需降低使用功能或限制使用条件，或所需总费用为新建造价的70%以上。适修性差，是否有保留价值，取决于其重要性和使用要求

（续表）

Df/Dr	该鉴定对象已严重残损，或修后功能极差，已无利用价值，或所需总费用接近、甚至超过新建的造价。适修性很差，除纪念性或历史性建筑外，宜予拆除、重建

注：本表适用于子单元和鉴定单元的适修性评定。“等级”一栏中，斜线上方的等级代号用于子单元；斜线下方的等级代号用于鉴定单元。

2. 根据中华人民共和国住房和城乡建设部颁布的《建筑抗震加固建设标准》（建标 158—2011）第二章第 11 条规定：“经鉴定认为不宜采取加固措施的建筑，应按下列规定处置：（一）受地震严重破坏且无修复价值的，应予拆除；（二）结构加固总费用（不含改造费用）高达新建同类建筑工程造价 70% 或以上的，宜采取拆除重建的方案。”

问题 56：何为鉴证鉴定？

答：鉴证鉴定指在从事一项工程施工之前对周边事物的现有状态和该工程施工完成之后周边事物的状态进行鉴定的一个过程。举个例子说明：开发商或者施工方在对一建筑物进行拆除或者建设的过程中，并不能保证和排除不会对周边已建设好的建筑物造成损害，这样势必会给双方带来不必要的麻烦和纠纷，如果在行使这一动作之前事先对周边已建设好的建筑物的质量和现状通过第三方做一个鉴证鉴定的话，这样就能保证在行使这一动作之时和之后双方的合理利益不受损害，如果在实施过程中发生了损害现象，在处理问题的过程中可以参照在行使这一动作之前对建筑物的现有状态和实施或完成这一动作之后对建筑物现有状态进行对比（比如：施工之前周边建筑物墙体、地面裂缝的条数、长度、宽度，施工之后周边建筑物墙体、地面裂缝的条数、长度、宽度），减少双方之间不必要的麻烦和纠纷，从而促进社会的和谐发展。

问题 57：房屋漏水鉴定内容可涉及哪几个方面？

答：房屋漏水原因主要有三种：（1）房屋本身存在质量问题；（2）业主使用或者装修不当；（3）正常使用、老化造成漏水。

依据漏水原因不同，相关责任也有不同。根据建设部颁布的《房屋建筑工程质量保修办法》第 7 条及《住宅质量保证书》的规定，屋面防水工程、有防水要求的卫生间、房间和外墙面的防渗漏，保修期为 5 年。如房屋在保修期内，开发商应当承担免费维修责任。根据《最高人民法院关于审理商品房买卖合同纠纷案件适用法律若干问题的解释》第 13 条规定：“因房屋质量问题严重影响正常居住使用，买受人请求解除合同和赔偿损失的，应予支持。交付使用的房屋存在质量问题，在保修期内，出卖人应当承担修复责任；出卖人拒绝修复或者在合理期限内拖延修复的，买受人可以自行或者委托他人修复。修复费用及修复期间造成的其他损失由出卖人承担。”如因楼上业主装修或其他不当行为造成的房屋渗水，给业主造成损失的，根据《民法通则》第117条：“侵占国家的、集体的财产或者他人财产的，应当返还财产，不能返还财产的，应当折价赔偿。损坏国家的、集体的财产或者他人财产的，应当恢复原状或者折价赔偿。受害人因此遭受其他重大损失的，侵害人并应当赔偿损失。”作为侵权方除了停止侵权（如重做防水层）外应承担损害赔偿责任。在保修期满后，房屋内设施正常使用造成的漏水由业主自行负责维修，由业主自行承担费用。如果漏水造成其他业主损失的，根据《民法通则》第83条规定：“不动产的相邻各方，应当按照有利生产、方便生活、团结互助、公平合理的精神，正确处理截水、排水、通行、通风、采光等方面的相邻关系。给相邻方造成妨碍或者损失的，应当停止侵害，排除妨碍，赔偿损失。”属于公共设施造成的漏水由物业管理公司承担维修责任。

问题58：什么是工程主体结构？其基本功能包括哪些部分？

答：主体结构是基于地基基础之上，接受、承担和传递建设工程所有上部荷载，维持上部结构整体性、稳定性和安全性的有机联系的系统体系，它和地基基础一起共同构成建设工程完整的结构系统，是建设工程安全使用的基础，是建设工程结构安全、稳定、可靠的载体和重要组成部分。

它的基本功能包括三部分：一是主体结构本身形成一个有机联系的系统整体，有效地协调工作，承受主体结构部件本身相互传递的荷载，发挥主体框架支撑功能；二是附着于其体系表面的所有维护结构、装饰面层、相关设备重量及其施工和使用期间的活荷载、以及在设计规范限定范围内的相关风载、尘载、雪载、地震荷载等自然力通过主体结构体系有效地承担，使建设工程能正常发挥各部分的使用功能；三是与地基基础可靠地联系，将其自身荷载和承受荷载系统地、有效地、稳定地传递给地基基础结构体系，并能与地基基础结构形成协调工作的整体结构体系，和谐地工作以共同维护建设工程整体安全和使用安全。

建筑工程主体结构，可以这样说：第一，在砖混结构中，主体结构是基础、梁、圈梁、柱、构造柱、墙、楼梯、板、屋面板，我们施工时一般叫主体封顶。

第二，在框架结构、剪力墙结构、框剪结构或框支结构工程中，主体结构是基础、梁、板、柱、砼墙、楼梯工程，对于后砌的填充墙，也叫主体部分，但不是一般说的主体封顶。

从法律上，对于《最高人民法院关于审理商品房买卖合同纠纷案件适用法律若干问题的解释》第12条中所称的“房屋主体结构”问题，我们认为应作广义理解，作为一个完整的房屋建筑工程，它既应包括房屋地下隐蔽工程的地基部分，也应包括房屋地上工程所涉及的部分。就是说地下与地上部分是不可分割的一个整体，根据《建筑法》的规定，房屋建筑工程应当包括以下内容：房屋的地基基础工程、主体结构工程、屋面防水工程和其他土建工程，以及电气管线、上下水管线的安装工程，供热、供冷系统工程等部分。

本条中未将各部分进行详细列举，一是考虑与《城市房地产开发经营管理条例》《商品房销售管理办法》规定中的提法相一致，二是考虑到《建筑法》中对此亦有具体的规定。所以在适用本条规定时，一定要全面理解其含义。

下面亦将房屋的地基基础工程、屋面防水工程和其他土建工程，以及电气管线、上下水管线的安装工程，供热、供冷系统工程等部分简要介绍一下。

《建筑法》第60条规定：“建筑物在合理使用寿命内，必须确保地基基础工程和主体结构质量。建筑工程竣工时，屋顶、墙面不得有渗漏、开裂等质量缺陷；对已发现的质量缺陷，建筑施工企业应当修复。”

地基基础工程中的地基，是指支撑由基础传递的上部结构负载的土体或岩体。为保证建筑工程的安全和正常使用，首先要求地基在荷载作用下不致产生破坏，其次组成地基的地层因某些原因产生的变形不能过大，否则将会使建筑物遭到破坏，无法满足使用要求。

建筑物的基础工程，是指结构所承受的各种作用传递到地基上的结构组成部分。它是建筑物的重要组成部分。建筑物的基础可以按照基础埋置深度、建筑材料、基础变形特征和结构形式进行分类。从以上可看出，建筑物的地基基础在建筑物整体构造中起到的重要作用。

关于屋面防水工程，是指建筑物的屋顶、墙壁以及有防水要求的卫生间、房间和外墙等均防止出现漏水的工程。

其他土建工程一般包括地面、楼面工程，门窗工程等。

电气管线、上下水管线的安装工程，主要指电气的线路、开关、电表的安装，电气照明器具的安装，给水管道、排水管道的安装等。

供热、供冷系统工程，包括暖气设备、中央空调设备等的安装工程。

问题59：地基与基础的区别

答：建筑物由上部结构、基础与地基三部分组成。

地基是指建筑物下面支撑基础的土体或岩体。建筑物的全部荷载均由其下的地层来承担，受建筑物影响的那一部分地层称为地基。所以地基是指基础底面以下，承受基础传递过来的建筑物荷载而产生应力和应变的土壤层。地基有天然地基和人工地基两类。

建筑物向地基传递荷载的下部结构称为基础，是建筑物的墙或柱埋在地下的扩大部分，是建筑物的“脚”。作用是承受上部结构的全部荷载，把它传给地基。

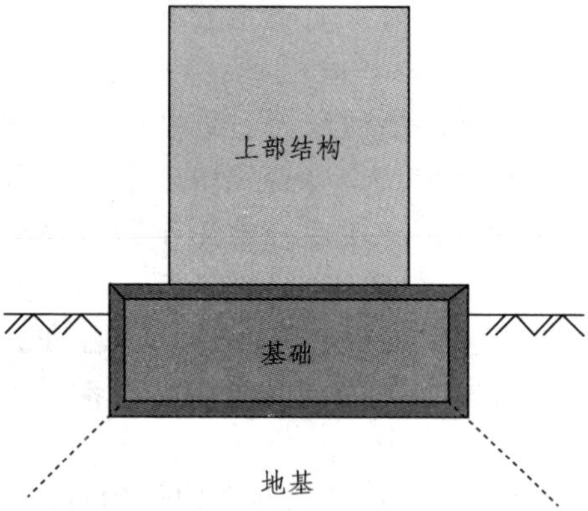

地基主要分为以下两种：

1. 天然地基

天然地基是指自然状态下即可满足承担基础全部荷载要求，不需要人工处理的地基。天然地基土分为四大类：岩石、碎石土、砂土、粘性土。

2. 人工地基

天然地基的承载力不能承受基础传递的全部荷载，需经人工处理后作为地基的土体称为人工地基。人工地基主要包括：换填地基、排水固接预压地基、强夯地基、振冲地基、夯实水泥土桩、水泥土搅拌桩、高压喷射注浆地基、其他地基等。

处理的方法有：换填法、预压法、强夯法、振冲法、砂石桩法、石灰桩法、柱锤冲扩桩法、土挤密桩法、水泥土搅拌法（含深层搅拌法、粉体喷搅法，深层搅拌法简称湿法，粉体喷搅法简称干法）、高压喷射注浆法等。

问题60：建筑裂缝的种类及特征

答：裂缝根据成因，大致可划分为以下六类：

1. 收缩裂缝：由材料干湿变化引起，一般在墙面上呈网状，两种不同材料可能形成于其界面上。

2. 温度裂缝：由热胀冷缩变形引起，一般在房屋顶层（平屋面）沿圈梁的水平裂缝，沿窗角的竖裂，沿窗角或内纵墙的对角斜裂（房屋两端多，中间基本没有）；也有沿附墙烟囱的界面上。

3. 沉降裂缝：由地基基础不均匀沉降引起的墙体正八字形、倒八字形斜裂；由灰缝灰浆粉化压缩引起的上部水平裂；由支座沉降引起的钢筋混凝土梁的竖向开裂等。

4. 变形裂缝：由变形引起的墙面交叉裂，纵横墙连接竖向裂缝；倾斜引起的断裂等。

5. 结构裂缝：由荷载作用引起，也叫荷载裂缝，如大梁下墙柱的多条竖向裂缝；梁板受力主筋处的横向水平裂缝、斜裂、跨中的环绕贯通裂；支座边的剪切斜裂；受拉杆件的横裂等。

6. 震动裂缝：由爆破、打桩、重载车、挖机破碎锤作用引起，也叫震动裂缝。如屋顶的环形裂缝、水平裂缝，由于冲击波影响、树梢效应，裂缝特征是高层比低层严重。这是目前房屋受损原因司法鉴定最经常遇到的情境。

问题61：钻芯法与回弹法的区别与联系

答：1. 钻芯法。钻芯法是利用专用钻机，从结构混凝土中钻取芯样以检测混凝土强度或观察混凝土内部质量的方法。由于它对结构混凝土造成局部损伤，因此是一种半破损的现场检测手段。

钻芯法的适用情况包括以下几种：（1）对试块抗压强度的测试结果有怀疑时；（2）因材料、施工或养护不良而发生混凝土质量问题时；（3）混凝土遭受冻害、火灾、化学侵蚀或其他损害时；（4）需检测经多年使用的建筑结构或构筑物中混凝土强度时。

2. 回弹法。回弹法是用弹簧驱动的重锤，通过弹击杆（传力杆），弹击混凝土表面，并测出重锤被反弹回来的距离，以回弹值（反弹距离与弹簧初始长度之比）作为与强度相关的指标，来推定混凝土强度的一种方法。

3. 钻芯法与回弹法的区别。钻芯法是利用专用钻机，从现场实体结构混凝土中钻取芯样以检测混凝土强度或观测混凝土内部质量的方法，它对结构混凝土造成局部损伤，成本高，并且只能做到点的检测，大量取芯往往会受到一定的限制，它是一种半破损的现场检测手段。回弹法是通过混凝土表面硬度来推定混凝土的抗压强度，回弹法具有设备简单、操作方便、测试迅速等优点，但会受仪器性能、现场检测条件、龄期（超过1000天）等因素的影响。

4. 钻芯法与回弹法的联系。上述两种方法都可以用来检测混凝土强度。由于混凝土的强度和匀质性共同反映了混凝土的质量。因此把钻芯法和回弹法结合使用，一方面可以利用回弹法对工程结构不产生损伤的特点，对构件大量测试以测定其匀质性。另一方面可以利用钻芯法测定混凝土强度精度高的优点，推定结构混凝土的强度，从而使两种方法有机结合起来，取长补短，达到提高检测准确性和可靠性之目的。

问题62：混凝土的强度等级是如何确定的？普通混凝土共分为几个强度等级？

答：混凝土立方体抗压标准强度（或称立方体抗压强度标值）是指按标准方法制作和养护的边长为150mm的立方体试件，在28d龄期，用标准试验方法测得的抗压强度总体分布中具有不低于95%保证率的抗压强度值，以fcu，k表示。

混凝土强度等级是按混凝土立方体抗压标准强度来划分的，采用符号C与立方体抗压强度标准值（单位为MPa）表示。《混凝土结构设计规范》（GB50010－2010）规定，普通混凝土按立方抗压强度标准值划分为：C15、C20、C25、C30、C35、C40、C45、C50、C55、C60、C65、C70、C75、C80。

C15～C25：用于普通砼结构的梁、板、柱、楼梯及屋架。

C25～C30：用于大跨度结构、耐久性要求较高的结构、预制构件等。

C30以上：用于预应力钢筋混凝土结构、吊车梁及特种构件等。

混凝土的抗压强度是指其标准试件在压力作用下直到破坏的单位面积所能承受的最大应力，常作为评定混凝土质量的指标，并作为确定强度等级的依据。

按照标准的制作方法制成边长为150mm的正立方体试件，在标准养护条件（温度20±3℃，相对湿度90%以上）下，养护至28d龄期，按照标准的测定方法测定其抗压强度值，称为“混凝土立方体试件抗压强度”（简称“立方抗压强度”以fcu表示），以MPa计。

立方体抗压强度标准值（fcu，k）是指按照标准方法制作和养护的边长为150mm的立方体试件，在28d龄期，用标准试验测定的抗压强度总体分布中的一个值，强度低于该值的百分率不超过5%（即具有95%保证率的抗压强度），以N/mm2即MPa计。

轴心抗压强度采用150mm×150mm×300mm的棱柱体作为标准试件，如有必要，也可采用非标准尺寸的棱柱体试件，但其高宽比（h/a）应在2～3的范围。在钢筋混凝土结构计算中，计算轴心受压构件时，都采用混凝土的轴心抗压强度fcp作为设计依据。fcp比同截面的fcu小，且h/a越大，fcp越小。在立方体抗压强度为10～55Mpa范围内时，fcp≈（0.70～0.80）fcu。

问题63：钢筋混凝土保护层厚度过薄或过厚对构件有什么影响？

答：钢筋混凝土保护层是指钢筋混凝土构件中，起到保护钢筋避免钢筋直接裸露作用的那一部分混凝土，从钢筋混凝土表面到最外层钢筋公称直径外边缘之间的最小距离，对后张法预应力钢筋，为套管或孔道外边缘到混凝土表面的距离。保护层最小厚度的规定是为了使混凝土结构构件满足耐久性要求和对受力钢筋有效锚固的要求。

1. 保护层厚度过薄将直接影响构件的耐久性

保护层厚度过薄，无疑会使钢筋提早生锈并加快锈蚀发展速度，钢筋钝化膜遭到破坏的主要原因就是碳化，而碳化所需要时间是同其厚度成正比的，这时构件的耐久年线主要取决于钢筋保护层其安全被碳化所需要的时间。

保护层过薄，钢筋周围由于粘结滑移所引起的裂缝很容易发展到构件表面，形成沿纵向钢筋的裂缝，使保护层混凝土发生劈裂破坏，导致钢筋的强度无法充分发挥作用，且劈裂裂缝对钢筋的腐蚀构成了严重危险，这也直接影响了结构的耐久性。

2. 保护层厚度过厚将削弱构件的承载能力

保护层厚度过厚，除在构件表面容易出现较大的收缩裂缝和温度裂缝之外，轻则会直接削弱钢筋的承载能力，重则会发生重大质量事故。比较突出的如在商品住宅楼建设中现浇板负弯矩钢筋保护层厚度偏大及现浇框架结构中主次梁交界处主梁的上部负弯矩钢筋保护层厚度偏大的问题。

引起保护层厚度偏差的原因主要有以下两点：

（1）设计考虑不周。使用电脑计算并出图，图纸表达方式趋于简化，很少考虑钢筋位置的布置形式及保护层厚度等，这对于现场施工人员来说，保证钢筋位置和钢筋保护层是很困难的。

（2）施工操作中的问题。操作人员施工时钢筋下料、制作的尺寸不准或对钢筋的相互间位置关系考虑不周，导致钢筋出现贴膜、移动等情况；混凝土施工时标高控制不准，导致浇筑面超厚；成品保护意识差，施工过程中任意踩踏钢筋使其变形；有时图方便只是在钢筋下垫以“适当厚度”的石子或是随手取得的混凝土碎块，这样的钢筋位置将无法控制；有时即使垫块位置正确，由于振捣不规范，导致垫块损坏或位移，这在混凝土浇筑后难以发现，但会直接影响工程的施工质量，甚至会成为工程事故的隐患。

问题64：建筑工程质量不符合要求时的处理方式有哪些？

答：建筑工程质量不符合要求时，按照《施工质量验收标准》的规定，共分为五种情况分别进行处理和验收。

1. 经返工重做或更换器具、设备的检验批，应重新进行验收

返工重做包括全部或局部推倒重来及更换设备、器具等的处理，处理或更换后，应重新按照程序进行验收。如某栋住宅楼一层砌砖，验收时发现砖强度等级为MU5，达不到设计要求的MU10，推倒后重新使用MU10砖砌筑，其砖砌体工程的质量重新按程序进行验收。重新验收质量时，要对该项目工程按规定重新抽样、选点、检查验收，重新填写检验批质量验收记录。

2. 经有资质的检测单位检测鉴定能够达到设计要求的检验批，应予以验收

这种情况多是某项质量指标不够，多数是留置的试块失去代表性，或因故缺少试块的情况，以及试块试验报告缺少某项有关主要内容，也包括对试块或试验结果报告有怀疑时，经有资质的检测机构对工程进行检验测试。其测试结果证明，该检验批的工程质量能够达到原设计要求，这种情况应按照正常情况给予验收。

3. 经有资质的检测单位检测鉴定达不到设计要求、但经原设计单位核算认可能够满足结构安全和使用功能的检验批，可予以验收

这种情况与第二种情况类似，多是某项质量指标达不到规范要求，多数也是留置的试块失去代表性或因故缺少试块以及试块试验报告有缺陷，不能有效证明该项工程的质量情况，或是对该试验报告有怀疑时要求对工程实体质量进行检测。经有资质的检测单位检测鉴定达不到设计要求，但这种数据达到设计要求的差距不是太大。经过原设计单位进行验算，认为仍可满足结构安全和使用功能，可不进行加固补强。如某栋五层砖混结构建筑，一、二、三层用M10砂浆砌筑，四、五层为M5砂浆砌筑。在施工过程中由于管理不善等原因，其三层砂浆强度仅达到7.4MPa，未达到设计要求，按照规定应不能验收，但经过原设计单位验算，砌体强度尚可满足结构安全和使用功能，可不返工和加固。由设计单位出具正式的认可证明，由注册结构工程师签字并加盖单位公章。由设计单位承担质量责任。因为设计责任就是设计单位负责，出具认可证明，也在其质量责任范围内，可进行验收。

以上三种情况都应视为是符合规范规定质量合格的工程。只是管理上出现了一些不正常的情况，使资料证明不了工程实体质量，经过补办一定

的检测手续，证明质量达到设计要求，给予通过验收是符合规范规定的。

4. 经返修或加固处理的分项、分部工程，虽然改变外形尺寸但仍能满足安全使用要求，可按技术处理方案和协商文件进行验收

这种情况多数是某项质量指标达不到验收规范要求，如同第二、三种情况，经过有资质的检测单位检测鉴定达不到设计要求，由其设计单位经过验算，也认为达不到设计要求。经过验算和事故分析，找出了事故原因，分清了质量责任，同时经过建设单位、监理单位、施工单位、设计单位协商，同意进行加固补强，并协商好加固费用的来源以及加固后的验收等事宜，由原设计单位出具加固技术方案，通常由原施工单位进行加固，虽然改变了个别建筑构件的外形尺寸或留下永久性缺陷（通过加固补强后只是解决了结构性能问题，而其本质并未达到原设计要求的均属造成永久性缺陷），包括改变工程的用途在内，应按照协商文件进行验收，也就是有条件的验收，由责任方承担经济损失或赔偿。这种情况实际是工程质量达不到验收规范的合格规定，应算在不合格工程范围内，如墙体强度严重不足，采用双面加钢筋网灌喷豆石混凝土补强，加厚了墙体，缩小了房间的使用面积等。又如某工程地下室发生渗漏水，采用从内部增加防水层堵漏，满足了使用要求，但却使那部分墙体长期处于潮湿甚至水饱和状态，留下永久性缺陷。

5. 经返修或加固处理仍不能满足安全或使用要求的分部工程及单位工程，严禁验收

这种情况是很少的，但确实存在。这种情况通常是在制订加固技术方案前就知道加固补强措施效果不会太好，或是加固费用太高不值得加固处理，或是加固后仍达不到保证安全、功能的情况。这种情况发生就应该坚决拆掉，不要再花大的代价来加固补强。

问题65：工程造价司法鉴定的特点

答：1. 开展工作的复杂性

由于诉诸法律以后，双方站在各自的立场上，分别提供一些对自己有利的证据，造成双方各执一词、互相矛盾；或拒不配合，不提供任何资料。开展工作的依据性资料严重缺失，只能依据法院卷宗中的调查笔录和双方各自提供的资料分析、鉴别使用。

2. 结果的重要性

证据是司法公正的前提和基础，司法鉴定作为证据制度的重要内容，鉴定结果就显得尤为重要。建筑工程造价一旦进入司法鉴定程序，其影响

往往是很大的，轻者影响工程造价结果的准确性，重者将导致相关人员被追究行政责任甚至刑事责任等。

3. 程序的严格性

司法程序有着严格性。工程造价司法鉴定工作作为司法工作的一种延伸，其基本程序可分为两个基本阶段。第一阶段以委托和受理为开端，到出具司法鉴定意见书结束。司法鉴定人的主要任务是收集工程造价鉴定计算的事实依据，依据有效的证据进行专业鉴定计算。第二阶段从当事人对司法鉴定意见书提出书面异议开始，到庭审质证后结束。其主要目的是通过当事人对鉴定报告提出疑义，解决工程造价依据的事实问题、计算准确性问题、适用的规范问题等。

4. 现场勘察的隐蔽性

建筑工程造价司法鉴定一般在工程处于工程完成阶段或工程使用阶段开展。这时往往隐蔽工程也已全部或部分完工，比如主体结构发生裂缝，产生的原因就是多方面的，撇开外部影响（如冲击、震动、人为破坏等），其工程内因就有材料质量问题、材料配比问题、施工工艺问题等，而这些正是承、发包双方互相追究责任、索赔和反索赔的焦点。由于鉴定工程中查看的现场往往不是原始状态，故工程的隐蔽性强，要求司法鉴定人员要有很好的专业分析能力。

5. 工程量的准确性

对于烂尾工程，时间延后，资料不齐全，人事也存在变动，难度系数高。烂尾工程造价司法鉴定要对已完成工程量进行鉴定必须现场用仪器实测，首先判断工程质量是否合格，不合格工程量返工费用是多少，并计算出工程造价。只有具备建筑工程司法鉴定资质的机构才有鉴定仪器和实力做质量评定和合格工程造价鉴定。

综上所述：工程造价司法鉴定具有复杂性、重要性、严格性、隐蔽性和准确性，对司法鉴定机构技术水平和鉴定仪器要求高，司法鉴定工作量和工作难度数倍于正常工程造价预决算审核。工程造价司法鉴定应该由建筑工程司法鉴定资质的机构来执行。

问题66：工程造价司法鉴定的法律依据

答：《建设工程司法解释》第16条规定："当事人对建设工程的计价标准或者计价方法有约定的，按照约定结算工程价款。因设计变更导致建设工程的工程量或者质量标准发生变化，当事人对该部分工程价款不能协商一致的，可以参照签订建设工程施工合同时当地建设行政主管部门发布的计价方法或者计价标准结算工程价款。"该规定表明：双方当事人对计价方法或计价标准有约定的，按照约定审价；如没有约定，双方又协商不成的，则按照签订建设工程施工合同时当地建设行政主管部门发布的计价方法或者计价标准审价。《建设工程司法解释》第21条规定：“当事人就同一建设工程另行订立建设工程施工合同与经过备案的中标合同实质性内容不一致的，应当以备案的中标合同作为结算工程价款的根据。”该规定表明，经过招标投标，如果双方当事人违背招标、投标文件的规定，签订背离合同实质性内容的其他合同，工程造价司法鉴定应以备案的按招标、投标文件签订的合同作为审价的依据。

问题67：黑白合同

答：1. 黑白合同是指合同当事人就同一事项订立两份以上的内容不相同的合同，一份对内（俗称黑合同），一份对外（俗称白合同），其中对外的一份并不是双方真实意思表示，而是以逃避国家税收或者是规避招投标政策等为目的；对内的一份则是双方真实意思表示。

2. 黑合同的签订时间：黑合同在中标合同之前签订；黑合同与中标合同同时签订；黑合同在中标合同之后签订。

3. 黑白合同的计价方法：根据《建设工程司法解释》第21条规定：“当事人就同一建设工程另行订立的建设工程施工合同与经过备案的中标合同实质性内容不一致的，应当以备案的中标合同作为结算工程价款的根据。”

并不是所有建设工程施工合同都以备案合同结算条款进行结算，只有经过招标投标管理部门的公开招标和邀请招标，才能适用《建设工程司法解释》第21条的规定；在建设工程施工合同纠纷案件中，当《合同法》理论与《招标投标法》《招标投标法实施条例》《建筑法》理论相抵触时，应当适用特别法优于普通法的原则。

经过招投标的项目，且招投标有效的，按照备案合同结算；经过招投标的项目，且招投标无效的，按实结算；未经过招投标的项目，若项目为非强制招投标项目，按“黑”合同结算；未经过招投标的项目，若项目为强制招投标项目，按实结算。

问题68：无效合同

答：无效合同，是指一方以欺诈、胁迫的手段订立合同，损害国家利益；恶意串通，损害国家、集体或者第三人利益；以合法形式掩盖非法目的；损害社会公共利益；违反法律、行政法规的强制性规定。

1. 无效合同的种类

《合同法》第52条规定：“有下列情形之一的，合同无效：（一）一方以欺诈、胁迫的手段订立合同，损害国家利益；（二）恶意串通，损害国家、集体或者第三人利益；（三）以合法形式掩盖非法目的；（四）损害社会公共利益；（五）违反法律、行政法规的强制性规定。”

建筑工程施工合同是特殊的承揽合同，建筑工程施工合同履行的过程就是将劳务和建筑材料物化到建筑产品上的过程，金额大、工期长、法律关系复杂且往往关系到社会公共利益和社会公众的安全，所以在确定建筑工程施工合同效力时，除了《合同法》《民法通则》外，司法解释还对建筑工程施工合同无效的情形作了特殊的规定。依据《建设工程司法解释》，一共有五种情况可能导致建筑工程施工合同无效。（1）承包人未取得建筑施工企业资质或者超越资质等级的建设工程施工合同无效。（2）没有资质的实际施工人借用有资质的建筑施工企业名义的建设工程施工合同无效。（3）建设工程必须进行招标而未招标或者中标无效的建设工程施工合同无效。（4）承包人非法转包、违法分包建设工程的建设工程施工合同无效。（5）没有资质的实际施工人借用有资质的建筑施工企业名义与他人签订建设工程施工合同的建设工程施工合同无效。

2. 无效合同的处理

《合同法》第58条规定：“合同无效或者被撤销后，因该合同取得的财产应予以返还；不能返还或者没有必要返还的，应折价补偿。”建设工程施工合同的特殊之处在于，建设工程的施工过程，就是承包人将劳务及建设工程材料物化到建设工程的过程。基于这一特殊性，合同无效，发包人取得的财产形式上是承包人建设的工程，承包人对工程建设投入的是劳务及建设工程材料，故而无法适用恢复原状的返还原则，只能折价补偿。《建设工程司法解释》第2条规定：“建设工程施工合同无效，但建设工程经竣工验收合格，承包人请求参照合同约定支付工程价款的，应予支持。”第3条规定：“建设工程施工合同无效，且建设工程经竣工验收不合格的，按照以下情形分别处理：（一）修复后的建设工程经竣工验收合格，发包人请求承包人承担修复费用的，应予支持；（二）修复后的建设工程经竣工验收不合格，承包人请求支付工程价款的，不予支持。因建设工程不合格造成的损失，发包人有过错的，也应承担相应的民事责任。”

无效合同、合同无效与合同不生效之间的区别如下：

无效合同就是指自签订时就无效的合同。无效合同是相对于有效合同而言的。凡不符合法律规定的要件的合同，不能产生合同的法律效力，都属于无效合同。无效合同是已经成立的合同，是欠缺生效要件，不具有法律约束力的合同，不受国家法律保护。无效合同自始无效，合同一旦被确认无效，就产生溯及既往的效力，即自合同成立时起不具有法律的约束力，以后也不能转化为有效合同。无论当事人已经履行，或者已经履行完毕，都不能改变合同无效的状态。无效合同是当然无效。由于无效合同是违反国家法律、行政法规和社会公共利益的合同，因而它为法律上的当然无效，即其无效，无须当事人主张即产生无效的法律后果。

合同无效是一种合同的法律状态，指因欠缺一定生效要件而致合同当然不发生效力。

合同不生效也是一种合同的法律状态，是指合同成立但仍然没有生效。主要包括两个情形：（1）附条件、附期限合同。在条件成熟、期限届满前合同未生效。（2）需要办理审批手续的合同。在合同签订后、批准前，合同未生效。

可撤销合同、解除合同与无效合同的区别

	可撤销合同	解除合同	无效合同
条件区别	《合同法》第54条规定： (1)因重大误解订立的；(2)在订立合同时显失公平；(3)一方以欺诈、胁迫的手段或者乘人之危，使对方在违背真实意思的情况下订立的合同。当事人请求变更的，人民法院或者仲裁机构不得撤销。	《合同法》第93条、94条规定： (1)当事人协商一致；(2)因不可抗力致使不能实现合同目的；(3)在履行期限届满之前，当事人一方明确表示或者以自己的行为表明不履行主要债务；(4)当事人一方迟延履行主要债务，经催告后在合理期限内仍未履行；(5)当事人一方迟延履行债务或者有其他违约行为致使不能实现合同目的。 《合同法》第219条：承租人未按照约定的方法或者租赁物的性质使用租赁物，致使租赁物受到损失的，出租人可以解除合同并要求赔偿损失。	《合同法》第52条规定：合同无效： (1)一方以欺诈、胁迫的手段订立合同，损害国家利益；(2)恶意串通，损害国家、集体或者第三人利益；(3)以合法形式掩盖非法目的；(4)损害社会公共利益；(5)违反法律、行政法规的强制性规定。 《合同法》第53条：免责条款无效： (1)造成对方人身伤害的；(2)因故意或者重大过失造成对方财产损失的。

(续表)

行使期限的区别	《合同法》第55条规定：有下列情形的，撤销权消灭：(1)具有撤销权的当事人自知道或者应当知道撤销事由之日起一年内没有行使撤销权；(2)具有撤销权的当事人知道撤销事由后明确表示或者以自己的行为放弃撤销权。	《合同法》第95条规定：法律规定或者当事人约定解除权行使期限，期限届满当事人不行使的，该权利消灭。法律没有规定或者当事人没有约定解除权行使期限，经对方催告后在合理期限内不行使的，该权利消灭。	确认合同无效没有期限限制。
行使方式的区别	《合同法》第54条第4款规定：受损害方可以向人民法院请求撤销合同，也可以向仲裁机构请求撤销。	《合同法》第93条规定，当事人可以协商解除合同。 《合同法》第96条规定，当事人以约定一方解除合同的条件满足为由或以合同法第九十四条解除合同的条件满足为由主张解除合同的，应当通知对方。合同自通知到达对方时解除。对方有异议的，可以请求人民法院或者仲裁机构确认解除合同的效力。法律、行政法规规定解除合同应当办理批准、登记等手续的，依照其规定。	合同是否无效需要通过法院或仲裁机构予以确认，当事人无法自行确认合同无效。
效力区别	《合同法》第56条规定： 被撤销的合同自始没有法律约束力。	自解除条件成就时，合同解除，之后，对当事人不再具有约束力；之前，合同有效。	《合同法》第56条规定：无效的合同自始没有法律约束力。 合同部分无效的，不影响其他部分效力的，其他部分仍然有效。

（续表）

法律后果的区别	《合同法》第58条规定： 合同被撤销后，因该合同取得的财产，应当予以返还；不能返还或者没有必要返还的，应当折价补偿。有过错的一方应当赔偿对方因此所受到的损失，双方都有过错的，应当各自承担相应的责任。 第59条规定：当事人恶意串通，损害国家、集体或者第三人利益的，因此取得的财产收归国家所有或者返还集体、第三人。	《合同法》第97条规定： 合同解除后，尚未履行的，终止履行；已经履行的，根据履行情况和合同性质，当事人可以要求恢复原状、采取其他补救措施，并有权要求赔偿损失。	《合同法》第58条规定： 合同无效后，因该合同取得的财产，应当予以返还；不能返还或者没有必要返还的，应当折价补偿。有过错的一方应当赔偿对方因此所受到的损失，双方都有过错的，应当各自承担相应的责任。 第59条规定：当事人恶意串通，损害国家、集体或者第三人利益的，因此取得的财产收归国家所有或者返还集体、第三人。

问题69：固定价合同是否需要造价鉴定？

答：《建设工程司法解释》第22条规定："当事人约定按照固定价结算工程价款，一方当事人请求对建设工程造价进行鉴定的，不予支持。"

例外1：在约定固定单价的情形下，当事人申请对工程量进行鉴定的应当允许。

例外2："固定价格合同。双方在专用条款内约定合同价款包含的风险范围和风险费用的计算方法，在约定的风险范围内合同价款不再调整。风险范围以外的合同价款调整方法，应当在专用条款内约定。"如：因设计变更工程量增加、特定材料价格变化等。工程发生设计变更。主要原材料价格大幅调整。

例外3：（名义上的固定价合同）在招投标或签订合同时，如果没有图纸，属于"三边"的情形，则即使合同约定"一口价"也是没有计价依据的，不能依据该条认定为固定总价而不予审价。

固定总价合同与固定单价合同的特点及适用主要包括以下几个方面：

1. 固定总价合同

固定总价合同，俗称“闭口合同”“包死合同”。所谓“固定”，是指这种价款一经约定，除业主增减工程量和设计变更外，一律不调整。所谓“总价”，是指完成合同约定范围内工程量以及为完成该工程量而实施的全部工作的总价款。

固定总价合同有如下特点：

（1）工程造价易于结算。

由于总价固定，因此只要业主（发包方）不改变合同施工内容，合同约定的价款就是承发包双方最终的结算价款。

（2）量与价的风险主要由承包商承担。

对承包商而言，固定总价合同一经签订，承包商首先要承担的是价格风险。包括投标时的询价失误、合同履行过程中的价格上涨风险均由自己承担，业主不会给予补偿。

其次，承包商还要承担工程量风险。在固定总价合同中，业主往往只提供施工图纸和说明，承包商在报价时要自己计算工程量，再根据申报的综合单价，得出合同总价。即便业主提供工程量清单，也仅仅是承包商投标报价的参考，业主往往声明不对工程量的计算错误负责。这样，承包商还要承担工程量漏算、错算的风险。

招标实践中，业主给予的投标时间往往比较短，承包商来不及根据施工图精确计算工程量，只能凭经验结合图纸作估算，漏算、错算几乎难以避免，只不过漏算、错算的数额有大有小罢了。

对于业主而言，通过招标、议标选择的承包商，其中标价的利润空间已经大大压缩，业主高价获取工程的风险几乎不存在。但是，材料市场不会永远只涨不跌，因此签订固定总价合同对业主同样具有一定的风险，只是基于业主在工程合同中的优势地位，往往可以逼迫承包商减少合同价款，因此，固定总价合同中业主的价格风险相比承包商要小得多。

（3）承包商索赔机会少。

固定总价合同，业主往往在合同中明确只有业主变更设计和增减工程量可以调整合同价款，这样一来承包商索赔的机会大大减少，而业主对工程造价的控制就能做到基本不突破预算。因此固定总价合同也是业主对付承包商“低中标、勤签证、高索赔”的妙招。

固定总价合同具有局限性：尽管对业主而言，固定总价合同有那么多的优势，但固定总价合同并不适用所有类型的工程项目。根据固定总价的上述特点，固定总价合同仅适合以下类型工程：

（1）合同履行周期短的小型工程。由于固定总价是价款不变的合同，因此承发包双方都要承担材料价格起伏的风险。虽然承包商承受的材料涨价的风险更大，但有涨总会有落。如果双方签订合同时正是材料大幅度涨价的时候，而在合同履行期间材料又大幅回落，那么吃亏的将是作为发包人的业主。因此固定总价合同只适用履行周期一般不超过半年、材料市场价格相对稳定的小型工程。

（2）适合工程结构相对简单的工程。因固定总价是量、价均不调整的合同，对于结构相对简单的工程，工程量误差率较小，报价的准确性更高。而结构复杂的工程，承包商漏算、错算工程量的概率较大，虽然业主在施工图纸中已经明确，双方已经通过询标、答疑解决了设计细节问题，工程量疏漏的损失应由承包商自己承担为由拒绝承包商的调价要求，但如果承包商确实因此而遭受重大经济损失、或者如上述案例那样因业主给予的投标时间过短无法准确计算工程量，造成工程量差异太大，损失严重，承包商依然会要求业主分担，甚至通过停工、诉讼或仲裁途径解决这些问题。这样一来，对工期十分敏感的业主将不得不花大量精力、时间处理这些争议。因此，对于结构简单的住宅、厂房、商场等类型工程可以使用总价固定合同，而结构复杂的综合性工程则更适合单价固定合同形式。

固定总价合同常见的争议类型有以下几种：

（1）价格争议。

①材料涨价引起的价格争议。如 2003 年全国大多数城市建材大幅度涨价，有些地方的涨幅达 30% ~50%，这对低价中标而又签订固定总价合同的承包商而言无疑是雪上加霜。承包商认为材料涨价幅度已经超过正常的商业风险范围，属于当事人签约时无法预见的客观情势变化，要求业主对此进行补偿，追加合同价款。而业主则以双方所签合同为固定总价合同，材料涨价属于承包商应当承担的商业风险范围、追加价款没有合同依据为由，拒绝追加合同价款，双方因此产生争议。

②变更引起的价格争议。设计变更和业主增减工程量是固定总价合同约定的可以调整合同价款的主要原因。因此如果双方对设计变更、调增调减工程量引起的价款变动没有明确、具体的约定，一方主张变更工程的单价应按市场价或造价部门市场信息价计价，一方坚持按照承包商投标时的单价进行计价，双方即会产生争议。

（2）工程量争议。

这类争议主要发生在施工企业报价漏项、工程量错算较多的情况下。因我国对工程量计算有统一规则，施工企业又有专门的预算人员，因此施工企业对工程量失误导致的价款损失普遍认为是自己的失误造成，即便在合同履行过程中发现工程量漏算、错算，也很少要求业主追加合同价款，除非工程量误差巨大、损失惨重，且发包人在招标过程中有过错。故此类纠纷相对较少。

2. 固定单价合同

固定单价合同是指合同的价格计算是以图纸及规定、规范为基础，工程任务和内容明确，业主的要求和条件清楚，合同单价一次包死，固定不变，即不再因为环境的变化和工程量的增减而变化的一类合同。

签订施工合同、约定合同价款时，按招标投标确定的人工、材料、机械等的单位价格（最好固定、封闭单价）和实际完成的工程量计算工程造价，是固定单价施工合同的特点。示范文本的合同条件中规定了“根据确认的工程量、按构成合同价款相应项目的单价和取费标准计算，支付工程价款”（第22条），以及“工程量清单”的提供（第2条第5款）、工程量的核实确认（第21条）等，都表明了固定单价施工合同的方式和特点，是实际工程中实行固定单价施工合同的依据。

实行固定单价施工合同的意义主要体现在以下几点：

（1）实行固定单价施工合同方式是开展招投标工作的需要。一些工程由于施工图纸不齐等原因，在招标条件不具备，又急于开工的情况下，招投标工作难以开展。为了解决这样的问题，采用单价、费用报价的方式，也就是固定单价的方式，既坚持了招标方向，又结合了实际情况，节省了时间，加速了施工，保证了投资效果的提前实现。

（2）固定单价施工合同，可以使建设单位有效控制工程造价。控制工程造价，实现经济效益是建设单位（业主）的追求目标。建设单位通过招投标把单价固定后，签订了施工合同，就受到了法律的保护。建设单位再在设计和工程量核实的环节上采取相应的措施后，就可以达到控制工程造价的目的。

（3）实行固定单价施工合同可以使施工单位改善经营管理、节省物耗、降低成本。施工企业推向市场，其生存主要靠参加工程项目的投标竞争，而投标竞争本质上是一种商业行为，目的就是为了盈利。在日益激烈的竞争情况下，施工企业只有采取低报价才能中标，而低报价的单位在施工合同中已固定的情况下，又要取得一定的经济效益，就必须采用先进的技术，提高工艺水平，改善经营管理，降低消耗和成本。

（4）实行固定单价施工合同是完善施工合同管理的需要。如不实行固定单价施工合同，在遇到图纸不齐的情况时，合同管理和签订时往往同意实行预算法的方式确定合同造价。实际上，这仅是说明了确定造价的原则，并无控制造价的任何具体措施，最后容易形成“钓鱼工程”“胡子工程”，敞口花钱的情况，失去了发挥施工合同，约束工程造价的意义。采用固定单价施工合同的方式则弥补了施工合同管理的不足，完善和推进了施工合同管理工作。

固定单价施工合同操作和要求主要有以下几点：

（1）工程量清单和核实工程量。

工程量清单是施工合同的组成部分。工程量清单通常是以单位工程为对象，按照预算定额的分项及其工程量计算规则计算出的工程量，留出投标者填写单价和合价后的工程量清单称为“标价的工程量清单”，作为招投标文件和合同文件的组成部分。

固定单价合同的工程量清单中所列工程量只是估计数量，不能作为施工单位履行合同规定义务过程中应予完成的实际和确切的工程量。示范文本合同条件第 19 条关于合同价款及调整的第 1 款“甲方代表确认的工程量增减”，就说明了这一点。但是施工单位报出的单价是不能变动的，因而实际合同价款的支付就是单价与实际工程量的乘积之和再加上费用、利税。由此可见，核实工程量就是通过计算和测量，求得实际完成数量，然后按示范合同文本的有关条款来确定并支付实际合同价款。

（2）固定单价的报价。

单价应与定额项目相同，包括人工费、机械费和材料费，一般可按预算定额中的规定执行；材料费以预算价格为准，与人工费、机械费共同组成直接费作为计算间接费等各项费用的基数外，其市场价格应作为固定单价的主要内容加以确定。因此必须经常掌握分析材料市场价格信息、采购运输途径，并考虑物价上涨的风险因素，综合权衡后加以报价。

另外固定单价还应该包括间接费等各项费用的费率，这是固定单价概念和范围的延伸，也是固定单价施工合同需要。只有明确了费率，固定了费率，固定单价施工合同的作用才是完整的。

（3）固定单价施工合同价格的调整。

作为施工单位都会遇到物价上涨的风险，必须给予足够重视。作为建筑单位则希望将风险考虑在单价中，由施工单位承担。对那些工期较短的项目，其风险易于估测的，施工单位都能接受。对那些工期较长，工程量较大而且复杂的项目，准确地估计风险往往难以做到，如加大风险因素，其报价缺乏竞争力，也加大建设单位建筑成本。如将风险因素考虑过低，则遇到物价波动较大，势必造成施工单位施工成本的增加，严重时将影响整个项目实施，这也是建设单位所不愿看到的。为了使施工单位因物价上涨和国家政策性调整（如人工、机械费用等）造成费用增加，能从建设单位得到合理补偿，而且建设单位又能有效地控制成本，一般的施工合同都有对合同价款进行调整的条款（FIDIC 合同条件就是此类条款）。固定单价施工合同仍然执行我国示范合同文本的合同，根据示范文本合同条件第 19

条的规定，允许对合同价款进行调整。这主要包括工程变更；政策性调整；施工条件的变化如停水、停电等；固定单价后新产生的风险承担问题等其他约定。需要指出的是，是否调整、调整的内容、怎样调整是双方的合同行为，必须根据工程具体情况，在施工合同协议条款中加以明确，以防扯皮。

固定总价合同与固定单价合同的主要区别主要体现在以下几个方面：

（1）固定总价合同其实是针对当时的图纸、招标文件以及技术资料的固定，当施工过程中发生设计变更，还是要按照规定予以增减造价的。如果没有设计变更，结算 = 预算（中标价）。固定单价合同是指按针对当时的图纸、招标文件以及技术资料的固定单价，而工程量按实结算。一般情况招标方都是给一个暂定量的。结算 = 审计工程量 × 中标单价。

（2）固定单价是有利于己方，但如果固定总价，一是业主在施工过程中，投入的管理人员会少些、省心，二是利于控制造价。

问题70：固定价合同解除后如何进行造价鉴定？

答：参考案例如下：

【案情】甲公司与乙公司签订《建设工程施工合同》，约定：由乙公司为甲公司某工程进行施工，合同价款为固定总价600万，工程价款依据进度支付。工程量施工到80%时，甲公司支付了300万。此时乙公司以甲公司未按合同约定支付工程进度款，致使乙公司无法继续施工为由诉至法院，要求解除甲乙双方的《建设工程施工合同》，并支付工程款500万。

【争议焦点】甲乙双方一致同意解除合同，但已完工程价款如何结算有三种观点：

第一种观点认为，以固定总价为基数乘以已经完成的工程量占全部工程量的百分比。即：已完工程结算价款 = 固定总价 ×（已经完成的工程量/全部工程量）。600万 × 80% = 480万。

第二种观点认为，参照签订《建设工程施工合同》时当地建设行政主管部门发布的计价方法或者计价标准进行结算，即依据“定额”进行结算。80%对应造价为800万。这种观点的法律依据为：《合同法》第62条第2款规定：“价款或者报酬不明确的，按照订立合同时履行地的市场价格履行；依法应当执行政府定价或者政府指导价的，按照规定履行。”《建设工程司法解释》第16条第2款规定：“因设计变更导致建设工程的工程量或者质量标准发生变化，当事人对该部分工程价款不能协商一致的，可以参照签订建设工程施工合同时当地建设行政主管部门发布的计价方法或者计价标准结算工程价款。”

第三种观点认为，由鉴定机构在相应同一取费标准下分别计算出已完工程部分的价款和整个合同工程的总价款，两者对比计算出相应系数，再用合同约定的固定价乘以该系数确定发包人应付的工程款。即：结算价款=固定总价×（实际完成的工程量参照定额计算的价款，假定为800万元/全部工程量参照定额计算的价款，假定为980万元）。600万×（800万/980万）=489.80万元。这种观点的依据为：北京市高级人民法院《关于审理建设工程施工合同纠纷案件若干疑难问题的解答》第13条规定：建设工程施工合同约定工程价款实行固定总价结算，承包人未完成工程施工，其要求发包人支付工程款，经审查承包人已施工的工程质量合格的，可以采用“按比例折算”的方式，即由鉴定机构在相应同一取费标准下分别计算出已完工程部分的价款和整个合同约定工程的总价款，两者对比计算出相应系数，再用合同约定的固定价乘以该系数确定发包人应付的工程款。当事人就已完工程的工程量存在争议的，应当根据双方在撤场交接时签订的会议纪要、交接记录以及监理材料、后续施工资料等文件予以确定；不能确定的，应根据工程撤场时未能办理交接及工程未能完工的原因等因素合理分配举证责任。《广东省高级人民法院关于审理建设工程施工合同纠纷案件若干问题的指导意见》第5条规定：建设工程施工合同约定工程款实行固定价，如建设工程尚未完工，当事人对已完工工程造价产生争议的，可将争议部分的工程造价委托鉴定，但应以建设工程施工合同约定的固定价为基础，根据已完工工程占合同约定施工范围的比例计算工程款。当事人一方主张以定额标准作为造价鉴定依据的，不予支持。

问题71：需要申请工程造价鉴定的九种情形

答：在工程款结算诉讼中，经常碰到原被告双方对工程价款说法不一的情况，在合同约定不明、实际履行与约定不符等诸多情况下，都需要进行工程造价鉴定。发生下列情形之一时，需申请工程造价鉴定：

（1）合同约定为固定总价，但工程未竣工而产生的结算纠纷。双方在《建设工程施工合同》中虽然约定采用固定总价的形式，但是，在工程竣工前中途停工、双方提前解除承包合同时，对现场已实际施工的工程量、工程造价，双方发生争议时，需进行造价评估鉴定。

（2）固定总价合同但发生设计变更、洽商变更、签证、索赔的。双方合同中虽然约定采用固定总价合同，但是，在施工过程中，在原中标施工图纸基础上，发生了设计变更、现场洽商变更、签证、索赔时，且双方对发生的设计变更、现场洽商变更、签证、索赔部分的工程价款未达成一致意见、存在争议的，应当对该争议部分进行造价鉴定。

（3）固定单价合同。采取工程量清单报价的固定单价合同，在结算争议发生时，要进行全面造价鉴定。

(4) 实行可调价格合同。合同价款如果采用的是可调价格合同，双方对价差调整部分有争议、未达成一致意见的，对该部分要申请造价鉴定。

(5) 合同约定了结算原则、方法，或约定据实结算的。在此情况下，双方对工程总造价未达成一致意见的，应当申请造价鉴定。

(6) 一方违约，给合同对方造成的经济损失部分。在《建设工程施工合同》履行中，如因发包人违约，导致承包人发生的经济损失部分，双方未达成一致意见的，应当就经济损失的金额申请鉴定。

(7) 合同没有明确约定工程总价款或只约定工程暂定价的。

(8) 承包人单方做出结算书，依据合同特别约定条款不能被认定为发包人视为认可的情形。

(9) 发生合同造价需要鉴定的其他情形。

一旦发生以上情况，为维护己方的合法权益，应立即申请人民法院委托有资质的机构进行工程造价鉴定。

问题72：法院不予许可造价鉴定申请的情形

答：1.《建设工程司法解释》第23条规定的，当事人双方不存在争议的部分。

2.《建设工程司法解释》第22条规定的“固定总价合同”。即“当事人约定按照固定价结算工程价款，一方当事人请求对建设工程造价进行鉴定的，不予支持”。当然，在实践中也要区分另一种情形，如《浙江省高级法院关于审理建设工程施工合同纠纷案件若干疑难问题解答》第12条规定：“建设工程施工合同采用固定总价包干方式，当事人以实际工程量存在增减为由要求调整的，有约定的按约定处理。没有约定，总价包干范围明确的，可相应调整工程价款；总价包干范围约定不明的，主张调整的当事人应承担举证责任。”

3.《建设工程司法解释》第3条第2款规定，建设工程竣工验收不合格，且经修复后亦不合格的。该种情形下，承包人请求支付工程价款的，不予支持。既然承包人的工程价款请求权不存在，那么对争议工程进行造价鉴定亦属不必要。

问题73：不需要通过造价鉴定就能确定工程价款的情形

答：1. 合同约定为固定结算价。根据《建设工程司法解释》第22条：“当事人约定按照固定价结算工程价款，一方当事人请求对建设工程造价进行鉴定的，不予支持。”

2. 对无争议的事实。根据《建设工程司法解释》第23条：“当事人对部分案件事实有争议的，仅对有争议的事实进行鉴定，但争议事实范围不能确定，或者双方当事人请求对全部事实鉴定的除外。”

3. 因当事人主观原因致使无法进行造价鉴定。根据《民事诉讼证据规定》第25条：“对需要鉴定的事项负有举证责任的当事人，在人民法院指定的期限内无正当理由不提出鉴定申请或者不预交鉴定费用或者拒不提供相关材料，致使对案件争议的事实无法通过鉴定结论予以认定的，应当对该事实承担举证不能的法律后果。”

4. 发包方对承包方做出的结算书或结算报告已签章确认。此种情况为双方已对工程款结算协商一致，权利义务已明确，承包方可据此向发包方主张工程价款，而无需进行造价鉴定。

5. 合同明确约定逾期不结算视为认可结算。双方在合同中约定，若发包方收到竣工结算文件后，在约定期限内不答复，视为认可竣工结算文件。此时，根据《建设工程司法解释》第20条规定：“当事人约定，发包人收到竣工结算文件后，在约定期限内不予答复，视为认可竣工结算文件的，按照约定处理。承包人请求按照竣工结算文件结算工程价款的，应予支持。”承包方可直接依据竣工结算文件主张权利，无需进行鉴定。

问题74：建设工程施工合同对计价标准或者计价方式约定明确之合同有效情形的工程造价司法鉴定的依据

答：《建设工程司法解释》第16条第1款规定：“当事人对建设工程的计价标准或者计价方法有约定的，按照约定结算工程价款。”因此，工程造价司法鉴定机构应当充分尊重合同双方当事人的合同约定，必须依据合同约定的计价标准或者计价方法进行鉴定，不得随意改变双方当事人之间的合意。

2013年版的《建设工程工程量清单计价规范》第14.3.1条也明确规定：“工程造价咨询人在鉴定项目合同有效的情况下应根据合同约定进行鉴定，不得随意改变双方合法的合意。”

问题75：建设工程施工合同对计价标准或者计价方式约定明确之合同无效情形的工程造价司法鉴定的依据

答：在司法实践中大量存在施工合同无效的情形，在建设工程施工合同无效的情况下，工程造价司法鉴定可否以无效合同的约定进行呢？

2013年版的《建设工程工程量清单计价规范》第14.3.2条规定：“工程造价咨询人在鉴定项目合同无效或合同条款约定不明确的情况下应根据法律法规、相关国家标准和本规范的规定，选择相应专业工程的计价依据和方法进行鉴定。”

《建设工程司法解释》第2条规定：“建设工程施工合同无效，但建设工程经竣工验收合格，承包人请求参照合同约定支付工程价款的，应予以支持。”根据该条规定，即使施工合同无效，但建设工程经竣工验收合格的，合同价款可以参照合同约定予以确定；工程造价鉴定机构也应参照无效合同中约定的计价标准或者计价方法鉴定工程价款。

问题76：建设工程施工合同对计价标准或者计价方式约定明确之验收不合格情形的工程造价司法鉴定的依据

答：无论建设工程施工合同效力如何，若建设工程竣工验收不合格的，按照《建设工程司法解释》第3条的规定，应作如下处理：（1）修复后的建设工程经竣工验收合格，发包人请求承包人承担修复费用的，应予以支持；（2）修复后的建设工程经竣工验收不合格，承包人请求支付工程价款的，不予支持。

问题77：约定不明，如何确定工程造价司法鉴定依据？

答：《合同法》第61条规定了没有约定及约定不明的处理方法，第62条第（2）项进一步规定了按照第61条价款仍不能确定的，按照订立合同时履行地的市场价格履行；依法应当执行政府定价或者政府指导价的，按照规定履行。

因此，没有约定与约定不明后果一样，即按照当地建设行政主管部门公布的计价方法和计价标准进行结算。

问题78：工程造价司法鉴定需要提供哪些资料？

答：（1）工程造价司法鉴定业务须书面委托，委托书应写明鉴定项目名称、范围、要求、联系人及联系电话；（2）工程施工合同、补充合同、协议等（如招标工程，还应提供招标文件）；（3）委托鉴定范围内涉及的施工图纸（包括设计修改、变更通知单、现场签证单等，由建设单位或业主供应建筑材料和设备的，还应提供其材料、设备清单）；（4）原、被告的起诉状、答辩词、庭审笔录或申请人、被申请人的申请书、答辩书等（以了解和掌握纠纷中争议的焦点等）；（5）开工报告、竣工工程验收证明，或明确该工程的实际开、竣工时间；（6）委托方转交的证据材料应分为双方当事人确认部分和未确认部分，以便客观、及时地提供工程造价鉴定结果；（7）涉及该工程造价鉴定的相关证据材料等。

司法机关委托鉴定的送鉴材料应经双方当事人质证认可，复印件由委托人注明与原件核实无异并盖章。其他委托鉴定的送鉴材料，委托人应对材料的真实性承担法律责任。送鉴材料不具备鉴定条件或与鉴定要求不符合，或者委托鉴定的内容属国家法律法规限制的，可以不予受理。有些资料不齐全可以委托具有建筑工程司法鉴定资质的机构，该类机构具备现场勘验实际完成工程质量和工程量的能力。

问题79：信息价与定额的区别

答：信息价是指某一时期的市场上人工、机械、材料的单项价格。定额价是指在某一时期（定额编制时期）完成某一建筑构件所需的人工、材料、机械的费用，它反映的是在某一时期完成某一建筑构件所需的社会平均水平综合价格。

两者的区别在于：定额价是每几年更换一次，信息价是每一月或每一个季度换一次的。定额价是建筑工程综合费用的计算依据，信息价是建筑工程调价的依据。

问题80：工程造价司法鉴定与工程结算审核的区别

答：1. 委托方不同

一般工程造价结算审核的委托方是发包人或承包人，而工程造价司法鉴定的委托方为人民法院或当事人双方。由于委托主体不一致，所要达到的目的、要求、任务、方法也就不一样。在一般的建筑工程造价结算审核中，结论大多是固定格式化的，而在司法鉴定或双方委托造价鉴定中的工程造价问题都具有特殊性和个别性，只有在深入了解案卷的基础上，才能有正确的思路，明确争诉的焦点，为鉴定工作的开展奠定基础。

2. 收集证据不同

一般工程造价结算审核均是以设计图纸或记录施工状况的竣工图、签证等规范资料进行工程造价计算，要求的结论也往往是标准的、格式化的计算内容。工程造价司法鉴定意见的形成必须依靠证据，证据的合法性是鉴定意见能够被采信的基础，其中，证据确认的程序是其合法性体现的充要条件。因此，在确认证据过程中应做到：

（1）要做到全面接纳证据，鉴定人不应以不属于工程造价资料或与鉴定内容无关的主观判断拒收证据资料，也不应在当事人提交证据时做出对效力判断的表示。

（2）所有证据均应经过交换和相应的鉴定质证。当事人对其鉴定主张所提交的证据资料均应填写资料目录，并附简要的证明作用说明。所有的鉴定证据资料当事人之间均应进行证据交换，对对方提交的证据应附注说明对其法律效力、证明作用的意见。根据当事人提交的证据资料、主张及申辩意见，鉴定人认为须明确的事项，可在鉴定时组织当事人在法院的见证下向当事人提问并做询问笔录。

（3）证据的确认应与法庭审判程序相配合。建筑工程中的合同、约定、签证等是工程造价计算的重要依据，同时也是民事诉讼审理的核心内容。鉴定人应对鉴定证据效力确认权有明确的界定认识，切记“以鉴代判”超越职权。一般来说，证据是否符合工程造价技术规范及其效力问题应由鉴定人确认；对设计案件定性问题的事件、行为如合同、协议、效力问题由委托方认定。须由委托方认定的证据，应及时交由委托方认定其效力后再行鉴定，或在可能条件下设定认定不同结果情况下的不同的鉴定意见供委托方庭审质证后确认。

3. 结论形式不同

工程造价结算审核的结论就是工程的实际造价即定案价，这一结果是各方通过细致的核对、协调达成一致得到的结论。而因工程造价发生民事诉讼纠纷，大多就是因为施工资料不齐全或未按合同履行行为，才形成对造价的争议。

4. 工作内容增加

鉴定记录是工程造价司法鉴定比一般工程造价结算业务增加较大的工作内容。与普通的工程造价业务相比较，在鉴定过程中形成工程造价计算依据是工程造价司法鉴定的一个显著特点。对一些当事人争议的事实，有可能在鉴定中达成协议，对一些当事人的鉴定主张，有时需要在现场勘查或调查中落实事实。因此，鉴定人应做好鉴定过程中相关内容的记录，并辅之拍照、录像等方式。鉴定记录不仅是鉴定意见形成的重要依据，同时也是鉴定行为合法、规范的证明，对委托方采信鉴定意见有较好的说明意义。

5. 时间不同

工程造价司法鉴定在时间上大多是滞后的，有些工程完成几年后才开始做工程造价鉴定。当施工方索要工程款时，起诉到法院，才需要做工程造价鉴定，往往伴随着的业主方要做工程质量司法鉴定。此类案件多发生在烂尾工程、甲乙方中途变更中。

问题81：工程造价司法鉴定和工程审计有什么区别？

答：工程造价司法鉴定是指依法取得有关工程造价司法鉴定资格的鉴定机构和鉴定人受司法机关或当事人委托，依据国家的法律、法规以及中央和省、自治区及直辖市等地方政府颁布的工程造价定额标准，针对某一特定建设项目的施工图纸及竣工资料来计算和确定某一工程价值并提供鉴定意见的活动。当事人约定按照固定价结算工程价款，一方当事人请求对建设工程造价进行鉴定的，不予支持。

工程造价司法鉴定的鉴定对象是与造价有关的工程事实，诉讼当事人一般有承发包双方，有的涉及分包。

由于建筑工程生产周期长，生产过程复杂，定价过程特殊，所以鉴定涉及材料量大，内容多。

工程结算审计是指总包、监理、造价咨询单位及建设单位对各承包单位提交的工程结算资料所进行的审计活动。

审核竣工结算编制依据主要包括：工程竣工报告、竣工图及竣工验收单；工程施工合同或施工协议书；施工图预算或招标投标工程的合同标价；设计交底及图纸会审记录资料；设计变更通知单及现场施工变更记录；经建设单位签证认可的施工技术组织措施；预算外各种施工签证或施工记录；合同中规定的定额，材料预算价格，构件、成品价格；国家或地区新颁发的有关规定。审计时要审核编制依据是否符合国家有关规定，资料是否齐全，手续是否完备，对遗留问题处理是否合规。

司法鉴定是建立在公平公正的原则之下进行的，根据工程的实际情况按照国家相关定额标准及取费标准去计算。而审计往往是按照建设方的主导思想去进行，其定额的取用有一定的自由度。在收费方面，司法鉴定是谁申请谁交费，而审计是两方面都收取，建设方委托的交审计费，审计完毕施工方还要按照审减额的比例再交一部分。

问题 82：工程量签证单与工程量确认单的区别

答：工程量签证单是图纸以外发生的工程内容，因为没有图纸的依据，为了准确描述所发生的内容而做的签证，这里包括了工程量确认以及附加图等。工程量确认单是现场经过实际测量而确定某项工程发生的量，常见的有甲方代表和监理的认证。

工程量确认单仅仅只是确认了工程量，费用还未确认。签证单不只是确认了工程量，还确认了费用，是鉴证确认实际发生的情况，可有工作量，事件发生的起因、经过、处理结果等内容。

问题 83：工程造价审核内容包括哪些？

答：预结算的审核，主要是工程量是否正确、单价的套用是否合理、费用的计取是否准确三方面，在施工图的基础上结合合同、招投标书、协议、会议纪要以及地质勘察资料、工程变更签证、材料设备价格签证、隐蔽工程验收记录等竣工资料，按照有关的文件规定进行计算核实。

1. 工程量的审核

工程量的误差分为正误差和负误差。正误差常表现在土方实际开挖高度小于设计室外高度，计算时仍按图计。楼地面孔洞、地沟所占面积未扣；墙体中的圈梁、过梁所占体积未扣；钢筋计算常常不扣保护层；梁、板、柱交接处受力筋或箍筋重复计算等；正误差表现在完全按理论尺寸计算工程量，项目的遗漏。因此对施工图工程量的审核最重要的是熟悉工程量的计算规则。一是分清计算范围，如砖石工程中基础与墙身的划分、混凝土工程中柱高的划分、梁与柱的划分、主梁与次梁的划分等。二是分清限制范围，如建筑物层高大于5.2m时，方可计取满堂脚手架超高费用。三是应仔细核对计算尺寸与图示尺寸是否相符，防止计算错误产生。对签证凭据工程量的审核主要是现场签证及设计修改通知书应根据实际情况核实，做到实事求是，合理计量。审核时应作好调查研究，审核其合理性和有效性，不能见有签证即给予计量，杜绝和防范不实际的开支。

2. 套用单价的审核

工程造价定额具有科学性、权威性、法令性，它的形式和内容，计算单位和数量标准任何人使用都必须严格执行，不能随意提高和降低。在审核套用预算单价时要注意如下几个问题：

（1）对直接套用定额单价的审核。

首先，要注意采用的项目名称和内容与设计图纸标准要求是否相一致，如构件名称、断面形式、强度等级（砼标号、水泥砂浆比例）等。其次，工程项目是否重复套用，要具体查看消耗量定额内的“工作内容”是否含有这些工序。如块料面层下找平层；裱糊工程内刮腻子。另外，定额主材价格套用是否合理，主要审核双方是否约定主要材料的品牌、规格，若有约定，将从其消耗量定额内进行修改，得出其直接费。

（2）对换算的定额单价的审核。

除按上述要求外，还要弄清允许换算的内容是定额中的人工、材料或机械中的全部还是部分，同时换算的方法是否准确、采用的系数是否正确，这些都将直接影响单价的准确性。

（3）对补充定额的审核。

主要是检查编制的依据和方法是否正确，材料预算价格、人工工日及机械台班单价是否合理。

3. 费用的审核

取费应根据当地工程造价管理部门颁发的文件及规定，结合相关文件如合同、招投标书等来确定费率。审核时应注意取费文件的时效性；执行的取费表是否与工程性质相符；费率计算是否正确；价差调整的材料是否符合文件规定。如计算时的取费基础是否正确，是以人工费为基础还是以直接费为基础。对于费率下浮或总价下浮的工程，在结算时特别要注意变更或新增项目是否同比下浮等。

问题84：清单计价与定额计价的联系与区别

答：清单计价是指招标人公开提供工程量清单，投标人自主报价或招标人编制标底及双方签订合同价款，工程竣工结算等活动，是由投标人完成由招标人提供的工程量清单所需的全部费用，包括分部分项工程费、措施项目费、其他项目费、规费和税金。

定额计价是我国传统的计价方式，在招投标时，不论是作为招标标底还是投标报价，其招标人和投标人都需要按国家规定的统一工程量计算规则计算工程数量，然后按建设行政主管部门颁布的预算定额或单位估价表计算工、料、机的费用，再按有关费用标准记取其他费用，汇总后得到工程造价。

1. 清单计价与定额计价的联系

（1）定额计价在我国已使用多年，具有一定的科学性和实用性，清单计价规范的编制以定额为基础，参照和借鉴了定额的项目划分、计量单位、工程量计算规则等。

（2）定额计价可作为清单计价的组价方式。在确定清单综合单价时，以省颁定额或企业定额为依据进行计算。

2. 清单计价与定额计价的区别

（1）定价理念不同。

定额计价是政府定价；清单计价是企业自主报价，竞争形成价格。

（2）计价依据不同。

定额计价依据：政府建设行政主管部门发布的《消耗量（计价）定额》和《单位估价表》；清单计价依据：国家标准《建设工程工程量清单计价规范》以及《企业定额》。

（3）费用内容不同。

定额计价：①直接工程费；②管理费；③利润；④措施项目费；⑤其他项目费；⑥规费；⑦税金。

清单计价：①分部分项工程费；②措施项目费；③其他项目费；④规费；⑤税金。

（4）单价形式不同。

定额计价：直接工程费单价，含人工费、材料费、机械费。

清单计价：综合单价，含人工费、材料和工程设备费、施工机具使用费、企业管理费、利润和风险费。

（5）列项方式不同。

定额计价：只列定额项；清单计价：既要列清单项，又要列定额项。

（6）工程量计算不同。

定额计价：只计算定额量；清单计价：既要计算清单量，还要计算定额量。

（7）编制步骤不同。

定额计价：①读图；②列项；③算量；④套价；⑤计费。

清单计价：①读图及读清单；②清单组价——包含列清单项、列定额项、算定额量、计算综合单价；③计费。

（8）表格形式不同。

定额计价：①建安工程费用汇总表；②直接工程费计算表；③措施项目费汇总表；④措施项目明细表；⑤其他项目计价表。

清单计价：①单位工程招标控制价汇总表；②分部分项工程量清单与计价表；③措施项目清单与计价表；④综合单价分析表；⑤措施项目分析表。

问题85：工程变更与合同变更的区别

答：1. 工程变更

在工程项目实施过程中，按照合同约定的程序，监理人根据工程需要，下达指令对招标文件中的原设计或经监理人批准的施工方案进行的在材料、工艺、功能、功效、尺寸、技术指标、工程数量及施工方法等任一方面的改变，统称为工程变更。

（1）工程变更的分类。

根据提出变更申请和变更要求的不同部门，将工程变更划分为三类：即筹建处变更、监理单位变更、施工单位变更。

第一类筹建处变更，包含上级部门变更、筹建处变更、设计单位变更。其中，上级部门变更指上级交通或建设行政主管部门提出的政策性变更和由于国家政策变化引起的变更；筹建处变更是指筹建处根据现场实际情况，为提高质量标准、加快进度、节约造价等因素综合考虑而提出的工程变更；设计单位变更指设计单位在工程实施中发现工程设计中存在的设计缺陷或需要进行优化设计而提出的工程变更。

第二类监理单位变更，包含监理工程师根据现场实际情况提出的工程变更和工程项目变更、新增工程变更等。

第三类施工单位变更，指施工单位在施工过程中发现的设计与施工现场的地形、地貌、地质结构等情况不一致而提出来的工程变更。

（2）工程变更的因素。

①业主原因：工程规模、使用功能、工艺流程、质量标准的变化，以及工期改变等合同内容的调整。

②设计原因：设计错漏、设计调整，或因自然因素及其他因素而进行的设计改变等。

③施工原因：因施工质量或安全需要变更施工方法、作业顺序和施工工艺等。

④监理原因：监理工程师出于工程协调和对工程目标控制有利的考虑，而提出的施工工艺、施工顺序的变更。

⑤合同原因：原订合同部分条款因客观条件变化，需要结合实际修正和补充。

⑥环境原因：不可预见的自然因素和工程外部环境变化导致工程变更。

2. 合同变更

合同变更指有效成立的合同在尚未履行或未履行完毕之前，由于一定法律事实的出现而使合同内容发生改变。具体来说，是指在合同成立以后，尚未履行或尚未完全履行以前，合同当事人就合同的内容达成修改和补充的协议，或者依据法律规定请求人民法院或仲裁机构变更合同内容。我国《合同法》所称的合同的变更是指狭义上的合同变更，即合同内容的变更。

合同变更的实质在于使变更后的合同代替原合同。因此，合同变更后，当事人应按变更后的合同内容履行。

合同变更原则上向将来发生效力，未变更的权利义务继续有效，已经履行的债务不因合同的变更而失去合法性。

合同的变更不影响当事人要求赔偿的权利。原则上，提出变更的一方当事人对对方当事人因合同变更所受损失应负赔偿责任。

3. 工程变更与合同变更的区别

工程合同中的工程变更并非合同法意义上的合同变更。工程变更实质上是承发包双方在工程合同订立时便对合同实施过程中可能出现情况做出事先约定的结果，是一种特殊的合同变更。这种特殊性体现在：

（1）协商时间特殊。合同变更的协商发生在履约过程中、合同内容变更之时。而工程变更的范围、估价原则等的协商发生在合同订立之时，内容、价款的协商则发生在工程变更之时。

（2）变更主体特殊。在签订合同后，合同变更的主体是协商一致的承发包双方，而工程变更的主体是发包人。

（3）变更范围特殊。合同变更范围可为全部合同内容，但工程变更范围仅限于为顺利实施工程而对工程的外观、标准、功能及其实施方式所做的必须修改。标准合同中，发包人均委托工程师进行工程变更，但工程师无权修改合同。

因此，发包人为顺利完成工程所需而改变工程的外观、标准、工程及其实施方法，如附加工作、一般删除，属于工程变更，无需征得承包人同意，承包人可要求按合同约定的变更计价条款估价。发包人为顺利完成工程所需以外原因改变工程的外观、标准、功能及其实施方法的，如额外增加与完成合同无必然关系的新增工作或实质性删除大量或重要合同约定工程内容，属于合同变更，应该事先征得承包人同意，且应重新估价。

问题86：工程结算与工程决算的区别

答：1. 结算和决算的定义

工程竣工结算是指施工企业按照合同规定的内容全部完成所承包的工程，经验收质量合格，并符合合同要求之后，向发包单位进行的最终工程价款结算。

竣工决算是以实物数量和货币指标为计量单位，综合反应竣工项目从筹建开始到项目竣工交付使用为止的全部建设费用、建设成果和财务情况的总结性文件。

2. 结算和决算的区别

(1) 二者包含的范围不同。

工程竣工结算是指按工程进度、施工合同、施工监理情况办理的工程价款结算，以及根据工程实施过程中发生的超出施工合同范围的工程变更情况，调整施工图预算价格，确定工程项目最终结算价格。它分为单位工程竣工结算、单项工程竣工结算和建设项目竣工总结算。竣工结算工程价款等于合同价款加上施工过程中合同价款调整数额减去预付及已结算的工程价款再减去保修金。

建设项目竣工决算应包括从筹划到竣工投产全过程的全部实际费用，即建筑工程费、安装工程费、设备工器具购置费、工程建设其他费用（含征地费、补偿费、各种许可证费、建设单位管理费、监理费、勘察设计费、调试费等）、预备费、建设期贷款利息等。竣工决算反映了竣工项目计划、实际的建设规模、建设工期以及设计和实际的生产能力，反映了概算总投资和实际的建设成本，同时还反映了所达到的主要技术经济指标。通过对这些指标计划数、概算数与实际数进行对比，不仅可以全面掌握建设项目计划和概算执行情况，而且可以考核建设项目投资效果，为今后制定基建计划，降低建设成本，提高投资效果提供必要的资料。按照财政部、国家发改委和建设部的有关文件规定，竣工决算是由竣工财务决算说明书、竣工财务决算报表、工程竣工图和工程竣工造价对比分析四部分组成。前两部分又称建设项目竣工财务决算，是竣工决算的核心内容。

（2）编制人和审查人不同。

单位工程竣工结算由承包人编制，发包人审查；实行总承包的工程，由具体承包人编制，在总承包人审查的基础上，发包人审查。单项工程竣工结算或建设项目竣工总结算由总（承）包人编制，发包人可直接审查，也可以委托具有相应资质的工程造价咨询机构进行审查。

建设工程竣工决算的文件，由建设单位负责组织人员编写，上报主管部门审查，同时抄送有关设计单位。大中型建设项目的竣工决算还应抄送财政部、建设银行总行和省、市、自治区的财政局和建设银行分行各一份。

问题87：工程概预算与工程量清单计价的联系与区别

答：1. 工程概预算

工程概预算是在工程建设过程中全部工程费用的技术经济文件。工程概预算的主要作用包括三个方面：（1）是限额领料、实行经济核算的依据；（2）是企业加强施工计划管理、编制作业计划的依据；（3）是实行计件工资、按劳分配的依据。

2. 工程量清单计价

工程量清单计价是指投标人完成由招标人提供的工程量清单所需的全部费用，包括分部分项工程费、措施项目费、其他项目费、规费和税金。

工程量清单计价方式，是在建设工程招投标中，招标人自行或委托具有资质的中介机构编制反映工程实体消耗和措施性消耗的工程量清单，并作为招标文件的一部分提供给投标人，由投标人依据工程量清单自主报价的计价方式。在工程招标中采用工程量清单计价是国际上较为通行的做法。

3. 工程概预算与工程量清单计价的联系与区别

两者都是进行工程造价计算的方法，这是两者的共同点。在我国，长期以来是通过编制工程概预算来计算工程造价的。而近年来，提出并推行工程量清单计价，这是在工程概预算的基础上作为计价方法改革的重大措施。

两者又有明显的区别。具体表现在：

（1）计算的时点不同。

工程概预算是在项目的设计阶段进行，工程量清单计价是在项目发包阶段进行。两者使用的时间点是不同的。

（2）计算的内容不同。

工程概预算是在项目设计阶段计算项目的概预算造价，包括该项目建设所需要的建筑安装工程费用、设备工器具购置费用和工程建设其他费用。

工程量清单计价是在项目发包阶段计算项目的投标价格，包括承包商完成拟承包工程所预期索取的费用。前者的计算内容大于后者，也可以说后者的计算内容是前者的一部分。

（3）计算的依据不同。

工程概预算是按照建设行政主管部门制订的概预算编制办法及其提供的各种编制依据来编制的，确定的价格水平应该反映社会平均水平。

工程量清单计价可以根据工程的具体情况和承包商的管理水平，参照建设行政主管部门制订的概预算编制办法及其提供的各种编制依据独立自主地进行报价，确定的价格水平应该反映该承包商的个别水平。

（4）计算的目的不同。

工程概预算所计算的概预算造价是提供给项目投资者（业主）作为项目决策、资金筹集和项目发包的依据，同时也作为设计单位进行设计方案的技术经济分析，在设计阶段进行工程造价控制的依据。

工程量清单计价是承包商为了争取获得招标项目的承建权而进行的计算工作，其目的是为了争取在投标竞争中取胜。

由于两者有明显的区别，在工程造价管理工作中，既要认真推行工程量清单计价，又要注意加强对工程概预算的管理。两者不可偏废，不可替代。

问题88：工程造价鉴定与资产评估的区别

答：1. 资产评估

资产评估是指评估机构及其评估专业人员根据委托对不动产、动产、无形资产、企业价值、资产损失或者其他经济权益进行评定、估算，并出具评估报告的专业服务行为。《资产评估法》自2016年12月1日起施行。

资产评估，即资产价值形态的评估，是指专门的机构或专门评估人员，遵循法定或公允的标准和程序，运用科学的方法，以货币作为计算权益的统一尺度，对在一定时点上的资产进行评定估算的行为。就目前学术界和执业界的普通共识，资产评估可以表述为：资产评估是专业机构和人员按照国家法律、法规以及资产评估准则，根据特定目的，遵循评估原则，依照相关程序，选择适当的价值类型，运用科学方法，按照规定的程序和标准，对资产价值进行分析、评定、估算。

资产评估的种类有以下三种：（1）按资产评估工作的内容分为评估、评估复核和评估咨询；（2）按资产评估与评估准则的关系分为完全评估和限制评估；（3）按资产评估对象及适用原则分为单项资产评估和整体资产评估。

资产评估具有市场性、公正性、专业性、咨询性。

2. 工程造价鉴定与资产评估的区别

目前，国家有关行政规章已经对建设工程造价鉴定（或咨询）和资产评估这两种行业进行了业务范围的划分，并规定了不同的执业资格准入条件，但在实务中仍然有人认为，对于建筑物类的不动产计价，资产评估与工程造价鉴定同属一类，这两者没有什么本质上的区别，其业务报告或结论都可作为建设工程造价的确定依据。因此，出于业务竞争上的原因，一些不具备工程造价鉴定执业资格的中介机构，都在以资产评估报告的形式为工程造价鉴定业务出具成果文件。一些法院也在指定工程造价鉴定机构时，不考虑是否具备专门的执业资格问题。然而，这种做法是极不规范的。工程造价鉴定在本质上属于对合同类证据的鉴别行为，与作为不动产的建筑物价格评估行为，在估价原则和方法上具有重大的区别，主要体现在以下几个方面：

（1）工程造价鉴定与资产评估在价值估算对象上的区别。

工程造价的鉴定对象仅限于在建和达到竣工条件的建设工程项目，而资产评估的对象则是一切具有使用和交换价值，并能以货币计量的实物财产和无形资产。

（2）工程造价鉴定与资产评估在价值估算目的上的区别。

工程造价鉴定的目的，是按照合同约定或事先既定的计价条件（如行业统一定额），对特定工程项目进行个别价格（或成本）的计算，而资产评估则主要是基于财产流转的目的，与同类财产相比较估算其市场的交换价格。

（3）工程造价鉴定与资产评估在价格估算时点上的区别。

工程造价鉴定仅以工程建造行为发生时的合同条件或其他计价条件（如政府公布的调价文件）作为依据，工程项目建造期间或工程项目完工交付后的时间持续状态，不影响计价对象的价格。建设工程的造价鉴定无论在何时进行，与之相关的市场情况或要素价格无论发生怎样的变化，都不能改变或影响鉴定对象的计价结论。因此，工程造价鉴定的计价结论没有时效的限制。

在资产评估中，财产形成和存续的时间或年限，是影响其价格的重要因素，其估算上必须以财产的存续时间作为计价参数。所谓成新率，就是资产评估对估价对象的价格在时间意义上的表达。并且，以资产评估方式确定的财产价格，只有在一个既定的时点“评估基准日”上才是确定的。时间变量是影响被评估财产价格最基本的因素。随着财产存续时间的延续，其价格也将随之变化。因此，资产评估的计价结论具有严格的时效性。按照现行规定，建筑物的评估值，其有效性仅以一年为期限，这是资产评估与工程造价鉴定的重要区别之一。

（4）工程价鉴定与资产评估在估价对象可利用状况上的区别。

工程造价的鉴定，仅以建造行为发生或工程项目实物的形成为条件。建设工程完工或被使用以后，因自然和物理上的原因所产生的有形或无形损耗，不影响工程造价的价格估算。所谓“使用年限”“成新率”或“折旧”的概念，在工程造价鉴定中没有任何意义。因而可以认为，工程造价鉴定只是对鉴定对象原有价格的复原或确认，而不是重新估算。

在资产评估中，所谓被评估对象的“使用年限”“成新率”或“折旧情况”，是对财产已经丧失的使用价值的会计表述。被评估财产的有形与无形损耗，是影响资产评估价值估算的重要因素之一。因而可以认为，资产评估是对评估财产原有价值的否认或重新确定。

（5）工程造价鉴定与资产评估在契约关系上的区别。

工程造价具有契约性。工程造价鉴定必须以建造当事人在合同中约定的造价或计价条件为依据。合同造价体现的是当事人的意志，是交易各方对交易条件的选择和认可。用经济学的术语讲，交易谈判的竞价属性（如工程招标投标），使合同约定的建设工程造价主要反映特定交易条件下，一个工程项目的个别建造价格或建造成本，而不是同类工程的平均建造价格或成本。这是因为各自独立的交易主体，其动员或配置资源的效率差异是客观存在的。即在单位时间和资源投入相同的条件下，因经营管理水平上的差异，不同主体完成同类工程项目所花费代价是不一样的。这是市场竞争条件形成建设工程合同价格的意义所在。因此，工程造价鉴定必须体现合同对于建设工程价格的约束或限制。

与工程造价鉴定相比，资产评估行为具有非契约性的特点。在资产评估的专门术语中，所谓公允价格或重置价格所表达的，是财产在评估时的交换价格或市场平均价格。这种价格的确定不以委托人和资产评估机构之间的合意为条件。资产评估行为的当事人，不能以合同约束或限制财产的评估条件或价格，而只能由评估机构以同类财产的一般市场价格作出独立客观的判断，否则就是违法。

基于上述理由，在建设工程造价争议中，不能采用资产评估的形式进行所谓的工程造价的审价或鉴定。如果不顾工程造价鉴定问题的专业技术属性，采用资产评估的方法或术语表述工程造价问题，这无论在计价程序或鉴定意见的公正性上，都不符合诉讼证据的采信要求。实务中存在这样一种情况，一些不具有工程造价鉴定执业资格的中介机构，以其采用的计价手段与工程造价鉴定相同为理由，主张资产评估报告可以作为工程造价鉴定的结论或依据。与行业统一定额不能代替当事人约定建设工程合同价格的原因一样，资产评估不具有工程造价鉴定活动的属性，不能体现工程造价的契约性原则。并且资产评估报告在表现形式上不符合工程造价鉴定的要求。尤其是资产评估报告在计价结论中必须申明所采用的评估原则和假定条件（如财产的继续使用原则、贡献原则、替代原则以及预期收益原则等），是与工程造价鉴定性质相抵触的表述。因此，以资产评估报告代替工程造价鉴定意见是极不适当的。

问题89：概算与预算的区别

答：设计单位或施工单位根据拟建工程项目的施工图纸，结合施工组织设计（或施工方案），建筑安装工程预算定额、取费标准等有关基础资料计算出来的该项工程预算价格（预算造价），称为工程预算。概算有可行性研究投资估算和初步设计概算两种，预算又有施工图设计预算和施工预算之分。工程建设预算泛指概算和预算两大类，或称工程建设预算是概算与预算的总称。

概算和预算大致有如下区别：

（1）所起的作用不同。概算编制在初步设计阶段，并作为向国家和地区报批投资的文件，经审批后用以编制固定资产计划，是控制建设项目投资的依据；预算编制在施工设计阶段，它起着建筑产品价格的作用，是工程价款的标底。

（2）编制依据不同。概算依据概算定额或概算指标进行编制，其内容项目经扩大而简化，概括性大；预算则依据预算定额和综合预算定额进行编制，其项目较详细，较重要。

（3）编制内容不同。概算应包括工程建设的全部内容，如概算要考虑从筹建开始到竣工验收交付使用前所需的一切费用；预算一般不编制总预算至编制单位工程预算和综合预算书，它不包括准备阶段的费用（如勘察、征地、生产职工培训费用等）。

问题90：预算中的定价、指导价和定额价的区别

答：预算定额中的预算价是指预算定额子项目中，包含在材料费里面的材料价格。指导价一般是指市场价格，通常由政府造价管理部门根据建材市场的实际价格统计发布。预算价在直接费取费的项目里是参加取费的，而指导价一般只是用来计算材差的，不可以参加取费。而定价，一般是指甲乙双方共同商定的一个价格，作为工程结算的材料价格，这种情况往往是在甲方指定产品的品牌时出现。

问题91：施工图与竣工图的区别

答：1. 施工图

施工图是表示工程项目总体布局，建筑物的外部形状、内部布置、结构构造、内外装修、材料作法以及设备、施工等要求的图样。

施工图具有图纸齐全、表达准确、要求具体的特点，是进行工程施工、编制施工图预算和施工组织设计的依据，也是进行技术管理的重要技术文件。一套完整的施工图一般包括建筑施工图、结构施工图、给排水、采暖通风施工图及电气施工图等专业图纸，也可将给排水、采暖通风和电气施工图合在一起统称设备施工图。

2. 竣工图

竣工图就是在竣工的时候，由施工单位按照施工实际情况画出的图纸，因为在施工过程中难免有修改，为了让客户（建设单位或者使用者）能比较清晰地了解土建工程、房屋建筑工程、电气安装工程、给排水工程中管道的实际走向和其他设备的实际安装情况，国家规定在工程竣工之后施工单位必须提交竣工图。

竣工图的反馈，不同于设计图，它最能真实、准确、系统地反映工程实体，它就像工业产品的说明书，产品使用、维修管理都离不开它。由于建筑工程隐蔽部位较多，不能像有些机械、仪表产品那样，在使用过程中有什么问题，可以拿来给技术人员查看，也可以拆开检查维修，这些一般是建筑工程所办不到的，要解决问题就只能靠竣工图及竣工资料。因此，在对建筑工程和地下设施科学管理以及工程竣工后的设备保养和维护中，竣工图就显得十分重要。

3. 施工图与竣工图的区别

施工图是工程项目招标的依据和工程施工的基础，竣工图是对竣工工程的具体记录，包括了施工过程发生的设计、联系单等变更，两者有着本质的区别，尤其是一些大中型复杂的工程，两者项目出入会更大。有些施工企业把已取消的施工图项目仍列入造价，计取工程费用。

问题92：单项工程、单位工程、分部工程、分项工程的区别

答：1. 单项工程

是指具有独立的设计文件，竣工后可以独立发挥生产能力或效益的工程，也称为工程项目。如工厂中的生产车间、办公楼、住宅；学校中的教学楼、食堂、宿舍等，它是基建项目的组成部分。如公路工程中独立设计、

独立施工、建成后可以独立交工通车的一个合同段，即可成为单项工程。

2. 单位工程

是指具有单独设计和独立施工条件，但不能独立发挥生产能力或效益的工程，它是单项工程的组成部分。若公路工程划分标段的话，每个标段的路基工程、路面工程就是单位工程。建筑工程中办公楼单项工程，其包含的土建工程、采暖工程、通风工程、照明工程以及热力设备及安装工程、电气设备及安装工程等都可称为单位工程。

与单项工程不同的是，单位工程竣工后不能独立发挥其生产能力或价值。

3. 分部工程

是单位工程的组成部分，分部工程一般是按单位工程的结构形式、工程部位、构件性质、使用材料、设备种类等的不同而划分的工程项目。

一般工业与民用建筑工程的分部工程包括：地基与基础、主体结构、建筑装饰装修、建筑屋面、建筑给排水及采暖、建筑电气、智能建筑、通风与空调、电梯、建筑节能等十个分部工程。

公路工程的分部工程包括：路基土石方工程、小桥涵工程、大型挡土墙、路面工程、桥梁基础及下部构造、桥梁上部构造预制和安装等。

在工民建工程中，当分部工程较大时，可将其分为若干子分部工程。如建筑装饰装修分部工程可分为：地面、门窗、吊顶工程；建筑电气工程可划分为：室外电气、电气照明安装、电气动力等子分部工程。

公路工程中无子分部工程的定义。

4. 分项工程

是指分部工程的组成部分，是施工图预算中最基本的计算单位，它又是概预算定额的基本计量单位，故也称为工程定额子目或工程细目。它是按照不同的施工方法、不同材料的不同规格等确定的。

分部工程是建筑物的一部分或是某一项专业的设备；分项工程是最小的，不能再分下去的，若干个分项工程合在一起就形成一个分部工程，分部工程合在一起就形成一个单位工程，单位工程合在一起就形成一个单项工程，一个单项工程或几个单项工程合在一起构成一个建设的项目。

问题93：工程总承包、施工总承包、施工承包、劳务分包的区别

答：1. 工程总承包

工程总承包是指从事工程总承包的企业受业主委托，按照合同约定对

工程项目的可行性研究、勘察、设计、采购、施工、试运行（竣工验收）等实行全过程或若干阶段的承包。工程总承包企业对承包工程的质量、安全、工期、造价全面负责。工程总承包企业必须取得国家住建部或省市级颁发的相应资质证书。

2. 施工总承包

施工总承包一般包括土建、安装等工程，原则上工程施工部分只有一个总承包单位，装饰、安装部分可以在法律条件允许下分包给第三方施工单位，如果双方在施工的过程之中，受到了另外一家施工单位的干扰，可以向建设单位索赔施工干扰，降低效率的费用。或者直接收取施工配合费、管理费等其他费用。在建筑工程中一般来说土建施工单位即是法律意义上的施工总承包单位，土建施工单位负责整个建筑工程的建设与服务，如果存在分包工程时也负责包括：提供水电接口、提供垂直运输、土建收口、施工脚手架、竣工资料归档、成品保护、平行交叉影响、铁件预埋等总包单位的服务和配合管理责任。按国家规定通常以3%～5%计取配合费，有时另按5%～20%收取工程管理费。

3. 施工承包

施工承包是从业主或施工总承包处分包部分单项工程、某专业工程进行施工。

4. 劳务分包

劳务分包指施工单位或者专业分包单位（均可作为劳务作业的发包人）将其承包工程的劳务作业发包给劳务分包单位完成的活动。也就是，甲施工单位承揽工程后，自己买材料，然后另外请乙劳务单位负责找工人进行施工，但还是由甲单位组织施工管理。劳务分包是施工行业的普遍做法，法律在一定范围内允许。但是禁止劳务公司将承揽到的劳务分包再转包或者分包给其他的公司；禁止主体工程专业分包，因为主体工程的完成具有排他性、不可替代性。

劳务作业分包在实际操作中，没有统一的形式，缺乏统一的规定，致使劳动关系处于一种不明朗的状态，由此引起的劳动纠纷很难处理，给企业和个人都带来不必要的麻烦。

随着项目管理法的推广，施工企业管理层和劳务层进一步“两层分离”，施工生产过程中，往往由于在经过全面调度平衡确定在人力、船机设备等方面施工力量不能满足施工需求，同时合同工期紧迫，不分包不足以按期履约，导致劳务层由原先的固定用工逐渐转换为劳务作业分包形式。

劳务分包形式主要有以下几种：

（1）自带劳务承包，指企业内部正式职工经过企业培训考核合格成为工长，劳务人员原则上由工长招募，人员的住宿、饮食、交通等由企业统一管理，工资由企业监督工长发放或由工长编制工资发放表由企业直接发放。

（2）零散的劳务承包，指企业临时用工，往往是为了一个工程项目而临时招用工人。

（3）成建制的劳务分包，指以企业的形态从施工总承包企业或专业承包企业处分项、分部或单位工程地承包劳务作业。

在第一种形式中，公司将所承建的部分工程通过签订承包合同的形式，交由本公司职工具体承包施工，该承包人自招工人，就形式而言，工程由承包人负责施工与管理，工人的报酬也是由承包人支付，这似乎在承包人与工人之间已形成了劳务关系。但关键的问题是，该承包人系公司的职工，其是以公司的名义履行承包合同并与他人发生法律关系的，故该承包合同属于内部承包合同。承包经营属企业内部经营管理方式的变化，不产生施工合同履行主体变更问题。该承包人招用工人行为应视为公司的行为，被招用的工人与公司之间存在劳动关系，与承包人之间则不存在劳务关系。

在第二种形式中，承包人的法律地位不应等同于分包人，而是根据受劳务作业方有无用工资格分别界定为劳动关系或劳务关系，即劳动者或劳务地位。理由为承包人仅仅是工费承包，并且一般从事的是工程中单一工种的作业，其个人收入与施工效益直接挂钩，但对工程项目的承建不进行独立管理，也不对工程质量承担终身责任，仅对发包人承担“合格”的质量责任。承包人在提供劳务期间属临时性质的劳务人员，对施工期间发生的伤害事故、质量安全问题均不能承担责任。

5. 工程总承包、施工总承包、施工承包、劳务分包的区别

工程总承包：承包范围最广，从项目资金管理、勘察、设计、施工（包括各项目、各专业）、请施工监理、办理工程竣工验收手续，提交各项工程资料。最后交钥匙给业主，直接对业主负责。业主可以委托他方做工程总承包，也可自己管理，分项发包。

施工总承包：从业主或工程总承包处接受投资及施工图，负责整个工程所有分项；各个专业的全部施工任务，接受业主及业主委托监理及质量监督部门的监督。办理工程竣工验收手续，提交各项工程资料。最后交钥匙给业主，直接对业主或业主委托的工程总承包负责。施工总承包单位，可以将部分分项、分专业工程再分包给其他施工单位分包，但要管理、监督分包单位的工作质量，对分包单位的施工质量向业主或工程总承包负责。

施工承包：接受业主（施工总承包）及业主委托监理及质量监督部门的监督。办理工程竣工验收手续，提交各项工程资料。最后交钥匙给业主

或施工总承包，直接对业主或业主委托的施工总承包负责。

劳务分包：从施工承包单位手中分包某个工序的劳务工作。只包工不包料。

问题94：建筑安装工程造价组成内容

答：建筑安装工程费按照工程造价形成，由分部分项工程费、措施项目费、其他项目费组成。

问题95：措施项目费的组成内容

答：措施项目费：是指为完成建设工程施工，发生于该工程施工前和施工过程中的技术、生活、安全、环境保护等方面的费用，包含以下十项费用，并将其分为总价措施项目费和单价措施项目费，其中，总价措施项目费包括安全文明施工费（安全施工、文明施工、临时设施、环境保护）和其他总价措施费（夜间施工增加费、已完工程及设备保护费、风雨季施工增加费、冬季施工增加费、工程定位复测费），单价措施项目包括第（7）~第（10）项。

1. 安全文明施工费：是指按照规定，为保证安全施工、文明施工，保护现场内外环境和搭拆临时设施等所采用的措施而发生的费用。包括：

（1）环境保护费：是指施工现场为达到环保部门要求所需要的各项费用。

主要内容有：承包人按照《中华人民共和国环境保护法》《建设工程安全生产管理条例》及其他有关环境保护的规定，保护施工现场周围环境，防止或者减少粉尘、噪声、振动和施工照明对周围环境和人的污染和危害，按规定堆放、清除建筑垃圾等废弃物以及竣工后修整和恢复在工程施工中受到破坏的环境等。

（2）文明施工费：是指施工现场文明施工所需要的各项费用。包括按照《建设工程安全生产管理条例》《建筑施工安全文明工地标准》（DBJ13－81－2006）、《建筑施工安全检查标准》《福建省建筑工地文明施工指南》等有关规定和施工现场组织文明施工的各项工作。

主要内容有：施工现场四周围墙（围挡）及大门，出入口清洗设施，施工标牌、标志，施工场地硬化处理，排水设施，温暖季节施工的绿化布置，防粉尘、防噪音、防干扰措施，保安费，保健急救措施，卫生保洁等。

（3）安全施工费：是指施工现场安全施工所需要的各项费用。

主要内容有：承包人按照《建设工程安全生产管理条例》《建筑施工安全文明工地标准》（DBJ13－81－2006）、《建筑施工安全检查标准》等有关规定，建立安全生产、消防安全责任、安全检查、安全教育、安全生产培训等各类制度；设置符合国家标准的安全警示标牌、标志，配置“三宝”；对可能造成损害的毗邻建筑物、构筑物和地下管线等采取防护措施，对建筑“四口、临边”采用安全防护，垂直作业上下隔离防护，施工用电防护；设置地下室施工围栏、基坑施工人员上下专用通道；设置消防通道、消防水源，配备消防设施和灭火器材以及其他安全施工所需要的防护措施。不包括塔吊和施工电梯检测、基坑支护变形监测等，也不包括应当由发包人委托第三方实施的安全检测费用。

（4）临时设施费：是指承包人为进行建设工程施工所必须搭设的生活和生产用的临时建筑物、构筑物和其他临时设施费用。包括临时设施的搭设、维修、拆除、清理费或摊销费等。

主要内容有：搭设符合规定的并能够安全使用的临时宿舍、文化福利及公用事业房屋与构筑物，仓库、办公室、加工厂以及规定范围内的道路、水、电、管线等临时设施和小型临时设施。

2. 夜间施工增加费：包括因夜间施工所发生的夜班补助费、夜间施工降效、施工照明设备摊销及照明用电等费用；地下室和上部洞体由于难以自然采光而引起的施工降效、施工照明设备摊销及照明用电等费用。

3. 已完工程及设备保护费：是指竣工验收前，对已完工程及设备采取的必要保护措施所发生的费用。

4. 风雨季施工增加费：指在风雨季施工期间所采取的一般性防风、防雨、防滑措施所增加的人工费、材料费和设施费用以及工效降低、排地表水的费用。

5. 冬季施工增加费：是指在冬季施工需增加的临时设施，排除雨雪，人工及施工机械效率降低等费用。

6. 工程定位复测费：是指工程施工过程中进行施工测量放线和复测工作的费用。

7. 二次搬运费：是指因施工场地条件限制而发生的材料、构配件、半成品等一次运输不能到达堆放地点，必须进行二次或多次搬运所发生的费用。

8. 大型机械设备进出场及安拆等相关费用，包括：

（1）大型机械设备进出场及安拆费：是指机械整体或分体自停放场地运至施工现场或由一个施工地点运至另一个施工地点，所发生的机械进出场运输及转移费用及机械在施工现场进行安装、拆卸所需的人工费、材料费、机械费、试运转费和安装所需的辅助设施的费用。

（2）大型机械设备基础：包括塔吊、施工电梯、龙门吊、架桥机等大型机械设备基础的费用，包括桩基础及其拆除、外弃等费用。

（3）大型机械设备检测费：是指根据《关于进一步加强建筑起重机械

现场检测管理的若干意见》（闽建建［2010］17号）规定，对大型建筑起重机械委托第三方有资格的检测机构进行现场检测而发生的费用。

9. 脚手架工程费：是指施工需要的各种脚手架搭、拆、运输、摊销（或租赁）费用，以及建筑物四周垂直安全防护。

10. 现行国家各专业工程工程量清单计算规范规定的其他各项措施费。

问题96：其他项目费包括哪些内容？

答：1. 暂列金额：是指发包人招标时在工程量清单中暂定并包括在工程合同价款中的一笔款项，用于施工合同签订时尚未确定或者不可预见的所需材料、服务的采购，施工中可能发生的工程变更、合同约定调整因素出现时的工程价款调整以及发生的索赔、现场签证确认等的费用。

2. 专业工程暂估价：是指招标阶段已经确认的专业工程项目由于设计未详尽或者标准未明确等原因造成无法当时确定准确价格，由招标人在招标工程量清单中给定的一个暂估价。

3. 总承包服务费：是指总承包人为配合、协调发包人进行的专业工程发包，对发包人自行采购的材料（不含工程设备）等进行保管以及施工现场管理、竣工资料汇总整理等服务所需的费用，包括专业工程总承包服务费和甲供材料总承包服务费。

4. 优质工程增加费：是指发包方要求发包工程的质量达到优良等级的，在合格工程造价基础上增加的费用。

5. 缩短定额工期增加费：是指合同工期较住建部颁发的《建筑安装工程工期定额》（TY01－89－2016）规定的定额工期缩短，承包人为此而增加投入的费用，包括：增加的周转材料投入、资金投入、劳动力集中投入费用，夜间施工所发生的夜班补助费、夜间施工降效、夜间施工照明设备摊销及照明用电等费用。

6. 远程监控系统租赁费：是指根据《福建省住建厅发布施工现场远程监控租赁服务指导价的通知》（闽建筑［2017］5号）规定，对施工现场进行远程监控而发生的租赁费用。

7. 发包人检测费：是指本定额未包括、但发包人将其列入招标范围和合同内容的各类检测费。

8. 工程噪音超标排污费：按有关规定，应由承包人缴纳的费用。

9. 渣土收纳费：按有关规定，应由承包人缴纳的费用。

问题97：工程造价咨询有限公司与工程造价司法鉴定所的区别

答：（1）行政审批管理机关不同。前者是住建厅或住建局审批，后者是司法厅审批，司法局无权审批。（2）登记注册类型不同。前者是企业性质，后者是非企业性质，部分是事业单位。（3）业务指导协会不同。前者是工程造价协会，后者是司法鉴定协会。（4）主营业务不同。前者主要以无纠纷情况下的工程造价概算、预算、结算、决算、审核、审计为主要收入，为法院做工程造价鉴定占比小，后者主要做法院委托的工程造价司法鉴定。（5）鉴定侧重点不同。前者讲究工程图纸、工程联系单、变更单、签证单等资料齐全；后者虽然也有同样的要求，但是打官司多数恰恰是资料不齐全引起的，所以司法鉴定机构要具有工程质量判别、实际完成工程量勘验的实力，如测量、开挖、丈量、钻探、检测等。（6）工作工具不同。前者主要工具就是电脑，后者除电脑外还必须备有大量工程量勘验仪器设备。（7）签名人不同。前者是工程造价师签名，后者必须由两名或以上司法鉴定人签名。

问题98：工程检测有限公司与建筑工程司法鉴定所的区别

答：（1）行政审批管理机关不同。前者是市场监督管理局注册的带有行业行政管理机关审批的建筑类有限公司，后者是司法厅审批的司法鉴定所或司法鉴定中心。（2）登记注册类型不同。前者是企业性质，社会信用代码是“9”开头；后者是非企业性质，部分是事业单位，社会信用代码是“3”开头。（3）业务指导协会不同。前者是工程检测协会，后者是司法鉴定协会。（4）主营业务不同。前者法定检测所有建筑工程都要检测（强制性），项目多、工作量大、分工明细、单项检测资质，为业主方提供工程质量的检测参数，保证工程在建设中的监控和质量；后者主要为法院服务，工程事故原因分析鉴定工程质量，寻找责任方。（5）侧重点不同。正常情况下检测，异常纠纷时司法鉴定。（6）难度不同。前者随施工同步进行，脚手架等具备，检测条件成熟，甲方和施工方密切配合，热情服务。后者难度大大增加，第一，时间滞后严重，曾经鉴定过十年前的工程；第二，鉴定标的物已经加固过、装修过或灭失；第三，重新搭架，破坏性取样；第四，现场勘验时，在法官、原被告等多方人员见证下取证；第五，图纸资料不全或没有；第六，认为对自己不利的证据不提供，有意混淆、隐瞒客观事实；第七，有意阻扰取证，毁灭证据。（7）签名人不同。前者是4位不同等级人签名，后者必须由两名或以上司法鉴定人（平级）签名。（8）性质不同。前者属行政检测或鉴定；后者属涉讼案件的司法鉴定。

问题99：何为“工程法医”？他与法医的关系是什么？

答：“工程法医”学名是“建筑工程司法鉴定人”。他与法医有许多相同地方：（1）行政审批管理机关相同。都是省级司法行政管理机关审批。（2）登记注册类型相同。都是非营利性、非企业性质，部分是事业单位，社会信用代码都是“3”打头。(3) 业务指导都是司法鉴定协会。(4) 工作原理相同。都要接受《司法鉴定程序通则》指导和约束。(5) 都是只能在一家鉴定机构专职或兼职，在意见书上签字并负法律责任。(6) 出庭接受质证，出庭时只要出具一本《司法鉴定人执业证》就可以。

第三章　海事物证司法鉴定问题解答

问题 100：海事物证司法鉴定的定义

答：海事物证司法鉴定是指依法取得有关海事司法鉴定资格的鉴定机构和鉴定人受司法机关或当事人委托，根据相关专业技术知识，并运用必要的检测、化验、分析、测量、钻探等手段，对海事纠纷中涉及的海洋环境质量、海洋动植物的损失、水产养殖、水域水土流失、海上船舶碰撞事故的起因责任等进行鉴定，并提供鉴定意见的活动。

问题 101：海事物证司法鉴定的主要鉴定内容包括哪些?

答：主要包括海洋污染、船舶碰撞、火灾沉没事故、海损机损、货损货差、码头及港口设备损坏、水险理赔、水产养殖损害、海洋工程及设施、船舶评估、水岸线形成、水土流失、水域使用和征用补偿、救助打捞等事故原因分析、质量鉴定和修复费用鉴定。

问题 102：海事物证司法鉴定的特点

答：与老三类司法鉴定相比，海事物证司法鉴定具有以下特点：

1. 特殊性：海事海商案件由我国海事法院专门审理，其审理不同于普通的民事、刑事和行政案件，除了依据《民法通则》《民诉法》等法律法规外，还有其专门适用的《海商法》《海事诉讼特别程序法》及相关法律法规。因海事诉讼与一般的诉讼有所不同，海事司法鉴定作为海事诉讼中的一项司法活动，也有其特定的规律及适用范围。

2. 专业性：海事司法鉴定的项目包括海洋（水域）污染鉴定、船舶火灾、碰撞、沉没事故鉴定、海损机损鉴定、货损货差鉴定、码头及港口设备损坏鉴定、保险理赔鉴定、水产养殖损害鉴定、海洋工程及设施鉴定、船舶评估、水岸线形成机理鉴定、水域使用和征用补偿、救助打捞方案费用鉴定等事故原因分析、质量鉴定和修复费用鉴定。由于鉴定项目较为特殊，相对于其他领域的司法鉴定，海事司法鉴定更具有专业特色，技术要求也更高。

3. 复杂性：海事审判的实践表明，海事事故往往是多种复杂因素共同作用造成的，而很少是由单一因素造成。因此，在进行海事司法鉴定时，鉴定人员需要运用的科学技术方法除了常规方法之外，还包括海洋学、天文学、水文学、气象学、地理学、水力学、水质学、保险学、环境科学、测量学、港口工程学以及其他与海洋设备设施、船舶构造、船舶驾驶、柴油机、发电机、通讯导航、锅炉学、物理学、化学、水产养殖、渔业有关的生物学等多种科学技术方法。因此，海事纠纷较普通的民、刑事纠纷更为复杂，海事司法鉴定也具有比老三类司法鉴定更高的复杂性。

4. 取证难：受海域、海风、海流、海深等影响，比如船舶碰撞航迹、货物坠海打捞、船舶沉没等证据灭失，人员入海找不到尸体。

5. 团队协作性：海事物证司法鉴定的案件，多数为多因一果，鉴定需要多学科、多专业专家介入，需要以司法鉴定机构作为平台，由鉴定专家组组长召集与本案有关的各个专业专家会诊，协作完成委托方所委托的鉴定任务。个人的能力总是有限，不可能精通所有学科，团队协作是科学、客观、公正得出司法鉴定意见书的唯一途径。

问题103：何为海洋污染鉴定？

答：运用海洋学多学科的理论与方法，采用现代海洋调查分析仪器，按照《海洋调查规范》和《海洋监测规范》对相关海域、海区的海洋环境质量、污染物、污染源及被损害的海洋动植物进行定性、定量分析，通过分析，对相关海域、海区的海洋生态、海洋水产资源、海洋保护区的破坏及海洋动植物的损害程度，做出勘验分析和评估鉴定。

问题104：何为船舶碰撞事故鉴定？

答：船舶碰撞事故鉴定是指依据国际海上避碰规则、海上交通安全法规和航海惯例、海况、船舶动态等相关资料对海上船舶发生碰撞事故的起因和责任进行分析评估和鉴定。

问题105：何为水产养殖损害鉴定？

答：水产养殖损害鉴定是指依据鱼、蛙、虾、蟹、贝、藻类养殖物的养殖原理、生理特性和生物技术，对水产养殖物受损原因及其产量、价值进行勘验、评估和鉴定。

水产品受损原因有无数种，受损的机理非常简单，违背了动植物的习性就会受到伤害。（1）食物：食物的配方、数量；（2）毒物：毒物、污染物；（3）水：水的质量和容积；（4）空气：空气的含氧量和清晰度；（5）环境温度；（6）环境声光影响；（7）疾病：自身和外部原因。这七大类，每一类都可以有无数种可能，所以司法鉴定主要抓住突变的参数进行研究，才能够有的放矢。天泽所承接的水产养殖损害原因有森林砍伐，水土流失；高速公路堵塞的涵管突然疏通，堰塞湖的湖水带着杂物、泥沙冲向养殖池；修路征地造成养殖池容积减少；水库修理闸门忘记关闭，鱼顺水逃跑；养殖池内倾倒农产品；养殖场上游污染物排泄等。

问题 106：何为海运货损鉴定?

答：依据相关规范及合同约定，出入港理货单，通过水尺观测载货量、测试仪器进行化验分析货物变质程度，对海洋运输中受损货物的受损原因及损失价值做出评估鉴定。天泽所承接的货损有：煤炭自燃、热值损失；大豆进水变质损失；大件绑扎不牢，碰撞损失；共同海损货物损失；沉船货物打捞上来后，品质损失等。

问题 107：何为海洋工程及设施鉴定?

答：依据建筑学、水工学、港口工程学、海洋学及国家相关规范与标准，通过必要的仪器测试、测量及图纸反演，对海洋工程及设施的质量事故、工程造价和损坏程度进行评估鉴定。天泽所承接的司法鉴定案例有：高桩码头被船撞断桩加固修复费用鉴定；战备码头吊桥墩和钢引桥被撞入海，原因分析、责任各方大小、维修保养完善程度、加固修复费用评估鉴定；石化码头护岸堤坝漏沙原因分析鉴定；海上大型浮标锚链断裂原因分析，损失费用评估鉴定等。

问题 108：何为船舶评估鉴定?

答：对涉及船舶的建造、买卖、修理和拆解等合同纠纷中的拍卖船只进行评估鉴定。天泽所承接的司法鉴定案例有：工程船残值评估；沉没的船舶是否具有修复价值鉴定；船舶碰撞后修复费用鉴定；船舶主机增压机爆炸原因分析和修复费用等。

问题 109：何为海域使用和征用补偿鉴定?

答：因建设需要，对海域使用和海域使用环境影响进行论证和评价；对拟征用的海岸、滩涂、海域的养殖设施、构筑物、养殖物的海域使用补偿金额及海域面积等进行测量勘验评估鉴定。天泽所承接的司法鉴定案例有：紫菜养殖场搬迁费用和损失金额鉴定；养鳗场征用评估鉴定；船厂码头征用评估鉴定；养虾场场地建筑物重置价值鉴定等。

问题110：何为救助打捞司法鉴定?

答：运用相关的科学原理和潜水勘验、探查、录像等技术，对沉船、其他沉没物、水下设施或设施水下部分的实际状况进行鉴定；对水上救助、打捞工程、水下工程中涉及的技术性问题进行鉴定。天泽所承接的司法鉴定案例有：船舶沉没探摸、堵漏、打捞起浮费用鉴定；工程船打捞费鉴定；沉船重置金额鉴定等。

问题111：何为溢油鉴定?

答：石油是由上千种不同浓度的有机化合物组成。这些有机物是在不同地质条件下，经过长期的物化作用演变而成，因此，不同条件或环境下产出的油品具有明显不同的化学特征，其光谱、色谱图因此而不同。同时，因制造、储存、运输、使用的环节不同，更增加了油品光谱、色谱图的复杂性。油品光谱、色谱图的复杂性如同人类指纹一样具有唯一性，因此，人们把油品的光谱、色谱图称为“油指纹”。通过对海面溢油和溢油源油样的“油指纹”进行比对确认溢油源的鉴定。

问题112：船舶碰撞、船舶触碰纠纷案件如何鉴定?

答：船舶碰撞是指两艘船舶之间在海上或者与海相通的可航水域发生接触造成损害的事故。

船舶触碰是指船舶对于桥梁、码头、灯塔等海上必备设备触碰而造成损毁的事故。

船舶碰撞或船舶触碰中的海事鉴定主要包括碰撞角度鉴定、碰撞速度测定、碰撞原因鉴定、损坏结果与碰撞之间的因果关系鉴定、航迹鉴定、沉船鉴定等。船舶碰撞或船舶触碰的鉴定程序复杂，首先要确定船舶碰撞或船舶触碰所发生的起因，然后依据国际海上避碰规则、海上交通安全法规和航海惯例、海况、船舶动态等相关资料对碰撞或触碰的责任以及后果进行分析评估和认定。

问题113：船损、货损纠纷案件如何鉴定?

答：船舶在海上发生事故之后，造成的损失最常见的有船损和货损两类。船损又有船期损失、船员工资损失、保险损失、修复费用损失；船舶修复又分为船体和机械修理费用。

船损的赔偿数额取决于损毁程度的评估和确定，一艘船舶的造价由几百万到上亿元不等，因此，对船舶损坏的评估和鉴定直接影响到损坏赔偿数额。船舶损坏鉴定和评估通常包括船舶的损坏原因、损坏程度鉴定、船舶的修复修理鉴定、船舶的修复后利用价值鉴定等。

海运货损的原因是多方面的，船舶碰撞、恶劣天气、货物装载不当、管理失职、集装箱不合理使用甚至货物本身等都可能导致船上所载货物受损。一艘货轮所能承载的货物的数量巨大，一旦发生货物损坏或灭失，损失的价值往往也是巨大的。海运货损鉴定和评估通常包括货物损坏原因、货物损坏程度、评估货物损坏的价值等。

问题114：船舶证书与船舶实体同一性是否可以鉴定?

答：可以。首先对被鉴定标的外观和尺寸进行测量，其次对船体内部的机器进行勘验（主要勘验机器中铭牌的出厂日期、型号、数量等），最后根据船舶内外部勘验情况与船舶证书进行比对，确定船舶证书与船舶实体是否同一。

问题115：船舶航行轨迹是否可以鉴定?

答：可以。这种类型的案子天泽所做过很多，通常都是海关部门为查明涉案船舶行驶的航迹是否存在走私行为。天泽所会以被鉴定船舶上的相关仪器或以委托方提供的相关仪器设备调试出来的数据为准。但天泽所会据实声明如仪器上数据已被多次删除，数据无法恢复；或被鉴定仪器不属于被鉴定船舶，仪器上的数据无法反映该船真实的航迹等。还可以通过IMO编号，船舶呼号等特殊信息，进行查询船舶航行轨迹，船舶越大越好鉴定。

问题116：船舶油漆生锈原因是否可以鉴定?

答：可以。天泽所曾鉴定过厦门海事法院委托的船舶出现生锈、腐蚀现象形成原因的案例。主要从油漆本身品质、钢板品质、施工工艺等几个方面入手。

问题117：船舶、设施、排筏的损害范围有哪些?

答：包括由水上交通事故造成的沉没、破裂、变形、损坏、损伤及其对机器、设备造成的损害等因此产生的财产损失，以及事故后相继发生的有关费用或损失。

问题118：货物损害范围有哪些?

答：包括由水上交通事故造成所承运的货物灭失、损坏或质量降低，并同时降低了货物的使用价值，而且由于损失后需要支付货物整修费（打捞、抢救、过驳、整理、修理、检验、翻晒、烘烤）及交通工具费用，损失金额增加。

问题119：救助打捞和事故处理范围是什么？

答：发生水上交通事故后，由于本身无力自行脱浅或施救，依靠外力力量的救援，包括救助、打捞、过驳、拖带、扑救等以及设标、监护、清污、防污等处理工作。

问题120：运费损失包括哪些？

答：水上交通事故发生时在船上的旅客、货物和行李的运费。

问题121：营运损失包括哪些？

答：船舶修理期间的合理营运损失，包括船期损失、租金损失、船员工资损失等。

问题122：海运保险包括哪些内容？

答：（一）保险单据上的基本当事人

1. 投保人（要保人）：订立保险合同，交付保费

根据我国《保险法》规定，投保人是指与保险人订立保险合同，并按照保险合同负有支付保险费义务的人。投保人可以是自然人，也可以是法人。投保人是保险合同的主体之一。投保人与保险人合称保险合同的当事人。成为投保人的条件为：具有相应的民事权利能力和行为能力，对保险标的具有保险利益。

（1）投保人应具有以下条件：

①具有相应的权利能力和行为能力。根据《民法总则》的规定，18周岁以上的成年人及16周岁以上的未成年人，以自己的劳动收入为主要生活来源的人，视为完全民事行为能力人，可以成为保险合同的投保人，16周岁以上不满18周岁的未成年人及不能辨认自己行为和不能完全辨认自己行为的精神病人是限制民事行为能力或无民事行为能力的人，不能成为投保人。

②投保人对保险标的具有保险利益。

③投保人履行交付保险费的义务。

（2）投保权利。

①请求保险公司承担必要、合理费用。

②请求保险公司降低保险费。被保险财产的危险程度明显减少时，保险公司应当降低保险费，并按日计算，退还相应的保险费。

③请求复效。在分期付款的人身保险合同中，如果投保人超过60日不

缴纳续期保险费，合同效力中止。但自合同效力中止之日起两年内，投保人有权提出恢复合同的请求。

④指定和变更受益人。

（3）投保义务。

根据我国《保险法》的规定，投保人主要有以下几种义务：

①按约定交付保险费的义务。

保险费是投保人向保险人交纳的费用，作为保险人依照合同承担赔偿和给付责任的代价。保险合同成立后，投保人按照约定交付保险费，保险人按约定的期间承担保险责任。

财产保险的保险费，一般应在合同成立后一次缴清，经双方特别约定，也可以分期支付，若投保人未按约定交付保险费的，保险人可诉请交付，也可通知被保险人终止合同，人身保险费可一次缴清，也可分期支付。保险人对人身保险的保险费不得以诉讼方式请求投保人支付。

②如实告知的义务。

订立保险合同时，保险人可以就保险标的或被保险人的有关情况提出询问，投保人应当如实告知。投保人故意隐瞒事实，不履行如实告知义务的，或者因过失未履行如实告知义务，足以影响保险人决定是否同意承保或者提高保险费率的，保险人可以解除保险合同。

A. 危险增加的通知义务。

危险增加的通知义务是指在保险合同的有效期内，保险标的危险程度增加的，投保人或被保险人应依照合同规定及时通知保险人，保险人有权要求增加保险费或者解除合同。投保人或被保险人未履行该通知义务的，保险标的因危险程度增加而发生的保险事故，保险人不承担赔偿责任。

B. 出险通知义务。

出险通知义务即保险事故发生的通知义务，是指投保人、被投保人或者受益人知道保险事故发生后，应当及时通知保险人。其意义在于能使保险人迅速调查、取证，采取适当的方法，防止损失扩大，并为赔偿和给付保险金做准备。

③及时通知的义务。

④提供证明资料的义务。

⑤对因自己违法行为而取得的赔偿或给付予以退赔的义务。

2. 保险人（承保人）：承担赔偿责任（有理赔义务）

承保人又称“保险人”，是保险合同当事人的一方，与投保人订立保险合同并承担赔偿或者给付保险金的责任。保险人的权利是在经营保险业务中收取保险费；保险人的义务是在保险事故发生时赔偿损失或在约定的事件发生时、约定的期限到达时给付保险金。保险人必须经过政府有关部门审查批准，方可经营保险业务。由于保险经营是负债经营且涉及千家万户的利益，故政府对保险人资格审查一般比较严格。保险人必须具有一定数量的资本金，以保证应有的偿付能力。除极少国家（如英国）允许个人经营保险业务外，保险人一般都是法人。保险人具体的形式有保险股份有限公司、相互保险公司、相互保险社、保险合作社、国营保险公司及专业自保公司。

（1）保险人的权利。

《保险法》规定的保险人的权利主要有：

①对保险标的的检查、建议权。

②投保人、被保险人违约时的增加保险费或合同解除权。

③经被保险人同意采取安全预防措施权。

④危险增加而增加保险费或合同解除权。

⑤代位赔偿请求权。

⑥除合同有相反约定外，保险标的部分损失时，保险人有权终止合同。保险人终止合同的，应提前15日通知投保人并退还相应的保险费。

（2）保险人的义务。

①不得强制他人订立保险合同的义务。

②及时签发保险合同的义务。保险合同成立后，保险人应及时向投保人签发保险单或其他保险凭证。

③非法定事由不得解除保险合同的义务。

④说明合同条款的义务。

⑤通知的义务。

⑥履行赔偿或给付保险金的义务。赔偿或给付保险金的义务是指在发生保险事故时，或者是在保险合同约定的给付保险金的条件具备时，保险人依照约定向被保险人或受益人给付保险金。这是保险人的最主要的义务，具备以下要件：受损的必须是保险标的；必须是由保险事故引起的损失；保险金的赔偿或给付，必须在保险合同规定的限额内；保险人或者再保险接受人对在办理保险业务中知道的投保人、被保险人或者再保险分出人的业务和财产情况，负有保密的义务。

3. 被保险人：有索赔权利（前提是拥有保险利益）

被保险人，是指根据保险合同，其财产利益或人身受保险合同保障，在保险事故发生后，享有保险金请求权的人。投保人往往同时是被保险人。

被保险人必须具备下列条件：一是其财产或人身受保险合同保障；二是享有赔偿请求权。

为保护被保险人的利益，《保险法》明确规定：（1）投保人不是被保险人时，投保人指定或变更受益人必须经过被保险人的同意。（2）以死亡为给付保险金条件的保险合同，投保人就保险险种和保险金额必须取得被保险人的同意，该保险合同转让和质押也必须经被保险人同意，否则保险合同无效，合同的转让和质押也无效。但父母为未成年子女投保的，不受此限，但是死亡给付保险金额总和不得超过金融监管部门规定的限额。

（1）被保险人的权利。

①决定保险合同是否有效。在人身保险合同中，以死亡为给付保险金条件的合同及其保险金额，在未经被保险人书面同意并认可的情况下，保险合同无效。

②指定或变更受益人。在人身保险合同中，被保险人有权指定或变更受益人，而投保人指定或变更受益人，必须事先征得被保险人的同意。

③在某些情况下，被保险人享有保险金受益权。如根据《保险法》规定，被保险人死亡，只要存在下列情形之一的，保险金即作为被保险人的遗产，由保险公司向被保险人的继承人履行给付义务：被保险人没有指定受益人；受益人先于被保险人死亡，并没有指定其他受益人；受益人依法丧失受益权或放弃受益权，并没有其他受益人。

（2）被保险人的义务。

与投保人一样，被保险人也有危险增加通知义务、保险事故通知义务、防灾防损和施救义务、提供有关证明、单证和资料的义务等。

（二）保险合同的基本条款

1. 当事人和关系人的名称和住所

2. 保险标的

保险标的就是保险的对象，也叫保险标的物，它是保险利益的载体，是指保险人对其承担保险责任的各类危险载体。包括两大类，一类是财产及其有关利益，另一类是人的寿命和身体。作为保险对象的财产，可以是有形的，如房屋、汽车，也可以是无形的，如商标使用权、专利权等。作为保险对象的人，是指自然人，可以是一个人，也可以是一个特定团体中的所有的人。

3. 保险金额

所谓保险金额，又称“保额”，是指一个保险合同项下保险公司承担赔偿或给付保险金责任的最高限额，即投保人对保险标的的实际投保金额，同时又是保险公司收取保险费的计算基础。财产保险合同中，对保险价值的估价和确定直接影响保险金额的大小。保险价值等于保险金额是足额保险；保险金额低于保险价值是不足额保险，保险标的发生部分损失时，除合同另有约定外，保险公司按保险金额与保险价值的比例赔偿；保险金额超过保险价值是超额保险，超过保险价值的保险金额无效，恶意超额保险是欺诈行为，可能使保险合同无效。

（1）保险费及其支付方式。

保险费是指投保人为取得保险保障，按合同约定向保险人支付的费用，投保人按约定方式缴纳保险费是保险合同生效的条件。保险费率是由保险公司根据一定时期、不同种类的货物的赔付率，按不同险别和目的地确定的。保险费的计算公式是：保险费 = 保险金额 × 保险费率。如按 CIF 或 CIP 价加成投保，则上述公式应改为：保险费 = CIF（或 CIP）价 ×（1 + 投保加成率）× 保险费率。

当保险财产遭受灾害和意外事故造成全部或部分损失，或人身保险中人身发生意外时，保险人均要付给保险金。保险费由保险金额、保险费率和保险期限构成。保险费的数额同保险金额的大小、保险费率的高低和保险期限的长短成正比，即保险金额越大，保险费率越高，保险期限越长，则保险费也就越多。交纳保险费是被保险人的义务。如被保险人不按期交纳保险费，在自愿保险中，则保险合同失效；在强制保险中，就要附加一定数额的滞纳金。

交纳保险费一般有四种方式：一次交纳、按年交纳、按季交纳、按月交纳。保险费率是指按保险金额计算保险费的比例。以财产保险为例，它是根据保险标的的种类、危险可能性的大小、存放地点的好坏、可能造成损失的程度以及保险期限等条件来考虑的。计算保险费率的保险金额单位一般以每千元为单位，即每千元保险金额应交多少保险费，通常以‰来表示。保险费率由纯费率和附加费率两个部分组成。这两部分费率相加叫做毛费率，即为保险人向被保险人计收保险费的费率。

（2）保险价值。

保险价值是指保险合同双方当事人订立保险合同时作为确定保险金额基础的保险标的的价值，即投保人对保险标的所享有的保险利益在经济上用货币估计的价值额。保险价值是保险利益的货币表示，系指保险标的物于保险事故发生时之价值。纵使保险事故发生时，保险金额大于保险价值，保险人的责任也不得超过保险价值。根据《保险法》的规定，在保险合同中未约定保险价值的，以保险标的的实际价值作为保险价值。保险价值是衡量保险金额是否充足的标准，也是计算赔偿数额的重要基准。

①确定保险价值有两种方法。

第一种方法是，保险价值由投保人和保险人在订立合同时约定，并在合同中明确作出记载。合同当事人通常都根据保险财产在订立合同时的市场价格估定其保险价值，有些不能以市场价格估定的，就由双方当事人约定其价值。事先约定保险价值的合同为定值保险合同，采用这种保险合同的保险，是定值保险。属于定值保险的，发生保险责任范围内的损失时，不论所保财产当时的实际价值是多少，保险人都要按保险合同上载明的保险价值计算赔偿金额。

第二种方法是，保险价值可以在保险事故发生时，按照当时保险标的的实际价值确定。在保险事故已经发生，需要确定保险赔偿金额时，才去确定保险价值的保险，是不定值保险，采取不定值保险方式订立的合同为不定值保险合同。对于不定值保险的保险价值，保险有风险投保人与保险人在订立保险合同时并不加以确定，因此，不定值保险合同中只记载保险金额，不记载保险价值。

②保险金额与保险价值的关系。

保险金额是保险合同双方认可的保险标的物的投保价值，也是保险人于保险事故发生时所应承担的赔偿责任的最高限额。实际上，保险金额不仅是保险人承担的最大赔偿责任，而且也是计算保险费的基数。

保险金额以保险标的物的保险价值为根据进行确定，保险价值则是发生保险事故时衡量保险金额是否足额的标准。前一保险价值是投保时保险标的物的实际市场价值 V1，后一保险价值是投保后保险期限内某一特定时间（发生保险事故前的一瞬间）的实际市场价值 V2，由于折旧的事实存在以及其他市场因素的影响，这两个保险价值很可能在数量上是不相等的，而且通常情况是 V1，V2。或者说，保险金额在保险合同生效时已经确定，但保险价值却随时间而变动。因此，即使完全按照保险标的物当时的实际市场价值投保，在通货膨胀或供求关系发生变化的情形下，出险时也可能出现不足额的现象。在此情况下，保险人仍然应该遵照比例赔付的原则核定赔偿金额。

为此，肯定有人认为，保险金额是保险人与被保险人在起保前共同协商的结果，即保险人事实上认可了保险金额的合理性，因此，保险人按比例赔付对被保险人不公平。这种说法似乎很有道理，但实际上有失偏颇：

第一，保险人认可保险金额，只能说明保险人认可自身承担的最高赔偿责任以及计算保险费的基数。

第二，在不定值保险中，确定保险金额的方法有临时估价法、市价法、协商定价法、账面净值法、重置价值法以及其他可行的方法，但由于市场因素的不断变化和事故发生的时间不确定性，因此不管采用哪一种方法，都不可能完全准确地预见出险时保险标的物的保险价值，因此这不是保险人或被保险人的错，更不是保险人有意推卸责任。

第三，保险价值的变动除了受到上面提到的因素的影响之外，还会受到利率、汇率、通货膨胀等风险的影响，而所有这些市场风险若要保险人来承担，则明显是不公平的，因为保险人承担的是纯粹风险，没有责任和义务为被保险人承担其他的经济风险。

③重置价值与保险价值的关系。

重置价值又称重置成本，是指按照既不差于也不优于保险标的物的原新状态进行更换、修复和重建所需的全部支出。重置价值保险是不定值保险的一种特殊形式，是保险人和被保险人在起保前双方约定的确定保险金额和赔偿方式的一种方式。

在不影响分析结果的前提下，为了方便理解，暂不考虑通货膨胀、汇率变化、技术进步等因素影响，并假设同一标的物在一个有限的时期内重置价值保持不变（即 Vo 不随时间而变化，VR = Vo），那么，处于原新状态时的价值通常会大于或等于使用过一段时间后的价值，而且使用时间越长则价值越低，即 Vo≥V1≥V2，换一句话说，重置价值大于或等于保险标的物的实际价值，也即重置价值保险是一种超额保险。

重置价值保险体现的是“以新换旧”。在发生部分损失时，保险人负责承担维修、更换的费用，当然，损坏部分将被新的零部件代换；在发生全损时，被保险人将获得与重置价值等量的赔偿。Vo 很可能远远大于 V2，在这种情况下，被保险人明显获得了额外利益，这也就是诱发道德风险的根源。因此保险人在确立以重置价值方法取代保险价值原则时，必须慎之又慎。

很明显，重置价值表述的是出险时维修、更换保险标的物的零配件，或重购同一性能、同一型号的固定资产，使其达到与原新状态一样所需要的可量化的全部货币成本（包括运费、保险费、关税、安装费等）。保险价值则体现在出险前一瞬间保险标的所对应的实际市场价值。也就是说，重置价值具有倒溯回追的功能，保险价值则定格在出险前的一瞬间。

在国际保险界，重置价值保险的概念已被广泛接受和采用，但在实务操作上各家保险公司仍有不同的手法。有些保险人同意部分损失时“以新换旧”，但在全损情况下，坚持按照实际市场价值赔偿，而不同意“以新换旧”，避免或减少道德风险诱发的因素，以保护保险人的自身利益。

4. 保险责任和责任免除

（1）保险责任。

保险责任是指保险人承担的经济损失补偿或人身保险金给付的责任，即保险合同中约定由保险人承担的危险范围，在保险事故发生时所负的赔偿责任，包括损害赔偿、责任赔偿、保险金给付、施救费用、救助费用、诉讼费用等。被保险人签订保险合同并交付保险费后，保险合同条款中规定的责任范围，即成为保险人承担的责任。在保险责任范围内发生财产损失或人身保险事故，保险人均要负责赔偿或给付保险金。保险人赔偿或给付保险金的责任范围包括：损害发生在保险责任内，保险责任发生在保险期限内，以保险金额为限度。所以，保险责任既是保险人承担保障的保障责任，也是负责赔偿和给付保险金的依据和范围，同时也是被保险人要求保障的责任和获得赔偿或给付的依据和范围。

不同的险种有不同的保险责任。人身保险的保险责任是指当人身保险单上载明的危险发生造成保险标的损害或约定的人身保险事件发生（或约定期满时），保险人应负的经济赔偿或给付保险金的责任。财产保险的保险责任是指保险人根据保险合同规定的保险危险一旦发生时，对被保险人的保险标的所造成的经济损失应负的赔偿责任。

由于财产保险的种类不同，对各种自然灾害和意外事故造成保险损害的规律的掌握程度不同，以及有些风险损失如核子辐射、污染等不宜转嫁给保险人承担等因素，因而财产保险合同的保险责任，一般采取列举式，明确负责的范围与不负责的界限，以便为保险双方共同遵守。

保险责任的主要种类一般区分为基本责任、除外责任和特约责任。

基本责任是指财产保险合同中载明的保险人承担经济损害赔偿责任的保险危险范围，一般包含自然灾害、意外事故、抢救或防止灾害蔓延采取必要措施造成的保险财产损失和保险危险发生时必要的施救、保护、整理等合理费用。

除外责任是指财产保险合同中列明的保险人不承担经济赔偿责任的风险损失。保险合同列明的除外责任，主要有三部分：一是明确列入除外责任条款之内，如战争、军事行动、暴力行为、核子辐射和污染等；二是不在列举的保险责任范围之内，如其他不属于保险责任范围内的损失；三是由于除外责任列举事项引起的保险事故损失，如由于被保险人的故意行为造成的火灾、爆炸等，即使火灾、爆炸属于保险责任，但却是由除外责任中被保险人的故意行为所引起，因而仍作除外责任。

特约责任是指财产保险合同载明的基本责任以外，或列为除外责任的风险损失，经保险双方协商同意后特约附加承保的一种责任，属于约定扩大的保险责任，故也称为“附加责任”或“附加险”。它附属于基本责任，作为基本险的一项补充，如企业财产保险附加盗窃险，或独立存在，可以单独承保，如机动车辆第三者责任险。

保险责任的开始时间取决于保险合同的约定。《保险法》第 14 条规定：“保险合同成立后，投保人按照约定交付保险费，保险人按照约定的时间开始承担保险责任。”一般而言，保险合同对保险人开始承担保险责任的时间没有约定的，保险人自投保人交付保险费时开始承担保险责任。因此，保险合同生效的时间与保险责任开始的时间不是同一概念。保险合同生效后，并不意味着保险人开始承担保险责任，保险人何时开始承担保险责任，取决于保险合同对保险人承担保险责任期间的约定。

（2）责任免除。

责任免除又称除外责任，保险人对某些风险造成的损失补偿不承担赔偿保险金的责任。

保险责任免除与保险责任相对，又称为“除外责任”，是指保险人依法或依据合同约定，不承担保险金赔偿或给付责任的风险范围或种类，其目的在于适当限制保险人的责任范围。投保人在投保之前，一定要先弄清楚哪些是除外责任，自己保的险种都包括对哪些事故的赔偿。只有这样，才不会在发生事故之后，还搞不清楚到底能不能得到保险公司的赔偿。

根据我国《保险法》第17条第2款的规定：“对保险合同中免除保险人责任的条款，保险人在订立合同时应当在投保单、保险单或其他保险凭证上作出足以引起投保人注意的提示，并对该条款的内容以书面或者口头形式向投保人作出明确说明，未作提示或者明确说明的，该条款不产生效力。”该规定专门对保险合同约定的责任免除条款强调保险人负有明确说明义务，未尽明确说明义务的，免责条款不生效，如果发生该类范围的事故或事件时保险人仍要承担保险责任。

法定免责事由是指《保险法》规定的保险人责任免除事项，具体涉及以下几方面：

①违反告知义务。因为投保人违反告知业务得以解除保险合同而责任免除。《保险法》第16条规定：投保人故意不履行如实告知义务的，保险人对于合同解除前发生的保险事故，不承担赔偿或给付保险金的责任，并不退还保险费。投保人因重大过失未履行如实告知义务，对保险事故的发生有严重影响的，保险人对于合同解除前发生的保险事故，不承担赔偿或者给付保险金的责任，但应当退还保险费。

②保险欺诈。因投保人、被保险人或受益人欺诈得以解除保险合同而责任免除。《保险法》第27条规定：未发生保险事故，被保险人或者受益人谎称发生了保险事故，向保险人提出赔偿或者给付保险金的请求的，保险人有权解除合同，并不退还保险费。投保人、被保险人故意制造保险事故的，保险人有权解除合同，不承担赔偿或者给付保险金的责任；除本法第43条规定外，不退还保险费。保险事故发生后，投保人、被保险人或者受益人以伪造、变造的有关证明、资料或者其他证据，编造虚假的事故原因或者夸大损失程度的，保险人对其虚报的部分不承担赔偿或者给付保险金的责任。投保人、被保险人或者受益人有前三款规定行为之一，致使保险人支付保险金或者支出费用的，应当退回或者赔偿。

③故意行为。投保人或者受益人故意造成被保险人死亡、伤残或者疾病的，保险人不承担赔偿或者给付保险金的责任。投保人已交足两年以上保费，保险人应向其他享有权利的受益人退还保单现金价值。受益人故意造成被保险人死亡、伤残或者故意杀害被保险人未遂的，丧失受益权。

④自杀行为。《保险法》第 44 条规定：以被保险人死亡为给付保险金条件的合同，自合同成立或者合同效力恢复之日起二年内，被保险人自杀的，保险人不承担给付保险金的责任，但被保险人自杀时为无民事行为能力人的除外。保险人依照前款规定不承担给付保险金责任的，应当按照合同约定退还保险单的现金价值。

⑤犯罪行为。《保险法》第 43 条规定：投保人故意造成被保险人死亡、伤残或者疾病的，保险人不承担给付保险金的责任。投保人已交足二年以上保险费的，保险人应当按照合同约定向其他权利人退还保险单的现金价值。

5. 保险期限和保险责任开始的时间

（1）保险期限。

保险期限也称保险期间。根据保险合同，保险公司在约定的时间内对约定的保险事故负保险责任，这一约定时间就成为保险期限。

财产保险按保险期限的不同分为定期保险和不定期保险。

定期保险以一定的时间标准即年、月、日、时来计算保险责任的开始与终止，其中，超过一年期的为长期保险，一年期以下的为短期保险，相应确定不同的费率标准。保险期限一经确定，无特殊原因，一般不得随意更改。不定期保险，也叫航程险、航次险，其保险责任的开始与终止主要不是按确定的时间标准，而是根据保险标的行动过程来确定，如船舶保险、货物运输保险。

海上保险合同的有效期间一般以航次或月、年为期间。以航次为期间的称为航次保险，以月、年为期间的称为定期保险。绝大多数的货物运输投保航次保险，少数长期稳定的货物运输才可能投保定期保险。多数班轮、船东和定期租船人投保船舶定期保险，只有航次租船的租船人才会投保船舶航次保险。保险期间一旦确定，保险人只负责赔偿在保险期间内发生的保险事故造成保险标的的损害从而对被保险人造成的损失。保险事故发生的时间不在保险期间内，则保险人不承担保险责任。

（2）保险责任开始时间。

保险责任开始时间是指保险人开始承担保险责任的起点时间，通常用某年、某月、某日、某时表示。《保险法》第 13 条规定：“依法成立的保险合同，自成立时生效。投保人和保险人可以对合同的效力约定附条件或者附期限。”第14条规定：“保险合同成立后，投保人按照约定交付保险费，保险人按照约定的时间开始承担保险责任。”即保险责任开始的时间为合同成立时或由双方在保险合同中约定。在保险实务中，保险责任的开始时间可能与保险期间一致，也可能不一致。如寿险合同中大多规定有观察期，保险人承担保险责任的时间是自观察期结束后。

①保险索赔。保险索赔是指被保险人或其受益人在保险标的遭受损失后或保险期满或保险合同约定事项出现时，按保险单有关条款的规定，向保险人要求赔偿或给付保险金的行为。

《保险法》第22条第1款规定：“保险事故发生后，按照保险合同请求保险人赔偿或者给付保险金时，投保人、被保险人或者受益人应当向保险人提供其所能提供的与确认保险事故的性质、原因、损失程度等有关的证明和资料”。这里规定的就是保险索赔。

②保险理赔。保险理赔是指在保险标的发生保险事故而使被保险人财产受到损失或人身生命受到损害，或保单约定的其他保险事故出现而需要给付保险金时，保险公司根据合同规定，履行赔偿或给付责任的行为，是直接体现保险职能和履行保险责任的工作。保险人收到被保险人或者受益人的赔偿或者给付保险金的请求后，应当及时作出核定；对属于保险责任的，在与被保险人或者受益人达成有关赔偿或者给付保险金额的协议后十日内，履行赔偿或者给付保险金义务。

（三）保险单据类型

1. 保险单正规的保险合同（有效）

保单是保险单的简称，是保险人与投保人之间签订的一种最大诚信保险合同。保险单必须明确、完整地记载有关保险双方的权利义务，保单上主要载有保险人和被保险人的名称、保险标的、保险金额、保险费、保险期限、赔偿或给付的责任范围以及其他规定事项。保险单根据投保人的申请，由保险人签署，交由被保险人收执，保险单是被保险人在保险标的遭受意外事故而发生损失时，向保险人索赔的主要凭证，同时也是保险人收取保险费的依据。

2. 保险凭证（小保单）：简化的保险合同（有效）

保险凭证又称“小保单”，指在保险凭证上不印保险条款，实际上是一种简化的保险单。保险凭证上不载明保单背面保险条款，其余内容与大保单完全相同。保险凭证与保险单具有同等效力，凡是保险凭证上没有列明的，均以同类的保险单为准。保险凭证是保险人发给投保人以证明保险合同业已生效的另一种文件形式，是一种简化了的保险。

3. 联合凭证：发票+保险：简化的保险凭证（有效）

联合凭证，是一种将发票和保险单相结合的，比保险凭证更为简化的保险单据。这种单据目前仅适用于对港澳地区部分华商和少部分新马地区的业务，只有证明可以接受联合凭证时，才能使用这种单据。

4. 预约保单：凭装船通知/托运单生效（自动）

预约保单又称"开口保单""敞口保单"，是保险公司承保被保险人在一定时期内发运的，以CIF价格条件成交的出口货物或以FOB、CFR价格条件进口货物的保险单。预约保险单载明保险货物的范围、承保险别、保险费率、每批运输货物的最高保险金额以及保险费的计算办法。

凡属预约保单规定范围内的货物，一经起运保险合同即自动按预约保单上的承保条件生效，但要求投保人必须向保险人对每批货物运输发出起运通知书，也就是将每批货物的名称、数量、保险金额、运输工具的种类和名称、航程起讫点、开航或起运日期等通知保险人，保险人据此签发正式的保险单证。

预约保单主要适用于大量进出口货物运输保险。

5. 保险批单

保险批单是指保险人签发的同意被保险人要求变更保险单内容的书面文件。它是保险人对投保人提出的补充或变更保险单的内容进行审核，同意后向投保人另出一种凭证，注明保险人对保险单的补充或更改内容。

一般保险批单须粘贴在保险单上，并加盖骑缝章，作为保险单的一部分。保险批单是保险人与被保险人变更保险合同的证明文件，一经批改后，保险应按批改后的内容承担责任。

6. 暂保单：临时性文件

暂保单又称"临时保险书"，保险单或保险凭证签发之前，保险人发出的临时单证。仅表明投保人已经办理了保险手续，并等待保险人出立正式保险单。

暂保单的内容比较简单，只载明被保险人的姓名、承保危险的种类、保险标的等重要事项，凡未列明的，均以正式保险单的内容为准。

暂保单具有和正式保险单同等的法律效力，但一般暂保单的有效期不长，通常不超过30天。当正式保险单出立后，暂保单就自动失效。如果保险人最后考虑不出立保险单时，也可以终止暂保单的效力，但必须提前通知投保人。

（四）国际货运保险的保险人赔付条件（索赔的必要条件）

（1）保险人与索赔人之间必须有合法有效的合同关系，即索赔人必须是保险单的合法持有人；

（2）向保险人行驶索赔权利的人，保险享有保险利益；

（3）被保险货物在运输过程中遭受的损失必须是保险人承包范围内的风险造成的。

（五）保险的分类

1. 财产保险：以财产及其有关利益为保险标的的保险

（1）财产损失保险：以各类有形财产为保险标的的保险。包括企业财产保险、家庭财产保险、运输工具保险、货物运输保险、工程保险、特殊风险保险、农业保险。

（2）责任保险：以被保险人对第三者的财产损失或人身伤害依照法律应负的赔偿责任为保险标的的保险。包括公众责任保险、产品责任保险、雇主责任保险、职业责任保险。

（3）信用保险：以各种信用行为为保险标的的保险。包括一般信用保险、出口信用保险、合同保证保险、产品保证保险、忠诚保证保险。

2. 人身保险：以人的寿命和身体为保险标的的保险

（1）人寿保险：以被保险人的寿命为保险标的。以被保险人的生存或死亡为给付保险金条件的一种保险。包括定期寿险、终身寿险、两全寿险、年金寿险、投资连结保险、分红寿险、万能寿险等。

（2）健康保险：以被保险人的身体为保险标的，使被保险人在疾病或意外事故所致伤害时发生的费用或损失获得赔偿的一种人身保险业务。包括医疗保险、疾病保险、收入补偿保险。

（3）意外伤害保险：以被保险人的身体为保险标的，以意外伤害而致被保险人身故或残疾为给付保险金条件的一种人身保险。包括普通意外伤害保险、特定意外伤害保险。

问题123：海运保险承保范围有哪些？

答：1. 风险

（1）海上风险。

海上风险，也称海难，指海上航行中发生以及海上与陆地、内河或驳船相连接的地方所发生的自然灾害或意外事故。主要包括自然灾害和意外事故。其中，自然灾害：仅指恶劣气候、雷电、洪水、流冰、地震、海啸以及其他人不可抗力的灾害；意外事故：主要是船舶搁浅、触礁、碰撞、爆炸、火灾、沉没、船舶失踪或其他类似事故。

（2）外来风险。

外来风险指海上风险以外的其他原因所造成的风险。外来风险必须是意外的、偶然的、难以预测的，而且是外部因素导致的。其中，一般的外来风险通常是由偷窃、短量、破碎、淡水雨淋、受潮、受热、发霉、串味、玷污、渗漏、钩损和锈损等所引起的；特殊的外来风险主要指由于军事、政治、国家政策法令和行政措施等原因所致的风险损失。常见的有战争、罢工、当局拒绝进口或没收等。

2. 损失（海运货物损失）：海损

海损事故简称海事。对于海事至今为止没有统一的定义。各国对其定义不一。根据《水上交通事故统计办法》（2002），海事是指船舶发生碰撞、搁浅、触礁、触损、浪损、风灾、火灾、爆炸、自沉事故及其他引起人员伤亡、直接经济损失的水上交通事故。

英国海损事故（Marine Accident）：根据《The merchant shipping（Accident Reporting and Investigation）regulations 1999》，海损事故指由船上事件或船舶引起的船上人员伤亡、船舶损坏或灭失、其他设备设施等物的损坏、环境污染等。

加拿大海损事故（Marine Accident）：根据《Canadian Transportation Accident Investigation and Safety Board Act》，海损事故指任何与船舶作业有关的事故或事件及导致事故发生的情形。

IMO 海损事故（Marine Causality）：根据《Code for the Investigation of Marine Casualties and Incidents》，海损事故指由船舶作业造成的或与船舶作业有关的人员伤亡、船舶损坏或灭失，以及其他物的损失和环境污染等情形。

根据《国际海事词典》，海事是航运事故、船上意外事故、违法事件和隐患事件的总称。

根据以上的表述可理解为凡船舶发生触礁、触岸或搁浅；碰撞、触碰或浪损；失火或爆炸；影响适航性的机件或重要属具的损坏和灭失；遭遇自然灾害；造成水上或水下建筑物或设备的损害；碰撞沉没或失踪；其他事故，造成航海财产和营业损失或人身伤亡，均称为海损事故。

（1）船舶海损事故的分类。

世界各国对海事的分类都有规定，尽管细节不同，但基本原则相同。

①碰撞事故。碰撞事故是指两艘以上船舶之间发生撞击造成损害的事故。碰撞事故可能造成人员伤亡、船舶受损、船舶沉没等后果。碰撞事故的等级按照人员伤亡或直接经济损失确定。

②搁浅事故。搁浅事故是指船舶搁置在浅滩上，造成停航或损害的事

故。搁浅事故的等级按照搁浅造成的停航时间确定：停航在24小时以上7天以内的，确定为“一般事故”；停航在7天以上30天以内的，确定为“大事故”；停航在30天以上的，确定为“重大事故”。

③触礁事故。触礁事故是指船舶触碰礁石，或者搁置在礁石上，造成损害的事故。触礁事故的等级参照搁浅事故等级的计算方法确定。

④触损事故。触损事故是指触碰岸壁、码头、航标、桥墩、浮动设施、钻井平台等水上水下建筑物或者沉船、沉物、木桩鱼栅等碍航物并造成损害的事故。触损事故可能造成船舶本身和岸壁、码头、航标、桥墩、浮动设施、钻井平台等水上水下建筑物的损失。

⑤浪损事故。浪损事故是指船舶因其他船舶兴波冲击造成损害的事故，也有人称之为“非接触性触碰”。因此浪损事故损害计算方法可参照碰撞事故的计算方法。

⑥火灾、爆炸事故。火灾、爆炸事故是指因自然或人为因素致使船舶失火或爆炸造成损害的事故。同样，火灾、爆炸事故可能造成重大人员伤亡、船舶损失等。

⑦风灾事故。风灾事故是指船舶遭受较强风暴袭击造成损失的事故。

⑧自沉事故。自沉事故是指船舶因超载、积载或装载不当、操作不当、船体漏水或者不明原因造成船舶沉没、倾覆、全损的事故；但其他事故造成的船舶沉没不属于“自沉事故”。

⑨其他引起人员伤亡、直接经济损失的水运交通事故。例如，船舶因外来原因使舱内进水、失去浮力，导致船舶沉没；船舶因外来原因造成严重损害，导致船舶全损等。但是，船舶污染事故（非因交通事故引起）、船员工伤、船员或旅客失足落水以及船员、旅客自杀或他杀事故不作为水运交通事故。

（2）船舶海损事故的级别。

一般按事故后果的严重程度分为重大事故、大事故和一般事故。按照IMO定义，各级事故分别定义为：

①重大事故：是指涉及船舶全损、船舶人员灭失和严重污染的船舶事故。

②大事故：指除了重大事故外涉及火灾、爆炸、碰撞、搁浅、触碰、自然灾害、船体断裂或可能的船体缺陷等造成主机失灵或严重的结构损坏（例如水下船体破裂），使船舶不能航行的事故；污染事故（不论污染数量的多少）；必须由拖船或岸上协助的船舶故障。

③一般事故，指除重大事故和大事故以外的造成具体损失的船舶事故，包括隐患时间。

（3）船舶海损损失分类。

按损失形态可分为物质损失和费用损失。物质损失是船舶或货物遇险后本身的灭失或损坏；费用损失是船舶或货物遇险后引起的在费用开支上的损失，如救助费、拖航费，船舶损坏后修理期间的船员工资、给养以及港口费等。

按损失程度可分为全部损失和部分损失。全部损失又可分为实际全损和推定全损。船舶或货物全部遇难沉没，或烧毁、炸毁等为实际全损；船舶遇险后，虽未达到全损的程度，但救助费和修理费两项或其中之一项将高于船舶或货物获救后的价值，从而无救助价值即为推定全损。部分损失是船舶或货物在遇难后只受到局部损害的损失。

实际全损：①保险标的物全部灭失；②保险标的物已全部灭失无法复得；③保险标的物变质，已丧失商业价值或原有用途；④船舶失踪，到一定时期（半年）仍音讯全无。

推定全损：①货物受损后，修复费用已超过修复后的价值；②货物受损后，整理和续运到目的地的费用已超过货物完好的价值；③实际上全损已经无法避免或为了避免全损；④被保险人为收回因保险责任范围内的事故而丧失的标的物所有权，所需开销将超过收回标的物价值。

委付：委付是指保险标的出现推定全损时，被保险人就保险标的物的全部向保险人提出请求求偿。委付是指保险人同意将受损的保险标的视为推定全损，在补偿被保险人全部损失的同时，获得该受损标的物的所有权。保险人接受委付后，可以通过对标的物的处理，接受大于赔偿金额的收益，即货物无条件归保险人，保险人按100%赔偿。

委付过程：被保险人委付通知→保险人决定是否接受→决定情况通知被保险人→保险人承诺，委付生效。

部分全损：不可分割的一批、一件或数件货物灭失。部分损失可分为共同海损和单独海损。

共同海损：是指载货船舶在海上遇到灾害、事故，威胁到船货等方面的共同安全，为了解除这种威胁，维护船、货安全使航程得以继续完成，船方有意识地、合理地采取措施，造成某些特殊损失或支出特殊额外费用。

共同海损条件：①必须确实遭遇危难；②措施必须是自动的、有意识的；③措施必须合理；④必须是为了共同安全；⑤牺牲或费用的支出必须是额外的；⑥损失必须是共同海损行为的直接结果。

单独海损：指在海上运输中，由于保单承保风险直接导致的船舶或货物本身的部分损失（仅指保险标的本身的损失，并不包括由此而引起的费用损失）。即除了共同海损以外的部分损失。

在造成损失的原因上，单独海损是由承包风险所直接造成船、货的损失；而共同海损则是为了解除或减轻人为造成承保风险的一种损失。在损失的承担上，共同海损的损失是由各受益方按获救财产价值的大小比例分摊；而单独海损的损失由受损方自己承担。单独海损先发生进而引起共同海损，在采取共同海损措施之前的部分损失，一般可列为单独损失。

问题124：海上费用的种类及赔偿条件是什么？

答：施救费用，亦称营救费用，是指被保险货物在遭遇承保的灾害事故时，被保险人或其代理人、雇佣人为避免、减少损失采取各种抢救、防护措施时所支付的合理费用。赔偿条件：危险发生时，由被保险人及其代理人采取抢救措施，保险人对施救费用的赔偿金额不得超过保险合同所载明的保险金额。

救助费用是指被保险标的遭遇保险责任范围以内的灾害事故时，由保险人和被保险人以外的第三者采取救助行为，对于此种救助行为，按照国际法规定，获救方向救助方支付的相应报酬，它属于保险赔付范围。赔付原则：抢救货物的必须是保险人和被保险人以外的第三方。

施救费用与救助费用的区别

	施救费用	救助费用
采取行动的主体	有利益关系的人（被保险人/代理人/受让人）	无利益关系的第三方
给付报酬的原则	无论有无效果，保险人都予以赔偿	无效果、无报酬
赔偿责任	施救费用＋货损赔偿，可超过保险金额	以保险金额为限

特别费用：运输工具遭受海难后在避难港卸货所引起的损失，以及由于卸货、存仓、运送货物所产生的费用，均为特别费用，属于保险人的赔付范畴。赔付原则：赔付费用的支出必须是合理的。

费用项目	采取措施抢救方	赔付人
施救费用	被保险人或其代理人	保险人
救助费用	保险人或被保险人之外的第三方	保险人
特别费用	运输根据遭受海难后在避风港卸货引起的损失	保险人

额外费用：额外费用包括保险标的受损后，对其进行查勘、公证、理算或拍卖等支付的费用以及运输在中途中止时所支付的货物卸下、存仓及续运至目的地的费用等。如果保险标的遭遇保险责任范围内的事故，额外费用可由保险人负责赔偿；反之，如果保险标的损失的索赔不能成立，额外费用也不能获赔。

问题125：我国海运货物保险险别有哪些？

答：1. 基本险

（1）平安险。

平安险（Free from Particular Average，简称 F. P. A.），其英文原意是指单独海损不负责赔偿。但在长期实践的过程中对平安险的责任范围进行了补充和修订，当前平安险的责任范围已经超出只赔全损的限制。

承保责任范围：自然灾害引起的全损；意外事故引起的全部或部分损失；意外事故（前后）和自然灾害引起的部分损失；装卸或转船时的落海损失（全损或部分损失）；合理抢救费用（保险金额内）；海难后停靠费用（卸、存、运）；共同海损引起的费用（牺牲、分摊和救助费用）；“船舶互撞条款”下的损失（此条款中规定由运货方偿还船方的损失）。

（2）水渍险。

水渍险（With Average/With Particular Average，简称 WA/WPA）又称“单独海损险”，英文原意是指单独海损负责赔偿，是海洋运输货物保险的主要险别之一。这里的“海损”是自然灾害及意外事故，导致货物被水淹没，引起货物的损失。水渍险的责任范围除了包括“平安险”的各项责任外，还负责被保险货物由于恶劣气候、雷电、海啸、地震、洪水等自然灾害所造成的部分损失。具体来说还分为是海水浸渍还是雨水浸渍。有的是不赔雨水浸渍的。就算有水浸渍，还要区分水是引起货物损害的直接原因还是间接原因。如果是间接原因，保险公司是不赔的。即承保责任范围包括：平安险 + 自然灾害引起的部分损失。

（3）一切险。

一切险是海洋运输货物保险的主要险别之一，其负责的范围很广泛。它除了承保“平安险”和“水渍险”的各项责任外，还负责承保货物在运输途中由于外来原因所致全部或部分损失。即承保责任范围包括：水渍险 + 一般附加险的内容。

2. 附加险别

附加险别是投保平安险和水渍险的基础上加保。

（1）一般附加险（General Additional Risk）。

承保一般外来原因引起的货物损失，亦称普通附加险，它们包括在一切险之中。若投保了一切险，就无须另行加保。若投保了平安险或水渍险，则由被保险人根据货物特性和运输条件选择一种或几种附加险，经与保险人协议加保。

一般附加险有下列 11 种险别：

①偷窃、提货不着险（Theft, Pilferage and Non - delivery Risk, T. P. N. D.）。

偷窃、提货不着险是投保平安险和水渍险的基础上加保此险，是海洋货物运输保险普通附加险之一。保险货物被偷走或窃走，以及保险货物运抵目的地以后，整件未交的损失，由保险人负责赔偿的一种保险。“偷”指货物整件被偷走；“窃”指整件货物中的一部分被窃取。偷窃不包括使用暴力手段的公开掠夺。其保险责任包括在海洋运输货物保险“一切险”之内，不投保“一切险”时可以附加。中国人民保险公司偷窃、提货不着险责任条款规定，对于偷窃行为所致的损失，必须在提货后10天内申请检验；对于整件提货不着，被保险人必须向责任方取得短缺证明，保险人才予以赔付。

②淡水雨淋险（Fresh Water and Rain Damage Risk, F. W. R. D.）。

淡水雨淋险是投保平安险和水渍险的基础上加保此险，保险人负责赔偿承保货物在运输途中遭受雨水、淡水以及雪融水浸淋造成的损失，包括船上淡水舱、水管漏水以及舱汗所造成的货物损失。不过，保险人承担赔偿责任，要求被保险人必须在知道发生损失后的10天内申请检验，并要以外包装痕迹或其他证明为依据。

③渗漏险（Leakage Risk）。

渗漏险是投保平安险和水渍险的基础上加保此险，保险人负责赔偿承保的流质、半流质、油类货物在运输途中因容器损坏而引起的渗漏损失，或用液体储藏的货物因液体渗漏而引起的腐烂变质造成的损失。如以流体装存的湿肠衣，因为流体渗漏而使肠衣发生腐烂、变质等损失，均由保险公司负责赔偿。

④短量险（Shortage Risk）。

短量险是投保平安险和水渍险的基础上加保此险，保险人负责赔偿承保的货物因外包装破裂或散装货物发生数量损失和实际重量短缺的损失，但不包括正常运输途中的自然损耗。被保险人对于包装货物的短少，应当提供外包装发生破裂现象的证明；对于散装货物，则以装船重量和卸船重量之间的差额作为计算短量的依据。

⑤钩损险（Hook Damage Risk）。

钩损险是投保平安险和水渍险的基础上加保此险，保险人负责赔偿承保的货物（一般是袋装、箱装或捆装货物）在运输过程中使用手钩、吊钩装卸，致使包装破裂或直接钩破货物所造成的损失及其对包装进行修理或调换所支出的费用。如粮食包装袋因吊钩钩坏而造成粮食外漏的损失。

⑥混杂、玷污险（Intermixture and Contamination Risk）。

混杂、玷污险是投保平安险和水渍险的基础上加保此险，保险人负责赔偿承保的货物在运输过程中因混进杂质或被玷污，影响货物质量所造成的损失。此外保险货物因为和其他物质接触而被玷污，例如布匹、纸张、食物、服装等被油类或带色的物质污染因而引起的经济损失。

⑦碰损、破碎险（Clash and Breakage Risk）。

碰损、破碎险是投保平安险和水渍险的基础上加保此险，保险人负责赔偿承保的金属、木质等货物因震动、颠簸、碰撞、挤压而造成货物本身的损失，或易碎性货物在运输途中由于装卸野蛮、粗鲁、运输工具的颠震所造成货物本身的破裂、断碎的损失。

⑧锈损险（Rust Risk）。

锈损险是投保平安险和水渍险的基础上加保此险，保险人负责赔偿承保的货物在运输过程中由于生锈而造成的损失。但生锈必须是在保险期内发生的，如原装船时就已生锈，保险公司不负责。此外，在海上保险实务中，保险人一般不就裸装的金属材料承保锈损险。

⑨串味险（Taint of Odor Risk）。

串味险是投保平安险和水渍险的基础上加保此险，保险人负责赔偿承保的食用物品（如食品、粮食、茶叶、中药材、香料）、化妆品原料等因受其他物品的影响而引起的串味损失。该险主要承保被保险货物因在运输过程中配载不当而受其他物品影响，引起的串味损失。如茶叶、香料与皮张、樟脑等堆放在一起产生异味，不能使用。

⑩受潮受热险（Sweat and Heating Risk）。

受潮受热险是投保平安险和水渍险的基础上加保此险，保险人负责赔偿承保的货物因气温突然变化或由于船上通风设备失灵致使船舱内水汽凝结、受潮或受热所造成的损失。

⑪包装破裂险（Breakage of Packing Risk）。

包装破裂险是投保平安险和水渍险的基础上加保此险，保险人负责赔偿承保的货物在运输过程中因搬运或装卸不慎造成包装破裂所引起的损失，以及因继续运输安全的需要修补或调换包装所支出的费用。

（2）特殊附加险

特殊附加险是以导致货损的某些政府行为风险作为承保对象的，它不包括在一切险范围内，不论被保险人投任何基本险，要想获取保险人对政府行为等政治风险的保险保障，必须与保险人特别约定，经保险人特别同意。否则，保险人对此不承担保险责任。特殊附加险只能在投保“平安险”“水渍险”和“一切险”的基础上加保。

特殊附加险共有8种：

①海上货物运输战争险（War Risk）。

海上货物运输战争险是特殊附加险的主要险别之一，是保险人承保战争或类似战争行为导致的货物损失的特殊附加险。被保险人必须投保货运基本险之后，才能经特别约定投保战争险。战争险的承保责任范围包括：

A. 直接由于战争、类似战争行为、敌对行为、武装冲突或海盗行为等造成的运输货物的损失。

B. 由于上述原因所引起的捕获、拘留、扣留、禁制、扣押等所造成的运输货物的损失。

C. 各种常规武器（水雷、炸弹等）所造成的运输货物的损失。

D. 由本险责任范围所引起的共同海损牺牲、分摊和救助费用。但由于敌对行为使用原子或热核制造的武器导致被保险货物的损失和费用不负责赔偿；或根据执政者、当权者，或其他武装集团的扣押、拘留引起的承保航程的丧失和挫折而提出的任何索赔不负责赔偿。

战争险的责任起讫采用“水面”条款，以“水上危险”为限，是指保险人的承保责任自货物装上保险单所载明的启运港的海轮或驳船开始，到卸离保险单所载明的目的港的海轮或驳船为止。如果货物不卸离海轮或驳船，则从海轮到达目的港当日午夜起算满15日之后责任自行终止；如果中途转船，不论货物在当地卸货与否，保险责任以海轮到达该港可卸货地点的当日午夜起算满15天为止，等再装上续运海轮时，保险责任才继续有效。

②海上货物运输罢工险（Strikes Risk）。

海上货物运输罢工险是保险人承保被保险货物因罢工等人为活动造成损失的特殊附加险。罢工险的保险责任范围包括：

A. 罢工者、被迫停工工人或参加工潮暴动、民众斗争的人员的行动所造成的直接损失，恐怖主义者或出于政治目的而采取行动的人所造成的损失。

B. 任何人的敌意行动所造成的直接损失。

C. 因上述行动或行为引起的共同海损的牺牲、分摊和救助费用。海洋运输货物罢工险以罢工引起的间接损失为除外责任，即在罢工期间由于劳动力短缺或不能运输所致被保险货物的损失，或因罢工引起动力或燃料缺乏使冷藏机停止工作所致冷藏货物的损失。其责任起讫采取“仓至仓”条款。罢工险与战争险的关系密切，按国际海上保险市场的习惯，投保了战争险，再加保罢工险时一般不再加收保险费；如仅要求加保罢工险，则按战争险费率收费。所以一般被保险人在投保战争险的同时加保罢工险。

③进口关税险（Import Duty Risk）。

该险承保的是被保险货物受损后，仍得在目的港按完好货物交纳进口关税而造成相应货损部分的关税损失。但是，保险人对此承担赔偿责任的条件是货物遭受的损失必须是保险单承保责任范围内的原因造成的。

进口关税险的保险金额度根据本国进口税率确定，并与货物的保险金额分开，在保险单上另行列出。而保险人在损失发生后，对关税损失部分的赔付以该保险金额为限。投保进口关税险，往往是针对某些国家规定，进口货物不论是否短少、残损均需按完好价值纳税而适用的。

④舱面险（On Deck Risk）。

该附加险承保装载于舱面（船舶甲板上）的货物被抛弃或海浪冲击落水所致的损失。一般来讲，保险人确定货物运输保险的责任范围和厘定保险费时，是以舱内装载运输为基础的。但有些货物因体积大或有毒性或有污染性或根据航运习惯必须装载于舱面，为对这类货物的损失提供保险保障，可以加保舱面货物险。

加保该附加险后，保险人除了按基本险责任范围承担保险责任外，还要依舱面货物险对舱面货物被抛弃或风浪冲击落水的损失予以赔偿。由于舱面货物处于暴露状态，易受损害，所以保险人通常只是在“平安险”的基础上加保舱面货物险，以免责任过大。

⑤黄曲霉素险（Aflatoxin Risk）。

该附加险承保被保险货物（主要是花生、谷物等易产生黄曲霉素）在进口港或进口地经卫生当局检验证明，其所含黄曲霉素超过进口国限制标准，而被拒绝进口、没收或强制改变用途所造成的损失。按该险条款规定，经保险人要求，被保险人有责任处理被拒绝进口或强制改变用途的货物或者申请仲裁。

⑥拒收险（Rejection Risk）。

当被保险货物出于各种原因，在进口港被进口国政府或有关当局拒绝进口或没收而产生损失时，保险人依拒收险对此承担赔偿责任。但是，投保拒收险的条件是被保险人在投保时必须持有进口所需的一切手续（特许证或许可证或进口限额）。如果被保险货物在起运后至抵达进口港之前的期间内，进口国宣布禁运或禁止进口的，保险人只负责赔偿将该货物运回出口国或转口到其他目的地所增加的运费，且以该货物的保险金额为限。

同时，拒收险条款还规定：被保险人所投保的货物在生产、质量、包装、商品检验等方面，必须符合产地国和进口国的有关规定。如果因被保险货物的记载错误、商标或生产标志错误、贸易合同或其他文件存在错误或遗漏、违反产地国政府或有关当局关于出口货物规定而引起的损失，保险人概不承担保险责任。

⑦交货不到险（Failure to Deliver Risk）。

该险承保自被保险货物装上船舶时开始，在6个月内不能运到原定目的地交货。不论何种原因造成交货不到，保险人都按全部损失予以赔偿，但是，被保险人应将货物的全部权益转移给保险人，因为造成交货不到的原因并非运输上的，而是某些政治原因（如被另一国在中途港强迫卸货等），所以，被保险人在投保该险别时必须获得进口货物所有的一切许可手续，否则投保该险是无效的。同时，由于该附加险与提货不着险和战争险所承保责任范围有重叠之处，故保险公司在条款中规定，提货不着险和战争险项下所承担的责任，不在交货不到险的保险责任范围之内。

⑧出口货物到香港（包括九龙在内）或澳门存仓火险责任扩展条款(Fire Risk Extension Clause For Storage of Cargo at Destination HongKong, Including Kowloon , or Macao，简称 F. R. E. C.)。

这是一种扩展存仓火险责任的特别附加险。它对于被保险货物自内地出口运抵香港（包括九龙）或澳门，卸离运输工具，直接存放于保险单载明的过户银行所指定的仓库期间发生火灾所受的损失，承担赔偿责任。该附加险是一种保障过户银行权益的险种。因为货物通过银行办理押汇，在货主未向银行归还贷款前，货物的权益属于银行，所以在该保险单上必须注明过户给放款银行。

相应地，货物在此期间到达目的港，收货人无法提货，必须存入过户银行指定的仓库。从而，保险单附加该险条款的，保险人承担火险责任。该附加险的保险期限，自被保险货物运入过户银行指定的仓库之时起，至过户银行解除货物权益之时，或者运输责任终止时起满30天时止。若被保险人在保险期限届满前向保险人书面申请延期的，在加缴所需保险费后可以继续延长。

问题126：基本险的保险除外责任有哪些?

答：除外责任：保险人列明的不予承保的损失和费用，其致损原因为非意外的、非偶然的、比较特殊的。主要包括以下内容：（1）被保险人的故意行为或过失所造成的；（2）发货人责任所引起的；（3）保险责任前，货物已存在品质不良或数量短差；（4）货物自然损耗、本质缺陷，以及市场跌落、运输延迟所引起的损失和费用；（5）战争险和罢工条款规定的责任及其险外责任。

问题127：基本险的责任起讫（保险期限）如何计算?

答：保险期间自货物从保险单载明的起运港（地）发货人的仓库或储存处开始运输时生效，到货物运达保险单载明目的港（地）收发人的最后仓库或被保人用作分配、分派或非正常运输的其他储存处所为止。如未抵达上述仓库或储存处所，则以被保险货物在最后目的港（地）卸离海轮满60日为止。在货物未经运抵收货人仓库或储存处所并在卸离海轮60天内，需转运到非保险单载明的目的地时，以该项货物开始转运时终止。

问题128：基本险索赔期限是多长时间？

答：基本险索赔期限（索赔时效）为两年，自保险货物全部卸离海轮起算。

问题129：基本险被保险人的义务有哪些？

答：（1）诚信义务；（2）适航适货义务，其中适航是指船舶的质量大小适合其所走航线的要求，适货是指船舶适合运载相应的货物（与货物品质相适应，有牲口要有通风）；（3）及时通知索赔义务：发现风险后即刻通知保险公司或代理机构，并提交索赔单证等。

问题130：什么是船期损失？

答：船期损失是指船舶在发生海事后，在抢救和恢复期间，停止运输生产对船东所造成的直接经济损失。它不包括抢救船舶和恢复船舶运输功能所发生的直接费用支出，也不包括由于停航给船东带来的其他间接损失。

问题131：船舶如何评估？

答：1. 船舶价值的决定因素

船舶价值的决定因素主要分以下六个方面：

（1）船舶类型。

杂货船、散货船、油船、集装箱船、液化气船、化学品船、工程船、因船舶类型不一，而价格各异。一般而言，假设其他条件相同，就单吨造价而言，按降序排列为：工程船、液化气船、化学品船、集装箱船、油船、散货船、杂货船。

（2）船舶吨位。

吨位有大小，其他条件相同，吨位越大总价越高，但单吨造价却会下降。

（3）船舶质量因素。

对于同型同吨位船，会因建造船厂、船舶入级、船东管理能力、是否做过大修（特检、坞检）不同而船价各异。

（4）船舶年龄因素。

新船一般比旧船贵，如同型船，一般情况下，5年船总比10年船值钱。但是新建船因有建造周期，在航运业景气度高时，新建船价一般会低于5年内的二手船（现船）船价。

（5）航运市场因素。

货量与运力配比程度，当货量运输需求旺盛，而运力供应紧张时，会使船舶营运收益上升，最终导致船舶价值上升，航运市场周期位置，当处于航运市场上升周期时，船舶价值相应上涨，相反而下跌。

（6）宏观经济环境因素。

全球经济景气度的高低会直接影响国际贸易额的大小，国际贸易的大小将决定海运货量的多少，资金使用成本的高低，对船舶融资成本影响明显。

2. 船舶价值评估方法

（1）市场法。

市场法，也称市场价格比较法，指在市场上选择若干相同或近似的资产作为参照，通过比较被评估资产与市场上出售类似资产的异同，并将类似资产的市场价格进行必要调整，再综合分析各项调整因素，从而确定被评估资产价值的一种资产评估方法。

（2）成本法。

成本法，也称重置成本法，指按照重新购置或建造一个全新状态的被评估资产所需要的全部成本（即重置成本），扣减其现时的实体性贬值、功能性贬值和经济性贬值后得出被评估资产价值的一种资产评估方法。

（3）收益法。

收益法，也称收益现值法或收益还原法，就是通过计算被评估资产在未来（剩余寿命期间）的预期收益，按照适宜的折现率折算成现值，然后累加求和，借以得出被评估资产价值的一种资产评估方法。

3. 评估方法适用条件

（1）市场法。

要有一个充分活跃发育的资产公开交易市场；参照物及其与被评资产可比较的指标、技术参数等资料是可搜集到的，存在着几个以上具有可比性的参照物；价值影响因素明确并且可以量化。

（2）成本法。

应当具备可利用的历史资料；形成资产价值的耗费是必须的；资产处于继续使用状态或被假定处于继续使用状态。

（3）收益法。

被评估对象必须是经营性资产，并具备持续经营的条件，剩余经济寿命显著；必须是能用货币衡量其未来期望收益的单项或整体资产；资产所有者所承担的风险也必须能用货币衡量；能提供服务或用途，满足资产所有者经营上期望的收益。

问题132：船舶价值损失如何计算？

答：船舶价值损失，根据《最高人民法院关于审理船舶碰撞和触碰案件财产损害赔偿的规定》第8条的规定，船舶价值损失的计算，以船舶碰撞发生地当时类似船舶的市价确定；碰撞发生地无类似船舶市价的，以船籍港类似船舶的市价确定，或者以其他地区类似船舶市价的平均价确定；没有市价的，以船舶的造价或者购置价，扣除折旧（折旧率按年4%～10%）计算；折旧后没有价值的按残值计算。

问题133：船舶碰撞的内容主要包括哪些？

答：1. 船舶碰撞构成要件

《海商法》第165条规定："船舶碰撞，是指船舶在海上或者与海相通的可航水域发生接触造成损害的事故。"构成有接触的船舶碰撞需具备如下几个要件：第一，必须要有接触。没有接触，不构成本条规定的船舶碰撞。第二，必须发生在船舶间。第三，碰撞一方必须是《海商法》第3条规定的海船，即非用于军事的或者政府公务的海船或者20吨以下小型船艇。第四，必须要有损害。

过程船舶间接碰撞或浪损的要件有：第一，船舶间没有实际接触。第二，过失成为间接碰撞或浪损的前提条件。第三，他船有损害。这一要件与直接碰撞是相同的。

2. 船舶碰撞的种类

从责任方划分为单方过失责任、双方过失责任和双方无过失责任（不可抗力；意外事故；不明原因）。

双方无过失责任的碰撞各方互相不负赔偿责任，引起的损失由受损方自行承担。

从碰撞的起因划分为过失碰撞、不可抗力或意外事故碰撞和故意碰撞。

问题134：船舶赔偿原则是什么？

答：1. 恢复原状

恢复原状是指碰撞责任方通过积极赔偿或修复受损财产，使受害方受到损害的财产价值或经济状况达到尽可能地恢复到未受损失时应有的状况。

2. 赔偿损失

赔偿损失一般限定在直接损失和合理损失的范围内。包括对船舶碰撞或触碰所造成的直接后果；船舶碰撞或触碰后立即发生的后果；损失应当是合理预见的后果。

3. 减少损失

（1）在船舶碰撞中，受损方有义务采取一切合理措施尽力防止和减少损失的发生和扩大。

（2）在确定碰撞损害赔偿范围时，因请求人的过错造成的损失或者使损失扩大的部分，不予赔偿。

（3）受损方采取合理措施所指出的合理费用，可以请求的赔偿。

问题135：船舶损害赔偿包括哪些？

答：船舶损害赔偿分为全损赔偿和部分损害赔偿。

1. 船舶全损的赔偿包括：船舶价值损失；未包括在船舶价值内的船舶上的燃料、物料、备件、供应品、渔船上的捕捞设备、网具、渔具等损失；船员工资、遣返费及其他合理费用。

2. 船舶部分损害的赔偿包括：合理的船舶临时修理费、永久修理费及辅助费用、维持费用，但应满足下列条件：船舶应就近修理，除非请求人能证明在其他地方修理更能减少损失和节省费用，或者有其他合理的理由。如果船舶经临时修理可继续营运，请求人有责任进行临时修理；船舶碰撞部位的修理，同请求人为保证船舶适航，或者因另外事故所进行的修理，或者与船舶例行的检修一起进行时，赔偿仅限于修理本次船舶碰撞的受损部位所需的费用和损失。

3. 船舶损害赔偿还包括：合理的救助费，沉船的勘查、打捞和清除费用，设置沉船标志费用；拖轮费用，本航次的租金或者运费损失，共同海损分摊；合理的船期损失；其他合理的费用。

问题136：营运船舶的技术状况类别有哪些？

答：（1）技术状况良好可保证船舶正常营运，符合安全生产条件；（2）技术状况尚好船舶可正常营运，基本符合安全生产条件；（3）技术状况不良船舶勉强航行，需经修理才能正常营运；（4）技术状况严重不良不具备安全生产条件。

问题137：船舶修理类别有哪些？

答：船舶修理分为船舶预防检修和船舶厂修两大类别。

1. 船舶预防检修

船舶预防检修是主要依靠船员自修解决船舶设备技术缺陷的一种修船方式。

2. 船舶厂修

中国船舶工业公司规定，船舶的定期计划修理分为坞修、小修、中修和大修四类。

交通部有关修船规定分为航修、小修、检修三种。

（1）航修。

船舶在营运期中，发生局部过度磨损或一般性事故，影响航行安全而船员又不能自修时，必须由修船厂或航修站协助修复的工程项目。航修可以不编制计划，临时列出修复项目的工程单即可。

（2）小修。

小修是按主机运转小时计算，且结合年度检验的坞修和厂修工程。小修的目的是消除在营运中产生的过度磨损，经过小修能保持安全营运到下次计划修理。小修的间隔期一般客货船为 12 个月，远洋货船为 12 ~ 18 个月。如船舶技术状况良好，经验船师检验认可后，可延长 6 个月，但最多不超过 12 个月。

（3）检修。

检修是修船的最大修理类别，每隔 2 ~ 3 次小修期进行一次，尽量结合验船的特别检验进行。检修时除进行一般小修工程外，还应拆开必要的机器设备，对船体和全船各主要设备、系统进行较全面的检查，通过检修，船舶的技术状况应达到一、二类级别的要求，使主要设备和系统安全运转至下次检修。

除上述厂修类别外，还有事故修理。事故修理是指船舶在营运中，如遇到不可抗拒（台风、龙卷风）的因素或意外船舶碰撞，触礁所造成的海损事故。要根据船舶损坏程度和船检部门提出的修理意见和要求进行临时性的修理，以便能取得适航证书。事故修理日期如接近计划修理时，可以考虑合并进行。

问题 138：什么是货损货差？

答：1. 货损货差

货损货差是指商品在装卸、搬运、发运、中转、收货过程中属于商业储运部门过失造成的损失和差错。不包括由于交通运输部门的责任以及人力不可抗拒的自然灾害所造成的事故损失。在装车、装船、装集装箱、入库前发现差错事故，应当及时采取措施纠正，不作为货损货差。计算货损货差，是以业务部门开出的调拨单（发票）为依据，一张调拨单为一票。要同时统计票数和金额。损失金额应以处理结案和财会账面金额为准。

2. 货损货差产生的原因

海上货物运输导致的货损货差分为自然原因和人为原因。

（1）自然原因。

由于船舶遭遇恶劣天气而造成货损货差，如船舶遭遇热带风暴和飓风，造成集装箱掉海导致货物损失，系泊在码头的船舶突遇飓风，船舶挣断缆绳与其他船碰撞，从而导致货损货差等。

对自然原因造成的货损货差，承运人必须进行充分举证，证明在恶劣天气到来之前，已经合理采取谨慎的措施来履行管理货物的责任，如此，才能依靠法律规定承担相应责任或不承担责任。

（2）人为原因。

①船舶所有人、经营人、光船租赁人、期租船人因经济困难，如无力支付船员工资或油款使航程中断而造成货损货差。如豆粕的保质期为6个月，船舶因各种原因航行中断，到目的港后已超过6个月等。

②承运人未合理装载货物，货物在运输期间发生碰撞、火灾或爆炸而造成货损或货差。

③承运人负责装箱的，由于疏忽大意将集装箱冷冻箱误作为非冷冻箱装运，从而引起箱内货物发生货损。

④船舶碰撞。包括两船相碰、无接触碰撞、船舶触碰码头而造成船载货物发生货损货差。

⑤托运人未妥善包装货物，或托运特殊货物未向承运人提示货物在运输途中需要通电降温和恒温。

⑥托运人负责装箱的，未选择完好、适当的集装箱装运货物，由此产生的货损货差。

⑦收货人明知货物已到港，但收货人没有及时提货使货物质量发生变化而造成货损，如对到港的油菜籽未及时提货而产生霉变。

⑧收货人疏于对货物的重量和质量检验和交接，由此不能明确货损货差的责任人和发生区段而自担责任。

问题139：航区如何划分？

答：1.《内河船舶法定检验技术规则（2011）》（海法规［2011］391号）中航区的划分

内河船舶航行区域划分为A、B、C三级，其中某些水域，依据水流湍急情况，又划分为急流航段，即J级航段。航区级别按A级、B级、C级高低顺序排列，不同的J级航段分别从属于所在水域的航区级别。

船舶航行于A级航区的较航行于B、C级航区为高级航区。因此，一般

A级航区的船舶能够到B、C级航区航行。因为高级航区覆盖低级航区。（但是三峡库区对船舶航行另有特别规定的应按其规定执行）

2. 船员适任证书

（1）无限航区。

海上任何通航水域，包括世界各国的开放港口和国际通航运河及河流。

（2）近洋航区。

北纬55度至北回归线之间与东经142度以西的太平洋水域以及北回归线至赤道之间与东经99度以东，东经130度以西所包括的太平洋水域（俗称东南亚航线、中日韩航线）。

（3）沿海航区。

中国的近岸航区、黄海、东海、南海和中国各沿海港口的水域。

（4）近岸航区。

距中国海岸不超过50海里或按习惯航线航行于中国沿海港口水域。

3.《国内航行海船法定检验技术规则》（2011）总则中对营运船舶航区的划分

航区划分为以下四类：

（1）远海航区：指国内航行超出近海航区的海域。

（2）近海航区：指中国渤海、黄海及东海距海岸不超过200海里的海域；台湾海峡；南海距岸不超过120海里（台湾岛东海岸、海南岛东海岸及南海岸距海岸不超过50海里）的海域。

（3）沿海航区：指台湾岛东海岸、台湾海峡东西海岸、海南岛东海岸及南海岸距海岸不超过10海里的海域和除上述海域外距海岸不超过20海里的海域；距有避风条件且有施救能力的沿海岛屿不超过20海里的海域。但对距海岸超过20海里的上述岛屿，将按实际情况适当缩小该岛屿周围海域的距岸范围。

（4）遮蔽航区：指在沿海航区内，由海岸与岛屿、岛屿与岛屿围成的遮蔽条件较好、波浪较小的海域。在该海域内岛屿之间、岛屿与海岸之间的横跨距离应不超过10海里。

问题140：什么是船机故障？

答：船机故障是指船舶系统、设备、机械或其零件规定功能的丧失。

1. 船机故障分类

（1）按故障对船舶运营的影响分类；（2）按故障发生和演变过程的特点分类；（3）按故障的原因分类；（4）按故障的性质分类。

2. 按故障对船舶营运的影响分类

(1) 船舶不停航的局部故障。

因局部故障导致船机设备的功能部分丧失，不需停航修理，可在航行中进行故障处理。例如，柴油发电机故障，主机辅助系统两路互为备用的设备故障，分油机、空压机、锅炉等故障修复。

(2) 船舶短时间停航的重大故障。

由于严重的故障导致船机设备的功能丧失，必须停航，争取短时间内通过船员自修或采用更换备件等措施排除故障。例如，主机某缸发生严重的拉缸故障，停机检修或实施封缸措施，修后继续航行，为主机服务的双路辅机系统同时损坏。

(3) 船舶长时间停航的全局性故障。

异常严重的故障导致船机设备的功能丧失，造成船舶丧失航行能力，需要进厂进行长时间的修理。例如，主机曲轴折断、尾轴或中间轴这段、螺旋桨损坏和船舶搁浅、船体破损等。

3. 按故障发生和演变过程的特点分类

(1) 渐进性故障。

船机设备长时间运转，配合件的损耗（如磨损、腐蚀、疲劳和材料老化等）累积使其性能逐渐变坏而发生的故障。这类故障通过连续的状态监测可有效地防止故障发生。柴油机活塞环、气缸套的磨损和曲轴、轴承的磨损以及管子腐蚀穿孔等均属此类故障。

(2) 突发性故障。

因外界随机因素或材料内部的潜在缺陷引起的故障，且无故障先兆，难以预测。例如，主机自动停车、螺旋桨桨叶折断等。

(3) 波及性故障。

或称二次故障，是由于船机的某种故障引发的更大的故障，无法预测和防止。例如，发电柴油机连杆螺栓脱落或断裂引起连杆、活塞、气缸套和气缸盖甚至机体的破坏。

(4) 断续性故障。

设备在某一时间呈故障状态，而在另一时间功能又自行恢复的故障，即故障反复发生。例如，电器开关接触不良。

4. 按故障的原因分类

(1) 结构性故障。

船机设备因结构设计上的缺陷、计算上的错误或选材不当等导致的故障。如柴油机气缸套上部凸缘根部因设计上受力不当和制造工艺不良引起的凸缘根部多发性裂纹，甚至缸套断裂。

（2）工艺性故障。

由于制造、安装质量不佳或质量检验不严等引发的故障。例如，轴系安装质量不良引起的轴系振动、轴承发热或过度磨损等。

（3）磨损性故障。

在正常工作条件下长期运转产生的故障。由于长期运转，船机零件磨损使其性能参数逐渐达到极限值，船机性能变坏而发生故障。例如，由于过度磨损活塞、气缸间隙过大而产生敲缸、窜气等故障。

（4）管理性故障。

由于维护保养不良或违章操作等造成的故障。例如，滑油长期不化验、不更换，变质滑油引起轴瓦合金溶化的故障。

5. 按故障的性质分类

（1）人为故障。

由于操作人员管理不良或行为过失引起的故障。这是不容忽视的故障，目前已占80%以上，成为故障的主要原因。

（2）自然故障。

由于船舶机械工作环境变坏，使用条件恶劣，结构和材料缺陷，制造和安装不良等造成的故障。

问题141：什么是水路运输？

答：水路运输是以船舶为主要运输工具、以港口或港站为运输基地、以水域包括海洋、河流和湖泊为运输活动范围的一种运输方式。水运至今仍是世界许多国家最重要的运输方式之一。

水路运输有以下四种形式：

1. 沿海运输。这是使用船舶通过大陆附近沿海航道运送客货的一种方式，一般使用中、小型船舶。

2. 近海运输。这是使用船舶通过大陆邻近国家海上航道运送客货的一种运输形式，视航程可使用中型船舶，也可使用小型船舶。

3. 远洋运输。这是使用船舶跨大洋的长途运输形式，主要依靠运量大的大型船舶。

4. 内河运输。这是使用船舶在陆地内的江、河、湖、川等水道进行运输的一种方式，主要使用中、小型船舶。

问题142：水路运输分类有哪些？

答：1. 按贸易种类，水路运输可分为外贸运输和内贸运输。外贸运输系指本国同其他国家和地区之间的贸易运输；内贸运输系指本国内部各地区之间的贸易运输。

2. 按航行区域，水路运输可分为远洋运输、沿海运输、内河运输、湖泊（包括水库）运输。远洋运输系指国际间的运输，以外贸运输居多；沿海运输系指几个邻近海区间或本海区内的运输，以内贸运输为主；内河运输系指在一条客流（包括运河）上或通过几条河流的运输，一般为国内运输，但如属于流经数国河流，例如欧洲的莱茵河、多瑙河等，在这种河流上也有国与国间的运输；湖泊运输系指一个湖区内的运输，大多属于国内运输，但在像美国、加拿大两国间的五大湖这样的湖区内也有国与国之间的国际运输。

3. 按运输对象，水路运输可分为旅客运输和货物运输。旅客运输有单一客运（包括旅游）和客货兼运之分。货物运输按货类分为散货运输和杂货运输两类，前者系指无包装的大宗货物如石油、煤炭、矿砂等的运输（有时散货运输是专指干散货如煤炭、矿砂等的运输）；后者系指批量小、件数多或较零星的货物运输。

4. 按运输工具，水路运输可分为定期船运输和不定期船运输。定期船运输是选配适合具体营运条件的船舶，在规定航线上，定期停靠若干固定港口的运输；不定期船运输系指船舶的运行没有固定的航线，而是按照运输任务或按租船合同所组织的运输。定期船运输和不定期船运输两种营运组织形式是相辅相成的。

问题143：船舶种类与特点

答：1. 木材船——专门装载木材或原木的船舶

特点：（1）为便于装卸和堆放，货舱要求长而大，舱内无支柱；（2）为防止甲板木材滚落舷外，规定两舷设支柱，而且支柱也较高；（3）为不影响货物堆放和装卸，起货机均安装在桅楼平台上；（4）甲板强度要求高。

2. 冷藏船——专门运输肉类、水果等冷冻易腐货物的船舶

特点：（1）具有良好的隔热设施与制冷设备；（2）货舱口较小，货舱甲板层数较多，船速较快而吨位较小。

3. 油船——广义上讲是指散装运输各种油类的船

石油为流体，易于挥发、燃烧、爆炸，因此油船在构造、设备和营运方面具有以下特点：

（1）对防火安全要求严格。政府间海事协商组织（后改为国际海事组织）1978年议定书规定，载重量两万吨以上的新造油船，须有惰性气体防爆设施；为避免货油或油气渗漏，货油舱区同首尖舱、机舱、泵舱之间，

须有隔离舱；机舱须设在尾部，以防止因烟囱火星落到货油舱区而引起火灾。

（2）货油舱用1～3道纵舱壁和4～10道横舱壁分隔，以减少自由液面对船舶稳性的影响，也便于不同种类的石油分别装载。

（3）用专门的油泵和油管进行装卸，能在几小时到一昼夜间把全部货油装卸完毕；为便于卸净舱底残油，设有扫舱管系；为降低重质货油的粘度以便装卸，设有加热管系；甲板上一般不设起货设备和大的货舱口。

（4）未设专用压载舱的油船，满载航行时干舷很小，甲板易于上浪，故常在甲板上架设步桥，以利船员通行。

（5）船体长深比大，弯曲力矩较大，故结构多采用纵骨架式，以增加纵向强度。

（6）运输常为单方向的，回程空放时为保持一定的吃水，须装载大量压载水。在到达装货港之前，如将含油压载水排入海洋，会造成严重污染。为此，在压载以前须将油舱洗净，并将洗舱水存放入专门的污油舱；同时要设置油水分离器以严格控制排放压载水的含油量。1983年10月生效的《1973年国际防止船舶污染公约》要求新造的载重量两万吨以上的原油运输船和载重量三万吨以上的成品油船，须设置专用压载水舱，新油船必须设有原油洗舱设备。

4. 液化气船——专门运输液化天然气和液化石油气的船舶

特点：结构复杂，造价高。

种类：液化天然气（LNG）和液化石油气船（LPG）。

5. 滚装船——主要用来运送汽车和集装箱

优点：不依赖码头上的装卸设备，装卸速度快，可加速船舶周转。

6. 集装箱船——是以载运集装箱为主的运输船舶

其运货能力以吨位计算，或以装载的20英尺标准箱（TEU）或40英尺标准箱（FEU）的箱数表示。

（1）集装箱种类。

可分为部分集装箱船、全集装箱船和可变换集装箱船三种：部分集装箱船，是以船的中央部位作为集装箱的专用舱位，其他舱位仍装普通杂货。全集装箱船，指专门用以装运集装箱的船舶。它与一般杂货船不同，其货舱内有格栅式货架，装有垂直导轨，便于集装箱沿导轨放下，四角有格栅制约，可防倾倒。目前全集装箱船占主流。可变换集装箱船，其货舱内装载集装箱的结构为可拆装式的。

（2）集装箱特点。

第一，可以节约装卸劳动力，减少运输费用。一般货船采用单件或小型组合件形式装运，费力又费时。集装箱船采用国际统一规格的集装箱运输货物，打破了一捆、一包单件装卸的传统形式，大大减轻装卸工人劳动强度，加快了装卸速度，减少人工装卸费用。

第二，利用集装箱船运输，可以减少货物的损耗和损失，保证运输质量。这是因为货物在生产工厂里就装进一只只集装箱，中途经公路、铁路、水上运输，均不开箱，可把货物直接运到用户手中。这样，可减少货物在运输途中损耗和遗失，还可节约包装费用。

第三，集装箱船装卸效率高。一艘集装箱船的货物装卸速度大约是相同吨位的普通货船三倍左右，而大型高速集装箱船的装卸速度差不多是同吨位普通货船的4~5倍。这样，可减少船舶停靠码头时间，加快船舶周转，提高船舶、车辆及其他交通工具的利用率。

由于集装箱船进行集装箱运输具有上述优点，所以，集装箱船和集装箱运输得到迅速发展。同时，集装箱船的出现，对港口、码头又提出了新的要求。于是，出现了传送带、货架搬运车、铲车及各种形式装卸机，还出现专门停靠集装箱船的码头。集装箱船码头又长又宽，可停靠各种类型的集装箱船，码头上还有相当宽大的堆放集装箱的场地。

问题144：船舶各种吨位如何区分?

答：船舶吨位是船舶大小的计量单位，可分为重量吨位和容积吨位两种。

1. 船舶的重量吨位

船舶的重量吨位是表示船舶重量的一种计量单位，以1000公斤为一公吨，或以2240磅为一长吨，或以2000磅为一短吨。目前国际上多采用公制作为计量单位。船舶的重量吨位，又可分为排水量吨位和载重吨位两种。

(1) 排水量吨位。

排水量吨位是船舶在水中所排开水的吨数，也是船舶自身重量的吨数。排水量吨位又可分为轻排水量、重排水量和实际排水量三种。

①轻排水量（Light Displacement），又称空船排水量，是船舶本身加上船员和必要的给养物品三者重量的总和，是船舶最小限度的重量。

②重排水量（Full Load Displacement），又称满载排水量，是船舶载客、载货后吃水达到最高载重线时的重量，即船舶最大限度的重量。

③实际排水量（Actual Displacement），是船舶每个航次载货后实际的排水量。

排水量的计算公式如下：

排水量（长吨）=长×宽×吃水×方模系数（立方英尺）/35（海水）

或36（淡水）（立方英尺）

排水量（公吨）＝长×宽×吃水×方模系数（立方米）/0.9756（海水）或1（淡水）（立方米）

排水量吨位可以用来计算船舶的载重吨；在造船时，依据排水量吨位可知该船的重量；在统计军舰的大小和舰队时，一般以轻排水量为准；军舰通过巴拿马运河，以实际排水量作为征税的依据。

（2）载重吨位（D. W. T.）。

表示船舶在营运中能够使用的载重能力。载重吨位可分为总载重吨和净载重吨。

①总载重吨（Gross Dead Weight Tonnage）。是指船舶根据载重线标记规定所能装载的最大限度的重量，它包括船舶所载运的货物、船上所需的燃料、淡水和其他储备物料重量的总和。

总载重吨＝满载排水量－空船排水量

②净载重吨（Dead Weight Cargo Tonnage，缩写D. W. C. T.）。是指船舶所能装运货物的最大限度重量，又称载货重吨，即从船舶的总载重量中减去船舶航行期间需要储备的燃料、淡水及其他储备物品的重量所得的差数。

船舶载重吨位可用于对货物的统计；作为期租船月租金计算的依据；表示船舶的载运能力；也可用作新船造价及旧船售价的计算单位。

2. 船舶的容积吨位（Registered Tonnage）

船舶的容积吨位是表示船舶容积的单位，又称注册吨，是各海运国家为船舶注册而规定的一种以吨为计算和丈量的单位，以100立方英尺或2.83立方米为一注册吨。容积吨又可分为容积总吨和容积净吨两种。

（1）容积总吨（GRT）。

容积总吨又称注册总吨，是指船舱内及甲板上所有关闭的场所的内部空间（或体积）的总和，是以100立方英尺或2.83立方米为一吨折合所得的商数。

容积总吨的用途很广，它可以用于国家对商船队的统计；表明船舶的大小；用于船舶登记；用于政府确定对航运业的补贴或造舰津贴；用于计算保险费用、造船费用以及船舶的赔偿等。

（2）容积净吨（NRT）。

容积净吨又称注册净吨，是指从容积总吨中扣除那些不供营业用的空间后所剩余的吨位，也就是船舶可以用来装载货物的容积折合成的吨数。

容积净吨主要用于船舶的报关、结关；作为船舶向港口交纳的各种税收和费用的依据；作为船舶通过运河时交纳运河费的依据。

问题145：什么是船级？

答：船级是表示船舶技术状态的一种指标。在国际航运界，凡注册总吨在100吨以上的海运船舶，必须在某船级社或船舶检验机构监督之下进行监造。在船舶开始建造之前，船舶各部分的规格须经船级社或船舶检验机构批准。每艘船建造完毕，由船级社或船舶检验局对船体、船上机器设备、吃水标志等项目和性能进行鉴定，发给船级证书。证书有效期一般为4年，期满后需重新予以鉴定。

船舶入级可保证船舶航行安全，有利于国家对船舶进行技术监督，便于租船人和托运人选择适当的船只，以满足进出口货物运输的需要，便于保险公司决定船、货的保险费用。

世界上比较著名的船级社有：劳埃德船级社（Lloyd′s Register of Shipping）。它创建于1760年，是世界上历史最悠久、规模最大的船级社。该船级社由船东、海运保险业承包人、造船钢铁制造业和发动机制造业等各方面委员会组成并管理，其主要职责是为商船分类定级。又称“劳氏船级社”，是以劳埃德命名的国际性船级社之一。劳埃德船级社维护保险商的海上保险利益开始，逐步发展为保障船舶和海上生命财产安全的社会公益性机构。

美国船级社（American Bureau of Shipping），缩写为：A. B. S. 。

法国船级社（Bureau Veritas），缩写为：B. V. 。

中国船级社（China Classification Society），缩写为：C. C. S. 。

韩国船级社（Korean Register of Shipping），缩写为：KR. 。

日本船级社（Nippon Kaiji Kyokai），缩写为：N. K. 。

问题146：船籍、船旗和方便旗的定义

答：船籍指船舶的国籍。商船的所有人向本国或外国有关管理船舶的行政部门办理所有权登记，取得本国或登记国国籍后才能取得船舶的国籍。

船旗是指商船在航行中只为标明国籍，悬挂其所属国的国旗，悬挂在船中。船旗是船舶国籍的标志。按国际法规定，商船是船旗国浮动的领土，无论在公海或在他国海域航行，均需悬挂船籍国国旗。船舶有义务遵守船籍国法律的规定并享受船籍国法律的保护。

方便旗船（flag of convenience）是指在外国登记、悬挂外国国旗并在国际市场上进行营运的船舶。第二次大战后，方便旗船迅速增加，挂方便旗的船舶主要属于一些海运较发达的国家和地区，如美国、希腊、日本、香港和韩国的船东。他们将船舶转移到其他国家和地区去进行登记，以图逃避国际重税和军事征用，自由制订运价不受政府管制，自由处理船舶与运

用外汇，自由雇佣外国船员以支付较低工资，降低船舶标准以节省修理费用，降低营运成本以增强竞争力等。而公开允许外国船舶在本国登记的所谓“开放登记”国家，主要有利比里亚、巴拿马、塞浦路斯、新加坡、巴拿马及百慕大等。通过这种登记可为登记国增加外汇收入。

问题147：船舶检验包括哪些?

答：1. 船舶法定检验

法定检验是强制性检验，是船旗国政府规定的对船舶执行政府法律、法规的一种监督检验。由政府主管机关设置的检验机构、政府指定的验船师或授权的组织和个人执行检验。法定检验的依据是船旗国政府承认、批准、接受和参加的国际公约、规则和规定的要求；船旗国政府为贯彻国际公约、规则和规定，为保证船舶航行安全等制订和颁布的法律、法令、条例和规范等。法定检验中依据不同的检验内容分别进行初次检验、换证检验、年度检验、定期检验、附加检验等。检验合格后，由政府主管机关的船检机构签发相应证书。

2. 船级检验

船级检验是船级社根据船舶所有人的自愿申请，对船舶进行的一种技术检验。新造船舶在船级社的验船师监督和检验下进行建造，符合船级社的船舶建造和入级规范时授予相应的证书并登录在船级社的《船舶录》中。对购买的国外建造船舶和已取得船级正在营运的船舶均根据船级社规范，由验船师进行规定的各种检验，符合规定的技术要求时，船级社授予相应的船级证书或保持其原有的船级证书。

3. 公证检验

公证检验不同于上述的法定检验和船级检验。此种检验没有规定的检验时间、规定的检验项目和检验依据，更没有法令、法律和规则的强制性要求。公证检验是指根据申请人要求办理的检验，验船师以第三者的身份，独立、公正的态度，以其专门的知识和丰富的经验及运用各种专门的检验技术，对申请检验项目进行检验和鉴定。公证检验没有规定的检验项目和规定的检验间隔期，更不受公约、法令和法规、规范和规则的强制性要求，而是应申请人、保险人、承保人、保险代理人、保险经济人、船舶所有人、承租人等的需要，对其申请项目进行检验和鉴定，提供处理有关业务问题的依据。

公证检验是一项政策性和技术性很强的工作，种类繁多、内容广泛复杂、涉及面广，对验船师要求高。公证检验是应申请人的请求所进行的一种证明性或鉴定性的检验，是为申请人在解决或处理问题时提供凭证或依据。因此，一般来说，公证检验多为海事问题或纠纷等进行法律裁决提供所需要的证明、鉴定等评判依据。海事物证司法鉴定机构就是为公证检验服务的。

4. 法定检验与船级检验的关系

法定检验是船舶必须遵循的检验，具有强制性的要求，以保证船舶满足适用公约要求。船级检验则并非是强制性的检验。在船级检验要求中，部分内容与法定检验有交叉，具体地说是构造安全的全部内容和载重线检验的部分内容。如果法定检验和船级检验是同一个机构，则在船级检验完成后，可以认为构造安全方面的内容满足公约要求。但是，如果船级和法定检验是由不同的机构进行，则检验内容是分别进行的。

问题148：海上设施指的是什么？

答：海上设施系指水上水下各种固定或浮动建筑、装置和固定平台。

问题149：港口的种类有哪些？

答：1. 港湾

港湾：指具有天然掩护的自然港湾（有时也辅以人工措施），可供船只停泊或临时避风的地方。

2. 避风港

避风港指供船舶在航行途中，或海上作业过程中躲避风浪的港口。一般是为小型船、渔船和各种海上作业的船设置的。

3. 海港

海港指在自然地理条件和水温气象条件方面具有海洋性质的港口。可分为：

（1）海岸港。海岸港位于有掩护的或平直的海岸上。前者大都位于海湾中或海岸前有沙洲掩护。如旅顺军港、湛江港和榆林港等，都有良好的天然掩护，不需要建筑防护建筑物。若天然掩护不够，则需加筑外堤防护，如烟台港。位于平直海岸上的港一般都需要筑外堤掩护，如塘沽新港。

（2）河口港。河口港位于入海河流河口段。历史悠久的著名大港多属此类。如我国的海港黄埔港。国外的鹿特丹港、纽约港、伦敦港和汉堡港均属于河口港。

（3）河港。河港指位于河流沿岸，具有河流水文特征的港口。如我国的南京港、武汉港和重庆港均属于此类。可供内河运输船舶、装卸作业、旅客上下和补给燃料等。河港直接受河道径流的影响，天然河道的上游港口水位落差较大，装卸作业比较困难，中、下游港口一般有冲刷或淤积的问题，常需护岸。

（4）水库港。水库港指建于大型水库沿岸的港口。水库港水位受工农业用水和河道流量调节等的影响，变化较大。

（5）湖港。湖港指位于湖泊沿岸或江河入湖口处的港口。一般水位落差不大，水面比较平稳，水域宽阔，水深较大，是内河、湖泊运输和湖上各种活动的基地。

（6）商港。商港指以一般商船和客货运输为服务对象的港口。具有停靠船舶、上下客货、供应燃（物）料和修理船舶等所需要的各种设施和条件，是水陆运输的枢纽。商港的规模大小以吞吐量表示。

按装卸货物的种类分，有综合性港口和专业性港口两类。综合性港口指装卸多种货物的港口；专业性港口为装卸某单一货类的港口，如石油港、矿石港、煤港等。一般说来，由于专业性港口采用专门设备，其装卸效率和能力比综合性港口高，在货物流向稳定、数量大、货类不变的情况下，多考虑建设专业性港口。

（7）工业港。工业港指为临近江河湖海的大型工矿企业直接运输原材料及输出制成品而设置的港口。如宝山钢铁总厂码头等。

（8）散货港。散货港指专门装卸大宗矿石、煤炭、粮食和矿石料等散货的港口。专门装卸煤炭的专业港称煤港。这类港口一般都配置大型专门装卸设备，效率高，成本低。

（9）油港。油港指专门装卸原油或成品油的港口。一般由以下几部分组成：靠、系船设备；水上或水下输油管线和输油臂；油库、泵房和管线系统；加温设备；消防设备；污水处理场地和设施等。为了防止污染和安全起见，油港距离城镇、一般港口和其他固定建筑物都要有一定的安全距离，通常以布置在其下游、下风向为宜。

（10）渔港。渔港指为渔船停泊、渔货装卸、渔货保鲜、冷藏加工、修补渔网和渔船生产及生活物资补给的港口，是渔船队的基地。具有天然或人工的防浪设施，有码头作业线、装卸机械、加工和储存渔产品的工厂（场）、冷藏库和渔船修理厂等。

（11）军港。军港指供舰艇停泊并取得补给的港口。是海军基地的组成部分。通常有停泊、补给等设备和各种防御设施。

港口由水域和陆域两大部分组成。

水域包括进港航道、港池和锚地。天然掩护条件较差的海港须建造防波堤。水域是供船舶航行、运转、锚泊和停泊装卸之用，要求有适当的深度和面积，水流平缓、水面稳静。

陆域岸边建有码头，岸上设港口、堆场、港区铁路和道路，并配有装卸和运输机械，以及其他各种辅助设施和生活设施。陆域是供旅客集散、货物装卸、货物堆存和转载之用，要求有适当的高程、岸线长度和纵深。

港口水域可分为港外水域和港内水域。

港外水域包括进港航道和港外锚地。有防坡堤掩护的海港，在口门以外的航道称为港外航道。港外锚地供船舶抛锚停泊，等待检查及引水之用。

港内水域包括港内航道、转头水域、港内锚地和码头前水域或港池。为了克服船舶航行惯性，要求港内航道有一个最低长度，一般不小于3～4倍船长。船舶由港内航道驶向码头或者由码头驶向航道，要求有能够进行回转的水域，称为转头水域。供船舶停靠和装卸货物用的毗邻码头水域，称为码头前水域或港池。它必须有足够的深度和宽度，使船舶能方便地靠岸和离岸，并进行必要的水上装卸作业。

港口水深：港口的水深应能保证满载的船舶在最低水位时安全地航行或停泊。

航道：船舶进出港口须在规定的航道内航行，以保证船舶遵循航行规则并沿着足够水深的航线行驶。

锚地：在港口水域中专门指定给船舶待泊或进行水上装卸作业使用的水域，称为锚地。一般采用锚地或设置系船浮筒、系船簇桩等设施。

问题150：码头的分类

答：码头是供船舶停靠、装卸货物和上下旅客的水工建筑物，是港口的主要组成部分。

广泛采用的是直立式码头，便于船舶停靠和机械直接开到码头前沿，以提高装卸效率。内河水位差大的地区也可采用斜坡式码头，斜坡道前方设有趸船作码头使用；这种码头由于装卸环节多，机械难于靠近码头前沿，装卸效率低。在水位差较小的河流、湖泊中和受天然或人工掩护的海港港池内也可采用浮码头，借助活动引桥把趸船与岸连接起来，这种码头一般用做客运码头、卸鱼码头、轮渡码头以及其他辅助码头。

按码头的平面布置分：有顺岸式、突堤式、墩式等。顺岸式码头的前沿线与自然岸线大体平行，在河港、河口港及部分中小型海港中较为常用。其优点是陆域宽阔、疏远交通布置方便，工程量较小。

墩式码头又分为与岸用引桥连系的孤立墩或用联桥连系的连续墩；突堤码头又分窄突堤（突堤是一个整体结构）和宽突堤（两侧为码头结构，当中用填土构成码头地面）。

按断面形式分，有直立式、斜坡式、半直立式和半斜坡式。直立式码头岸边有较大的水深，便于大船系泊和作业，不仅在海港中广泛采用，在水位差不太大的河港也常采用；斜坡式适用于水位变化较大的情况，如天然河流的上游和中游港口；半直立式适用于高水时间较长而低水时间较短的情况，如水库港；半斜坡式适用于枯水时间较长而高水时间较短的情况，如天然河流上游的港口。

按结构形式分，有重力式、板桩式、高桩式、斜坡式、墩柱式和浮码头式等。重力式码头，靠自重（包括结构重量和结构范围内的填料重量）来抵抗滑动和倾覆的。从这个角度说，自重越大越好，但地基将受到很大的压力，使地基可能丧失稳定性或产生过大的沉降。为此，需要设置基础，通过它将外力传到较大面积的地基上（减小地基应力）或下卧硬土层上。这种结构一般适用于较好的地基；板桩式码头，靠打入土中的板桩来挡土，受到较大的土压力，为了减小板桩的上部位移和跨中弯矩，上部一船用拉杆拉住，拉杆力传给后面的锚锭结构。由于板桩是一较薄的构件，又承受较大的土压力，所以板桩式码头目前只用于墙高不大的情况，一般在 10 米以下；高桩式码头，主要由上部结构和桩基两部分组成。上部结构构成码头地面，并把桩连成整体，直接承受作用在码头上的水平力和竖向力，并把它们传给桩基，桩基再把这些力传给地基。一般适用于软土地基。

按用途分，有一般件杂货码头、专用码头（渔码头、油码头、煤码头、矿石码头、集装箱码头、游艇码头等）、客运码头、供港内工作船使用的工作船码头以及为修船和造船工作而专设的修船码头、舾装码头。

按使用时间长短可分为：临时性码头和永久性码头。

问题 151：码头结构形式

答：码头结构形式有重力式、高桩式和板桩式。主要根据使用要求、自然条件和施工条件综合考虑确定。

1. 重力式码头。重力式码头靠建筑物自重和结构范围的填料重量保持稳定，结构整体性好，坚固耐用，损坏后易于修复，有整体砌筑式和预制装配式，适用于较好的地基。

2. 高桩码头。高桩码头由基桩和上部结构组成，桩的下部打入土中，上部高出水面，上部结构有梁板式、无梁大板式、框架式和承台式等。高桩码头属透空结构，波浪和水流可在码头平面以下通过，对波浪不发生反射，不影响泄洪，并可减少淤积，适用于软土地基。近年来广泛采用长桩、大跨结构，并逐步用大型预应力混凝土管柱或钢管柱代替断面较小的桩，而成管柱码头。

3. 板桩码头。板桩码头由板桩墙和锚碇设施组成，并借助板桩和锚碇设施承受地面使用荷载和墙后填土产生的侧压力。板桩码头结构简单，施工速度快，除特别坚硬或过于软弱的地基外，均可采用，但结构整体性和耐久性较差。

问题152：码头的用途分类有哪些?

答：1. 客运码头。客运码头主要是让乘客上落船，小型的客运码头可能只可以供街渡、快艇等小型船只泊岸，而大型的客运码头，例如：邮轮码头，可供大型邮轮泊岸。客运码头可分作公众码头、渡轮码头和邮轮码头。公众码头开放给所有船使用（需视乎水深，吃水比码头附近海面的水位深的船不能进入码头）；渡轮码头通常由固定的航线专用，多条航线亦可共用同一渡轮码头。某些连接不同国家或地区的渡轮码头，会附设出入境设施，例如香港港澳码头。

2. 邮轮码头。邮轮码头通常用作邮轮泊岸，多数会附有完善的配套设施，例如海关、出入境柜位及卫生检疫办事处、行李处理区、票务处、旅游车停泊区及上落客区等。由于邮轮体积和排水量大，邮轮码头需要建在水深港阔的地方。大多数邮轮码头没有指定由何公司使用。有些公众客运码头，会用作装卸小量货物，例如：黄石码头。

3. 货运码头。货运码头主要是用作装卸货物，以用途和使用权分类，可分作公众货运码头、货柜码头、油品码头、矿产码头、内河货运码头和普通货运码头等。

4. 汽车码头。汽车码头是供一些特别的船泊岸（多为大型特制船舶），以让在陆上的汽车上船，在船上的汽车下船之用。

5. 集装箱码头。集装箱码头是专供集装箱装卸的码头。它一般要有专门的装卸、运输设备，要有集运、贮存集装箱的宽阔堆场，有供货物分类和拆装集装箱用的集装箱货运站。由于集装箱可以把各种繁杂的件货和包装杂货组成规格化的统一体，因此可以采用大型专门设备进行装卸、运输，保证货物装卸、运输质量，提高码头装卸效率。所以目前世界各国对件杂货的成组化、集装箱化的运输都很重视。

6. 石油码头。石油码头是装卸原油及成品油的专业性码头。它距普通货（客）码头和其他固定建筑物要有一定的防火安全距离。这类码头的一般特点是货物载荷小，装卸设备比较简单，在油船不大时（如内河系统），一般轻便型式的码头都可适应。由于近代海上油轮巨型化，根据油轮抗御风浪能力大、吃水深的特点，对码头泊稳条件要求不高。目前有四种装卸原油的深水码头（或设施），即：单点系泊、多点系泊、岛式码头和栈桥式码头。前三种一般没有防风浪建筑物，最后一种是否设防风浪建筑物，要视布置形式和当地条件而定。

7. 游艇码头。游艇码头是供游艇泊岸的码头，多数是由某一游艇会所拥有。

8. 海军码头。海军码头又称军用码头，是海军的军舰停泊、补给的地方，多数守备森严。

问题 153：什么是码头泊位？

答：码头泊位是指一艘设计标准船型停靠码头所占用的岸线长度或占用的囤船数目。泊位长度一般包括船舶的长度 L 和船与船之间的必要安全间隔 d。d 值的大小根据船舶大小而变化，一个万吨级泊位为 15～20 米。泊位的数量与大小是衡量一个港口或码头规模的重要标志。一座码头可能由一个或几个泊位组成，视其布置形式和位置而定。

问题 154：什么是泊位利用率？

答：泊位利用率是指一年中船舶实际占用泊位的时间占运营时间的百分数。它是衡量泊位使用情况的参数之一，也是计算泊位通过能力的一个指标。通常由实际资料统计分析确定。

问题 155：水产养殖应考虑的因素有哪些？

答：水产养殖业是人类利用海水与淡水养殖水域，采取改良环境、消除敌害、人工繁育与放养苗种、施肥培养天然饵料、投喂饲料、调控水质、防治病害、设置各种设施与繁殖保护等系列科学管理措施，促进养殖对象快速生长发育，最终获得水产品的生产事业。

1. 水产养殖业的类型

水产养殖业包括海水养殖和淡水养殖，其经营方式分为粗放型和集约型。

2. 鱼类的食性类型

（1）滤食性鱼类：如鲢、鳙、白鲫等。特点：口较大，鳃耙细长密集，其作用好比筛网（海绵状），用来滤取水中的浮游生物。

（2）草食性鱼类：如草鱼、团头鲂、长春鳊（柳叶鳊）等，均摄食大量水草或幼嫩陆草。

（3）杂食性鱼类：如鲤、鲫等。其食谱范围广而杂，有植物成分也有动物成分。如动物：螺蛳、河蚬、摇蚊幼虫等底栖动物和水生昆虫；植物：水草、丝状藻类、腐屑等。

（4）肉食性鱼类：凶猛性：一般以其他鱼类为食，如鳜、鳡、乌鳢、大口鲶等；温和性：以无脊椎动物为食，如青鱼以螺、蚬为食，黄颡鱼摄食大量水生昆虫、虾类和其他底栖动物。

一般来说，在人工养殖条件下，除食鱼的凶猛鱼外，其他鱼类对人工投喂的动、植物饲料均喜食。如：饼粕、米糠、麸皮、蚕蛹、人工配合饲料（颗粒饲料）。

3. 鱼种放养

确定养殖品种主要依据：一是市场性，选择市价格高的或新品种，需要冒很大风险；二是可得性：苗种的供应来源方便；三是技术掌握的程度和资金投入的能力。

4. 混养搭配和合理放养密度

混养搭配：在池塘中根据鱼类的生物学特点（栖息习性、食性、生活习性等）进行多种鱼类多种规格的混养，可充分发挥池塘水体和鱼种的生产潜力，合理利用饵料，提高产量，是我国池塘养鱼的重要特色。

5. 混养的优点

（1）合理和充分利用饵料；（2）合理利用水体；（3）发挥养殖鱼类之间的互利作用；（4）获得成鱼和鱼种双丰收；（5）提高社会效益和经济效益。

6. 决定放养密度的依据

（1）池塘条件；（2）鱼种的种类和规格；（3）饵料、肥料供应量；（4）饲养管理措施（配套设备、轮放次数、经验、技术等）。

问题156：水产养殖的范围及相应的品种

答：1. 海水养殖

将生活在海水中的鱼、虾、贝、藻用人工的设施，模仿它们的生存繁殖环境、人工育苗或采集野生苗种进行人工养殖的行业，称为海水养殖行业。主要类别有以下几种：

（1）贝类养殖：是海水养殖发展历史最长、技术最成熟的行业。采用海洋伐架吊养、养殖区放苗增养殖；滩涂撒播养殖；网围养殖；陆上池养、缸养，养虾池养鱼池塘混养等方式。

养殖品种为双壳类、单壳类软体动物。如：杂色蛤、西施舌、文蛤、乌贝、毛蛤、血蛤（瓦楞子）、扇贝（海湾扇贝、虾夷扇贝、太平洋扇贝）、贻贝（海红、淡菜）、竹蛏、蛏、牡蛎（夏威夷牡蛎、太平洋牡蛎）、海螺、棘皮动物的海肠子、海胆（马粪海胆、紫海胆）、海星、海参（刺海参、茄参）、鲍等。其中海参、鲍属高价值水产，扇贝为海珍品干贝的原料。

（2）藻类养殖：海带、裙带藻、紫菜、枝角藻、螺旋藻养殖等，多采用陆上人工育苗，海上伐架养殖方式进行，也进行池塘养殖做水产饵料。

（3）养虾（甲壳类）：中国对虾（东方对虾）、日本对虾、斑节对虾、南美洲褐、兰、白对虾等品种是当前主要养殖品种，多采用土池、水泥池、浅海围网圈养、网箱深海养殖及放流增养殖等。

琵琶虾、灯笼虾、三疣梭子蟹、虎头蟹等或者育苗养殖、或者采野生苗养殖，幼蟹暂养殖育肥后出售，已形成较大的产业。南方有海马、海龙养殖业兴起。

海蜇养殖属于国家行为，由相关单位育苗，放流增养，在休渔期过后，凭采扑证收获（大连水产基地）。

（4）海水鱼类养殖：海水养殖最早是养河鲀（廷巴鱼、斑点、东方鲀、蓝星东方鲀等）出口日本、韩国、已有40多年的历史，近十年鲷科（真鲷、黑鲷、鲷）、马面鲀（剥皮狼、马驳鱼）、鲆科（大棱鲆）均有养殖。

几乎所有养殖的鱼类均属于吃食性鱼，小杂鱼虾、鱼粉是主要饲料原料。

2. 淡水养殖

（1）淡水鱼：我国淡水鱼种约800多种，约有250种左右有经济价值。其中产量高具有重要经济价值的种类约40多种，主要有：团头鲂、长春鳊、鲤、鲫、鲥、节虾虎鱼（幼鱼俗称春鱼）、泥鳅、太湖新银鱼、公鱼，银鱼（多种）、大鲵、鲑（大马哈鱼）、鳟（虹鳟、锦鳟、琵琶鳟）、草、鲢、鳙、青、鳜（多种）、鲶、黄颡（多种）、乌鳢（黑鱼）、鳗鲡、黄鳗、河鲀、鲻等。这些属于我国原产珍贵品种。从国外引进大量养殖的有虹鳟、尼罗罗非鱼、淡水白鲳、革胡子鲶、南方大口鲶、长吻鮠、斑点叉尾鮰、大口黑鲈、巴西鲷。

（2）淡水甲壳动物：罗氏沿治虾、长臂虾、中华绒鳌蟹（大闸蟹）等。

（3）其他：金鱼、锦鲤、鳖（甲鱼、团鱼）、乌龟、蛤蚧、宽体金线蛭等观赏及药用水产品也有养殖。

第四章　法医类司法鉴定问题解答

问题157：法医类鉴定包括哪些内容？

答：法医鉴定是司法程序中有关技术工作的一项重要内容，包括法医病理鉴定、法医临床鉴定、法医精神病鉴定、法医物证鉴定和法医毒物鉴定，是运用医学、生物学、人类学及物理、化学等方面的知识对与人身有关的活体、尸体及生物物证等的检验鉴定工作，从而取得死亡原因、伤害程度、凶器种类、血型分析、事实确认等结论性意见。

法医鉴定意见是三大诉讼法的重要证据种类，由于其与人身密切相关，决定了法医鉴定在诉讼和非诉讼活动中具有十分重要的意义。它是查明案件事实，分清案件性质的重要根据，同时又是鉴别案内其他证据是否真实的重要手段。可以说，法医鉴定工作的好坏在一定程度上影响着司法公正与否。正如同国家的法制制度分为司法权、立法权、行政权一样，相应地法医鉴定也正在逐步走向司法鉴定、立法鉴定、行政鉴定三大领域。

问题158：法医病理鉴定具体包括哪些？

答：法医病理鉴定俗称尸体鉴定。参考目前国内的有关规定，法医病理鉴定，是指运用法医病理学的理论和技术，通过尸体外表检查、尸体解剖检验、组织切片观察、毒物分析和书证审查等，对涉及与法律有关的医学问题进行鉴定或推断。死亡原因鉴定、死亡方式鉴定、死亡时间推断、致伤（死）物认定、生前伤与死后伤鉴别等。

《刑事诉讼法》第129条规定："对于死因不明的尸体，公安机关有权决定解剖，并通知死者家属到场。"《刑事案件现场勘查规则》规定："勘验有尸体的现场，必须有法医参加，尸体检验要求做到：详细检查死者的衣着情况，尸体的外表现象以及伤痕的形状、大小和位置；根据需要，捺印十指指纹和掌纹，提取血、尿、胃内容等；对无名尸体的相貌特征，生理、病理特征，以及衣着、携带物品和尸体包装物的特征，进行细致检查，详细记载，并一律捺印十指指纹和掌纹。"

法医病理鉴定主要涉及以下内容：

1. 确定死亡原因，主要在于确定自然死亡（病死或老死）还是非自然死亡（暴力死亡），在同时存在损伤与疾病时，要分析损伤、疾病与死亡的关系，对于存在几种致命性损伤，应确定主要死因，以便澄清谁应负主要致死责任。

2. 判定致死方式，即判定是他杀、自杀还是意外死亡，判定致死方式要比确定死亡原因复杂，常须结合现场勘验和案情调查进行全面分析，然后作出判断。

3. 推断死亡时间，是指人死后到尸体检验的时间，推定死亡时间有助于侦查范围的确定，主要根据尸体现象所见和对生物化学变化的检测，结合当时当地的气象条件进行综合判断。

4. 认定致死伤物体，主要是根据损伤的形态、大小、程度及其他性质，如损伤内的附着物来推定的，或对咬痕、扼痕、捆绑痕、注射针孔以及各种工具打击痕迹等的性质、形成方式和方法来判断。

5. 鉴别生前伤与死后伤，即推断死者损伤是生前造成的还是死后形成的，以及生前损伤后经过的时间。在鉴定中，还可通过骨骼、牙、毛发的检验推定死者的性别、身高、年龄、血型等。

问题159：法医临床鉴定具体包括哪些内容？

答：法医临床鉴定俗称活体损伤鉴定。法医临床鉴定，是指运用法医临床学的理论和技术，对涉及与法律有关的医学问题进行鉴定和评定。其主要内容包括：人身损伤程度鉴定、损伤与疾病关系评定、人体损害致残程度等级鉴定、职工工伤与职业病致残程度评定、劳动能力评定、活体年龄鉴定、性功能鉴定、诈病（伤）及造作病（伤）鉴定、致伤物和致伤方式推断等。

《刑事诉讼法》第130条规定："为了确定被害人、犯罪嫌疑人的某些特征、伤害情况或者生理状态，可以对人身进行检查。犯罪嫌疑人如果拒绝检查，侦查人员认为有必要的时候，可以强制检查。检查妇女的身体，应当由女工作人员或者医师进行。"活体损伤的鉴定是以活体为主要研究对象，运用临床医学的理论与技术，研究并解决涉及法律问题的人体伤、残及其他生理、病理等问题。

法医临床鉴定主要涉及以下内容：

1. 损伤程度的鉴定。这是活体检查中最常见的内容，确定损伤的性质与程度、推定致伤物体与作用方式、估价损伤的愈后及可能发生的后遗症。其中的损伤程度鉴定直接关系到定罪与量刑，民事赔偿和治安行政处罚。根据损伤的严重程度分为重伤（包括重伤一级、重伤二级）、轻伤（包括轻伤一级、轻伤二级）和轻微伤。

2. 伤残程度与劳动能力鉴定。鉴定时须参考与残疾程度鉴定有关的法规，主要有人体损伤致残程度分级，职业伤与职业病致残程度鉴定标准，人身保险伤残程度分类表等。

3. 性问题鉴定。主要检验是否被强奸，有无性病传染，有无妊娠分娩，是否堕胎，确定性功能状态。

4. 疾病的诊察确定现有疾病与损伤的因果关系，疾病是否由损伤所引起，或原有疾病因损伤而加重、恶化。

5. 诈病（伤）及造作病（伤）鉴定。诈病是身体健康的人为了达到个人目的伪装有病，如伪装肢体瘫痪或伪装精神病。造作病是故意毁损自己或授意别人毁损自己造成的损伤或疾病。活体损伤鉴定，主要是根据伤病的具体情况选择应用相应的临床医学诊断方法，如采用视觉、听觉脑干诱发电位、CT、核磁共振等检查方法，但应当注意的是在法医学鉴定中被检查者出于各自的动机，有可能夸大病情或伤情，也有可能隐匿病情或伤情，所以，要以客观检查为主，探讨各种症状，对被检查者的陈述和症状进行审查，才能保证鉴定的客观、公正。

问题160：法医精神病鉴定具体包括哪些内容？

答：法医精神病鉴定是指运用司法精神病学的理论和方法，对涉及与法律有关的精神状态、法定能力（如刑事责任能力、受审能力、服刑能力、民事行为能力、监护能力、被害人自我防卫能力、作证能力等）、精神损伤程度、智能障碍等问题进行鉴定。

《民法总则》第21～22条规定：不能辨认自己行为的成年人为无民事行为能力人，由其法定代理人代理实施民事法律行为。不能完全辨认自己行为的成年人为限制民事行为能力人，实施民事法律行为由其法定代理人代理或者经其法定代理人同意、追认，但是可以独立实施纯获利益的民事法律行为或者与其智力、精神健康状况相适应的民事法律行为。《刑法》第18条规定："精神病人在不能辨认或者不能控制自己行为的时候造成危害结果，经法定程序鉴定确认的，不负刑事责任，但是应当责令他的家属或者监护人严加看管和医疗；在必要的时候，由政府强制医疗。间歇性的精神病人在精神正常的时候犯罪，应当负刑事责任。尚未完全丧失辨认或者控制自己行为能力的精神病人犯罪的，应当负刑事责任，但是可以从轻或者减轻处罚。"《刑事诉讼法》第60条规定："凡是知道案件情况的人，都有作证的义务。生理上、精神上有缺陷或者年幼，不能辨别是非、不能正确表达的人，不能作证人。"《行政处罚法》第26条规定："精神病人在不能辨认或者不能控制自己行为时有违法行为的，不予行政处罚，但应当责令其监护人严加看管和治疗。间歇性精神病人在精神正常时有违法行为的，应当给予行政处罚。”

精神病鉴定的目的在于确定行为人是否具有刑事责任能力和民事行为能力，判断有无责任能力。对精神病的鉴定首先是从临床精神病学的基础出发，全面检查分析，确定有无精神病，同时从法律的角度确定犯罪时的精神状态及严重程度和它与犯罪的因果关系两方面考虑，具体判断标准如下：一是不能辨认自己的行为，个人虽患有精神疾病，但如果仍有辨认自己行为的能力，还是要负相应的刑事责任。二是不能控制自己的行为，即虽可能有辨认能力但丧失了控制能力，其行为已无法受到主观意识的支配和控制。三是必须是在发生危害行为的当时处于不能辨认或者不能控制自己行为的状态。四是在精神疾病的间歇期或是疾病缓和期出现危害行为的，因其精神活动已恢复正常，则不能评定为无责任能力。五是处于智能缺损状态，即尚未完全丧失辨认或者控制自己行为能力的状态，应当在一定程度上负刑事责任。

问题161：什么是法医物证鉴定？

答：法医物证鉴定俗称人体物证鉴定。法医物证鉴定，是指运用免疫学、生物学、生物化学、分子生物学等的理论和方法，利用遗传学标记系统的多态性对生物学检材的种类、种属及个体来源进行鉴定。其主要内容包括：个体识别、亲子鉴定、种族和种属认定等。

在法医工作和日常生活中需要进行个体识别的情况很多，在尸体方面，交通事故的遇难者、路上突然死亡者或无名尸体、凶杀后移尸案件、碎尸或尸体毁容案件、江湖河海的浮尸、车船及飞机失事遭致多人伤亡、执行死刑时验明正身等都需要进行个体识别。活体方面，有因年幼失散、拐骗敲诈或追捕罪犯等也要进行个体识别，以确定身份。此外，亲子鉴定也是十分重要的，即应用医学和生物学的理论和技术，通过对遗传特征的检验来判断所称父母与子女是否有亲缘关系。DNA是细胞基本遗传物质，通常可通过DNA的分析来判断亲生关系。

问题162：什么是法医毒物鉴定？

答：法医毒物鉴定是指运用法医毒物学的理论和方法，结合现代仪器分析技术，对体内外未知毒（药）物、毒品及代谢物进行定性、定量分析，并通过对毒物毒性、中毒机理、代谢功能的分析，结合中毒表现、尸检所见，综合作出毒（药）物中毒的鉴定。

毒物是在一定条件下，以较小剂量给予时，可与生物体相互作用，引起生物体功能性或器质性损害的化学物。毒物鉴定的意义在于澄清死亡案件的性质，在法医检案工作中，常遇到突然死亡、死因不明的案件，通过法医毒化分析，区分是中毒死亡还是因病猝死。毒物，广泛地说还包括毒品，是指某些物质，其少量进入人体或者动物体后，被体内消化产生物理反应或者化学反应，侵害机体的组织和器官，破坏机体正常的生理功能，引起功能障碍、组织损伤，甚至危及生命造成死亡的那些物质。根据毒理学原理，毒物可分为腐蚀性毒物，如硫酸、盐酸、硝酸、苯酚、氢氧化钠、氨及氢氧化氨等；毁坏性毒物，能引起生物体器质损害的毒物，如砷、汞、钡、铅、铬、镁、其他重金属盐类等；障碍功能的毒物，如阿托品、可卡因、甲醇、安定药、苯丙胺、氰化物、亚硝酸盐和一氧化碳；农药，如有机磷、有机氮、百菌清、百草枯、溴甲烷等；杀鼠剂，如磷化钵、敌鼠强、杀鼠灵等；有毒植物，如乌头、钩吻、曼陀罗、夹竹桃等；有毒动物，如蛇毒、河豚、蟾蜍、蜂毒等；细菌及霉菌性毒素，如沙门菌、肉毒、葡萄球菌、黄曲霉素、黑斑病甘薯等。在司法实践中，经常会遇到毒物的鉴定问题，一般在投毒、自杀、意外中毒、走私、吸毒、贩毒、种毒等案件中，会遇到毒物的鉴定问题。毒物鉴定首先要详细了解中毒经过、临床症状、尸体解剖所见、检材的种类和数量等，通过对毒物分析，来判定是否中毒、是否是中毒死亡、是何种毒物、通过何种途径、何时进入体内引起中毒的。

问题163：工伤鉴定、伤情鉴定、伤残鉴定的联系和区别

答：一般来说，伤残鉴定种类包括劳动能力鉴定（工伤伤残鉴定）、伤情鉴定（意外伤害、打架斗殴）、伤残鉴定（大部分是交通事故类）。

1. 定义

（1）工伤鉴定。

①广义的工伤鉴定包括劳动能力鉴定和致残等级鉴定。狭义的工伤鉴定指伤残等级鉴定。劳动能力鉴定指劳动者在生产工作中因种种原因造成劳动能力不同程度的损害，致使劳动者在部分、大部分或完全丧失劳动能力时，有关部门在医学方面对其作出的鉴别和评定。通常情况下，我国的劳动能力鉴定工作只负责因工伤或因病而导致的劳动能力鉴定问题。

②伤残等级鉴定也称工伤评残，是劳动鉴定委员会在劳动能力鉴定技术小组认为工伤职工丧失劳动能力，需要评残的基础上，依据《劳动能力鉴定——职工工伤与职业病致残等级分级》，对因工负伤或患职业病的职工伤残后丧失劳动能力的程度和依赖护理的程度作出的判别和评定。一共有十个级别。

（2）伤情鉴定。

①伤情鉴定，是指确定受害人被伤害的程度，即确定其机体组织结构的破坏、功能障碍及心理、精神方面的影响和损害程度的过程。

②伤情鉴定是通过公安机关进行的，目的在于确定受害人的伤害程度，是否需要追究加害人的刑事责任。鉴定意见分为不构成伤害，轻微伤，轻伤一级、轻伤二级，重伤一级、重伤二级，如为轻伤或重伤范围，加害人涉嫌故意伤害罪，需追究其刑事责任。

（3）伤残鉴定。

①人体损伤致残程度分级，是指在对伤残情况进行客观检验的基础上，评价确定人身损害人员伤残等级的过程。

②根据我国《道路交通事故处理办法》第42条的规定，交通事故的当事人因伤致残的，在治疗终结后15日内，可以向公安机关申请伤残评定。公安机关应当根据医院证明和公安部关于道路交通事故伤残评定的标准，在接到伤残评定申请书后30日内评定伤残等级。当事人对伤残评定不服的，可以在接到评定书后15日内，向上一级公安机关申请重新评定。上一级公安机关在接到重新评定申请书后30日内，应当作出重新评定的决定。

2. 三者之间的联系

（1）都需要由具有相应资格的专业人员进行。

（2）都必须依据一定的标准进行。

（3）很多情况下，特别是在受害人重伤的情况下，往往同时会出现受害人残疾，两者经常同时出现。

（4）作为案件中的证据之一，评定结论和鉴定意见的法律地位相等。

（5）劳动能力鉴定与伤残等级鉴定既有联系又有区别。从性质上来说，劳动能力鉴定是伤残等级鉴定的基础。从程序上来说，是先鉴定后评残。从范围来说，劳动能力鉴定范围更大一些，即除对工伤（含职业病）进行鉴定外，还包括对因病或非因工负伤导致的暂时或永久丧失劳动能力的鉴定。

（6）对于明显的工伤（含职业病）案例来说，伤残等级鉴定可以与劳动能力鉴定同时进行。

3. 三者之间的区别

（1）确定的时间不同。

一般情况下伤情鉴定在伤情发生后即应进行，而伤残评定则应在治疗终结后进行，这是因为两者的评价基础不一样。

（2）提出鉴定的时间和机关不同。

工伤鉴定由劳动者或家属或单位向劳动部门或司法鉴定机构提出；伤情鉴定一般由公安机关提出；交通事故伤残评定一般由公安机关或由当事人向法院或向第三方有资质的司法机构提出鉴定申请。

（3）目的不同。

伤残评定主要在于评判治疗终结后的伤残程度，即对受害人工作、生活、社交能力的影响程度，伤残鉴定的等级直接影响到鉴定的结果。而伤情鉴定在于确定损伤本身的严重程度。鉴于其目的不同，因此，反映在损伤程度和伤残程度的评定上是有一定区别的，也就是说，可以被鉴定为重伤的不一定构成伤残。因为有些损伤本身可能很严重，但经过治疗后可能痊愈而不影响功能。

（4）标准依据不同。

劳动能力鉴定除了用于工伤的《劳动能力鉴定——职工工伤与职业病致残等级分级》，还有非工伤用的《职工非因工伤残或因病丧失劳动能力程度鉴定标准》；在道路交通事故中，伤残评定的依据标准是《人体损伤致残程度分级》，属于国家标准；而伤情鉴定，目前依据的是《人体损伤程度鉴定标准》。这是文件依据的不同。而上述标准制定时所参照的医学或生理依据也不同。

（5）使用目的不同。

劳动能力鉴定目的是获取相应的工伤待遇；伤残评定结论多用来确定民事赔偿或刑事附带民事赔偿责任，而伤情鉴定则多用来确定刑事责任和行政责任。比如，交通事故大小的划分，即是以轻、重伤或死亡多少人来划定的。

（6）等级划分不同。

劳动能力鉴定根据职工伤残后丧失劳动能力的程度和依赖护理的程度作出的判别和评定。一共有十个级别；伤残评定根据对工作、生活和社会活动影响的程度划分为Ⅰ级（1级）至Ⅹ级（10级）；伤情鉴定则根据损伤本身的严重程度划分为轻微伤、轻伤（一级、二级）和重伤（一级、二级）。

问题164：被人打伤后伤者可以自己来委托做鉴定吗？

答：按照相关法律规定，刑事案件的鉴定，必须由司法机关委托，而不能由个人或律师事务所委托。对于自诉案件（如交通事故伤残鉴定），可以由伤者本人或律师事务所委托鉴定。

问题165：发生交通事故后需要做哪些司法鉴定？

答：随着交通事故诉讼案的增多，交通事故检验鉴定的证据越来越受到当事人的重视。为此，司法鉴定服务平台的相关鉴定专家表示，涉及交通事故的检验鉴定共有12种，当事人应根据不同的情况“对号入座”。

1. 尸体检验。尸体检验分为尸表检验和解剖检验。尸表检验是对交通事故致死尸体表面伤痕的例行检验，通过检验确认案件性质，证明死者体表伤痕是交通事故所致后果，查明死亡原因，分析死者伤痕成伤机制为还原交通事故服务。解剖检验主要用于三种情形：一是肇逃案，通过解剖尸体确定侦破方向，为破案提供证据；二是多车碰撞、碾轧尸体，寻找最先撞击车辆，确认直接致死原因；三是为死因不明尸体查清死亡原因。

2. 轻重伤鉴定。检验交通事故伤害对象致伤原因和伤势状况，并按标准规定作出损伤程度鉴定。肇事者有下列情形之一，须对被害人作轻重伤鉴定：（1）酒后和吸毒后驾车；（2）无证驾车；（3）驾驶明知安全装置不全或安全机件失灵的机动车；（4）驾驶明知无牌证或报废的机动车；（5）严重超载；（6）逃离事故现场。

3. 成伤机制鉴定。通过人体损伤检验确定损伤部位与交通事故伤害后果的因果关系，主要为分析事故原因，排除非交通事故因素，调解损害赔偿提供依据，对交通事故伤害对象伤情有疑问或当事人对伤害后果有争议可进行成伤机制鉴定。

4. 伤残评定。交通事故受伤人员治疗终结后，当事人认为因交通事故致残需按残疾索赔的，作为举证需要可委托法医作残疾等级评定，当事双方选择由交管部门调解，伤者治疗终结后可作伤残评定。

5. 酒精含量检验。车辆驾驶人有下列情形之一的，须检验体内血液酒精含量：（1）交通事故致人死亡；（2）交通事故致人重伤；（3）交通事故致伤 3 人以上；（4）交通事故有恶劣影响；（5）车辆驾驶人有酒后驾车嫌疑；（6）一方当事人怀疑或指控另一方当事人饮酒；（7）车辆驾驶人擅自离开现场，24 小时内返回或被抓获；（8）交警发现车辆驾驶人有饮酒驾车嫌疑或醉酒驾驶自行车、三轮车、电动三轮车、残疾人机动轮椅车等嫌疑；（9）车辆驾驶人对酒精呼吸测试结果有异议，或测试结果超过醉酒临界值。

6. 安全性能检验。交通事故车辆检验对象为：（1）交通事故车辆检验对象为：（2）交通死亡事故；（3）交通事故致人重伤或伤 3 人以上；（4）交通事故造成恶劣社会影响；（5）机动车无牌证或未按规定参加年度检验；（6）交通事故车辆类型不明确；（7）根据案情需对事故车辆检验、鉴定。

7. 车辆机械故障鉴定。通过车辆特定部位拆解检查寻找车辆故障，查明故障原因，用以区别人为责任和机械故障。

8. 车辆定型鉴定。凡肇事车辆类型不明确应作车辆定型鉴定，以明确道路行驶权利。

9. 痕迹鉴定。通过提取交通事故相关的接触痕迹比对、化验等检验手段，确定车、物、人是否有碰撞、刷蹭、碾轧等关系；不能确定肇事车辆，可通过整体分离痕迹鉴定确认脱落物质与车辆、物体、人体之间的关联关系；事故车辆轮胎有爆裂，可通过轮胎痕迹鉴定确认轮胎爆胎原因；夜间发生事故且车灯损坏，可做灯光开启冷热光源鉴定，来确定车辆发生事故瞬间的开启和关闭。

10. 指纹鉴定。主要解决车辆驾驶人不确定交通事故案，不能确定车辆驾驶人可做指纹鉴定。

11. 微量物质鉴定。通过对现场勘验的微量物质成分检验，确定该物质与交通事故关系，常见微量物质有油漆纤维、塑料、橡胶、油脂等。

12. 物证鉴定。法医对交通事故现场提取的人体毛发、血液、皮肉组织等样品，通过检验作出结论可为办案确认驾驶人或确定死者身份及认定人体与车辆或物体接触提供证据。

问题166：年龄性别对伤残鉴定级别有何影响?

答：在一定条件下有影响：（1）35周岁以下的青年人脾摘除定六级，35周岁以上成年人脾摘除定七级（工伤标准）。（2）40周岁以下的女职工发生面部毁容，含单向鼻缺损，颌面部缺损（不包括耳廓缺损）和面瘫按期伤残等级晋升一级（工伤标准）。（3）年龄大于50周岁者的骨关节炎是否确定为创伤性骨关节炎应慎重，因为普通人50周岁以上骨性关节炎发病率已经明显增高，评残时必须考虑年龄这一关键因素。

问题167：伤情鉴定与伤残鉴定有哪些区别?

答：伤情鉴定，是指确定受害人被伤害的程度，即确定其机体组织结构的破坏、功能障碍及心理、精神方面的影响和损害程度的过程。伤情鉴定是通过公安机关进行的，目的在于确定受害人的伤害程度，是否需要追究加害人的刑事责任。鉴定意见分为五种等级：轻微伤、轻伤一级、轻伤二级、重伤一级、重伤二级。

伤残鉴定主要是针对受伤人的受伤程度是否构成伤残以及几级伤残进行评估鉴定，十个等级的伤残对应着不同的赔偿标准，主要是针对民事赔偿而言，对量刑有一定的影响。

两个鉴定的作出机构也是不一样的。伤情鉴定由公安机关委托具有鉴定资质的机构进行鉴定，有时是内部机构，必要时委托社会鉴定机构。而伤残鉴定不需要由公安机关委托鉴定机构。一般在有明显伤害的情况下，派出所都会询问被害人是否进行伤情鉴定，以追究犯罪嫌疑人的刑事责任。至于伤残鉴定这时一般还不会涉及，而且一般受伤不是很重或纠纷有可能到法院解决时，一般不用着急做鉴定。

两种鉴定选择的时间也不一样。在进行伤情鉴定时，一般需要及时进行鉴定，否则对方有可能因鉴定相隔时间太长而提出异议。而伤残鉴定一般是受到比较严重的伤害，一般有住院病历等原始资料，只要保存好这些资料，可根据自身情况选择时间进行鉴定。需要注意的是，在伤情鉴定和伤残鉴定中，一般只是客观的对受伤情况进行评估鉴定，但并不是对双方当事人行为与受伤之间进行因果关系鉴定。也就是说，受伤虽然是真实的，但是否是由当事人的行为引起的结果，并不是伤情鉴定可以决定的。比如受害人的手部受伤是因为在打击当事人过程中不小心自伤的，这就与当事人的行为不存在因果关系，对当事人而言该鉴定没有任何意义。

问题 168：发生工伤后如何申请工伤鉴定?

答：单位与职工都不希望发生工伤事故，对单位来说，工伤期间无法为单位提供劳动，而单位又不能将其开除；对劳动者来说，工伤期间将拿到少额的工资还要承受生理上的疼痛。但若真的发生了工伤，单位和劳动者都不应回避和推卸责任，而应及时申请工伤鉴定。在申请工伤鉴定时应注意谁有权申请、去哪里申请以及申请时应提交哪些证据等问题。

1. 工伤认定申请主体

（1）职工所在单位。

由于工伤保险实行的是雇主责任原则，因而在工伤保险方面，雇主承担了许多方面的责任和义务。工伤事故发生或者职业病被确诊之后，为了及时抢救受伤职工，保障职工的合法权益，促进单位的安全生产，有必要要求职工所在单位承担首要的工伤申请义务。工伤职工所在单位的申报时间限定为在事故发生或职业病被确诊后的 30 天以内。只有在特殊情况下，经过劳动保障部门的同意，才可以将申请时间延长。

（2）工伤职工或者其直系亲属。

申请工伤认定是工伤职工的一项基本权利，是工伤职工获得工伤保险待遇的基本前提。为了充分保护职工的合法权益，用人单位未在规定时限申报职工工伤认定的申请，工伤职工或者其直系亲属在 1 年内可以直接向劳动保障行政部门提出伤害性质认定申请，这一申请时限远远长于所在单位的申请时限。

（3）工会组织。

工会作为维护职工权益的群众组织，帮助受伤害职工及时进行工伤认定申请，是工会组织的一项重要义务。

2. 工伤申请材料

主要包括：（1）工伤认定书；（2）受伤害职工的身份证复印件；（3）劳动合同文本复印件或其他建立劳动关系的有效证明；（4）医疗机构出具的受伤后诊断证明书（含 X 光片，CT 等材料）或者职业病诊断证明书（或者职业病诊断鉴定书）及初次治疗病历复印件。

属于下列情况的还应提供相关的证明材料：（1）因履行工作职责受到暴力伤害的，提交公安机关或人民法院的判决书或其他有效证明；（2）由于机动车事故引起的伤亡事故提出工伤认定的，提交公安交通管理等部门的责任认定书或其他有效证明；（3）因工外出期间，由于工作原因受到伤害的，提交公安部门证明或其他证明；（4）在工作时间和工作岗位，突发疾病死亡或者在48小时之内经抢救无效死亡的，提交医疗机构的抢救和死亡证明；（5）属于抢险救灾等维护国家利益、公众利益活动中受到伤害的，按照法律法规规定，提交有效证明；（6）属于因战、因公负伤致残的转业、复员军人，旧伤复发的，提交《革命伤残军人证》及医疗机构对旧伤复发的诊断证明。

如果申请人提供材料不完整的，劳动保障行政部门会当场或者在15个工作日内以书面形式一次性告知工伤认定申请人需要补正的全部材料。若工伤认定申请人提供的申请材料完整，属于劳动保障行政部门管辖范围且在受理时效内的，劳动保障行政部门便会受理。

鉴定机构受理工伤鉴定后会在一定的时间内作出鉴定意见，等拿到鉴定意见后工伤职工或其家属便可以凭借工伤认定书向工伤基金索要赔偿，如果单位没有缴纳工伤保险的话也可以凭鉴定意见向单位索赔。

问题169：伤残鉴定应该在什么时间申请鉴定?

答：交通事故伤残、工伤事故伤残、意外伤害伤残、打架斗殴伤残，都可以申请伤残鉴定。伤残鉴定可由司法部门（比如交警队、派出所、法院）委托伤残鉴定机构做相应的鉴定，亦可个人委托进行，不同伤残鉴定申请时间也有不同，下面整理介绍不同伤残鉴定的鉴定时间。

1. 交通事故伤残。交通事故伤残指因道路交通事故损伤所致的人体残疾。包括：精神的、生理功能的和解剖结构的异常及其导致的生活、工作和社会活动能力不同程度丧失。根据道路交通事故受伤人员的伤残状况，将受伤人员伤残程度划分为10级，从第Ⅰ级（100%）到第Ⅹ级（10%），每级相差10%。

2. 劳动能力鉴定。根据《工伤保险条例》第23条规定，劳动能力鉴定由用人单位、工伤职工或者其近亲属向设区的市级劳动能力鉴定委员会提出申请，并提供工伤认定决定和职工工伤医疗的有关资料。由此可见，在工伤事故的处理中，劳动能力的鉴定是由当事人提起的。如果当事人在诉讼之前未提出而在诉讼中提出，鉴定后也就可能会出现要求重新鉴定的情况。当事人同时在法院起诉侵权人赔偿自己，因为我国工伤保险赔偿的数额还是有限的。在法院起诉后还要向法院提出申请再次由法院委托做伤残鉴定。

3. 意外伤害伤残。打架斗殴致伤的，在派出所作完笔录后，要及时与派出所沟通作伤情鉴定。伤情鉴定是指轻微伤、轻伤、重伤的鉴定，结果直接决定侵权人是否负有刑事责任。而伤残等级鉴定是病情稳定出院后才能做的。如果相关侵权人的刑事程序到了法院阶段，一定要提出刑事附带民事诉讼，因为这个阶段侵权人愿意积极赔偿，这样对他的量刑有一定作用。

问题170：交通事故伤残鉴定费用由谁出?

答：交通事故伤残鉴定费如果与医药费相加总额没有超过保险公司赔偿限额则应该由保险公司承担。

交通事故伤害者可以要求肇事者赔偿，有保险，找保险公司赔偿。根据《道路交通安全法》等相关法律及最高人民法院司法解释的规定，首先由交警部门进行事故责任认定。由交强险承保的保险公司在第三者责任限额内赔偿，超额部分，再由对方根据责任认定情况赔偿。保险公司及对方需赔偿医疗费、误工费、住院护理费、住院伙食费、交通费。造成伤残的经伤残鉴定后根据残级确定赔偿伤残赔偿金、被抚养人生活费、精神损害赔偿金等。

问题171：交通事故伤残鉴定如何索赔?

答：受害人因道路交通事故致残支出的各项合理费用（包括但不限于医疗费、误工费、护理费、交通费、住宿费、住院伙食补助费、必要的营养费、残疾赔偿金、残疾辅助器具费、被扶养人生活费，以及因康复护理、继续治疗实际发生的必要的康复费、护理费、后续治疗费和精神损害抚慰金)，赔偿义务人应当予以赔偿。

交通事故伤害者可以要求肇事者赔偿，有保险，找保险公司赔偿。根据《道路交通安全法》等相关法律及最高人民法院司法解释的规定，首先由交警部门进行事故责任认定。由交强险承保的保险公司在第三者责任限额内赔偿，超额部分，再由对方根据责任认定情况赔偿。保险公司及对方需赔偿医疗费、误工费、住院护理费、住院伙食费、交通费。造成伤残的经伤残鉴定后根据残级确定赔偿伤残赔偿金、被扶养人生活费、精神损害赔偿金等。交通事故伤残应以事故直接所致的损伤或确因损伤所致的并发症治疗终结为准。根据受害者直接所受的损伤进行定级。

问题172：工伤鉴定1至10级，怎样计算伤残补助金?

答：因工受伤，入院治疗后的第一要务是要申请工伤认定。给自己造成残疾的，到社保局指定的医疗机构进行伤残等级鉴定，伤残等级从1到

10级，最严重的是1级，最轻的是10级。这个伤残等级决定工伤职工因伤残能得到多少赔偿。

1. 被鉴定为1至4级

工伤职工能保留劳动关系，退出工作岗位，由单位为其缴纳基本医疗保险费。

（1）伤残补助金（一次性）。

一级伤残为27个月的本人工资；二级伤残为25个月的本人工资；三级伤残为23个月的本人工资；四级伤残为21个月的本人工资。

（2）伤残津贴。

一级伤残为本人工资的90%；二级伤残为本人工资的85%；三级伤残为本人工资的80%；四级伤残为本人工资的75%。退休后的领养老金。养老金少于伤残津贴的，由工伤保险基金补足差额。

2. 被鉴定为5至6级

（1）伤残补助金（一次性）。

五级伤残为18个月的本人工资；六级伤残为16个月的本人工资。

（2）其他津贴。

①若保留劳动关系，用人单位为其安排工作，难以安排工作的，由用人单位按月发给伤残津贴，并为其缴纳社保。得到的伤残津贴分别为：五级伤残为本人工资的70%；六级伤残为本人工资的60%；伤残津贴实际金额低于当地最低工资标准的，由用人单位补足差额。

②若工伤职工自动解除劳动关系，得到一次性工伤医疗补助金（由工伤保险基金支付）和一次性伤残就业补助金（由用人单位支付）。具体标准由省、自治区、直辖市人民政府规定。

3. 被鉴定为7至10级

（1）伤残补助金（一次性）。

七级伤残为13个月的本人工资；八级伤残为11个月的本人工资；九级伤残为9个月的本人工资；十级伤残为7个月的本人工资。

（2）其他津贴。

若工伤职工自动解除劳动关系，得到一次性工伤医疗补助金（由工伤保险基金支付），一次性伤残就业补助金（由用人单位支付）。具体标准由省、自治区、直辖市人民政府规定。

如果单位买了工伤保险，由社保局支付工伤赔偿款，如果单位没买工伤保险，由单位按工伤保险标准支付，如果用人单位拒绝支付，也可以由社保基金先行垫付。

问题173：受伤多长时间后进行伤残程度鉴定？

答：该问题即伤残程度鉴定时机，笼统地说应在原发性损伤及其与之确有关联的并发症治疗终结或者临床治疗效果稳定后进行鉴定。具体到不同损伤类型，时间不尽相同，下面我们就最常见的损伤类型——四肢损伤为例说明如下：

1. 当骨折累及关节面或邻近关节，鉴定应在骨折愈合后进行适当的功能锻炼后方可进行（须达骨折后6个月以上，且去除外固定物后进行适当的功能锻炼至少2个月）。

2. 当骨折未直接累及关节面，应在骨折愈合后进行适当的功能锻炼（一般应达至少3个月）方可进行，因无足够随访影像资料而难以确定骨折愈合时间的，可在外伤后至少8个月且骨折确已愈合后进行鉴定。

3. 因软组织损伤影响大关节功能的，应在外伤后至少6个月方可进行，实施瘢痕松解术等相关治疗的，需功能锻炼一定时期（一般应达至少2个月）。

4. 对于周围神经损伤的，应在伤后6~8个月以上方可进行伤残程度鉴定，若实施针对性治疗的，则宜同时满足于该治疗后再观察2~3个月以上。

5. 对于关节附属结构（如半月板、韧带等）损伤为主的，外伤6个月以上方可进行伤残程度鉴定，若实施针对性治疗的，则宜在术后继续观察2~3个月以上。

6. 骨折后骨不连接的，应在骨折后12个月以上进行伤残程度鉴定。

7. 如骨折内固定物跨越或者邻近肢体大关节，原则上应在内固定物取出且再经适当功能锻炼后（建议2个月以上）方可实施鉴定。

8. 对于肢体缺失的，一般出院且伤口愈合后即可进行伤残程度鉴定。

问题174：在人体损伤相关鉴定中常用到的X线、CT、核磁、与B超检查有什么区别？该做哪种检查为之后的鉴定留下充分依据？

答：对于X线、CT、核磁、B超这些人体损伤相关鉴定中常用到的影像检查，很多人分不清楚，下面我们借用一位业界高手的通俗诠释来说明一下：X线像把面包压扁了看，就像一片面包或一块棉花，看不到里面的纤维纹理，但用手压瘪了会清晰一些。X线最大特点是受制于深浅组织的影像相互重叠和隐匿，有时需要多次多角度拍摄X线片；CT像把面包切片看，CT的检查原理是X线会分层穿过人体，之后通过电脑计算后二次成像，就像把一块面包切成片来看。优点是可以分层看，经计算后可以显示出更多的组织信息；B超像挑西瓜前敲一敲，B超的原理是用超声波穿透人体，当声波遇到人体组织时会发生反射波，通过计算反射波成像。就像挑西瓜一样，边敲边看显示病灶情况；核磁共振使用较强大的磁场，简单说就像用手摇一摇，让水分子震动起来，再平静下来，感受一下里面的震动。

各种外伤，如怀疑到了骨头，优先选择X光，检查结果快速易得。若要进一步观察，可以选择CT。超声、核磁对于骨皮髓质等看不太清，一般不选择；椎间盘疾病或损伤需要观察椎间盘与相应神经根，要想更好观察这些软组织，最优选择就是核磁。对于关节、肌肉、脂肪组织检查，核磁也是首选；X线片可以粗略检查心脏、主动脉、肺、胸膜、肋骨等，CT检查更清晰，尤其对于鉴定中常见的肋骨骨折；腹部盆腔除肠道外，一般超声都能检查，腹腔器官受呼吸影响较大，进而影响到CT、核磁成像，而超声不会因此受影响。超声对肝脏、脾脏、胰腺、肾脏、盆腔等器官诊断准确率较高。对于已经形成缝合处理后，不宜在进行探查的创口深度，也优先选用超声检查。但是，由于超声检查一般不能提供清晰的照片支持，所以在鉴定中较少用。常规的心脏结构与功能检查，心脏超声可提供较为充分的信息，用CT可以检查冠状动脉，但辐射量较大，不适合作为常规体检。核磁虽无电磁辐射，但对冠状动脉的观察不及CT。心脏核磁则是评价心脏结构和功能的“金标准”。

问题175：在法医临床类鉴定中如何选择适用标准?

答：涉及人体损伤，需要进行人体损伤程度鉴定（即伤情鉴定）的，一般适用最高人民法院、最高人民检察院、公安部、国家安全部、司法部发布的《人体损伤程度鉴定标准》；因工伤事故致残且能认定工伤的，适用GB/T16180－2014《劳动能力鉴定职工工伤与职业病致残等级》；伤残程度鉴定，除工伤事故及指定保险伤残标准外，一般均适用最高人民法院、最高人民检察院、公安部、国家安全部、司法部发布的《人体损伤致残程度分级》；严重伤残致不能生活自理的，除评定伤残等级外还需评定护理依赖程度，适用GB/T31147《人身损害护理依赖程度评定》；人身伤害、道路交通事故、工伤事故、医疗损害等人身损害赔偿中受伤人员的误工期、护理期和营养期评定，适用GA/T 1193－2014《人身损害误工期、护理期、营养期评定规范》。

问题176：一例病理解剖鉴定需要多长时间?

答：案件受理，鉴定材料提交完全后，约定现场剖验时间，只要尸体解冻完全，一般一天即可完成剖验工作。提取的内脏器官要用甲醛固定，这个时间一般为3～4周。固定好的脏器须进行取材、制片，需要2～3天。审阅材料、阅病理切片、制作鉴定意见书及鉴定意见书的复核、签发等大概需要20个工作日。所以，一般情况在案件受理，鉴定材料提交完全及现场剖验后到鉴定意见书发放需要40个工作日左右，如遇重大、疑难、复杂案件可延长鉴定时限。

问题177：做伤残鉴定需要提供哪些资料？

答：(1) 司法鉴定委托书（如是公检法等单位委托须提供单位出具的委托书，如是个人委托，可在受理时填写司法鉴定委托书）；(2) 被鉴定人的有效身份证件（如被鉴定人为无民事行为能力或限制行为能力者，须监护人或近亲属陪同，且提供监护人身份证及具有监护权关系的证明文件等）；(3) 案情资料（如交通事故认定书等）；(4) 病历资料（每次就诊的门诊病历、住院病历、影像学检查片子及其他辅助检查资料等）；(5) 原司法鉴定意见书（如是重新鉴定，提供原司法鉴定意见书）。

问题178：做亲子鉴定需要提供哪些资料？

答：委托方若为公、检、法、司等机关或社会团体，送检人员需提供盖有公章的委托书、介绍信及被鉴定人的有效身份证件及相关证明文件（如：身份证、护照、出生证明、户口本、领养证、疫苗证、学籍证明或毕业证书等）。委托方若为个人，则需出示委托人及被鉴定人的有效身份证件。涉及未成年人时需提供证明委托人对其具有监护权关系的证明文件。若委托方自己送检材样本，则只需提供委托人的身份证明，不要求委托人提供检样所代表对象的身份证明，但需向委托方说明本实验室对采样对象的真实性和样本采集的合法性不负责任，相关责任由委托方负责，鉴定报告不能作为法庭证据。

问题179：亲权鉴定能解决哪些问题？在什么情况下需要进行亲权鉴定？

答：亲权鉴定可以解决如下问题：(1) 判断争议父母与子女间的血缘关系；(2) 判断争议（外）祖父（母）与孙子（女）间的血缘关系；(3) 判断争议兄弟姐妹间的血缘关系。

亲权鉴定常见的情况如下：(1) 国内超生入籍；(2) 海外出生入籍；(3) 移民公证；(4) 补办出生医学证明；(5) 户口迁移；(6) 非亲领养；(7) 财产继承纠纷；(8) 医院婴儿调错；(9) 失散认亲；(10) 交通事故个体识别；(11) 强奸致孕。

问题180：受伤多长时间后进行损伤程度鉴定（伤情鉴定）？

答：以原发性损伤为主要鉴定依据的，伤后即可进行鉴定（如皮下出血、擦伤、牙齿脱落、肋骨骨折等)；以损伤所致的并发症为主要鉴定依据的（如骨折并发脂肪栓塞、肾损伤并发肾积水等），在伤情稳定后进行鉴定。以容貌损害或者组织器官功能障碍为主要鉴定依据的（如神经损伤致肢体瘫等），在损伤90日后进行鉴定；在特殊情况下可以就原发性损伤及其并发症先期进行鉴定，如出现后遗症的，必要时申请复检。疑难、复杂的损伤，在临床治疗终结或者伤情稳定后进行鉴定。

问题181：为什么有时候被鉴定人人身损害后果严重，损伤程度鉴定（伤情鉴定）结果却只有轻伤，甚至轻微伤？

答：这种情况常常涉及伤病关系，就是说被鉴定人的自身疾病或既往损伤也是损伤后果的构成因素，这种情况处理原则如下：

1. 损伤为主要作用的，既往伤/病为次要或者轻微作用的，应依据《人体损伤程度鉴定标准》进行鉴定，无需降级处理。

2. 损伤与既往伤/病共同作用的，即二者作用相当的，应依据《人体损伤程度鉴定标准》相应条款适度降低损伤程度等级，即等级为重伤一级和重伤二级的，可视具体情况鉴定为轻伤一级或者轻伤二级，等级为轻伤一级和轻伤二级的，均鉴定为轻微伤，如原有病理性脾肿大者被他人拳击背部致脾破裂的，宜考虑伤病关系，降级处理。

3. 既往伤/病为主要作用的，即损伤为次要或者轻微作用的，鉴定机构不予进行损伤程度鉴定，只说明因果关系。

问题182：在医疗纠纷活动中患者及家属如何收集证据？

答：发生医疗纠纷后，证据的收集是患方维护自己权益的关键，需要收集的证据如下：

1. 病历资料的复印、封存与保管。病历资料是患者在医疗机构进行诊断、治疗、护理等过程的原始记录，是患者疾病诊治过程的全面记录。病历资料对于认定医疗机构的医疗过失及损害后果起着重要的作用。及时复印、封存及保管病历资料，最大程度地保持病历资料的完整、真实，对于诉讼案件的处理具有重要意义。病历资料包括客观病历资料和主观病历资料。客观病历资料的复印，根据《医疗事故处理条例》规定，患者有权复印或者复制其门诊病历、住院志、体温单、医嘱单、化验单（检验报告)、医学影像检查资料、特殊检查同意书、手术同意书、手术及麻醉记录单、病历资料、护理记录以及国务院卫生行政部门规定的其他病历资料。上述可以复印的资料就是客观病历资料，主要记录患者的症状、体征、病史、检查结果、诊断、医嘱等客观情况，包括对患者进行的手术、特殊检查、告知患者的说明或家属签字的文书资料等。主观病历资料的封存：主观病历资料记载着医务人员在医疗活动中的针对患者病情发展、演变的分析、讨论并提出诊断意见，进行相应治疗的情况，主要包括病程记录、上级医师查房记录、会诊记录、疑难病例讨论记录、死亡病例讨论记录等。封存时，医患双方应同时在场，如果可能，医患双方应就病历封存过程及内容签署备忘录。此外还要保管好自己持有的门急诊病历。门急诊病历是患者就医的第一手资料，往往真实地反映了患者就医时的病情及医疗机构的诊治情况。同时，出院后复诊的门诊病历则记录了医疗机构在后期对患者进行的后续治疗、康复指导等情况，均是病历资料中不可缺少的部分。

2. 现场实物的封存。我国相关法律规定了医疗活动中，对疑似输血、输液、注射、药物等引起患者不良后果的物品，医患双方应共同对现场实物进行封存，必要时由双方共同指定有资格的检验机构进行检验。

3. 必要时进行尸检。发生医疗纠纷后，如医患双方不能明确死因或对死因有异议时，往往需要对尸体进行解剖、检验，查明死亡原因，这无论从医学上还是法律上都具有重要的意义，尤其可以为医疗纠纷的鉴定提供直接证据。患方有拒绝进行尸检的权利，但也存在着因此导致败诉的可能。

问题183：如何处理纠纷案件的亲子鉴定?

答：对于纠纷案件的亲子鉴定，由于纠纷双方相互之间的信任度较低，同样也会对其他方存在怀疑心态。对此，天泽所采用特殊的样品采集流程，即现场采集三套或以上样本，鉴定机构和纠纷双方共同在样本载体上签名，样本各自保存一套，如果当事人对鉴定意见有异议，可以拿他自己保管的检材去其他鉴定机构检测。这样的处理方式，可以让当事人更加信任，减少不必要的猜疑，也减轻了委托单位的负担，有利于构建和谐社会。

第五章　司法鉴定委托注意事项

本章是福建天泽司法鉴定所从受理方的角度出发，提醒委托方委托时应该注意的事项，本章所称的“我所”“本所”指的是福建天泽司法鉴定所。

问题184：委托注意事项有哪些?

答：1. 委托方为公检法办案机关，可以采取司法鉴定委托书或专家聘书格式；其他单位与个人要与鉴定机构签订《司法鉴定委托协议书》，按司法部颁发的文书规范注明委托要点。

2. 要了解鉴定机构的鉴定范围，避免被鉴定机构以超范围理由退案。

3. 委托鉴定时，应交纳鉴定费用，收费标准按物价部门核定的标准执行；对于物价部门没有列明的具体收费项目可以实行市场调节价。市场调节价是可以协商的。

4. 所提供的资料，关联性、真实性、合法性由委托方负责。鉴定机构除做文书鉴定外，没有对资料的真实性和合法性进行鉴定。资料不齐也有可能被退案。

5. 精准委托，事半功倍。比如，委托对房屋裂缝形成时间进行鉴定就会被退案，委托对房屋裂缝产生原因就可以被受理。建议委托之前，有可能的话，先与鉴定机构沟通委托内容的填写。

6. 按鉴定机构要求，预备好现场勘验的条件。

7. 委托人或被鉴定人不得向鉴定人提出非法要求，干扰鉴定人正常的鉴定活动。

8. 被鉴定人对鉴定意见有异议时，可向司法鉴定机构申请复议或重新鉴定。

问题185：福建天泽司法鉴定所的鉴定范围

答：1. 建筑工程司法鉴定：房屋、厂房、危房、桥梁、公路、铁路、隧道等建筑工程事故原因、质量安全、工程造价等司法鉴定。

2. 海事物证司法鉴定：通航安全、船舶海损、机损、货损货差、交易、新造船工艺、码头、水产养殖、水上设施、海洋污染等的事故原因、质量安全、工程造价等司法鉴定。

3. 法医临床鉴定：人身损伤程度鉴定、损伤与疾病关系评定、道路交通事故受伤人员伤残程度评定、劳动能力评定、活体年龄鉴定、医疗纠纷鉴定、诈病（伤）及造作病（伤）鉴定、致伤物和致伤方式推断等。

4. 法医病理鉴定：死亡原因鉴定、死亡方式鉴定、死亡时间推断、致伤（死）物认定、生前伤与死后伤鉴别等。

5. 法医物证鉴定：亲权鉴定、个体识别。

问题 186：司法鉴定人的组成

答：以天泽所为例，根据天泽所鉴定业务范围，共拥有 33 名司法鉴定人。建筑工程司法鉴定人 22 名，都是高工以上名牌大学毕业，其中 1 名为国务院津贴专家；海事物证司法鉴定人 5 名，均为大连海事大学本科毕业，其中包括注册验船师、教授、高级船长、轮机长；老三类司法鉴定人 6 名。天泽所专家库专家 120 名，涵盖了桩基工程、土建工程、建筑、结构、给排水、钢结构、水电、暖通、幕墙、装饰装修、码头、公路、隧道、桥梁、水利、工程造价、验船师、船长、轮机长、船舶、海损、货损货差、水产养殖等各行各业的专家。

问题 187：收费标准是什么？

答：法医临床鉴定、法医病理鉴定、DNA 亲权鉴定按照福建省司法厅和福建省物价局制定的收费标准执行。建筑工程司法鉴定和海事物证司法鉴定收费，参考《福建省司法鉴定收费管理暂行办法》结合天泽所的实际情况制定出收费标准如下：

1. 质量鉴定按鉴定标的的市场价值百分比收取 + 基础收费 5000 元 + 差旅费。鉴定标的的市场价值≤8 万元，按 8% 收费；8 万元 < 鉴定标的的市场价值≤20 万元，按 7% 收费；20 万元 < 鉴定标的的市场价值≤50 万元，按 6% 收费；50 万元 < 鉴定标的的市场价值≤100 万元，按 5% 收费；100 万元 < 鉴定标的的市场价值≤300 万元，按 4.0% 收费；300 万元 < 鉴定标的的市场价值≤1000 万元，按 3.5% 收费；1000 万元 < 鉴定标的的市场价值≤5000 万元，按 3.0% 收费；5000 万元 < 鉴定标的的市场价值≤2 亿元，按 2.5% 收费；大于 2 亿元鉴定收费面议。

2. 原因（因果关系）鉴定按上述收费标准加收 30%，造价（修复费用）鉴定按上述收费标准优惠 40%，重新鉴定加收 30%。

3. 特殊情况根据委托鉴定项目的数量、性质、范围、大小、难易程度，双方在公平、公正、合理的基础上协商定价。原因、质量、造价三种鉴定同时做可以优惠，具体面议。

4. 司法鉴定人出庭费，每人次2000元，差旅费实报实销。

本标准自2013年1月1日起执行。

问题188：制定收费标准说明

答：1. 福建省物价局暂时没有制定出建筑工程和海事物证司法鉴定收费标准，实行市场调节—协议价。

2. 参考建筑工程检测、工程造价、房产中介等国家、行业的收费标准，结合司法鉴定成本，天泽所制定出以上鉴定收费标准。

3. 本收费标准从2013年1月1日正式执行到现在，在市场上总体运行良好。

4. 针对个别客户对收费偏高有意见，天泽所做了两项比较，事实证明收费是偏低。

（1）与房产中介对比，天泽所的案件难度大、机会少，若按劳取酬，天泽所收费是中介的几十分之一。①高中以上文化就可以做房产经纪人VS高工以上才能做司法鉴定人；②一人可办理多件房产中介业务VS多人只能办理一件鉴定案；③一天可以办妥几件房产签约、过户VS一个月才能编制一本司法鉴定意见书；④中介成功后少有后遗症VS鉴定人要出庭作证还要对鉴定意见终身负责；⑤鉴定收费与中介收费标准接近，劳动量大几十倍。

（2）与建筑工程检测对比，天泽所的案件难度大、机会少，若按劳取酬，天泽所收费是建筑工程检测的几分之一。以混凝土回弹检测为例，建筑物在承建过程中，脚手架搭设完整，检测人员只要对框架柱或框架梁的混凝土表面适当处理，就可以做回弹检测了。司法鉴定案件往往是业主已经搬进去居住后才发现问题，要做回弹检测，先说服业主同意对已装修好的房屋进行破坏，然后搭脚手架、去除装修材料、去除混凝土保护层、表面处理后才能做回弹，每个检测面，弹击次数160次且一次都不能少，严格按规范执行，还需对现场破坏进行恢复和清理卫生工作。这种鉴定方式的检测工作比常规的检测工作复杂且工作量大百倍。如果常规检测费是千分之几，则鉴定费应为十分之几，但实际上我们的鉴定收费标准是按标的物的百分之几。另外每个楼盘依法都要进行检测，检测费多则几百万元；如果楼盘内的业主没有发生房屋质量纠纷，就不需要对房屋进行重新检测或者鉴定，鉴定费为零。在日常生活中需要鉴定的案子很少，鉴定业务有限。

鉴定与检测的区别

比较项目	工程检测	司法鉴定
需求	国家法定检测、每个工程项目都要进行	只存在纠纷中
数量	多（每个楼盘）	少（天泽所在福建还没有接到整个楼盘质量鉴定）
收费	大的楼盘检测费数目巨大	若没有出现纠纷或发生纠纷没有做鉴定，收费为0
时间	施工过程中执行	施工中断，或几年后
难度	容易，稍作处理就可做检测	困难，有些装修后的房屋，搭脚手架去装修材料、去除粉刷层、研磨，极个别必须修复，工作量大
配合	施工方尽力配合	被鉴定标的的业主不一定配合
精神	与开发商、施工方互信基础好	不存在互信，等待对鉴定意见不利一方的挑剔
文书	检测、制表、审核、批准	两名司法鉴定人签名

问题189：出庭费说明

答：天泽所建筑工程和海事物证司法鉴定人的出庭费为2000元/人次（差旅费实报实销），老三类出庭费按物价局的政策执行。

根据国务院令第481号《诉讼费用交纳办法》的相关规定，天泽所出具的建筑工程或海事物证《司法鉴定意见书》通常篇幅几十页（A4纸），里面牵涉的内容是多学科多专业的。也就是说被律师质询的疑点和内容要比老三类司法鉴定的范围广、难度大。多数案件都在鉴定结束几个月后通知出庭，为了出庭，司法鉴定人必须提前两天重新审阅相关案件的《司法鉴定意见书》，准备回答律师的质询。现在建筑业高工年收入多数在30万元、工作日每天平均收入1111元，三天成本费在3333元，海事专业高工年收入更高。因此，建筑工程或海事物证司法鉴定人出庭费2000元/人次是偏低的。（多数申请人会付费用）

在实践中极个别申请人不交出庭费或嫌贵。遇到这种情况，原则上不派鉴定人出庭。

问题190：委托鉴定包含哪些流程？

答：如下图所示。

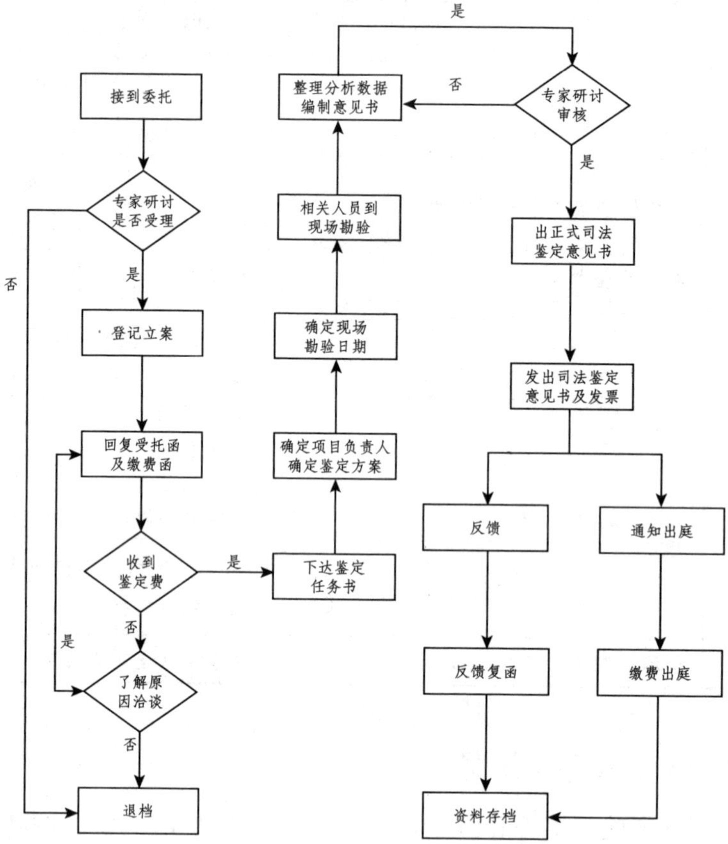

问题191：委托内容该怎么写？

答：委托内容要求准确性，忌泛，是指委托内容要有针对性而不是广泛的。委托内容描述准确可以便于受托方理解需鉴定的事项及鉴定范围。明确的委托鉴定内容可以为委托方（申请鉴定方）和受理方节约大量的时间和精力，还为委托鉴定申请方节约鉴定费用。天泽所鉴定收费是根据委托内容鉴定标的的市场价值，项目数量、大小、难易程度来制定收费金额的。鉴定项目明确可避免误导天泽所认为鉴定项目多、难度大而造成鉴定收费过高；减少鉴定所与法院委托办询问案件内容等的次数和缩短案件受理的时间。如有鉴定项目不清，委托内容不懂怎样写的，可以事先向天泽所受理部人员咨询，会有专人负责教学如何写委托书，既达到委托鉴定申请方的目的，又能够节省鉴定费用。例如去找医生看病，“胃”不舒服只需要跟医生描述"胃"不舒服的状态，而医生针对性地对"胃"做检查即可，而不是肝、肺、心、脾等都检查。这样就避免了不必要的检查费用及时间的浪费。

- 建筑工程
  - 原因鉴定
  - 质量鉴定
    - 主体
      - 地基
      - 梁、柱、板
      - 其他
    - 装饰
  - 造价鉴定

- 海事物证
  - 原因鉴定
  - 质量鉴定
    - 船舶
      - 船体
      - 机械、设备
    - 海损
      - 货物
      - 养殖
  - 造价鉴定

问题192：无法受理的案件类型有哪些?

答：（1）超范围（不在建筑工程、海事物证、法医范围，如笔迹鉴定）；（2）超能力（至今还没有仪器可测的，如裂缝产生的时间，房屋是哪年建的）；（3）对鉴定意见带要求（如要求金额要达到多少，要求对委托申请方有利等）。

问题193：其他类案件类型鉴定

答：此类鉴定一般为建筑内的辅助物品（如房屋内涉及的办公用品、电器设备等），如有涉及这类案件，单独委托我所不予受理。主委托是建筑工程，协助处理房屋内物品时，委托鉴定时法官最好征得原、被告双方的同意，若有一方不同意天泽所都不受理。

问题194：受托函范本

受 托 函

××人民法院：

首先感谢贵院对我所的委托！针对贵院（2015）×法委鉴字第××号委托书。对被告楼下原告××房屋的卫生间、客厅、主卧等渗水原因以及因渗水造成原告房屋重新装修和更换部分家具损失进行鉴定和评估。我所决定接受委托，并且会把鉴定工作做到公正、合理。

一、补充文件如下

1. 原、被告房屋竣工图（含装修水施图）

二、鉴定程序如下

1. 召开专家研讨会，根据法院提供的资料初步分析案情，讨论是否接案。

2. 收到鉴定费后5个工作日内可安排鉴定人员到现场，具体勘验日期以法院通知为主。望法院、当事人和当事人双方代理在勘验日均能到达现场，见证检测、勘验、测量、拍照等鉴定工作。

3. 勘验结束后，对数据进行全面科学分析、专家研讨、市场调查、综合评判直至获得鉴定意见。

4. 30个工作日内出具《司法鉴定意见书》。

三、现场注意事项

1. 委托鉴定申请人要保证鉴定人员的人身安全、应当协调其他人员，确保鉴定人在现场鉴定时不受到干扰。

2. 本案需要进入原、被告双方的室内进行水压试验，且受条件限制可能需要破坏小部分的装修。

3. 委托鉴定申请人提供现场鉴定必备的基本条件（如梯子等），鉴定仪器由鉴定人自备。

4. 鉴定后如有取样缺口等的恢复、现场卫生清洁等善后工作由业主自己负责。

××××司法鉴定所

二〇一六年×月×日

问题195：缴费函范本

缴费通知函

××人民法院：

首先感谢贵院对我所的委托！针对贵院（2015）×法委鉴字第××号委托书。对被告楼下原告××房屋的卫生间、客厅、主卧等渗水原因以及因渗水造成原告房屋重新装修的更换部分家具损失进行鉴定和评估。本案鉴定收费为：

1. 基础收费为：5000元

2. 鉴定收费：113.13×3500×6%×1.3=30 884元

3. 修复费用鉴定收费：113.13×3500×6%×0.6=14 254元

4. 差旅费为：2000 元（包含二次或三次可能到现场的差旅费）

以上 4 项总鉴定费用为人民币伍万贰仟壹佰叁拾捌元整（¥52 138 元）。收到费用后五个工作日内第一次到现场堪验鉴定。若有出庭，出庭费用 2000 元/人·次，出庭差旅费实报实销。

（仅对鉴定收费有任何疑问可咨询 ×××× 电话：180××××4005）

转账费用账户

账户名称：××××司法鉴定所

开户行：××××银行××支行

账号：1000 ×××× ×××× 0100 01

××××司法鉴定所

二〇一六年×月×日

问题 196：委托协议书范本

管理编号：FJTZSF－Ⅱ－04－05 版本：1.0

福建天泽司法鉴定所司法鉴定委托协议书

编号：＿＿＿＿＿

<table>
<tr><td>委托人</td><td></td><td>联系人（电话）</td><td></td></tr>
<tr><td>联系地址</td><td></td><td>承办人</td><td></td></tr>
<tr><td>司法鉴定
机构</td><td colspan="3">机构名称：福建天泽司法鉴定所　　许可证号：350112024
联系人：××××　　联系电话：0591－×××
×××××
地址：福州市永丰枢纽入园路 12 号鉴定大楼 12 层</td></tr>
<tr><td>委托</td><td colspan="3"></td></tr>
<tr><td>鉴定事项</td><td colspan="3"></td></tr>
<tr><td>是否属于重新鉴定</td><td colspan="3"></td></tr>
<tr><td>鉴定用途</td><td colspan="3"></td></tr>
<tr><td>与鉴定有关的
基本案情</td><td colspan="3"></td></tr>
<tr><td>鉴定材料</td><td colspan="3"></td></tr>
<tr><td>预计费用及
收取方式</td><td colspan="3"></td></tr>
</table>

(续表)

<table>
<tr><td>司法鉴定意见书
发送方式</td><td>□自取
□邮寄地址：
□其他方式（说明）</td></tr>
<tr><td>约定事项：</td><td>1. (1) 关于鉴定材料：
□所有鉴定材料无需退还。
□鉴定材料须完整、无损坏地退还委托人。
□因鉴定需要，鉴定材料可能会损坏、耗尽，导致无法完整退还。
□对保管和使用鉴定材料的特殊要求：____________。
(2) 关于剩余鉴定材料：
□委托人于______周内自行取回。委托人未按时取回的，鉴定机构有权自行处理。
□鉴定机构自行处理。如需要发生处理费的，按有关收费标准或协商收取______元处理费。
□其他方式：
2. 鉴定时限：
□______年______月______日之前完成鉴定，提交司法鉴定意见书。
□从该委托书生效之日起30个工作日内完成鉴定，提交司法鉴定意见书。
注：鉴定过程中补充或者重新提取鉴定材料所需的时间，不计入鉴定时限。
3. 需要回避的鉴定人：______，回避事由：______。
4. 经双方协商一致，鉴定过程中可变更委托书内容。
5. 其他约定事项：</td></tr>
<tr><td>鉴定风险提示</td><td>1. 鉴定意见属于专家的专业意见，是否被采信取决于办案机关的审查和判断，鉴定人和鉴定机构无权干涉；
2. 由于受鉴定材料或者其他因素限制，并非所有的鉴定都能得出明确的鉴定意见；
3. 鉴定活动遵循依法独立、客观、公正的原则，只对鉴定材料和案件事实负责，不会考虑是否有利于任何一方当事人。</td></tr>
<tr><td>其他需要说明的事项</td><td></td></tr>
<tr><td>委托人
(承办人签名或者盖章)
年　月　日</td><td>司法鉴定机构
(签名、盖章)
年　月　日</td></tr>
</table>

注：

1. 鉴定完成时限：鉴定费到账之日起30个工作日完成鉴定并向委托方提交《鉴定意见书》，遇复杂、疑难、特殊的技术问题，或者检验过程确需较长时间的，经与委托方协商后适当延长。

2. 双方签订协议后，有下列情形之一的，受托方有权终止协议的履行，并根据实际工作情况与委托方协商收取鉴定费用。（1）出现不可抗拒的情况使鉴定工作无法继续进行的；（2）确需补充鉴定材料而委托方无法提供补充的；（3）受托方在鉴定过程中发现自身难以解决的技术问题的；（4）其他必须终止协议的情况。

3. 双方签订协议后，出现下列情况的，鉴定费的收取数额做如下处理：（1）经审查，受托方对委托方提出的鉴定项目无法进行鉴定需要退卷的，预收的鉴定费全额退还；（2）在受托方没有开展实质性工作的情况下，委托方违约撤回委托的，受托方收取鉴定费的10%的违约金；（3）若受托方已安排鉴定人现场勘查或已开展实质性工作，委托方违约撤回委托的，受托方收取预收鉴定费的50%的违约金；（4）若鉴定工作已经接近尾声，委托方违约撤回委托的，预收的鉴定费一律不退。

4. 鉴定费不含出庭费，若委托人或委托代理人要求受托人出庭作证时，另付出庭费，其出庭费标准：2000元/人次（不含出庭作证差旅费）。

5. 需要补充或者重新提取鉴定材料的，延长10个工作日。

6. 本协议经双方签字盖章后生效。

7. 本协议一式2份，具有同等效力。有未尽事宜，另行协商签订补充协议，补充协议与本协议具有同等效力。

问题197：建筑工程司法鉴定质量、造价类需提供哪些资料？

答：需提供的材料如下：

序号	文件资料名称	序号	文件资料名称
1	民事诉讼状（仲裁申请书）	17	图纸会审记录
2	民事答辩状（仲裁答辩状）	18	设计变更单
3	建设项目批文	19	工程签证单
4	工程勘察委托合同	20	工程联系单
5	地质勘察报告	21	工程洽谈记录
6	工程设计委托合同	22	工程会议纪要
7	建设工程规划许可证	23	建设工程检测、测绘试验报告
8	工程招、投标文件	24	工程验收记录

（续表）

9	施工组织设计	25	单位工程竣工报告
10	中标通知书	26	单位工程验收综合结论
11	工程监理委托合同	27	工程决算书
12	建设工程施工合同（补充协议）	28	工程决算审核书
13	开工报告	29	证据保全公证书
14	建筑工程施工许可证	30	合同约定的主要材料预算价格
15	施工图设计文件审查报告	31	甲供材料、设备明细表
16	施工图纸（或竣工图纸）	32	当事人存在的矛盾和争议事实

注：以上资料针对不同的委托内容选择。

问题198：海事物证司法鉴定（船舶类）需提供哪些资料？

答：需提供的材料如下：

序号	文件
1	海上船舶检验证书簿、国籍证书、所有权证书、最低安全配员证书、吨位证书、载重线证书、防止油污证书
2	船长写的海事报告及海事局出具的海上事故报告书
3	发生海损当日航海日记、轮机日记、发生海损船位图
4	船舶签证簿
5	船舶基本结构图，船舶外板展开图、船舶总布置图、受损设备的说明书、
6	保单及保单发票
7	船员名单及船员适任证书
8	船厂的维修清单、其他

注：以上资料针对不同的委托内容选择。

问题199：风险告知书的范本

福建天泽司法鉴定所司法鉴定风险告知书

尊敬的委托人（申请人）：

司法鉴定是指在诉讼活动中鉴定人运用科学技术或者专门知识，对诉讼涉及的专门性问题进行鉴别和判断并提供鉴定意见的活动。在签订司法鉴定协议书之前，为维护您的合法权益，根据《全国人大常委会关于司法鉴定管理问题的决定》和其他相关法律法规的规定，先将司法鉴定中可能存在和出现的风险告知如下：

1. 司法鉴定意见是法律规定的证据之一，属于司法鉴定人的专业性意见，其是否被采信由办案机关审查判断，司法鉴定主管部门、司法鉴定机构和司法鉴定人无权干涉。

2. 司法鉴定活动遵循客观、公正、科学的原则，依法独立进行，司法鉴定机构和司法鉴定人处于中立地位，依法不受任何组织和个人的非法干预，司法鉴定意见可能对委托人（申请人）有利，也有可能对委托人（申请人）不利。

3. 司法鉴定是一种科学实证活动，因受鉴定材料、科学发展水平和其他客观条件的限制，有时可能无法得出明确的鉴定意见。

4. 司法鉴定实行鉴定人负责制度。只有办案机关才能决定是否采信鉴定意见，包括司法鉴定主管部门在内的任何组织和个人无权变更或者撤销司法鉴定意见。当事人对鉴定意见有异议，可以通过申请鉴定人出庭或者通过申请补充鉴定、重新鉴定等法定途径解决。

5. 委托鉴定事项是否恰当，是否与案件待证事实之间的关联性由委托人（申请人）负责，司法鉴定严格依据委托人（申请人）提出的委托鉴定事项进行鉴定，无权在鉴定过程中对委托鉴定事项进行修改或补充。鉴定意见被用于非法事项或违背社会公德的，由相关责任人承担法律后果。

6. 一方当事人自行委托司法鉴定机构进行鉴定，另一方当事人有证据足以反驳并申请重新鉴定的，办案机关可能准许。

7. 司法鉴定人依据委托人（申请人）提供的鉴定材料进行鉴定，鉴定材料的真实性和合法性由委托人（申请人）负责。某些鉴定可能需要耗尽或者损坏鉴材，或者在鉴定完成后无法完整退还鉴材。对鉴定需要使用、损毁、消耗或无法退回的鉴材，鉴定机构和鉴定人不承担责任。现场勘验取样等鉴定活动遗留的缺口和卫生，鉴定机构和鉴定人不负责修补和清洁。

8. 司法鉴定收费遵循公开公平、诚实信用、平等有偿和委托人（鉴定申请人）付费的原则，鉴定费用最终由哪一方承担，由办案机关办理案件时一并决定，司法鉴定申请方存在为己不利的鉴定意见承担鉴定费用的风险。

司法鉴定机构已告知我方司法鉴定风险，我方已完全了解《司法鉴定风险告知书》中所提示的内容。

委托人（申请人）签字：

年 月 日

（本告知书一式二份，签字确认后，一份交委托人（申请人）保管，一份交由鉴定机构存入司法鉴定档案。）

问题200：鉴定所的服务对象包括哪些？

答：公安局、检察院、法院、政府、律师事务所、海关、保险公司及个人等。

第六章　司法鉴定100例[①]

建筑工程质量与造价鉴定

质量、原因、造价类

案例1　房屋漏水原因、是否变形、变形原因及修复造价鉴定（吴金椿）

案情背景：被鉴定房屋建于2005年，2013年装修完成；根据房主介绍，该房屋在装修前未出现漏水现象，装修完成后一下雨就需在各层楼梯休息平台放置各种接水容器，房主认为是装修方的装修不当引起的，装修方认为是委托方自建房屋的问题，跟自己没关系。

委托方：徐某某。

委托内容：对房屋漏水形成原因、房屋是否变形、变形原因及上述造成的损失范围及金额做司法鉴定。

鉴定过程：我所鉴定人员到达现场后，对鉴定房屋的整体进行勘验。首先对鉴定房屋的倾斜度进行测量，寻找是否存在地基基础不均匀沉降造成的房屋变形，产出的变形裂缝而漏水；其次对房屋屋面楼板详细勘验、四层露天阳台地面瓷砖用空鼓锤敲击检验、四层室内楼梯平台处瓷砖分别进行现场取样。根据取样分析五层屋面漏水是由于屋面没有防水设施且无排水落水口，雨水无法及时排出，大量雨水从屋面地砖接缝处渗入地砖底部的砂垫层，该房屋地砖采用干铺法工艺，水泥用量很少，几乎全是沙子，蓄水能力强，并且渗透到楼梯底部流到四层露天阳台砂垫层中。四层露天阳台漏水是由于四层露天阳台原结构层楼面及楼面与墙体连接处均未做防水层；露天阳台地面贴地砖时，地砖之间勾缝未处理好，水沿地砖缝隙流入地砖砂垫层并且砂垫层厚度60~80毫米，地砖与楼板间夹层处的砂垫层形成类似“海绵体”状，加之只有一处落水口，下雨后水沿着缝隙流入到

① 本章是福建天泽司法鉴定所办理的典型案例，本章所称的“我所”“本所”指的是福建天泽司法鉴定所。

砂垫层中，大量水聚集在四层露天阳台砂垫层中，大量水从四层露天阳台砂垫层吸附到楼梯间或房间室内石板下，水沿着阶梯石板底部沙垫层往下渗，由于排水不畅，长期积水导致屋内楼梯间渗水严重。楼梯间漏水是由于楼梯间石板下砂垫层的水被吸附到墙壁内随着墙内线路管道往下流而造成。因为海绵体最后根据漏水范围计算房屋受损修复造价。

鉴定意见：房屋未发生变形；导致房屋漏水原因是：四层露天阳台及屋面没有做好防水措施，雨后大量雨水凝聚在屋面楼板无法及时排出，从而导致雨水下渗。

参照国家建筑工程造价规范、现场勘验结果评定房屋漏水装修拆除及修复造价为人民币伍万零伍佰肆拾叁元肆角柒分（￥50 543.47元）。

鉴定效果：我所出具的《司法鉴定意见书》，为委托方合理地向装修方提出索赔提供了有利的证据，同时也找出了房屋漏水的症结，为之后房屋的修复工作做了充分准备。

	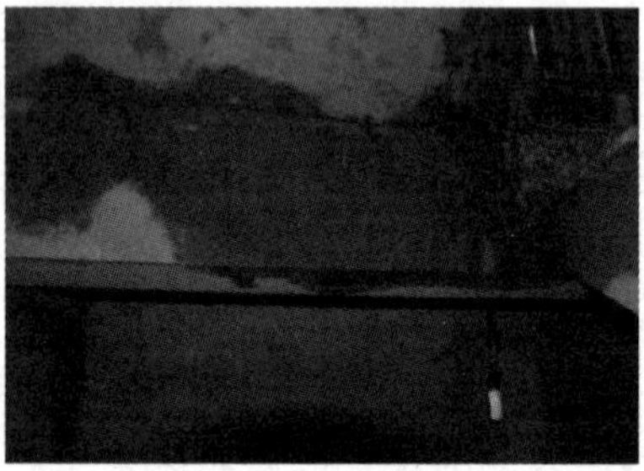
鉴定现场	楼梯平台漏水
	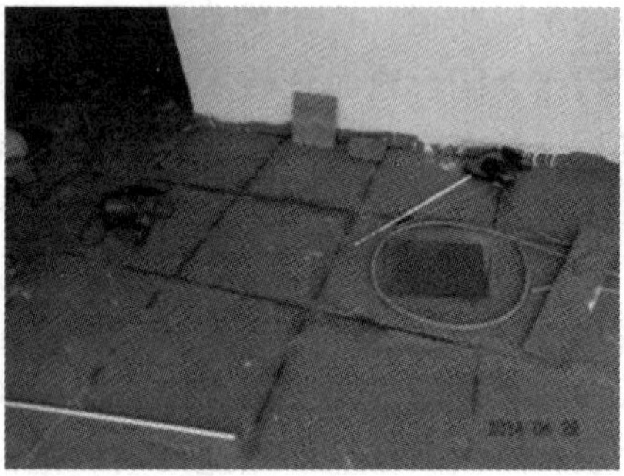
三至四层楼梯墙面大面积渗水痕迹	四层面板瓷砖间缝处渗水痕迹

四层露天阳台地面瓷砖撬开 后砂浆水迹明显	四层楼梯平台处取样

案例2　科技大楼外墙油漆开裂原因、质量及返修造价鉴定（李志强）

案情背景： 根据委托方提供的资料显示，原告与被告于2012年12月7日签订《外墙油漆施工合同》，原告将大楼的外墙氟碳漆施工项目承包给被告，现今，原告起诉被告未按合同约定的工期竣工及在施工过程中因被告方使用了与合同约定不符的材料而导致由被告方完成的部分外墙油漆在质量上存在缺陷。被告在接到原告发出的《整改通知书》后，对存在质量缺陷的部分外墙油漆进行修复，但之后还是出现褪色、开裂、掉漆等问题，使大楼迟迟无法正常交付使用，造成原告重大经济损失。而被告认为此次出现质量缺陷的原因是由于原告大楼自身存在开裂等问题，才导致外墙油漆面出现上述质量缺陷。因此，福清市人民法院前后两次委托我所涉案工程鉴定。

委托方： 福建省福清市人民法院。

委托内容：（1）对因工程质量不合格造成的修复方案、修复费用、修复工期进行鉴定评估；（2）对大楼外墙油漆施工工程进行质量鉴定；（3）对大楼外墙油漆开裂原因进行鉴定，区分是墙体裂缝导致还是油漆施工工艺造成亦或其他原因。

鉴定过程： 我所接受委托后，先后两次指派鉴定人员与法官等人一同到达鉴定现场。在鉴定油漆质量问题时，鉴定人员在现场提出，以抽层进行勘验的方法：由我所鉴定人员在现场随机抽取第3、6、8、10、13共5层进行现场勘验，拍照取证，再经原被告确认无异议后进入现场进行勘验。此方法得到原被告双方的一致认可。根据委托方提供的相关资料，原被告双方在签订《外墙油漆施工合同》中有明确的施工工艺要求，并对材料也有明确指定；而根据现场勘验发现，多处漆面出现褪色、掉漆的情况，在窗台面也存在多处漆面开裂起皮、腻子粉层出现开裂，网格布松散，没有紧实地粘贴在墙面及腻子粉层等现象。在鉴定油漆开裂原因问题时，现场经过委托方询问了解到，由于被告方相关人员在外地，本次不能到达勘验现场；在经过委托方许可授权和原告相关人员同意后，我所鉴定人员按计划进行现场勘验。首先，鉴定人员随机抽取一些开裂的油漆面进行凿开破坏勘验，观察腻子粉层是否也开裂，再继续凿开一直到墙体的水泥砂浆层面，发现裂缝一直延伸到水泥砂浆层本身；鉴定人员也在现场发现几处未进行油漆施工的墙体也存在水泥砂浆层开裂情况，根据现场勘验的情况，我所专家组的展开研讨、分析后得出鉴定意见。

鉴定意见：（1）科技大楼外墙油漆施工工程质量不符合双方约定的合同标准，同时多处不符合国家相关规范、标准要求；（2）因工程质量不符合双方约定的合同标准，同时不符合国家相关规范、标准要求而造成的修复费用（含人工费、材料费等）为人民币壹佰壹拾肆万肆仟叁佰伍拾元整（￥1 144 350.00元）；（3）科技大楼外墙油漆开裂主要原因与大楼本身墙体存在裂缝具有关联性，同时与被告的油漆施工工艺也具有关联性。

鉴定效果：在委托方主持、原被告双方的配合、我所鉴定人员的努力下，顺利了结此案。原被告双方对我所的客观、公正、认真、严谨、科学的勘验方法给予认可。小插曲：原告申请鉴定第1项和第2项，被告申请第3项鉴定。原告已交纳鉴定费，被告迟迟没有交纳鉴定费，时间较长，经过与法官协商，我所先完成第1项和第2项鉴定内容。一个月后鉴定结果出来，油漆质量不合格，修复费用高达100多万，这时被告才急切地向法官要求继续做油漆裂缝原因鉴定。按理要被告多交一趟差旅费，我所考虑到原被告双方在这次的诉讼中都是失败者，就免掉差旅费。

大楼外墙柱油漆面褪色、掉漆

漆面开裂起泡

	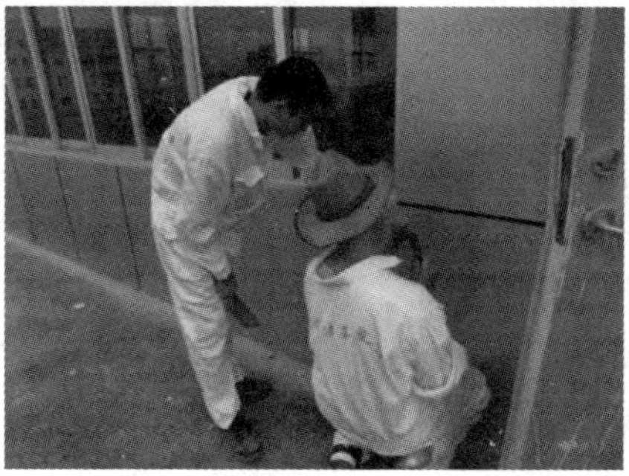
漆面开裂起泡	鉴定人员随机选取有通长裂缝处的漆面进行凿开勘验
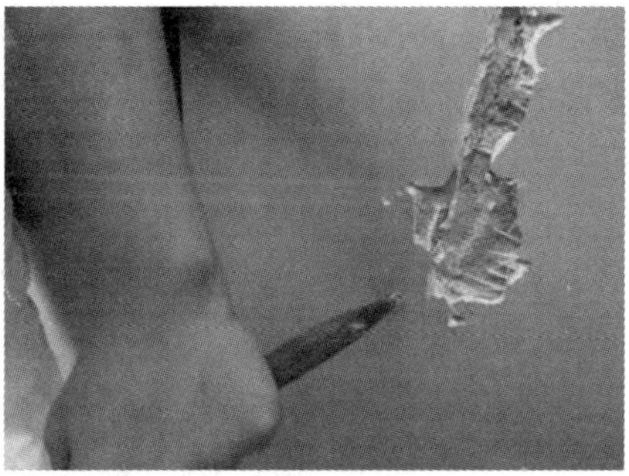	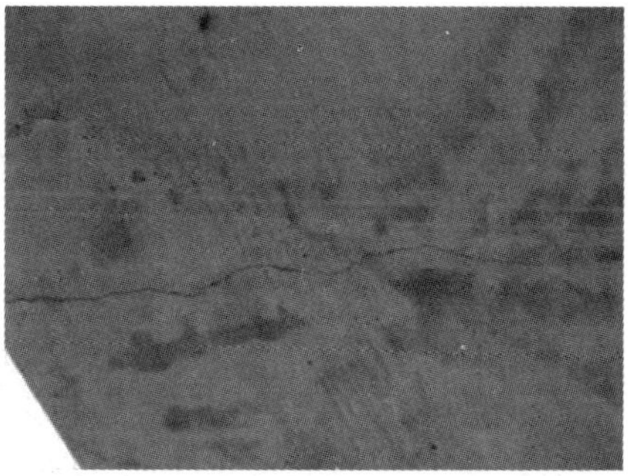
墙面水泥砂浆层也存在裂缝	一层大门遮阳板底部存在长裂缝

案例3　漳浦房屋安全性、损坏因果关系、参与度及损失鉴定（吴祖容）

案情背景：本案为邻里房屋纠纷案，被告拆旧房建新房，两房相距3.5米，使用200型风镐型钩机对其房屋进行拆除，在拆除过程中，有一块重量约50～100斤重的石头砸到了原告西南角地面，造成原告西南角地面有凹坑；拆除后利用75型钩机和农用机对垃圾进行处理，接着用75型的钩机对基础进行开挖，基础混凝土的浇捣以及回填土的夯实。被告拆房当天原告就发现自身房屋出现裂缝，之后房屋出现的裂缝越来越多，就找被告方赔偿，被告认为原告房屋出现裂缝并不是全部都是他造成的，原告房屋出现裂缝与其装修时把梁下的墙打掉存在较大的关系，协商不成，起诉至法院。

委托方：福建省漳州市漳浦县人民法院。

委托内容：对林某房屋的安全性；被告拆建行为与原告房屋的安全危

害之间的因果关系、参与度及损失数额进行司法鉴定。

鉴定过程：我所鉴定人员与委托方等人一起到达鉴定现场，开展勘验鉴定工作。首先，对鉴定房屋房屋结构、地基、裂缝、倾斜、房屋装修材料等进行测量和统计，根据统计房屋多达40面墙体出现裂缝和龟裂的现象，其中二层最为严重。其次，对原被告房屋及周边地基土质情况和地形地貌进行勘验（如：原告房屋建在东南高西北低山脉走势的地理位置上，原被告房屋四周为马路，马路旁边为民房或农田，西南角还有一个小池塘），根据鉴定房屋现状对房屋的安全性进行判定，根据原告自身房屋地基土质、地形地貌情况，房屋结构（拆除承重墙），被告房屋拆建（振动）对原告房屋影响等分析原被告双方之间的因果关系及参与度。最后，根据房屋现状（墙体裂缝、墙体龟裂面积、瓷砖脱落数量等），计算房屋的损失金额。解决本案突破点在，原告二层有一扇承重墙被拆除，承重墙的上方有一根梁存在裂缝，三层同一轴线的承重墙同时也是房屋的外墙就坐落在楼板上。没有外界的扰动原告房屋也许没有感觉，被告的拆除房屋的行为，用钩机的振动、以及有部分石头直接砸在原告房屋的地基上，催生了原告房屋的裂缝。

鉴定意见：（1）根据地基基础、上部主体结构、围护结构各子单元安全性等级评定结果，该房屋整体安全性等级应评定为Csu级。（2）原告房屋损害原因与被告拆建房屋行为具有关联性，同时与自身房屋的结构和线槽的施工不到位以及承重墙的拆除也具有关联性，被告拆建行为参与度50%～70%，原告要承担30%～50%的责任。（3）原告房屋修复费用为人民币肆万伍仟捌佰柒拾捌元整（￥45 878.00元）。

鉴定效果：我所出具的《司法鉴定意见书》为法官如何定责和定损提供了重要的依据。该案是原告申请的，鉴定费由原告垫付，因为鉴定意见是原告房屋自身也存在安全隐患，要承担30%～50%的责任，是原告意想不到的结果。

鉴定房屋

被告房屋基础

鉴定人员在测量房屋的倾斜情况

鉴定人员对梁裂缝进行检测

鉴定人员对现场损坏情况进行勘验

鉴定人员测量原被告房屋距离

案例4　诏安房屋损坏因果关系、修复、危房及重建费用鉴定（吴立善）

案情背景：本案为相邻关系纠纷一案，原告房屋因被告建造房屋行为致使原告房屋墙体出现不规则裂缝、地面出现不规则下沉。为了明确被告的建房行为与原告房屋出现损坏的关联性及损坏程度，利于人民法院进行公平、公正判决，申请人根据法律的有关规定向法院提出申请，请求法院委托有关职能部门进行鉴定。

委托方：福建省漳州市诏安县人民法院。

委托内容：（1）申请人的房屋出现破裂的因果关系；（2）申请人房屋墙体破裂修复所需要的价格；（3）申请人的楼房出现破裂后受损是否达到危房标准；（4）申请人的楼房若达到危房标准，重新翻建所需的费用。

鉴定过程：经过我所鉴定人员现场勘验，首先，分别对原被告双方的房屋结构形式（原告房屋为自建房，与南面相邻的4户房屋的基础属于整体一起建造，一层至今已建造10多年，二层至今已建造5年多，房屋基础采用毛石条形基础，其埋深约3.0m，基础高度为1.0m，基础形式为阶梯形，底层宽度为1.0m，中间层宽度为0.5m，顶层宽度为0.3m；被告房屋于2015年1月份开始建造，为三层框架钢筋混凝土结构，基础采用片筏基础，基础开挖至原告房屋基础第一层往下20cm）、地基情况（原告房屋地基属农耕田，根据现场地势勘验和开挖情况分析，房屋建于软基上）、周边环境等进行勘验。其次，对房屋现状进行勘验，房屋一层出现多条贯穿性裂缝，多条裂缝的宽度达到10mm、15mm、20mm、25mm、30mm，房屋实测最大侧向位移为1/97。裂缝走势都是斜裂，朝着被告那头高的规律，说明被告建房时，加大了本区域的基础承载，造成了房屋地基不均匀沉降，对原告房屋的损坏承担主要责任。最后，根据现场勘验情况及相关规范，依次对房屋出现破裂的因果关系、修复金额、是否达到危房标准及重新翻建所需费用进行分析、计算。

鉴定意见：（1）被告建房是造成原告房屋出现破裂的主要原因，其对房屋的损坏参与度约占70～90%；同时与原告房屋自身情况也具有一定的关联性，原告自身原因占10～30%；（2）申请人房屋墙体破裂修复所需要的价格为人民币壹拾万捌仟肆佰肆拾玖元整（￥108 449.00元）；（3）申请人的楼房出现破裂后受损达到危房标准；（4）申请人的楼房达到危房标准，重新翻建所需的费用为人民币壹拾捌万陆仟伍佰贰拾伍元整（￥186 525.00元）。

鉴定效果：我所建筑工程司法鉴定（质量、原因、工程造价）为法官解决了以前需多次分开委托鉴定的难题，“一揽子”的鉴定解决了以往案件鉴定时间长、费用高等多项问题，加快了案件的审理进程。

一层东外墙存在贯穿性“v”形竖向裂缝，上宽下窄，缝宽约25mm

一层东外墙窗台下存在贯穿性锯齿形斜向裂缝，裂缝走向北高南低，同时部分瓷砖脱落

原告屋面与被告墙体交接处 砂浆覆盖层存在裂缝	开挖后的基础现状

原告房屋西侧现状	被告基础存在裂缝

质量、造价类

案例5　福清某一新自建房受损后是否为危房及修复费用鉴定（汪增）

案情背景：本案属于重新鉴定案件，本案在委托我所鉴定之前，被告某高速公路公司已经委托了一家评估公司对原告的房屋进行了损失金额评估，评估公司评估出来的修复费用为8000多元。因为原告盖好房屋后还没有正式入住过一天，房屋到处都是裂缝，心理极度不平衡，要求某高速公路公司按全损赔偿100万元。

委托方：福建省福清市人民法院。

委托内容：对房屋受损情况是否构成危房以及重建或修建费用等进行评估和鉴定。

鉴定过程：我所鉴定人员带着鉴定仪器到达现场，先对房屋的外观、地基及房屋的四个角是否有沉降进行观察，再用仪器测量房屋的倾斜度，最后对房屋内部的裂缝进行测量和统计，现场测量和统计的裂缝条数大大小小多达278条，对每一条裂纹的性质、长度、宽度、深度、走向进行标注、测量及记录。测量的数据中裂缝最长的长度为11.95m，裂缝宽度最宽为2.1mm，其中一、二两层的裂缝较少，长度和宽度也较小，三层以上的裂缝多为贯穿性裂缝，裂缝条数较多，宽度较宽，众多的贯穿性裂缝相连起来在三层整层出现了环裂，存在着严重的安全隐患。根据国家危房鉴定标准地基基础评为b，上部承重结构评为c，围护系统评为c，鉴定单元整体评为C级危房，需要采取措施。根据房屋损坏的具体部位和程度，我们采用了两种修复方案，一、二层采用加固修复方案，三层采用拆除重建方案。以此制定出修复工程量，结合当地政府的信息价计算出修复费用。

鉴定意见：房屋评定为C级危房，一、二两层房屋的受损情况较轻，建议一层、二层进行墙壁、地板裂缝修复；一层至顶层楼梯、三层整层、水池、女儿墙重建。修复和重建费用合计人民币叁拾陆万伍仟捌佰捌拾伍元肆角叁分（￥365 885.43元）。

鉴定效果：我所多次召开专家研讨会，出具的鉴定意见既不是原告要求的拆除重建，也不是被告原来提出的简单采用裂缝修复的办法，而是根据实际情况对一、二层进行修复，三层以上拆除重建，修复的费用为36万多。这一鉴定意见最终得到了原、被告双方及法院的一致认可。

被鉴定房屋正面	F3东南卧南墙裂缝

F3 大厅卧南墙裂缝	F3 北卧南墙（3 轴墙体 A－D 轴）裂缝总长 14.3m（2800mm＋1700mm＋2100mm＋2100mm＋1700mm＋1700mm＋2200mm），宽 0.3mm～0.5mm 其中部分裂缝是贯穿性裂缝

F3 大厅东墙（E 轴墙体 3－5 轴）贯穿性裂缝 1.2m，宽 1.0mm，裂缝长 1.777m，宽 0.3mm	F3 东南卧南墙（7 轴墙体 E－G 轴）贯穿性裂缝长 0.86m，宽 1.2mm，多条裂缝分别长 1.05m、1.382m、1.26m，宽 0.2mm、0.6mm、1.1mm

案例 6　南平厂房火灾后质量及恢复原样所需费用鉴定（李原春）

案情背景：一家××有限公司火灾后，保险公司找了一家公估有限公司对受灾的 4 层楼厂房，建筑面积约 2211 平方米的损失进行估算。公估有限公司在无资质和检测设备的情况下，凭估算得出受灾厂房的修复费用为 32 万元。××有限公司对公估有限公司评估的修复费用存在异议。

委托方：××有限公司。

委托内容：火灾后房屋质量鉴定及恢复原样所需费用。

鉴定过程：我所鉴定人员根据《火灾后建筑结构鉴定标准》（CECS252：

2009）对该厂房火灾灾情逐项进行对号入座。经现场检测，发现受灾后的受压柱产生竖向裂缝，梁存在明显开裂现象，梁、柱混凝土表面出现明显大面积碎性脱落的外观缺陷。在现场从三层墙体中共取结构柱14个，梁6个，共20个样本。由于火灾影响混凝土变质取芯样不能全部成型，再送到我所司法鉴定检测站，只有11个芯样才能加工成试块、用于压力测试，结果梁混凝土强度未能达到设计施工图纸说明上的混凝土强度等级不应低于C20的要求，柱混凝土强度也未能达到设计说明规定的混凝土强度等级不应低于C25的要求。用回弹法检测也验证了混凝土强度不符合设计要求。我们了解到厂房从失火到扑灭烧了将近6个小时，厂房内都是可燃物竹制品，大火吞灭了二、三、四层。现场勘验二层整层为重度烧伤区，结构柱、梁钢筋爆出，顶板大面积爆筋，露出钢筋网。三层损伤程度和二层接近，四层稍好一些，但也到处是烧伤的痕迹，楼板露筋裂缝等。根据火灾后建筑结构鉴定标准属于最严重级别，根据危房鉴定标准定为D级危房。我们按照当地定额计算出拆除费用，按设计图纸，进行工程造价预算出重置价格。

鉴定意见：我所根据对鉴定标的的上部结构子单元、围护系统承重部分子单元等的综合评定，鉴定该厂房为D级危房，要立即采取措施，修复费用为人民币壹佰陆拾叁万叁仟陆佰柒拾玖元整（￥1 633 679.00元）。

鉴定效果：根据我所出具的鉴定意见，保险公司赔付了163万元人民币，比原先公估公司评估的32万元，多赔了131万元。我所为委托方争取到合理、合法的权益。

受灾后厂房外部全景	我所鉴定人员在检测房屋的倾斜度

受灾后厂房内部全景	钢构厂房被烧后严重塌陷

鉴定人员在检验柱子强度	无法加工成试块的芯样

案例7　三明厂房火灾后质量鉴定及维修评估鉴定（甘培）

案情背景：某纺织有限公司气流纺车间着火，车间为钢结构，建筑面积1650平方米，某检测有限公司到火灾现场勘验，认为受损严重，建议拆除重建。某保险公司理赔人员缺乏建筑工程的专业知识，无法提出反驳意见，只好聘请我所重新鉴定。

委托方：××保险公司。

委托内容：火灾后厂房质量鉴定。

鉴定过程：根据《火灾后建筑结构鉴定标准》（CECS252：2009），对于××纺织有限公司受火车间以下受火构件进行检测与分析：

4－D～3－D钢筋混凝土梁、3－D～2－D钢筋混凝土梁及3－D钢筋混凝土柱评为Ⅲ级；2－D钢筋混凝土柱和4－D钢筋混凝土柱评为Ⅱb级；5－D钢筋混凝土柱和9－D钢筋混凝土柱评为Ⅱa级；其余钢筋混凝土构件（梁、柱）评为Ⅱa级。

对于2－D～2－G、3－D～3－G、4－D～4－G、3－A～3－D4檩钢屋架及2－D～3－D和3－D～4－D屋脊，评为Ⅳ级；2－4～A－D区域及1－

5～D－G区域的钢梁评为Ⅳ级；2－A～2－D、4－A～4－D2榀钢屋架及1－D～2－D和4－D～5－D屋脊，评为Ⅱb级；其余钢结构构件，评为Ⅱa级。

1－5～A－G区域的屋顶彩钢板受火变形；1－4～D－G区域的屋顶彩钢板受火变形透光现象严重。

鉴定意见：建议对上述被鉴定出受火灾损害的构件进行更换或修复。

鉴定效果：保险人采纳，我所建议更换4榀钢屋架，被保险人在实际修复过程只换了2榀。

受灾车间全景，灾后该车间东端较好，西北端受损严重	鉴定人员与保险公司代表一起进入被烧车间对其受损情况进行勘察，图中可见4D柱往东至11D直至东墙，所有混凝土柱、梁未发现粉刷层脱落、龟裂现象；钢结构屋架、梁、板表观良好，未发现弯曲变形

鉴定人员站在脚架上对2D－3D混凝土梁做回弹检测，可见此区域损伤比较严重	受火的4D－3D梁、3D柱和3D－2D梁，粉刷层部分脱落，该梁、柱混凝土约1平方米呈土黄色

1－4/D－G屋顶彩钢板受火变形透光；2D－2G、3D－3G、4D－4G3楅钢梁受火扭曲变形	被烧的彩钢板和梁扭曲变形

案例8　漳州桩基工程质量和价款鉴定（林启航）

案情背景：原被告于2009年10月13日签订工程施工合同后，在作业中当地村民阻止原告施工，原告在完成17#楼部分桩基工程施工，于2010年2月5日被迫全面停工。原告要求被告按照合同约定支付工程款，被告反诉原告的桩基存在质量问题，故法院根据申请人的申请，委托我所对原告已经完成的17#楼的桩基工程的质量和工程价款进行鉴定。

委托方：福建省漳州市中级人民法院。

委托内容：对原告已经完成的17#楼的桩基工程的质量和价款进行司法鉴定。

鉴定过程：我所确认接受委托后，分别指派鉴定人员三次到达17#楼桩基鉴定现场。第一次于2014年4月14日，对现场进行勘察，现场停工3年多杂草丛生，所有桩基都埋在土里，无法鉴定。依据现场情况和冲孔灌注桩施工图纸，按照规范要求随机选取5根冲孔灌注桩，请鉴定申请方进行开挖，用于检测鉴定；第二次于2014年4月25日，对开挖的冲孔灌注桩进行桩径、桩长、钢筋笼主筋直径和数量以及采用超声波透射法检测桩身完整性检测；第三次是于2014年5月14日再次到达现场，对开挖出来的预制桩采用低应变法进行检测。通过随机抽查桩的数量和质量，对照施工合同和设计施工图纸，按照超声波透射法和低应变法检测结构。我们所司法鉴定人给出的意见是质量符合规范要求。

鉴定意见：随机抽取的17#楼的冲孔灌注桩和预制管桩的桩基工程质量符合规范要求；计算出17#楼桩基工程的工程造价为人民币壹佰伍拾万叁仟贰佰叁拾玖元零柒分（￥1 503 239.07元）。

鉴定效果：我所出具的《司法鉴定意见书》为法官断案提供了有力的依据，加快了法院的断案效率。

法院法官、原被告双方代表律师、施工方代表、鉴定人员五方人员在鉴定现场	鉴定人员正在测量冲孔灌注桩的桩径

鉴定人员正在测量冲孔灌注桩的桩长	鉴定人员对冲孔灌注桩进行超声波透射法检测

鉴定人员对预制桩进行低应变检测	鉴定人员正在对预制桩进行低应变检测

案例9　连城房梁变形及修复费用鉴定（上官稳发）

案情背景：原被告双方签订一份房屋建设合同，争议房屋为在建的坐南朝北的砖混结构毛坯房，施工完成一层梁板后拆除模板，原告发现已施工好的梁截面大小不均且部分严重倾斜，造成受力不均的情况，不敢继续加层。双方协商无果后，房东为保护自身的合法权益，将施工方起诉至法院，针对梁变形是否会影响在建房屋的安全，法院为了科学、公正断案，经双方同意由法院委托鉴定机构对其进行鉴定。

委托方：福建省龙岩市连城县人民法院。

委托内容：对原告在建房屋梁变形是否能够修复以及修复费用进行鉴定。

鉴定过程：房屋质量安全直接关系广大群众的生命财产安全，关系社会和谐稳定。我所鉴定人员到达鉴定现场后，首先对已完成部分的房屋进行全面的勘验、测量、取证，勘验发现已完成部分的房屋属砖混结构，梁、板、墙都属同一承重整体，且存在以下几个问题：（1）梁1变形且倾斜严重；（2）北面柱外侧连同梁整体外倾斜及砖墙墙体外倾，造成相邻墙体不在同一平面；（3）梁2、梁3整体弯曲不在一个水平面；（4）梁3截面大小不一，取3个测点进行测量，测量后梁的截面宽度分别为17.5cm、14.5cm、12.4cm；（5）地梁部分微倾斜；（6）部分结构梁露出箍筋，结构梁的钢筋保护层厚度不够。其次，针对房屋存在问题确定修复方案：如在上述问题梁上进行加层将会导致房屋整体受力不均；如只对梁进行修复会影响到楼板和墙体连接，不能保证房屋的整体安全性及耐久性，且在拆除梁的过程中会不可避免地对承重砖墙体造成影响（如松动、塌落等）。最后，根据修复方案计算修复费用，得出鉴定意见。

鉴定意见：我所秉持诚信、公正、科学、求真的原则，（1）考虑到人民群众的生命、财产安全结合现场勘验情况，建议拆除地圈梁以上部分，对其进行重建。（2）房屋梁变形修复金额为人民币玖万零肆佰肆拾壹元整（¥90 441.00元）。

鉴定效果：我所出具的《司法鉴定意见书》为法官判案提供了有利的证据，节约了判案的时间。

法院、原、被告双方、鉴定人员在现场	变形梁1露出箍筋

变形梁1向外斜倾部分	变形梁2整个梁弯曲变形
	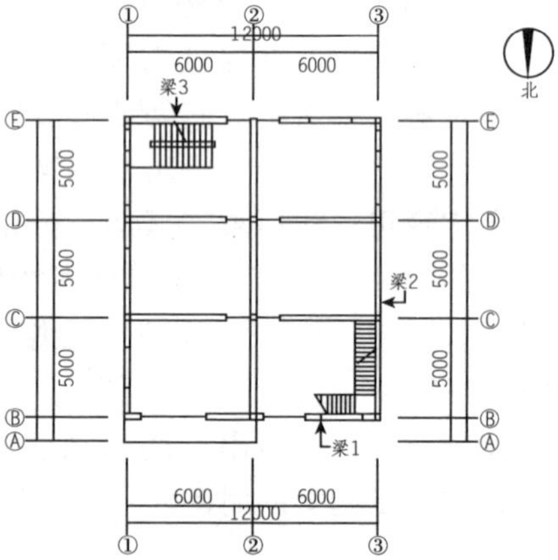
整根梁截面大小不一	建筑平面示意图

案例10　精装修商品房装修质量和造价鉴定（王盼）

案情背景： 某房屋业主购买精装修商品房，购买后发现该商品房存在装修质量问题，向开发商反映后，开发商对该商品房进行了整改，整改后房屋装修仍存在质量问题。鉴定前该精装修的商品房经过多次整改，现场大部分装修已被拆除或铲除，整改尚未完工。遂业主向福建省消费者权益保护委员会投诉关于开发商的精装修商品房的装修质量问题，为了进一步保护好消费者的合法权益，遂福建省消费者权益保护委员会先后两次委托我所，分别对该商品房的装修质量和装修部分造价进行鉴定。

委托方： 福建省消费者权益保护委员会。

委托内容： 对某栋某室房屋的装修工程是否符合《建筑装饰装修工程质量验收规范》的质量标准及装修部分有关造价进行司法鉴定。

鉴定过程： 我所确认接受委托后，指派鉴定人员两次到达鉴定现场。第一次到达现场时，该精装修的商品房已经过开发商多次整改，现场大部分装修已被拆除或铲除，现场勘验日整改尚未完工。勘验发现，精装房存在的质量问题主要是隐蔽工程和施工材料，原灰浆强度不足，用竹片可以铲下来，原来粘贴的瓷砖有裂缝，瓷砖出现大面积空鼓，且重新整改过程中未对其他未施工部分进行有效保护，致使装修不断出现问题，其余部分工程鉴定因整改未完成无法做出鉴定意见。第二次鉴定人员结合装修质量鉴定中存在的问题，对已装修部分进行测量、勘查及数据采集。目前大部分装修已拆除，可以验算合格的子分部仅有中央空调、厨房及卫生间的装修。因委托方未能提供详细的装修计价清单，我所采用市场调查法计算造价。

鉴定意见： 某精装修房不符合《建筑装饰装修工程质量验收规范》的质量标准，需整改。在装修工程委托协议中甲方对乙方装修装修质量合格部分应该支付的费用应为人民币壹拾陆万陆仟陆佰贰拾贰元捌角（¥166 622.8元），乙方未完成或安装质量不合格的费用为人民币贰拾捌万叁仟叁佰柒拾柒元贰角（¥283 377.2元）；若甲方自行拆除需支付人民币壹万贰仟柒佰贰拾元（¥12 720.00元）的拆除费用。

鉴定效果： 我所出具的《司法鉴定意见书》为消费者权益委员会合理地解决了双方矛盾，同时使消费者的合法权益也得到了保障。

客厅墙面已重新抹灰，地面石材板砖尚未拆除	原灰浆强度不足，用手可剥离墙体

阳台墙壁饰面板（砖）裂缝	地面板砖空鼓

壁柜门高低差	未安装完成的筒灯

案例11　炭窑质量和修复造价鉴定（林美晖）

案情背景：2013年9月，顺昌县××有限公司从外地雇了一名建造炭窑包工头为其建造炭窑，建完后发现炭窑排烟道发生漏烟严重，导致工厂内烟雾弥漫，烧炭工人无法在工厂中正常工作，甚至危害他人身体健康和安全。次年3月，某有限公司委托我所对其竹炭炭窑质量和修复造价进行鉴定。

委托方：××有限公司。

委托内容：对某有限公司的竹炭炭窑质量和修复造价进行鉴定。

鉴定过程：我所鉴定人员前往两处鉴定地点，分别对鉴定地点1的三组炭窑和鉴定地点2的炭窑进行全面的勘验、测量、取证、比对。发现鉴定地点1的炭窑泥浆搅拌不够均匀，泥浆层铺设不均匀，泥浆灰缝饱和度较差；部分泥浆层重粘土含量偏高，砌筑工艺粗糙，其中3号炭窑相对严重。2号与3号炭窑正在烧炭，均有漏烟情况，3号炭窑尤为严重，厂内空气混浊，能见度低，烟味呛鼻。鉴定地点2的炭窑砌筑工艺相较鉴定地点1更为细致，砂浆搅拌均匀，砂浆层铺设均匀，炭窑四周用角钢和扁铁以螺栓或焊接固定，未发现漏烟情况，厂内空气清新，同时炭窑周围也没有发现裂缝。通过现场测量数据分别计算鉴定地点1、2的烟道及烟囱容积，得出鉴定地点1的三组炭窑烟囱的总容积只有1.32m^3，12个炭化室产生的烟和26个炭化室产生的烟竟然都用同一规格的烟囱排烟，鉴定地点2炭窑烟囱的总容积为4.34m^3，通过对比表明"××有限公司"的竹炭炭窑没有经过正规设计单位设计及有资质单位施工，烟气通道总容积是同等处理量炭窑-2的30.41%；排烟道不够畅通，加上炭窑壁裂缝多，漏烟严重。司法鉴定人把该炭窑质量评定为不符合质量标准。考虑到已经投入使用，如果拆除重建，对原被告双方都将造成巨大的经济损失。经过我所专家研讨后，建议炭窑外墙裂缝采用耐热混凝土填补，为缓解漏烟情况，对3个炭窑的旧烟囱拆除，1号炭窑重建2个烟囱，2、3号炭窑重建3个烟囱；对3个炭窑的水平烟道进行加高处理，增加烟道通流横截面积，并做成斜坡、内表面做光滑处理，利于排烟。最终根据晨曦软件顺昌信息价，计算出修复费用。

鉴定意见：某有限公司的竹炭炭窑质量不符合质量标准，窑身裂缝修复和改善排烟条件，修复费用为人民币肆万叁仟陆佰陆拾柒元捌角贰分（¥43 667.82元）。

鉴定效果：我所出具的《司法鉴定意见书》为委托人维护自身合法利益，提供了有利的保障。

鉴定地点 -1 对炭窑进行现场勘验	鉴定地点 -1 鉴定人员在对炭窑窑身进行测量

鉴定地点 -1 烟道顶部泥浆开裂，漏烟严重	鉴定地点 -1 烟道漏烟严重

鉴定地点 -2 进行现场勘验	鉴定地点 -2 炭化室做工平整，砂浆配比均匀且铺抹平整

案例12 娱乐会所装修质量及造价鉴定（汪增）

案情背景：根据法院提供的原被告双方起诉状资料，原告福州某家具有限公司与被告龙岩市新罗区某娱乐会所订立《销售合同》。在该合同中，被告为合同甲方，原告为合同乙方，约定乙方向甲方供应家具类设备，用于甲方会所的装修，履约过程中甲乙双方对合同约定之标的有所增补后，原告依约定完全履行了合同义务，被告尚有合同款未支付。起诉至法院后，被告认为原告未按照上述合同约定履行，造成会所对尺寸偏差、错缝等进行二次装修。原告装修不符合装修标准造成墙面装修出现起泡、开裂等问题，须停止营业进行返工，造成停业损失。

委托方：福建省福州市闽侯县人民法院。

委托内容：（1）对龙岩市新罗区某娱乐会所的装修漆面是否为钢琴烤漆进行司法鉴定；（2）对装修存在起泡、开裂是否是装修材料或施工质量问题进行司法鉴定；（3）对二次装修、需要返工装修部分的造价进行司法鉴定。

鉴定过程：我所指派鉴定人员到达鉴定现场。鉴定人员向双方当事人了解现场基本情况；勘验发现，包厢内的墙面存在木饰面板发霉，漆面开裂、起泡、脱漆等现象；鉴定人员分成两组，在相关人员带领下对现场每间包厢进行勘验、拍照，对墙面有存在的开裂、起泡等现象进行测量、采集数据；在原、被告双方代表人见证下，鉴定人员对现场木饰面板进行切割取样。鉴定人员通过现场勘验情况及取样，就样品从漆层、硬度、厚度进行破损性实验，依据钢琴漆所要求的施工工艺、质量标准进行判断是否为钢琴烤漆。通过分析木饰板面漆面层起泡、开裂的主要原因是第一遍漆未充分风干即刷第二遍所引起，这就造成下层漆中的溶剂影响到上层漆膜，使其起泡、开裂和漆面层底下或背后有潮气渗入，或使用胶黏剂存在质量问题，经强光照射，水分蒸发成蒸气，把漆皮顶起成泡、开裂。最后根据现场测量的数据计算二次装修、需要返工装修部分的造价。

鉴定意见：（1）龙岩市新罗区某娱乐会所的装修漆面不是钢琴烤漆；（2）装修存在起泡、开裂属于施工质量问题；（3）二次装修需要返工的造价为人民币壹拾柒万叁仟贰佰零伍元（¥173 205.00元）。

鉴定效果：我所出具的《司法鉴定意见书》，为法官判案提供了有力证据。

原被告双方代表与鉴定人员进入勘验现场	包厢内木饰面板漆面存在开裂起皮、脱落，基层存在发霉现象
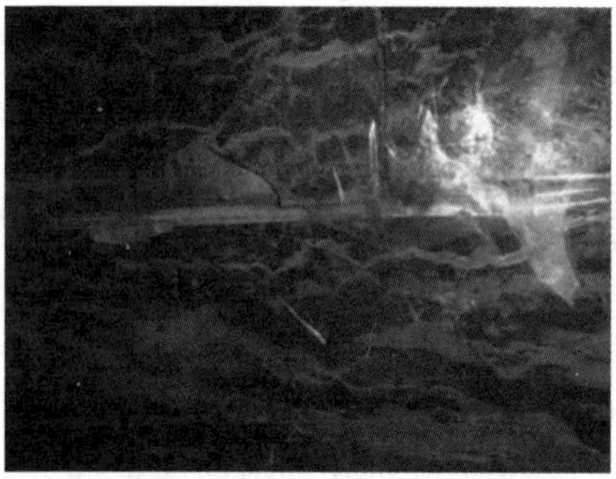	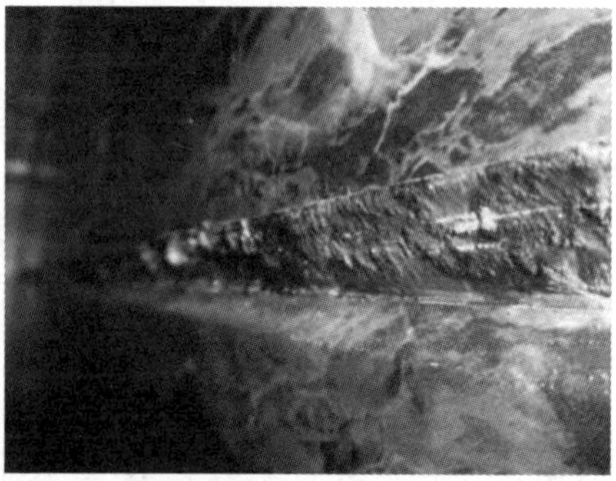
包厢内木饰面板漆面发霉、开裂、脱落，有用透明胶布修补过的痕迹	木饰面板之间连接缝起泡
	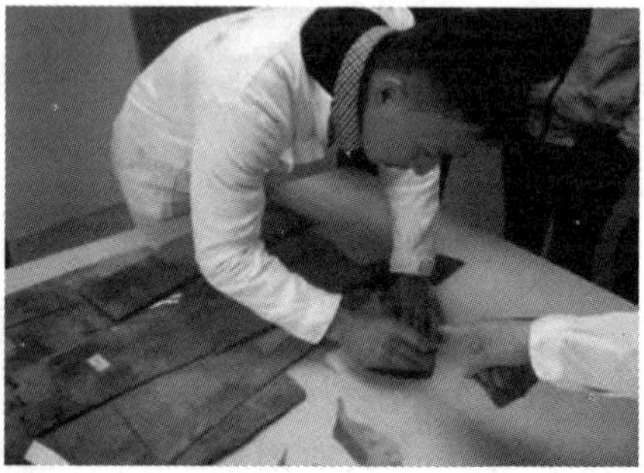
电视墙木饰面漆面严重脱落	鉴定人员检测漆面厚度

案例13 房屋墙体偏移安全及营业损失鉴定（陈开愿）

案情背景：原告房屋地下室及一层建于1999年，与被告房屋同时搭建，二层及以上是2012年5月份开始续建。双方房屋相邻墙体（含基础和墙体）为双方共同建设和拥有。房屋处于中心大道路旁，为沿街房屋，一层可作为店面。原告认为相邻房屋一层地面以上共墙砌筑向自身房屋偏移7厘米，致使一层及以上共墙轴线与共同基础和地下室共墙轴线不吻合，从而对其房屋构成安全危害、房产价值降低、房屋面积缩小等。

委托方：福建省漳州市诏安县人民法院。

委托内容：（1）对讼争房产进行安全鉴定；（2）对被告侵权行为造成讼争房产价值降低数额进行评估；（3）对被告恶意阻挠申请人依法施工致使申请人店面无法正常营业的损失数额进行评估；（4）对被告侵权行为致使申请人讼争房产使用面积缩小造成财产损失数额评估。

鉴定过程：我所鉴定人员经现场勘验，原告房屋未发现倾斜及裂缝。对于基础及地下室层部分共墙位置，经原被告确认，该部分不存在侵占。以原告一层卫生间窗户边缘为共同铅垂线，分别测量地下室层共墙侧面至铅垂线水平距离和一层卫生间共墙侧面至铅垂线水平距离；按照原被告双方确认的地下室层共墙为基础轴线，分别测量地下室墙体厚度为370mm，一层墙体厚度为240mm，根据测量结果计算实际偏差值≤10mm，符合《砌体结构工程施工质量验收规范》（GB50203：2011）规定轴线允许偏差范围。然后根据委托内容第1项，分别对2、3、4项委托内容进行鉴定，得出鉴定意见。

鉴定意见：（1）讼争房产共墙墙体未发生悬空错位，不存在墙体重心偏离轴线重心而产生房屋处于不安全状态；（2）由于该共墙未发生悬空错位，故该项房产价值数额降低不存在；（3）申请人店面无法正常营业的损失金额为人民币伍万零玖拾壹元陆角（￥50 091.60元）；（4）共墙墙体中心线位于原被告双方土地界限中心（向原告方最大偏移处为10mm，为规范允许施工偏差），故对原告方的房屋使用面积的缩小在国家规范允许范围之内。

鉴定效果：我所出具的《司法鉴定意见书》顺利地解决了邻里之间的矛盾，促进社会和谐。

鉴定房屋南面	鉴定人员在原告房屋内勘验
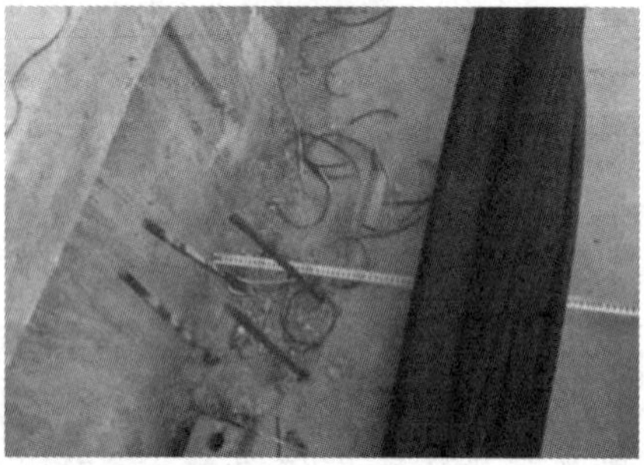	
在被告楼顶对原共墙勘验墙体尺寸	对被告房屋构件尺寸进行测量
	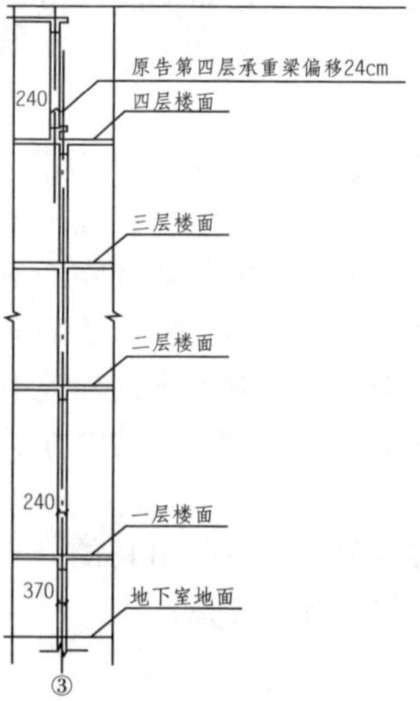
原告房屋第四层梁	原被告共墙示意图

案例14　南靖房屋受损情况、修复方案及修复造价鉴定（林美晖）

案情背景：该案件为一原告两被告。原告为房屋屋主，被告一为某电信局，被告二为拖拉机驾驶员庄某。原告房屋屋主分别诉被告一某电信局在其房屋外墙架设电缆线未达到国家规定的四米五的高度，实际只有三米高；被告二驾驶变型拖拉机时，拖拉机装载箱上加高的栏杆勾到房屋外墙的电缆线，造成原告房屋墙体出现多道裂缝，且多数长达三米。原告为了维护自身的合法权益，故对上述两被告进行起诉。

委托方：福建省漳州市南靖县人民法院。

委托内容：（1）架线原因、不当驾驶原因导致的房屋受损情况；（2）受损后房屋修复方案；（3）房屋损失（事故后房屋总损失包括架线不当、驾驶不当造成的损失）。

鉴定过程：我所确认接受委托后，指派鉴定人员到法院，与法官等人一同前往鉴定现场。首先，对原告房屋的受损和房屋外墙架设电缆线的高度情况进行勘验。其次，根据对房屋现场勘验情况包括本次事故造成和对房屋自身原因造成的裂缝进行分析并确定房屋加固修复方案及计算修复费用。最后，经专家研讨对两被告对房屋受损参与度进行分析：根据电信局对房屋外墙架设电缆线的高度（3.5m），不符合《光纤光缆通信作业规范》第五章架线作业安全，第五节墙壁线缆作业中第三点规定墙壁线缆在你跨越街巷、院内通道等处其线缆的最低点距地面高度应不小于4.5m的标准，故电信局此次事故修复造价中占主要因素（60%～80%）；变型拖拉机驾驶员主观意识较弱，对道路实况未能充分判断，导致拖拉机货箱架高会勾到电缆线，故拖拉机驾驶员在此次事故造价修复中参与度为（20%～40%）；原告房屋自身裂缝没有在此次修复范围内，故不存在参与度。

鉴定意见：（1）该房屋受损情况为房屋东南角墙体受损严重，并已经局部影响到房屋其他墙体处产生裂缝。电信局与拖拉机师傅参与度（仅供参考）：电信局参与度为60%～80%，拖拉机师傅参与度为20%～40%。（2）房屋修复、加固方案为：一、二层“房1”四墙拆除重建，其他墙体裂缝敷设钢丝网修复、加固。（3）修复、加固总费用约为人民币：叁万伍仟柒佰叁拾伍元整（￥35 735.00元）。

鉴定效果：我所出具的《司法鉴定意见书》为法官判案提供了有力依据。本案对原告自身房屋损坏不予计算修复价格，避免了原告将房屋老旧和修复金额添加在里面，参与度要三家划分。虽然给我们的鉴定工作增加了工作量，但是使两家被告在责任分担上一目了然。

法官、原被告双方、鉴定人员在鉴定现场	原告房屋东面墙上固定电缆线位置
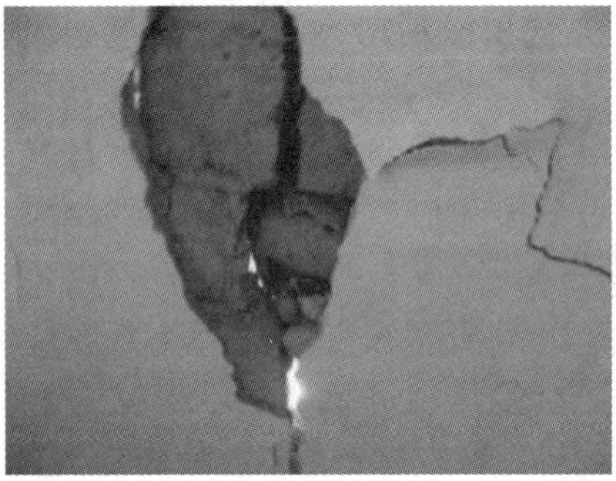	
二层“房1”东墙墙体内土砖存在贯穿性裂缝	一层楼梯休息平台墙体存在“倒U”型裂缝
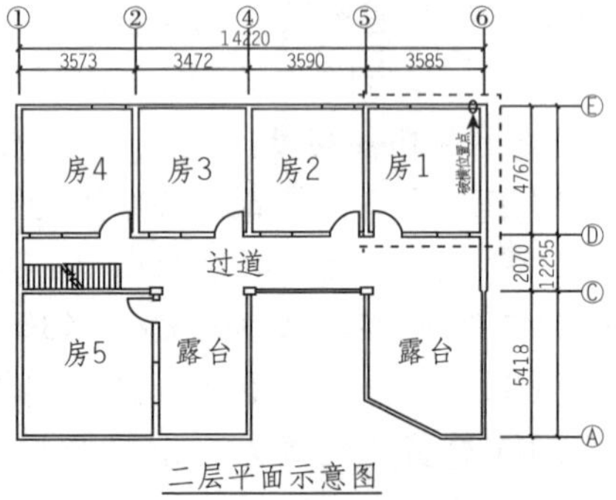	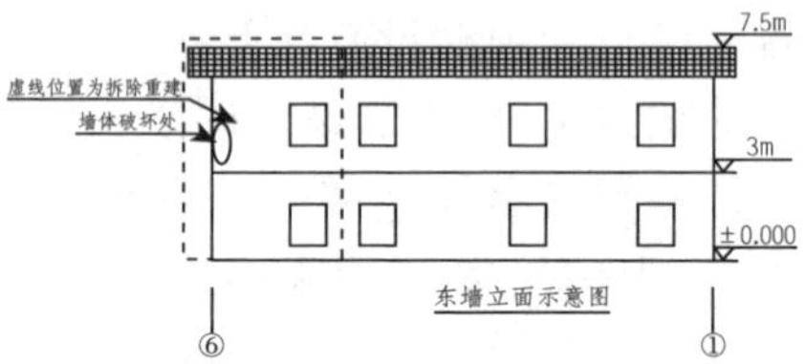
受损房屋二层平面示意图	受损房屋东墙立面示意图

案例15　医院综合楼是否为危房及修复费用鉴定（吴祖容）

案情背景： 本案在委托我所做涉案医院是否为危房及修复费用前，已委托我所对其楼板的厚度、框架梁、楼板钢筋混凝土抗压强度和梁、板钢筋混凝土保护层是否符合国家建设工程质量合格标准进行鉴定。上一份鉴定意见中除楼板和梁混凝土强度满足工程质量验收规范的要求，其他楼板厚度、梁、板钢筋混凝土保护层厚度不满足工程质量验收规范的要求。为确定涉案工程是否是危房，故委托我所对综合楼是否属于危房、可否使用，及是否可修复，修复费用多少进行鉴定。医院方再次向法院提交鉴定申请。

委托方：福建省龙岩市中级人民法院。

委托内容：对医院综合楼是否属于危房、可否使用；如果经修复能使用，修复费用多少进行鉴定。

鉴定过程：我所接受委托后，指派鉴定人员与法官等人到达鉴定现场，现场鉴定采集数据经统计有125处梁存在三面裂缝，有近50处的蜂窝麻面和露筋。首先，根据对房屋倾斜观测、裂缝位置以及宽度以及结合上一份《鉴定意见书》对该综合楼进行危房等级评定。其次，分别对楼板空洞、地下室剪力墙变形、柱墙胀模及蜂窝麻面观感、框架梁跨中裂缝、楼板厚度不够、楼板钢筋保护层负偏差、地下室渗水、楼板新材料、新工艺的混凝土层在泡沫块上下普遍不均等，屋面渗水等现象制定具有安全、可靠、耐久等针对性的处理方案。最后，根据处理方案，计算修复费用。本案难点在于，建筑面积约40 000平方米，楼板采用新材料、新工艺，板厚达到200毫米，中间用泡沫块填充，层高5米以上，每一步勘验都要在活动支架上勘验，工作效率大打折扣，十几位工程师驻点现场5天才取证结束。

鉴定意见：（1）综合楼危险性评级为B级，结构承载力基本满足正常使用要求，个别结构构件处于危险状态，但不影响主体结构，经过合理修复，基本满足正常使用要求。（2）综合楼修复费用为人民币贰佰玖拾柒万壹仟壹佰玖拾肆元整（￥2 971 194.00元）。

鉴定效果：我所前后两次出具的《司法鉴定意见书》都得到了委托方的采信。新材料、新工艺的楼板因为施工方工人不习惯，所以楼板出现混凝土注浆不均，泡沫块上下楼板厚度不一致的情况。对待新工艺，如何培养员工适应新技术、新工艺，是确保建筑物质量的关键。

综合楼大样	鉴定人员勘验之前的小会

鉴定人员在测量梁裂缝	框架梁裂缝

楼板开裂渗水	剪力墙扭曲

案例16 商场工程造价及质量鉴定（李志强）

案情背景：根据委托方提供的资料显示，原告与被告于2013年10月23日签订《建设工程施工合同》，合同约定被告将其开发建设的商城工程发包给原告施工，工程内容包括地基基础工程和上部工程的建安类。原告于2013年11月份开始进场施工，于2015年2月份正式退场停止施工；目前施工完成至6#～10#楼的地下室至第七层梁、板、柱及剪力墙，第八层只完成钢筋混凝土框架梁板，11#楼只施工至地下室顶板，一层以上未施工（6#～10#、11#楼的地下室是连体的）。之后施工中原被告双方又相继签订“施工补充协议”和“地下室基坑支护工程及地下水降水施工合同”等文件，约定被告把基坑支护、消防等施工项目一并发包给原告进行施工。至今，原告将该工程已经完成地下室至第七层的梁、板、柱及剪力墙，第八层只完成钢筋混凝土框架梁板，而被告却未履行“合同”及“补充协议”中的义务；按约定被告应向原告支付至第六层框架梁板已完成工程量85%的工程进度款，但是，被告至今未向原告支付过任何工程进度款，导致该工程无法继续施工。为证明原告已施工的商城工程质量均合格的事实以及要求被告及时支付相关工程款，并对6#～11#楼工程享有优先受偿权，故原告特向漳州市中级人民法院提出鉴定申请。

委托方： 福建省漳州市中级人民法院。

委托内容：（1）对原告施工的商城工程［含桩基工程、地下室工程、6#～11#楼土建主体工程1～6层（不含裙楼11#楼）、水电安装工程、消防工程、施工场地面层土方更换工程、基坑支护工程］的工程造价进行鉴定；（2）对上述工程的质量是否合格进行鉴定。

鉴定过程： 我所接受委托后，指派鉴定人员与法官等人一同到达鉴定现场。现场经过委托方询问了解到，被告方相关人员本次均未到达勘验现场；在经过委托方许可授权和原告相关人员同意后，我所鉴定人员按计划进行现场勘验。根据现场勘验，本次鉴定房屋主体结构尚未完成，6#～10#楼的结构只施工至第八层结构板面，各层板面垃圾均未清理，围护结构均未施工，11#楼只施工至地下室结构顶板；外脚手架尚未拆除；强电、弱电系统中，只进行了设置在混凝土构件内的管预埋工作。在现场，鉴定人员对根据委托方提供的施工图，对轴线位置、柱、梁、层高等尺寸进行测量核对；对构件受力钢筋、电线预埋管及线盒等进行随机抽查，测量核对；对构件的箍筋排布进行检测；随机抽取被房屋的任意位置对柱、梁、板进行钻取芯样；根据现场条件，对被鉴定房屋布置测点测量结构侧向位移。

鉴定意见：（1）商城6#～11#楼工程［含桩基工程、地下室工程、6#～11#楼土建主体工程1～6层（不含裙楼11#楼）、水电安装工程、消防工程、施工场地面层土方更换工程、基坑支护工程］的工程造价总金额为人民币叁仟零叁拾叁万伍仟贰佰玖拾肆元整（￥30 335 294.00元）；（2）上述工程的质量均符合设计图纸及相关规范的要求，而部分混凝土构件出现蜂窝、麻面等的一般缺陷。

鉴定效果：我所出具《司法鉴定意见书》后，获得原被告的一致好评，他们还特意要经办法官传达他们的谢意。漳州中院还特意组织其他鉴定、检测机构集中在会议室，特邀我所到中院分享案件鉴定经验。

被鉴定房屋，依次为6#～10#	现场情况

鉴定人员对房屋内轴间距进行测量	鉴定人员对房屋内水电预埋 管进行抽查检测

鉴定人员对钢筋尺寸进行测量	鉴定人员对构件的钢筋排布情况进行检测

案例17 房屋内水电、泥水装修质量与造价鉴定（吴立善）

案情背景：根据委托方提供的资料显示，原告购买房屋后，经人介绍将该房屋的（装饰板分项工程）泥工、水、电装修分项工程发包给被告施工，双方于2013年11月20日签订《装修安全责任书》。原告诉被告在施工过程中存在瓷砖空鼓和脱落、屋面和墙体渗漏等工程质量缺陷，以及材料虚耗严重、拖延工期等问题，而被告诉原告支付拖欠的工程款。

委托方：福建省漳州市邵武市人民法院。

委托内容：（1）对房屋的水电、泥水装修（含改造）工程的质量是否合格进行司法鉴定；（2）对如装修（含改造）工程的质量存在不合格，质量不合格的部分修复（或重装）所需的费用（含人工费、材料费等）是多少进行司法鉴定；（3）对被告完工的质量合格的部分的工程价款是多少进行司法鉴定。

鉴定过程：我所接受委托后，指派鉴定人员与法官等人到达鉴定现场。经现场询问了解到，原被告在本次涉案的工程中并没有签订正规的施工合同，只有一份双方初拟的“装饰工程标准预算单”，从现场勘验情况看，整体装饰尚未竣工，但室内给、排水管道已经基本隐蔽，只能看见屋面部分的给水、排水管。鉴定人员在原被告及法官的陪同见证下，对现场由被告施工的项目及工程量进行逐一测量、记录、拍照取证。勘验完成后，根据国家相关规范结合现场实际勘验情况，对原告房屋内水电、泥水的施工质量进行对比鉴定。

鉴定意见：（1）房屋的水电、泥水装修（含改造）工程的质量存在部分不符合规范；（2）质量不合格的部分修复（或重装）所需的费用（含人工费、材料费等）为人民币伍万玖仟贰佰捌拾玖元整（￥59 289.00元）；（3）被告完工的质量合格的部分的工程价款为人民币玖万贰仟陆佰柒拾叁元叁角（￥92 673.3元）。

鉴定效果：在出具司法鉴定意见书之后，由于被告方多次提出质疑与不同意见，我所鉴定人员针对每次的质疑作出对应的答复，并应委托方要求指派相关鉴定人员到法院出庭，在法庭上鉴定人员耐心解答各种质疑提问。最终在委托方的支持与我所鉴定人员的努力下，顺利了结此案。该案偷工减料情况有很高警醒作用，返工费用占据约6万元，合格工程款才9万元，也意味着施工方，不仅白白付出劳动，而且还要赔本。我们虽然很同情施工方的遭遇，但是天泽的客观、科学、公正原则不可变。在此也劝告施工方，不能一味地满足业主的低价要求，一定要保持合理利润，千万不能因为低价，去偷工减料，亏了本还丢了信誉。

客厅情况	主卧卫生间瓷砖脱落

露台北墙面渗水	室外露台

室外屋面排水沟及给水管敷设情况	室外屋面板被被告凿孔穿电线

案例18 装饰工程质量及损失评估鉴定（王盼）

案情背景：本案为农村建房施工合同纠纷案，由被告施工完成的房屋出现瓷砖掉落，南北西三面外墙瓷砖及对应的内墙出现不同程度的渗水、发霉，多间卫生间楼地面标高与相邻楼地面标高一致，导致卫生间无法正常排水及使用。原告认为被告修建房屋时偷工减料，工程质量存在重大问题，协商不成，起诉至法院。故法院根据原告的鉴定申请，委托我所对涉案房屋进行司法鉴定。

委托方：福建省龙岩市武平县人民法院。

委托内容：对本案诉争的工程质量是否合格进行鉴定，并对造成工程的实际损失进行评估。

鉴定过程：我所接受委托后，指派鉴定人员与法官等人到达鉴定现场。因整栋房屋都由被告施工完成，故在法官的见证下首先与原告确定本案的鉴定范围（主要鉴定内容涉及对于房屋南北西三面外墙瓷砖装饰工程质量及损失评估（包括内墙的渗水发霉修复）、卫生间楼地面标高是否要低于相邻楼地面进行鉴定）。鉴定范围确定后，展开正式的鉴定工作。根据现场勘验，被鉴定房屋有17面墙体存在渗水、发霉现象；鉴定人员通过用空鼓锤在外墙瓷砖面敲击，墙面发出“咚咚”清脆的声响；现场随机选取的瓷砖进行破损勘验，已破损的瓷砖处可以看到水泥砂浆未满铺瓷砖（砂浆要满粘法），瓷砖的四周和四个角均无砂浆层；除一层卫生间楼地面标高略低于走道标高，其他卫生间楼地面未按《民用建筑通则》中的相关条款执行。最后，根据现场实际勘验情况，根据修复方案，对房屋渗水、发霉造成的损失进行计算。

鉴定意见：（1）诉争房屋外墙瓷砖装饰工程质量不符合规范要求；（2）造成工程的实际损失（即修复费用）评估金额为人民币伍万壹仟陆佰叁拾壹元（￥51 631.00元）。

鉴定效果：我所出具的《司法鉴定意见书》为法院判案提供了有力的依据，案件判决后，法院致电感谢我所。另外，在众多外墙贴瓷砖的房屋，多数都会发现外墙渗水现象，这是由于外墙基底防水没有做好，瓷砖接缝很难密实，贴瓷砖造成的空鼓又在所难免，这些空鼓就是存水的空间，水就会慢慢渗漏到房间内。

鉴定现场	房屋勘验现状

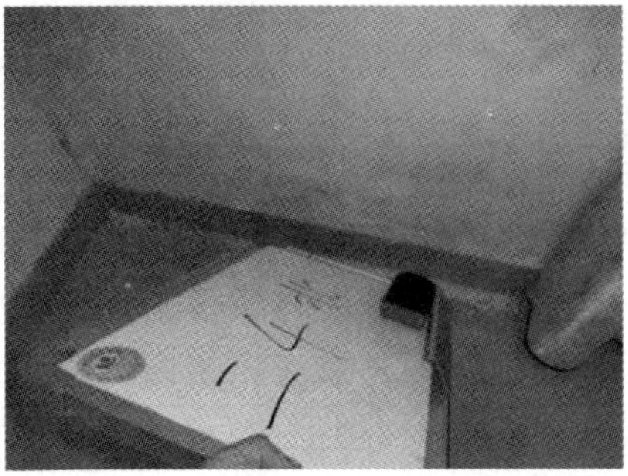	
房屋勘验现状	卫生间楼地面标高与相邻地面一致

敲碎后的瓷砖，砂浆墙体潮湿	敲碎后的瓷砖可见水泥砂浆未满粘

案例19　开发商房屋质量瑕疵及修缮费用鉴定（林美晖）

案情背景：原告向被告（开发商）购买了一套商品房，原告在被告交房时发现卫生间和厨房防水层鼓起、脱皮；入户门倾斜，垂直度不符合要求门正面顶部向外倾斜约3～5厘米影响美观，门背门侧墙粉刷面超出门套2厘米影响内部装修飘窗及梁柱主体结构尺寸偏差3～5厘米不等，两侧墙面粉刷开裂、裂缝多厨房门窗开关失灵，框边砂浆塞缝开裂严重易渗水等质量问题。原告多次叫被告物业来维修未果，无奈只能上诉至法院。

委托方：福建省宁德市蕉城区人民法院。

委托内容：（1）对被告交付给原告开发商房屋是否存在质量瑕疵问题及哪些质量问题进行现场勘验；（2）若该房屋存在质量问题，对修缮该房屋的费用进行评估。

鉴定过程：我所接受委托后，鉴定人员与法官等人到达鉴定现场，鉴定人员确认原告方和被告方等相关人员均到达现场后，在勘验前我所组织各相关方召开短会，说明勘验现场的鉴定程序：（1）介绍了司法鉴定人的回避制度；（2）在原被告双方确认无需回避后，简要说明本次勘验流程；（3）鉴定人员通过询问在场相关人员了解案件的基本情况；（4）鉴定人员展开现场勘验工作，对鉴定房屋进行现场勘验，发现存在以下瑕疵：

①入户门上下垂直度偏差24mm；

②厨房南外墙粉刷层空鼓面积500mm×500mm；

③房1西墙粉刷层空鼓面积900mm×1000mm，250mm×700mm；

④房1阳台裂缝宽度1.5mm，长度为1300mm；

⑤房4东墙粉刷层空鼓面积700mm×700mm；

⑥房4北墙粉刷层空鼓面积300mm×500mm；

⑦房4西墙粉刷层空鼓面积600mm×1600mm；

⑧卫生间2西墙粉刷层空鼓面积500mm×1500mm；

⑨房6东墙粉刷层空鼓面积600mm×1000mm；

⑩房6西墙粉刷层空鼓面积500mm×1500mm；

⑪厨房、房6顶板不平整；

⑫厨房及两个卫生间的防水层鼓起、开裂、色变等问题；

⑬房屋内部地面找平层沿着墙边300mm都空鼓；

⑭卫生间1顶板排污立管与楼板交界处渗水；

⑮卫生间1地面水渗漏至3003卫生间顶板；

⑯3103室房1阳台水渗漏到3003室顶板。

鉴定人员根据这些瑕疵给出合理的修复方案，并依据程曦计价软件算出修复造价。

鉴定意见：房屋在施工质量上存在一般缺陷的质量瑕疵；对该房屋的修缮费用为人民币壹万壹仟壹佰零柒元整（¥11 107.00元）

鉴定效果：我所出具的《司法鉴定意见书》为原告方合情合理地向被告提出合理的修复赔偿，提供了依据，为法官顺利定案提供了专业意见。

	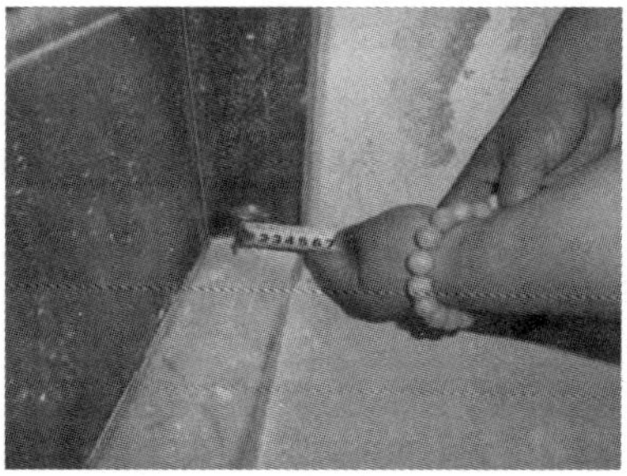
鉴定人员对房屋的入户门框垂直度进行检测	入户门框垂直度偏差24mm

鉴定人员对房屋墙体粉刷层 是否空鼓进行检测	鉴定人员用钢圈尺测量空鼓面积
	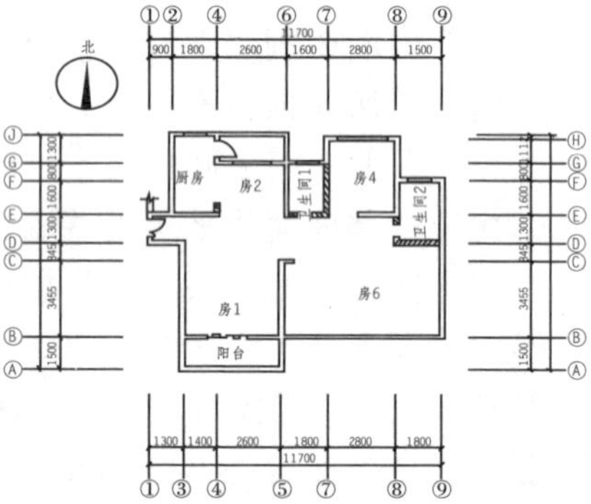
房屋阳台地面开裂	房屋平面示意图

案例20　房屋外墙砖质量及损失鉴定（李原春）

案情背景：根据法院提供的资料，原告于2015年12月19日向被告1购买豪山牌外墙砖，被告2为外墙砖的生产厂家。原告施工完成后，发现外墙砖出现严重膨胀或收缩及弯曲、砖面脱落等现象，外墙砖颜色和长度与出厂规格不符，怀疑存在质量问题。

委托方：福建省泉州市惠安县人民法院。

委托内容：对房屋的外墙砖是否需要拆除及外墙砖安装、拆除、工料、窝工费进行司法鉴定。

鉴定过程：我所确认接受委托后，先组织专家鉴定组成员对委托方提供的相关资料信息进行审阅、讨论，初步了解涉案工程的情况等制定相应的勘验、鉴定方案。2016年10月28日，我所鉴定人员与委托方等人一起到达鉴定现场，开展勘验鉴定工作。鉴定人员对现场部分外墙瓷砖尺寸、规格等进行记录、拍照，并对房屋外墙瓷砖铺贴面积进行测量。后期鉴定人员根据陶瓷砖国家标准规范（GB/T4100－2006）对现场陶瓷砖与规范要求陶瓷砖的吸水率与断裂模数作比对，发现本批次陶瓷砖在吸水率上不满足技术要求。最后，鉴定人员根据相关标准并结合当地造价管理部门最新发布的材料信息价为依据，计算出外墙砖安装、拆除、工料、窝工费合计费用。

鉴定意见：（1）房屋的外墙砖由于吸水率与断裂模数均不符合“GB/T4100－2006 陶瓷砖附录 H”炻瓷砖技术要求。考虑后期存在安全隐患，本批次外墙瓷砖应予以拆除。（2）房屋的外墙砖安装、拆除、工料、窝工费合计费用为人民币壹拾叁万柒仟捌佰肆拾陆元整（￥137 846.00 元）。

鉴定效果：我所出具的《司法鉴定意见书》为法院判案提供了有力的依据。

房屋西外墙瓷砖

鉴定人员对瓷砖尺寸进行测量

瓷砖表面有脱落现象

现场未铺贴的部分瓷砖

	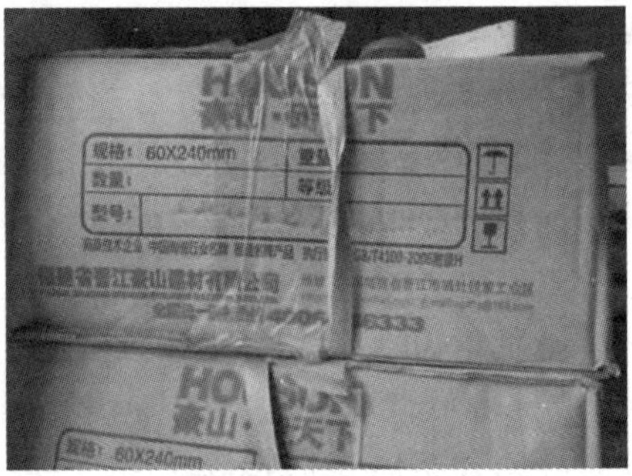
现场所用的竹制脚手架	现场所用的豪山瓷砖包装盒

原因、造价类

案例21　莆田房屋损坏原因、参与度及修复造价鉴定（上官稳发）

案情背景：郭某房屋为两层砖混结构，一层建于1986年，二层为1996年加层。底部基础采用三层条石梯形叠加、墙体承重、钢筋混凝土楼板与屋面。后由于政府修建向莆铁路和涵港西大道，将郭某房屋拆除连排7间中的4间加厢房1间共5间，剩下连排3间加厢房1间共4间房屋。拆除部分房屋后郭某继续居住在现有的房屋内，之后房屋出现不同程度的裂缝，郭某认为房屋出现裂缝是由于政府在拆除中未对不需要拆除的房屋做好防护措施及振动过大造成。

委托方：福建省莆田市中级人民法院。

委托内容：对郭某房屋的损坏原因、损坏原因与房屋损坏结果之间的参与程度或作用力大小以及房屋的损失金额进行司法鉴定。

鉴定过程：鉴定人员首先对房屋和周边环境进行全面勘察，其次对房屋的倾斜度和裂缝进行测量和统计，根据现场实际勘验情况结合法院提供的资料分别从房屋拆迁时的拆除方式、房屋周边环境、房屋自身原因等分析房屋的损坏原因。房屋原有9间，东边5间因为政府征用于修路，在拆迁过程中，用重型机械破碎锤拆卸，楼板约有十几平方米整块落下，造成的震动对未拆除房屋影响是不可避免的。公路的路面比房屋的地面高出与3米，公路的路基、基础和路面的荷载加大，造成了房屋地基不均匀沉降，厅中二层楼板南北方向长裂缝也显示了这一点。最后根据房屋损坏程度计算修复造价。

鉴定意见：郭某房屋损坏原因及损坏结果之间参与程度如下：（1）拆

除方式不当震动过大造成，参与度占55% ~65%；（2）房屋东面建向莆铁路和涵港西大道的荷载力及挤压造成了部分裂缝同时加速了原裂缝的扩大。参与度占25% ~35%；（3）自身房屋砌砖砂浆强度过低及房屋地基础处于软基上。参与度占5% ~15%。房屋损失金额为人民币捌万肆仟柒佰肆拾伍元整（￥84 745.00元）。

鉴定效果：通过鉴定让责任相关方明确知道房屋损坏原因、参与程度及修复造价的同时，也为法院划分责任提供了有力的证据。

被鉴定房屋现状

被鉴定房屋东面公路及铁路

被鉴定房屋东面路面与房屋地面高差为 m，与房屋东墙距离 1m

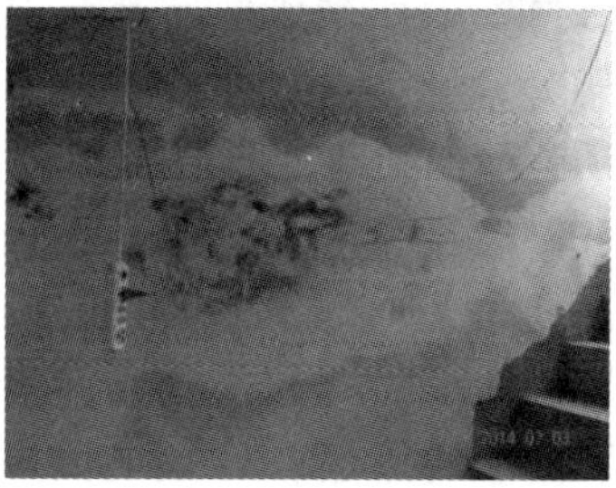

二层到顶层楼梯北墙裂缝长：3m、宽 0.6mm

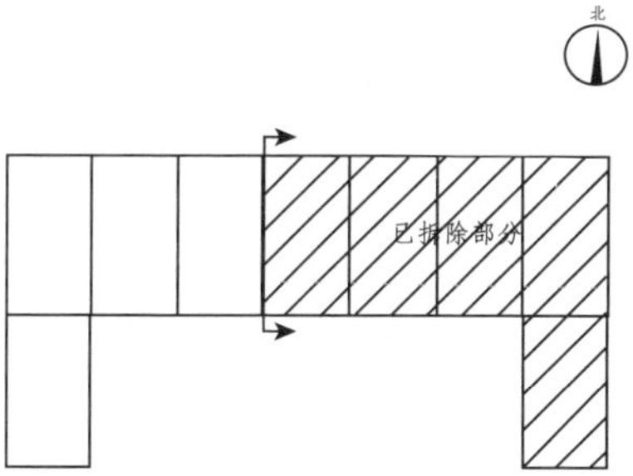

拆除前原房屋平面图

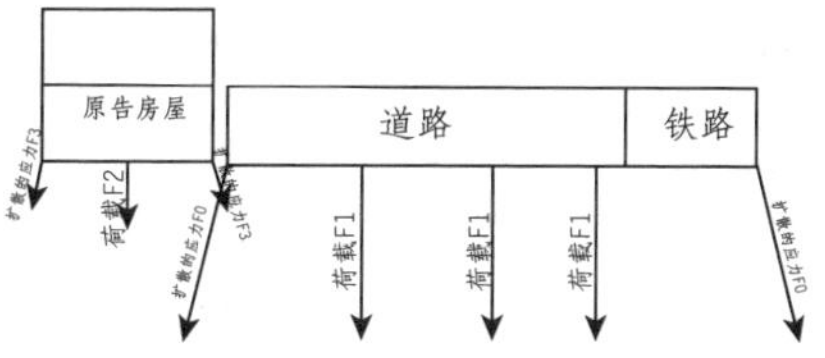

受力分析示意图

案例22　码头淤泥块石形成原因及清理淤泥、块石工程造价鉴定（林启航）

案情背景：原告某码头诉被告某物流有限责任公司对码头泊位进行施工时将本不该属于原告的淤泥、块石挤压至原告所属泊位，增加了原告清理淤泥和块石的工程量。被告认为原告泊位内的淤泥和块石是泊位本身自带的，跟自己是否对泊位进行施工无关。

委托方：福建省福州市中级人民法院。

委托内容：（1）对原告泊位陆域红线范围内堆积的淤泥、块石的形成原因进行鉴定；（2）对被告违规施工堆积在原告泊位陆域的红线范围内的淤泥、块石的数量以及清理淤泥、块石的工程总造价进行鉴定。

鉴定过程：我所确认接受委托后，组织有关专业鉴定人员对法院提供的相关资料进行审阅、讨论，初步了解涉案工程的情况等，并及时制定相应的勘验方案。鉴定勘验日由法院组织当事人与本所的专业鉴定人员进行现场勘验工作。首先，法官、原被告双方代表以及鉴定人员在原告会议室召开鉴定前告知协调会，会议主要内容：（1）告知司法鉴定人回避制度；（2）告知需要原被告双方补充提供的相关资料清单；（3）告知司法鉴定风险。其次，鉴定人员采用相关仪器到现场进行测量、拍照、记录、取证。现场勘验情况为：原告已开始对泊位的西围堤施工作业，原告泊位的西围堤与被告泊位的东围堤的交界处已堆积石块，双方的分界线满潮时相距8～10米，退潮后可以见底，只剩下小排洪沟。底部是原告泊位堆积的石块与被告泊位的东围堤紧密接触，码头岸侧可见到淤泥。最后，根据现场勘验及法院提供的资料，分别从泊位的自然环境和被告采用爆破挤淤填石法，对原告泊位陆域红线范围内堆积的淤泥、块石的形成原因和被告违规施工堆积在原告泊位陆域的红线范围内的淤泥、块石的数量以及清理淤泥、块石的工程总造价进行分析和计算。

鉴定意见：（1）原告泊位陆域红线范围内堆积的增量淤泥、块石的形成原因是被告施工行为造成。（2）对堆积在原告泊位陆域的西侧红线范围内淤泥、块石的清理费用评估为人民币陆佰肆拾伍万陆仟陆佰零伍元捌角贰分（￥6 456 605.82元）。

鉴定效果：我所出具的《司法鉴定意见书》，为法院合理划分责任，提供了有力的依据，加快了案件的审理进程。

Tips：“爆破挤淤填石法”下称“爆炸排淤填石法”，其主要机理是在抛石体外缘适当距离和深度的淤泥质软基中埋设炸药包群，药包起爆瞬间在淤泥中形成1个负压空腔，抛石体随即坍塌充填空腔形成“石舌”，达到置换淤泥的目的。爆炸排淤填石法置换软基的厚度一般为4～12m，近年随着该技术的运用和发展，抛填和清淤同步进行处理淤泥质土体的最大厚度可达25m。爆炸排淤填石法有以下几个显著特点：

1. 降低工程造价，有显著的经济效益。当软土层较厚时，常规的施工方法挖方量很大。而爆炸排淤填石法的最大特点是抛填和清淤同步进行，不需开挖而达到换填的目的，可大大节省工程投资。

2. 结构整体性好，后期沉降小。爆炸排淤填石随着堤心石的推进循环进行，因而爆炸产生的震动对已形成的堤段起到连续密实的作用，堤的沉降基本可在施工期完成，堤的整体密实性大大提高，后期沉降较小，一般小于15cm。

3. 堤身填石全部为陆填，施工简单便捷，结构设计快，工期短。

4. 爆炸排淤填石法初始断面是抛体自然坍塌形成的，与人工抛填形成的断相比不太规则，需对边坡和棱体平台进行抛石，修整工作量大。由于分别在堤端、外坡和内坡3处爆破，故在堤身断面上形成3个锅状的爆坑，爆坑之间及两侧坡脚处不能完全落底，甚至不能产生真正的坡脚。另由于每2个爆填断面中间的堤底也可能形成间断的留淤泥夹层，因此，会使堤身落底不是很均匀。同时，爆填时还会在堤的两侧形成隆起的泥包，需要挖除。

5. 对周围环境有一定的影响。爆破法处理水下基础时会产生较大的冲波和地震波，在进行爆破施工时应考虑对周围结构物或养殖物的抵抗力，以免造成对环境的破坏。

法官、原被告双方律师及 鉴定人员在勘验现场	鉴定现场

鉴定现场	鉴定人员正在现场勘察测量

潮后双方交界处	退潮后岸侧进海端还可以看见淤泥

案例23　开发商施工行为与46户房屋受损因果关系、参与度及修复费用鉴定（林启航）

案情背景： 被告工地于2012年5月份开工作业，采用3台勾机对地下室进行开挖，开挖过程中有进行连续5个月的抽水。原告为被告工地相邻的4排房屋中的46户村民，被告施工后，村民发现其自身房屋都出现了不同程度的裂缝。法院委托我所鉴定前，被告方已委托过一家检测机构对受损房屋进行检测，因原告对被告委托的检测机构出具的检测报告存疑，赔偿金额协商不下，故法院委托我所进行鉴定。

委托方： 福建省南平市建阳区人民法院。

委托内容：（1）原告46户房屋受损与被告施工行为之间是否存在因果关系及原因力（或称参与度）大小；（2）房屋受损金额（修复费用）。

鉴定过程： 我所鉴定人员三次到达现场进行鉴定。我所对群体性事件极为慎重，在受理前第一次先到现场做调研，才确定受理该案。第二次现场勘验我所指派15名鉴定人员到达鉴定现场，现场勘验持续2天，主要对鉴定房屋受损原因和受损情况进行勘验，了解原告房屋、被告工地及周边地质情况。第三次现场勘验持续4天，主要对原告房屋周围的地质情况进行现场钻孔勘探。为慎重起见，受理前还专门派员到现场进行摸底。数据采集回到鉴定所后，还多次召开本案司法鉴定人和专家研讨会。

在损坏原因分析方面，把46户房屋作为整体与被告施工行为进行司法鉴定。修复费用根据各自房屋损坏位置、特征和程度不同，相对应采用目前比较常用和适用的修复方案，计算出工程量和工程造价。主要论据如下：

1. 被告虽然没有提供地下室开挖设计要求图纸、施工工作记录、基坑支护、止水帷幕、抽水记录等资料，但是被告长达几个月连续不断的抽水是客观事实。

2. 鉴定人员在钻探过程中可判断1～4号孔的土层区域附近土质较为松软，类似有条水土流失后形成的地下“暗河”。

3. 由于我所未收到被告工地的施工图纸等相关资料，以现场勘验情况及结合现有资料进行分析。根据现场测量，被告工地开挖面积约10 147m^2，深度约5m左右；现场勘验时，地下室积水深度达3.5m左右，水平面离地表面1m多。同时，被告工地与原告房屋及周围建筑物相邻，地下土层情况类似。

4. 结合现场勘验一系列数据分析，被告方在开挖地下室基坑排水作业时，抽水孔洞穿透中砂层进行降水作业，从而形成的地面下沉，并造成浅基础的建筑物墙体开裂。鉴定人员对1～4号钻孔位置附近的建筑物勘察发现，7、8排西侧的房屋存在“八字形”裂缝；同时，被鉴定房屋及周边建筑物均往被告工地方向倾斜。

鉴定意见：综上所述，被告施工行为是造成原告房屋受损的主要原因，同时与原告房屋自身情况也具有一定的关联性。

鉴定效果：三次现场勘验，被告都没有代理人到现场参与，抵触情绪不言而喻，在我所出具《司法鉴定意见书》面前，被告最终也认可我所是科学、客观、公正的。

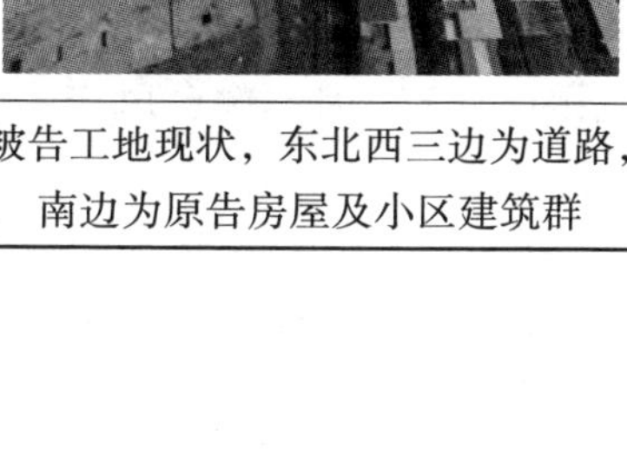

被告工地现状，东北西三边为道路，南边为原告房屋及小区建筑群

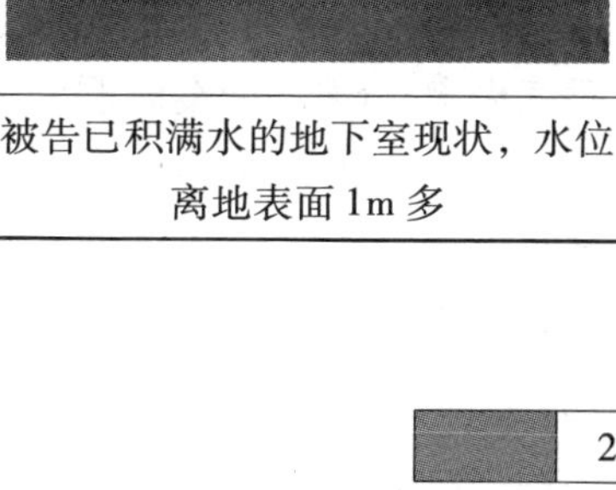

被告已积满水的地下室现状，水位离地表面1m多

房屋外观现状

房屋附近的菜园地

鉴定人员在鉴定房屋及周围建筑物附近进行地质钻探勘测

钻探孔地质勘探情况

案例24　水电站压力隧道鉴定（陈开愿）

案情背景：2012年5月南平市某水电开发有限公司以所属的延平区南山镇店口电站的财产向中国平安财产保险股份有限公司福建分公司投保财产综合险，2012年8月3日受台风“苏拉”影响，南平市受到强暴雨袭击，2012年8月4日投保方向委托方报案称由于洪水造成泥石流使发电机组受损，压力隧道被堵，并要求赔偿。因投保方与委托方对涉案3号压力隧道被堵是否属于保险责任及清淤量产生争议，投保方向南平市延平区人民法院提起诉讼。2016年11月13日，中国平安财产保险股份有限公司福建分公司委托我所对涉案3号压力隧道（涉案涵洞）进行鉴定。

委托方：中国平安财产保险股份有限公司福建分公司。

委托内容：（1）涉案涵洞淤泥产生的原因；（2）因本次台风产生的淤泥量；（3）清除淤泥所需费用；（4）是否属于保险责任。

鉴定过程：我所确认接受委托后，先组织有关鉴定专家组成员、专业鉴定人员对委托方提供的相关资料、信息进行审阅、讨论，初步了解涉案工程的情况等，并制定相应的鉴定方案。鉴定人员对涉案涵洞及周边的环境进行现场勘验，其中包括涉案涵洞的各项尺寸数据、与水库的相对位置、相对高差等。根据现场勘验的数据及委托方的资料，以及根据涉案涵洞内淤泥堆积的分布现状及淤泥的类型，分析涉案涵洞淤泥产生的各项原因；在淤泥产生的原因明确后，根据淤泥的类型及堆积部位，以及现场勘验的涵洞尺寸，计算因本次台风产生的淤泥量小于17.01m^3；结合勘验现场的地理环境，确定清除本次台风产生的淤泥的施工方案并以此计算该方案所需的清淤费用。最后，根据保险条款，确定本次事故是保险除外责任。

鉴定意见：（1）涉案涵洞淤泥产生的原因是隧道的洞口选址错误；“苏拉”台风所产生的淤泥不足以堵塞涵洞，现场勘验涵洞没有堵塞；（2）因本次台风产生的3#压力隧道洞内淤泥量小于17.01m^3；（3）清除淤泥所需费用为人民币贰万叁仟柒佰陆拾元捌角（￥23 760.8元）；（4）本案的清淤工作不属于保险责任范围。

鉴定效果：我所出具的《司法鉴定意见书》为法院判案提供了有力的依据。

勘验现场

勘验现场

勘验现场

涵洞内现状

鉴定人员现场勘验

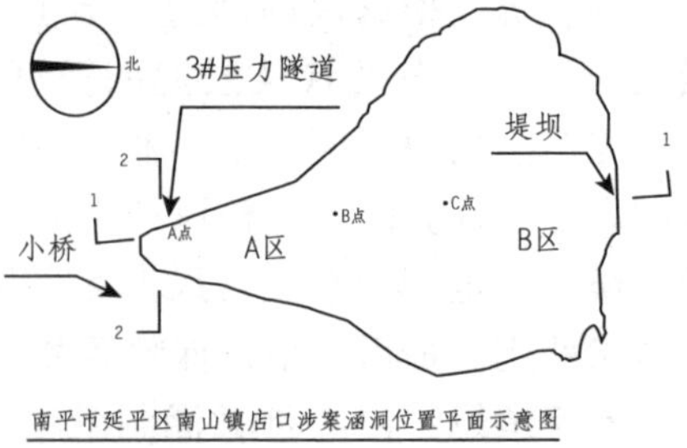

涵洞位置平面示意图

案例25　龙岩房屋漏水原因及修复费用鉴定（刘汐龙）

案情背景： 根据法院提供的资料获悉，2013年至2015年10月期间，原告所有的位于龙岩市新罗区中城解放北路松柏花园某套房的厨房顶板、主卧卫生间顶板、客厅、餐厅、过道顶部整体天花板、主卧局部天花板（靠主卧卫生间位置）发生霉斑。原告认为是住其楼上的被告家中漏水导致上述情况，诉至法院要求被告维修漏水房屋，停止对原告套房的侵害，赔偿原告重新装修房屋的损失。被告拒不承认。因此法院委托我所对该房屋漏水原因等事项进行鉴定。

委托方： 福建省龙岩市新罗区人民法院。

委托内容：（1）明确位于龙岩市新罗区中城解放北路某套房产生漏水霉斑的原因；（2）被告某套房内是否漏水，是否造成原告套房漏水并产生霉斑；（3）重新修复原告套房应花多少维修费用。

鉴定过程： 我所接到委托书后，组织专家对鉴定事项进行研究，制定相应的勘验方法，然后我所指派司法鉴定人和其他司法鉴定人助理来到鉴定现场，与法院法官、原告方、被告方汇合，勘验前，鉴定人员介绍回避制度以及勘验方法。正式勘验，鉴定人员对房屋的总体情况进行初步勘验，并绘制平面示意图，之后，根据房屋的漏水情况，进行逐一排查，现场拍照、测量后，对被告房屋的进水管进行试压，下水道进行大水量灌注，开挖瓷砖下方检查含水量，对数据进行计算和分析，并组织相关专家进行研究，最终得出鉴定意见。

鉴定意见：（1）龙岩市新罗区中城解放北路某套房产生漏水霉斑的原因是楼上管路漏水下渗；（2）被告所有某套房内水管勘验时已不漏水，但之前管路有漏水，造成原告套房漏水并产生霉斑；（3）重新修复原告套房的维修费用为人民币肆万零叁佰柒拾柒元整（￥40 377.00元）。

鉴定效果：我所出具的《司法鉴定意见书》为法官如何确定房屋漏水原因和房屋修复金额提供了依据。

原告客厅天棚漏水痕迹、霉斑

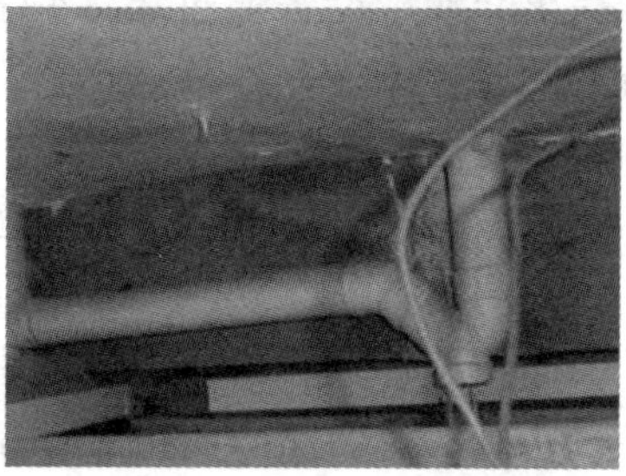

原告厨房上方排水管漏水痕迹

鉴定人员凿开原告客厅天棚检测

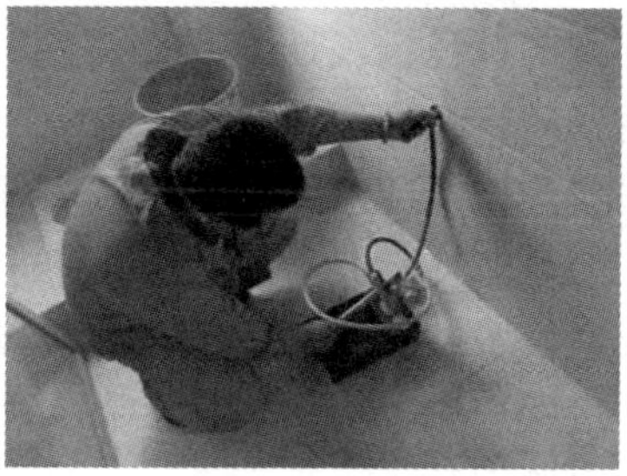

鉴定人员检测被告房屋给水管路

被告房屋瓷砖下存在潮湿的情况

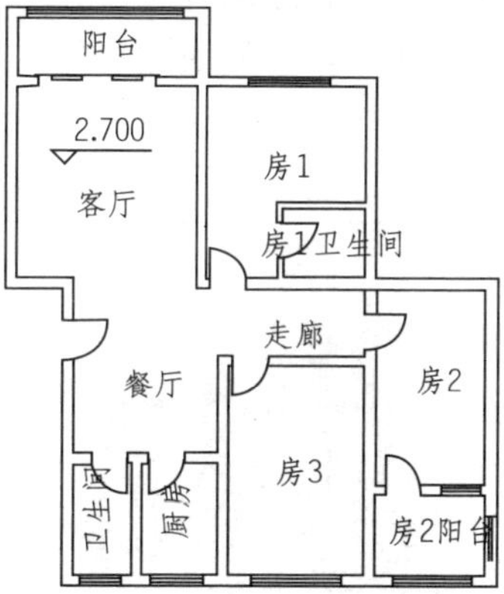

房屋平面示意图

案例26　莆田房屋渗漏水原因、修复鉴定（吴祖容）

案情背景：由于被告房屋渗漏水造成原告房屋的天花板、墙面等多处严重损害，并严重影响了原告对房屋的正常合理使用。为此，原告多次向被告提出交涉，也曾通过小区物业单位向被告交涉，要求被告整改等，但被告不配合，原告只好诉讼至法院，故法院委托我所对涉案房屋渗漏水原因等进行司法鉴定。

委托方：福建省莆田市荔城区人民法院。

委托内容：（1）对原告所有的602室客厅、厨房、卧室等房间的天花板、墙面等部位的渗漏成因进行鉴定；（2）对原告所有的上述房屋的渗漏与被告所有的702室房屋是否存在因果关系，若存在因果关系，对被告所有的上述房屋的参与度比例进行鉴定；（3）对原告所有的上述房屋的渗漏水而产生的修复费用进行评估鉴定。

鉴定过程：我所接受委托后，指派鉴定人员与法官等人到达鉴定现场，经现场勘验发现原告所住的单元房顶部有渗水留下的痕迹，部分楼板开裂滴水。首先，通过现场勘验及结合原告房屋渗水位置排除了原告自家水管渗水的可能性。其次，分别对被告房屋有做防水和未做防水处理楼板的构造层进行了解，被告卫生间的冷热水管的水压及被告开放式的阳台进行勘验。最后，通过对被告阳台的闭水试验和铺设的管网的试压试验确定房屋的渗水原因。

鉴定意见：（1）602单元房的渗水原因与被告702单元房阳台防水措施不到位以及外墙渗水有关，其参与度为100%；（2）602单元房的修复费用为人民币壹万玖仟捌佰肆拾肆元整（¥19 844.00元）。

鉴定效果：我所出具的《司法鉴定意见书》中的鉴定意见数据为法官如何定责、定损提供了重要的依据。

鉴定地点	原告楼板顶部渗水留下的痕迹

	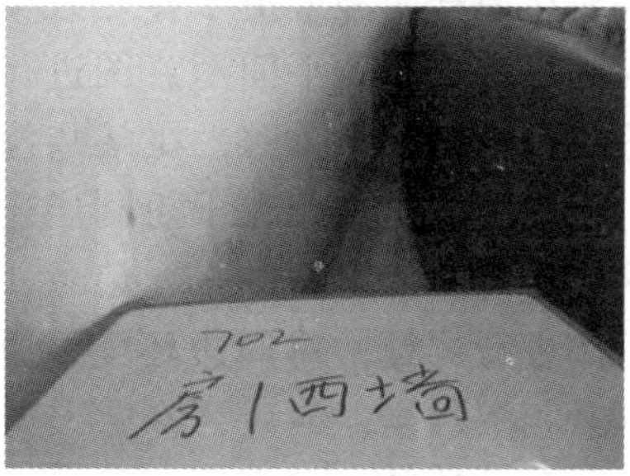
原告楼板顶部还在滴水	被告西侧墙体存在渗水现象
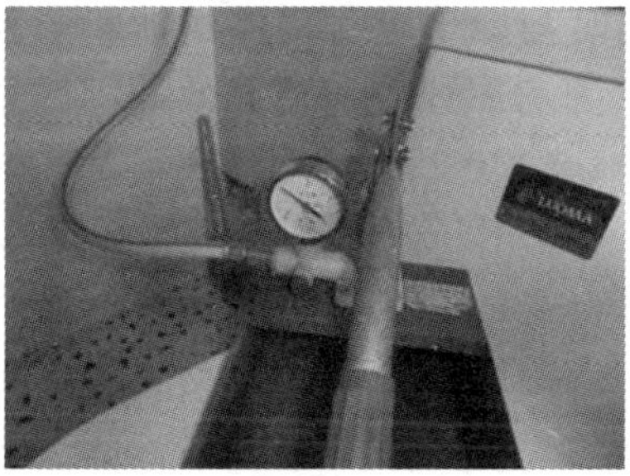	
鉴定人员对水管进行试压实验	被告阳台为开放式阳台

案例27　房屋受损原因及加固修复和临时安置过渡费鉴定（吴耀）

案情背景：根据委托方提供的资料显示，原告房屋建于1989年，石砌体结构，基础为大脚条石，埋深约1m。被告于2013年年底在原告房屋附近修建湄渝高速公路A5合同段，施工期间被告因需要运输大量物资原料、大型机械，运输车辆须经过原告房屋背后的“3#施工便道”，加之施工期间多次采用爆破，两者带来的震动造成原告房屋出现墙体开裂、楼板开裂等危险情况。原告为维护自身的合法权益，故将被告告上莆田市涵江区人民法院。

委托方：福建省莆田市涵江区人民法院。

委托内容：（1）对原告所有的房屋所受的具体损失数额进行司法鉴定；（2）对房屋损失与被告在湄渝高速公路萩芦段建设爆破施工及大型载重运输是否存在因果关系进行司法鉴定；（3）对因房屋毁损所造成的加固修复费用以及临时安置过渡费进行司法鉴定。

鉴定过程：我所接受委托后，指派鉴定人员与法官等人一同到达鉴定现场。首先我所鉴定人员询问在场的相关人员了解涉案工程的实际情况，并同时让原告相关人员带鉴定人员初步走一遍被鉴定房屋及周边环境。然后对被鉴定房屋的平面示意图进行现场测绘；之后再对房屋内损坏的位置及程度进行记录、拍照，在某些位置还进行凿除粉刷层进行更进一步的勘验，检查裂缝是只存在于粉刷层还是里面的石块；鉴定人员利用专业仪器对房屋的倾斜值进行测量、记录，对被告工程的爆破洞口与原告房屋的大概距离进行测量；对周边环境、原告房屋所处的地理位置等进行测绘，并且测量相关数据。最后，鉴定人员分别对原被告方相关人员做了相关的调查笔录，并让其签字确认。

鉴定意见：（1）原告房屋损坏与被告在湄渝高速公路萩芦段建设爆破施工及大型载重运输有较大的关联性，同时与原告自身房屋建造年限及构件的材料级配较低也有一定关联性；（2）因房屋毁损所造成的加固修复费用为人民币壹拾叁万陆仟贰佰叁拾玖元整（￥136 239.00元）；（3）临时安置过渡费用为人民币柒万壹仟伍佰柒拾玖元叁角陆分（￥71 579.36元）。

鉴定效果：通过鉴定，原告方维护了自身的合法权益，同时也通过该事件提醒了被告在施工期间应注意做好相应的防护措施，避免之后再出现此类纠纷，促进社会和谐发展。

被鉴定房屋正面	被鉴定房屋东侧的混凝土道路（3#施工便道），地势比房屋高

房屋内顶板现状	房屋内墙体出现裂缝

	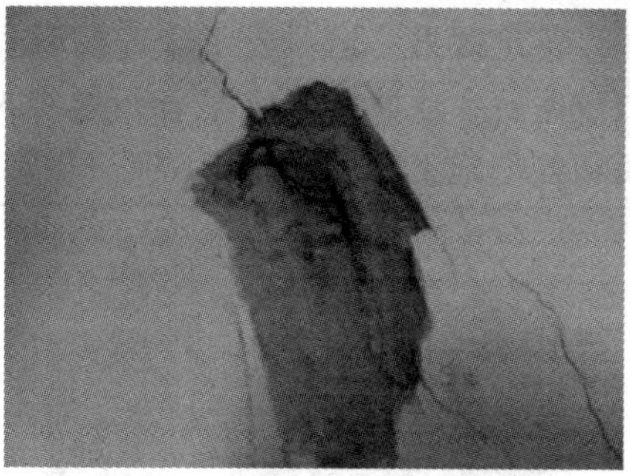
鉴定人员对裂缝处粉刷层进行凿开勘验	凿开后的粉刷层近景

造价类

案例28 扰乱秩序所致经济损失鉴定（林莉）

案情背景：福鼎市“××”房地产开发有限公司的“××”项目在土建建设过程中，施工单位存在故意破坏高压电和其他场所扰乱秩序的行为，导致整个工地瘫痪；其他项目也因此停工，这给房地产公司造成了严重的经济损失。该房地产有限公司也曾找过多个部门请求解决，包括建设局、公安局等。公安局需要一份具体的经济损失金额司法鉴定意见书，才能立案。

委托方：福建省宁德市福鼎市公安局。

委托内容：对该有限公司被扰乱秩序所致的直接经济损失进行司法鉴定。

鉴定过程：我所到现场进行勘验、拍照、测量、取证，清点损坏物品，大到一件几万元，小到一件几毛钱都不放过。多次组织建筑工程司法鉴定人赵教授和李高工，工程造价权威高教授，陈会计师进行研讨，还数次到现场补充勘验。认真审核每一笔费用是否属于直接经济损失。没有电，土建工程队、人防工程队、水电工程队、装修工程队、绿化工程队、消防工程队都不能工作了，没有电也就没有水，绿化苗木花草就要干枯。工程延误造成了开发商交房延误要赔违约金给买房业主。同时对没有信息价的物品做市场调查取证（比如各种绿化树木花草），确保每一个数据都有依据。

鉴定意见：我所本着诚信、公正、科学、求真的原则，运用专业的知识、国家法规、结合现场实际勘察、检验、测量等数据，得出鉴定意见：房地产开发公司提出的经济损失金额为人民币壹亿肆仟玖佰伍拾柒万玖仟贰佰肆拾伍元玖角整（￥149 579 245.90元），经过我所造价工程师司法鉴定后，得出直接经济损失为人民币肆佰零陆万肆仟零壹拾捌元整（¥4 064 018.00元）。

鉴定效果：这一公正合理的数据最终得到多方的认可。委托方获得这个数据后，逮捕一名作案者，通缉两名，扰乱的秩序得到平息，也使开发商和各个施工单位恢复正常施工。

派出所、鉴定所、××公司的 勘验车辆停在勘验现场	勘验人员认真测量与记录

绿化景观的美丽针葵枯死	组织专家开研讨会

没有水浇一叶兰枯死	派出所、鉴定所、××有限公司人员在 现场勘验变压器破坏情况

案例 29 酒店和超市爆炸事故经济损失鉴定（林莉）

案情背景：本案例系为爆炸事故损失鉴定。2013 年 5 月 21 日 23 时 47 分许，武平县平川镇某大酒店（装修完未开业）发生爆炸。事故发生后，武平县委、县政府、县建设局、县公安局高度重视，武平县公安局委托我所对该事故导致酒店及超市的经济损失进行司法鉴定。

委托方：福建省龙岩市武平县公安局。

委托内容：对“5.21”爆炸事故造成酒店和超市损失情况进行司法鉴定。

鉴定过程：我所接受委托后，立即指派 5 名鉴定人员于 2013 年 6 月 27 日从福州赶往武平，鉴定人员于 2013 年 6 月 28 日及 2013 年 6 月 29 日先后对酒店和超市进行了现场勘验、拍照、测量、取证。县领导及相关人员全程参与。2013 年 6 月 28 日上午我所鉴定人员在没有电照明的情况下，利用手电筒的光源先对酒店厨房、外租房、大厅、包厢、接待前台，接待大厅等各个功能区域进行熟悉；比对图纸，测量标志性的柱子间距，校对图纸与实物尺寸是否相符，值得庆幸的是建筑结构尺寸与图纸相符，我所可以按图计算装修尺寸。然后我所鉴定人员分成装修工程量鉴定组和设备清查清点鉴定组；在某监理有限公司 3 名工程师的协助下，利用一整天终于完成酒店装修工程计量和设备规格、型号、数量的确认；对隐藏的土建、水电工程因为时间和现场条件限制，没有做损失鉴定。晚上回到宾馆录入电脑；29 日上午盘点超市损失。29 日中午罗副县长再临现场关心损失程度并要求在 7 月 1 日下午之前出具正式损失鉴定意见书。我所鉴定人员 28 日晚上加班，29 日和 30 日通宵，认真核对数量、规格、型号、单价、损失率、总价，按司法鉴定规范通则编制意见书，终于在 7 月 1 日 15：00 完成整本鉴定意见书的编辑、合成和装订成册。

鉴定意见：酒店在这次爆炸中总损失金额为人民币肆佰肆拾万叁仟陆佰陆拾元贰角肆分（￥4 403 660.24 元）；超市在这次爆炸中总损失金额为人民币叁拾贰万柒仟叁佰叁拾壹元肆角陆分（￥327 331.46 元）；酒店和超市合计总损失金额为人民币肆佰柒拾叁万零玖佰玖拾壹元柒角（￥4 730 991.70 元）。

鉴定效果：当时办案时限要求特别严格，事发现场每一分钟都有可能发生变化需要尽快给出鉴定意见。鉴定牵涉到受害方的理赔、责任方的人员和财产的控制等要素，为了协助公安局尽快破案，我所专家及鉴定人员迅速展开鉴定工作，连夜做出了鉴定意见书。事后，我们的工作得到了各方人员的认可和嘉奖。

县、局领导亲临现场指导，两座楼中间就是酒店	爆炸前准备开业大门的照片

爆炸后大门仅剩下工字钢架	爆炸后酒店内部

超市仓库隔墙损坏	超市震下的吊顶、铝合金导边、应急灯等

案例30　寺庙损失鉴定（李原春）

案情背景：沈海高速公路复线连江段的施工方在爆破的施工过程中对连江县塘边村某寺庙的建筑物、设备、道具等造成了影响，村民对此产生不满的情绪，阻止施工的进一步进行，工程被迫停工，并且提出200万元的索赔。案件难度在于众多佛像重塑和修复的价格，这些价格在国家工程造价没有定额可依，为解决这一矛盾，拆迁指挥部委托我所对某寺庙损失情况进行司法鉴定。

委托方： 沈海高速公路复线连江段征地拆迁指挥部。

委托内容： 对连江县塘边村某寺庙损失情况进行司法鉴定。

鉴定过程： 我所到现场以委托人现场指定的建筑物、设备、道具、佛像等为鉴定对象。在没有人指明鉴定对象哪些是旧痕迹，哪些是新伤痕的情况下，鉴定人员本着对房屋使用安全负责，凭着专业知识，对鉴定对象现时现状认定需要修复构件或瑕疵进行全部勘验测量并且计算损失。首先对建筑物的安全性进行评级，对建筑物、设备、道具、佛像等进行损失鉴定，特别是佛像，根据名称、规格尺寸、做了大量的市场调查，最后再确认整体的损失金额。也就是说不管鉴定对象是原先的损坏还是现在的损坏，只要是影响到房屋使用安全和美观，需要修复的都在本次受损计算中。

鉴定意见： 我所秉持诚信、公正、科学、求真的原则，运用专业的知识、国家法规、结合现场实际勘察、检验、测量等数据，得出鉴定意见：如果设备是全新重购，总损失金额为人民币贰拾捌万贰仟玖佰玖拾柒元柒角叁分（￥282 997.73 元），如果设备是维修，总损失金额为人民币贰拾叁万叁仟壹佰伍拾柒元柒角叁分（￥233 157.73 元）。

鉴定效果： 根据我所出具的《司法鉴定意见书》，委托方获得相应的数据后，通过与村民代表的协调沟通，圆满地解决了这一矛盾，同时恢复施工，也降低了施工方因停工造成的经济损失，促进社会的和谐发展。本案给我所鉴定人员带来了新的挑战，特别是佛像制品，在工程信息价中是找不到的，需要花大量的时间和精力到市场调查，佛像的材质、工艺、规格、型号甚至雕刻大师、泥塑大师、彩绘大师不同，作品价格相差很大。

寺庙右后侧外观全景

寺庙破损的屋顶用薄膜覆盖的部分

寺庙屋檐破损严重	玉女像背部裂缝明显
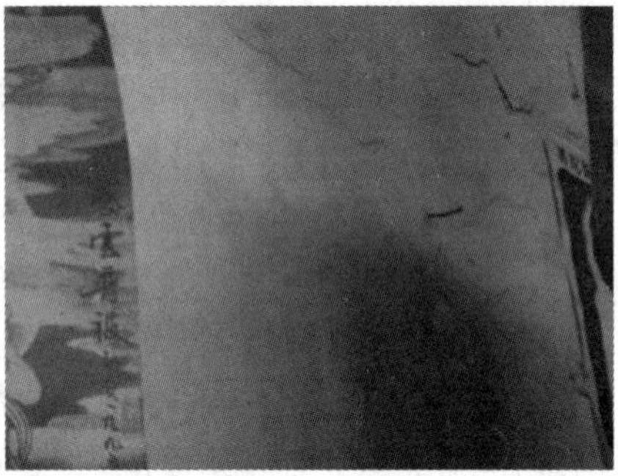	
寺庙观音佛像后墙体裂缝明显	麒麟脚面断裂

案例31　平潭养猪场工程造价鉴定（李原春）

案情背景：本案在委托我所鉴定之前，指挥部已经委托一家评估公司对养猪场的全部价值做了一次评估。因为评估公司的过错，把总建筑面积1602.09平方米左右，计算为一万多平方米，后来纪检部门介入调查。为了公平公正，数据真实可信、“平潭综合实验区金井作业区项目建设指挥部”和养猪场业主共同委托我所对“平潭县吉钧某养猪场”的建筑工程造价、设备等进行司法鉴定。

委托方：平潭综合实验区金井作业区项目建设指挥部和养猪场业主。

委托内容：对平潭县吉钧某养猪场的工程造价、设备等进行司法鉴定。

鉴定过程：我所先后两次到达现场鉴定，派出的人员是评估公司的5倍，现场鉴定工作时间是评估公司的4倍，第一次派人对养猪场的建筑面积、房屋内部构造及辅助设备进行测量、拍照、核对，第二次派人到现场确认设备的规格型号，然后对两次现场测量的数据进行核对、合计，大到几万元的设备，小到一砖一瓦，一个插座全部统计在内，每个数字都有根有据。现场勘验总的工作小时是评估公司的30倍左右，最后参照平潭综合实验区经济发展局会议纪要［2012］20号文件、《平潭综合实验区澳前片区土地房屋安征迁宣传手册》和市场行情计算出养猪场和辅助设备的总造价。

鉴定意见：按照现行市场价和平潭的有关文件，计算出养猪场及设备的总金额为人民币壹佰伍拾陆万贰仟零伍拾伍元捌角（￥1 562 055.80元）。

鉴定效果：我所出具的60多页图文并茂的《司法鉴定意见书》得到了平潭指挥部人员的充分认可，为他们顺利处理养猪场的理赔工作解决了后顾之忧。该案因为上一家评估公司严重失职，建筑面积多算了十倍，导致参与委托、拆迁理赔的十几名负责人受到牵连。委托科学、客观、公正、有信誉的机构至关重要，这是保护自己、维护国家和业主的共同利益的根本保障。

鉴定人员、开发区指挥部 人员、养猪场业主	养猪场外观一角

养猪场内全景	屋内三角屋架

猪饲料搅拌机	化粪池

案例32　KTV装修工程造价鉴定（林莉）

案情背景：有一沿街民宅（非商用）一至六楼，出租给一家准备开KTV的商户，原先双方没有完全沟通清楚，营业场所装修一部分，才发现有关证照批不下来。这样房东与租户就产生了法律纠纷。

委托方：福建省福州市平潭县人民法院。

委托内容：对房屋的装修工程造价进行司法鉴定。

鉴定过程：我所鉴定人员、法院及原被告双方等相关人员到达现场。现场勘验发现房屋原结构墙体部分被装修公司拆除，原告为了满足容载需求将电梯口扩大，房间按KTV大中小包厢类型用轻质环保板分隔。鉴定人员对房屋结构进行了解，确定工程图纸是否与装修设计图纸相符，再根据现场测量及图纸资料计算出装修设计的面积，然后根据装修设计的市场行情，计算装修设计服务费用，材料费、人工费和电梯违约金。按实际完成的工程量套用平潭综合实验区的定额，定额没有的采用市场调查的方式，计算出总的已完成工程量装修费用。本案的难点在于KTV场所装修使用的防火、防水、隔音、隔热的环保材料的价格，我所花了大量时间与精力统计建材市场上与该材料同一品牌、型号和规格的产品价格。最终得出鉴定意见。

鉴定意见：我所秉持诚信、公正、科学、求真的原则，运用专业的知识、结合现场实际勘察、检验、测量等数据，计算出房屋的装修设计服务费用为人民币玖万叁仟伍佰捌拾伍元贰角（￥93 585.2元），装修工程总造价为人民币贰拾伍万叁仟玖佰零玖元贰角（￥253 909.2元）。

鉴定效果：法院受理该案件之后，咨询了多家建筑相关的鉴定机构，均不愿受理。我所受理此案件为法院解决了实际难题，为法官顺利定案提供了专业的意见，尽快地解除了原被告双方的烦恼，也使得我所鉴定人员对防火、防水、隔音、隔热的环保材料作用有了新的认知。

被鉴定房屋外观	原被告双方、我所鉴定人员 勘验部分楼板拆除
	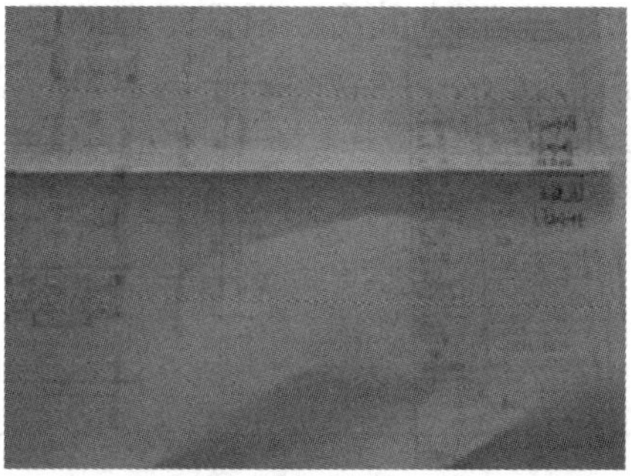
部分装修设计图纸	装修设计图纸相关人员签字及盖章

二层室内墙体拆除痕迹	鉴定人员正在测量轻质实心节能墙板

案例33　公路施工后房屋修复造价鉴定（潘晶）

案情背景：连江县某镇在公路施工过程中造成周边房屋出现不同程度的损坏，主要表现为墙体出现裂缝、房屋漏水、瓷砖破裂。各受损房屋房主提出的索赔金额是否合理，施工方心里也没底。为了工程能够顺利地完成及公平合理地解决这一矛盾，施工方委托我所对其进行鉴定。

委托方：中铁十七局六公司福州绕城高速公路项目部。

委托内容：对位于连江县某镇某村8户房屋受损进行修复价值评估司法鉴定。

鉴定过程：我所鉴定人员以委托人现场指定的建筑物为鉴定对象，对每一房屋的基本情况进行了解。首先，绘制房屋平面示意图，并进行房屋倾斜及沉降观测，同时对每户房屋内部及外部仔细检查，对每一处裂缝等现象进行拍照、测量、记录、汇总整理，特别注明房屋的裂缝长度、宽度、深度、走向。其次，根据每户的损坏程度不同，分别制定（设计）出修复方案，最后，结合当地市场信息价以及小规模工程的难度，算出每户的修复费用。

鉴定意见：8户房屋计算出的修复费用为人民币1500元至9957元不等。

鉴定效果：通过鉴定，施工方恢复施工，老百姓得到赔偿，促进了社会和谐发展。

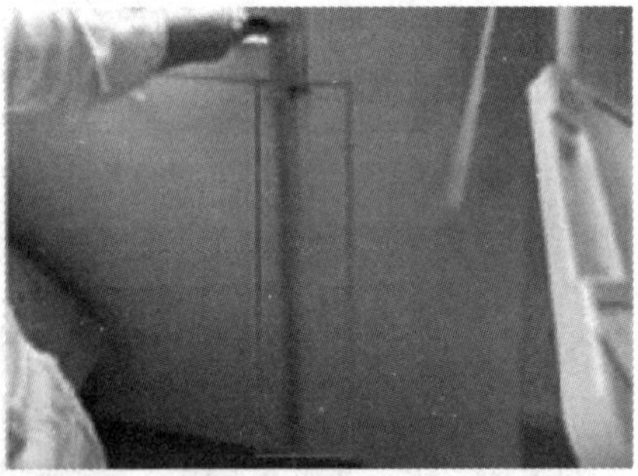	
房间1窗台底墙裂缝长1000mm，宽0.3mm	一层外墙东北墙裂缝长900mm，宽0.5mm

二层卧室 1 顶板裂缝渗水	房屋二层阳台外墙裂缝 长 1200mm，宽 0. 2mm

房屋厨房外墙贯穿性裂缝 长 1000mm，宽 2. 5mm	房屋一层大厅右侧墙角裂缝 长 5500mm，宽 0. 5mm

案例 34　南靖厂房桩基工程量及工程造价鉴定（吴立善）

案情背景：原告与被告签订《桩基承包工程》合同，施工完成后原告要求被告支付工程款，后被告方提出对原告已施工的桩基工程量及工程造价有异议。

委托方：福建省漳州市南靖县人民法院。

委托内容：对某公司厂房的桩基工程量及工程造价进行司法鉴定。

鉴定过程：我所确认接受委托后，提前与法院确定现场鉴定日期及需原被告双方配合将现场已施工的桩基进行开挖露出桩头，使其具备鉴定条件。现场勘验时鉴定人员依据桩基础平面布置图对每一根已施工的桩基进行清点和统计，现场使用基桩动测仪对所有已施工的基桩抽取 10% 的比例进行抽样检测。根据现场开挖情况，清点基桩数量为 241 根；其中 2 根桩位于水泥地路基底部而未进行开挖，现场实际观测基桩数为 239 根；其中断桩 1 根，爆桩 3 根，根据《桩基承包合同》及结合现场勘验情况，无争议部分的管桩数量为 235 根，有争议部分的管桩数量为 6 根，最后结合《桩基承包合同》工程价款对桩基工程造价进行计算。

鉴定意见：（1）无争议部分的基桩工程量为235根，造价为人民币捌拾万零伍仟肆佰零陆元伍角（￥805 406.5元）；（2）有争议部分的基桩工程量为6根，造价为人民币捌仟肆佰玖拾玖元伍角伍分（￥8499.55元）。

鉴定效果：法官根据我所出具的《司法鉴定意见书》，可以明确区分工程有争议和无争议及有无争议部分的工程造价，为法官判案提供了有力证据。

法官、鉴定人员、施工方在现场	桩基现场全景
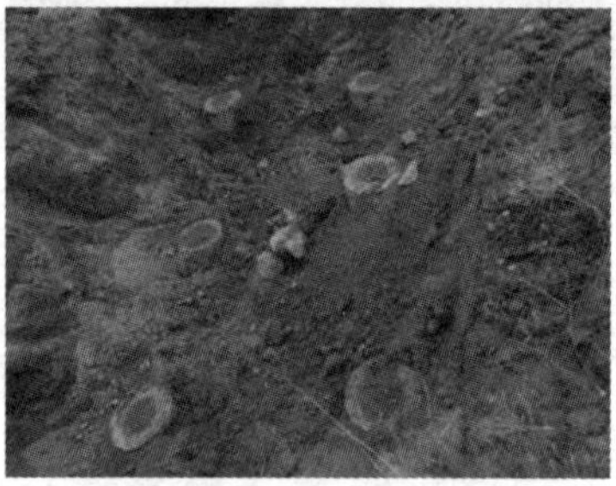	
已施工的基桩，现场开挖后露出桩头	鉴定人员与施工员清点基桩数

预应力管桩近景	鉴定人员在检测基桩

案例35 水电站房屋造价鉴定（汪增）

案情背景：因村民清明节扫墓，意外着火，将附近的一座水利水电工作站烧毁。其外墙为方整条石，内隔墙为土坯，内墙面有抹灰，二层底板与隔墙均为木板，屋面结构由木屋架与青色瓦片组成。为确定房屋损失金额，法院委托我所对其造价进行鉴定。

委托方：福建省福州市连江县人民法院。

委托内容：对某水利水电工作站房屋造价进行司法鉴定。

鉴定过程：我所指派鉴定人员到达鉴定现场，首先对房屋进行全面勘验、检查，记录和清点房屋材料，测量房屋损坏构件尺寸、拍照留档等。其次对房屋损坏部分进行汇总，最后根据相关计价规范，计算出本案房屋造价。

鉴定意见：某水利水电工作站房屋的工程造价总金额鉴定为人民币玖万肆仟叁佰贰拾贰元整（￥94 322.00元）。

鉴定效果：根据我所出具的《司法鉴定意见书》，委托方能够明确知道受损房屋的造价金额，为下一步的审判工作奠定基础。

法官、鉴定人员、水电站工作人员在现场	我所翻拍的法院提供的着火时的房屋

火灾后水电站房屋屋檐	水电站残留的墙体、木屋架

水电站厨房内部	鉴定人员测量门洞尺寸

案例36　自行车仓库烧毁案鉴定（李志强）

案情背景：原告为车行经营者，长期从事自行车批发业务。2012年8月，原告从被告那租得一仓库作为自行车仓储场所。2013年12月27日，被告公司仓库起火，火势蔓延成灾，将原告仓库内的大部分自行车以及办公室内的财物等烧毁。由于本起事故给原告造成巨大的财产损失，原告要求被告对其损失进行赔偿，到底损失金额多少，双方无法确定，遂法院委托我所对其进行鉴定。

委托方：福建省泉州市丰泽区人民法院。

委托内容：对泉州市××厂内四间办公室及室内用品、消防设施、监控设备、布电设施、货架和仓库内被烧毁自行车的价值进行司法鉴定。

鉴定过程：我所确认接受委托后，先后两次到达鉴定现场，第一次经现场勘验发现，仓库屋面板及支架等构件因被烧毁坍塌，烧毁的自行车几乎都被盖住，暂时不具备勘验条件。鉴定人员只能对四间办公室及办公室里面的物品、部分木架及部分监控设备进行鉴定。第二次现场勘验主要是清点仓库内烧毁的自行车，技术难度在于多数自行车被烧得只剩下三角架，品牌和型号都看不见，如何确定该车型号？这就需要经验、测量三角架尺寸，结合查看原始录像资料，鉴定人员连续4天在仓库清点烧毁的自行车，用蓝色喷漆在清点过的自行车上做标记予以区分未清点的自行车，与原被告方进行数量核对，并当场签字确认；鉴定人员自备锁具，每天鉴定完成离开前仓库大门和侧门都会上锁，以保护鉴定现场。4天时间清点10余种品牌，近30种型号的8280辆自行车。通过市场调查法对原告提供的自行车价格清单的单价进行复核，最后，分别计算出委托事项中的损失金额，得出鉴定意见。

鉴定意见：根据委托内容计算，损失总金额为人民币叁佰捌拾万壹仟伍佰零玖元捌角玖分（￥3 801 509.89 元）。

鉴定效果：我所出具的鉴定意见书为法官判案提供了有力的证据。

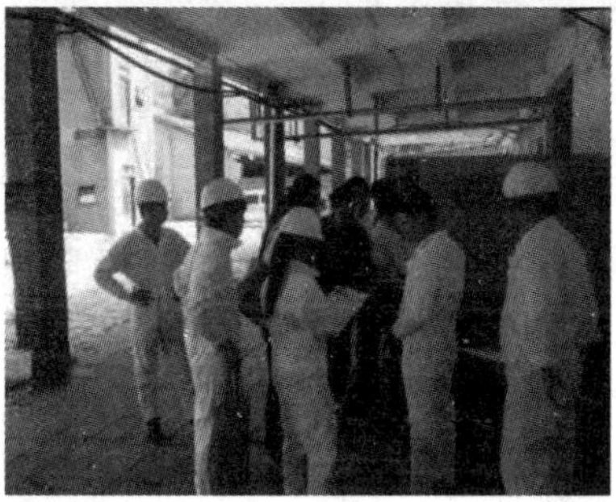	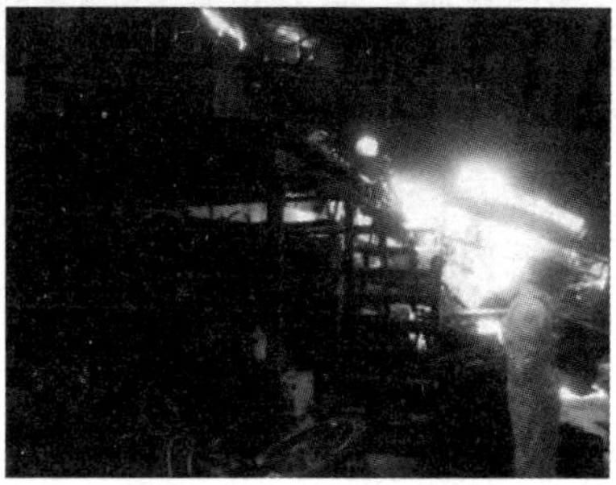
法官、鉴定人员、原被告 六方代表在鉴定现场	仓库屋面板及支架等构件因被烧毁坍塌， 烧毁的自行车几乎都被盖住

仓库内被烧毁的自行车	小心分类清点被大火烧熔的车架
	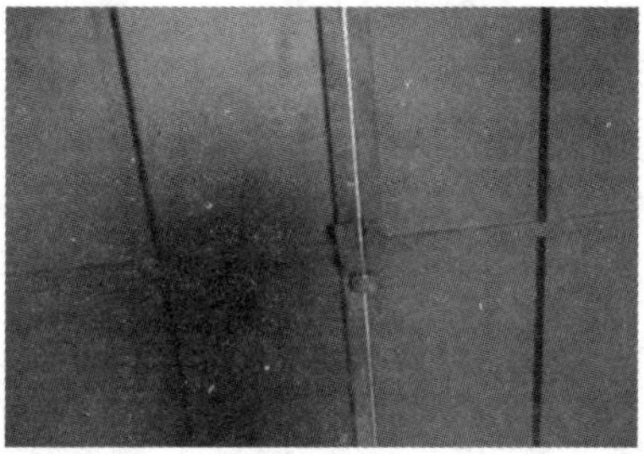
鉴定人员对清点完毕的自行车 进行喷漆做标记区分	鉴定人员自备锁具，每天鉴定完成 离开前仓库大门和侧门都会被上锁， 以保护鉴定现场

案例37 已被拆除违法建筑建安成本评估鉴定（王盼）

案情背景：福清市检察院审理的高某涉嫌玩忽职守、受贿犯罪一案，涉及一栋已被强制拆除的11层违法建筑，因案件审理需要需对该栋11层违法建筑的建安成本进行评估鉴定。

委托方：福建省福清市人民检察院。

委托内容：对福清市龙山街道玉塘村谭头山山地段一栋已被拆除的11层违法建筑建安成本进行评估鉴定。

鉴定过程：我所确认接受委托后，指派鉴定人员到达被鉴定现场。由于委托方没有提供该工程设计施工图纸、工程造价预算书等可供精确计算出工程造价的资料。我所只能根据委托方所提供的建筑物拆除前照片判断和分析建筑物的完成情况、建筑物基本要素，凭借长期对工程预算、结算、审核等所积累的经验、工料分析定额，结合当地建筑材料的市场行情、现场勘验情况及建筑物实际建造程度等对该工程进行建安成本概算。最后按建筑物开工月份采用福清市2011年11月份的材料信息价，得出鉴定意见。

鉴定意见：福清市龙山街道玉塘村谭头山地一栋已被拆除的11层违法建筑的建安成本评估金额为人民币贰佰贰拾捌万壹仟贰佰肆拾贰元柒角肆分（￥2 281 242.74元）元。

鉴定效果：我所出具的《司法鉴定意见书》，加快了检察院审理案件的进程。

检察院代表、鉴定人员在鉴定现场	鉴定人员对已拆除地梁尺寸进行测量、记录

委托方提供拆除时的照片

委托方提供拆除时的照片

拆除违法建筑时部分外墙已贴有瓷砖

违法建筑已被完全拆除

案例38 房屋火灾后修复和贬值鉴定（甘培）

案情背景：根据消防部门出具的《火灾事故重新认定书》，位于福州市晋安区某房屋发生火灾的原因是二层书房排插接触不良或接触电阻过大打火，引燃周边可燃物蔓延成灾。我所接到委托书后，根据法院委托书的鉴定事项，受理部认真研究委托内容，房屋火灾后贬值属于无形损失，由于目前中国对贬值如何鉴定没有统一的标准和判定依据，我所受理该案件前，关于房屋贬值损鉴定存在的难点向委托方及原被告双方进行了说明和可能产生的后果与法院及原被告双方进行了充分沟通，获得原被告双方认可后，我所才确定正式受理本案鉴定的委托。

委托方：福建省福州市晋安区人民法院。

委托内容：对坐落于福州市晋安区某房屋因火灾导致的贬值数额进行评估鉴定，包含（1）房屋主体结构损坏后修复损失；（2）火灾后房屋本身的贬值损失进行鉴定。

鉴定过程：我所接受委托后，指派鉴定人员与法官等人到达鉴定现场，经现场勘验被鉴定房屋为复式，事故时火灾发生在二层。首先，根据火灾后房屋损伤范围，复式一层由于复式二层火灾施救行为，导致餐厅、主卧、次卧顶部出现漏水现象（这些区域未进行防水处理，灾后出现漏水、渗水现象），火灾行为对复式一层主体结构安全未造成重大影响；复式二层根据现场勘验火灾灼伤程度分为烟熏区，一般灼伤区和严重灼伤区。其次，根据火灾灼伤程度制定加固修复方案计算修复费用。根据本案的特点制定市场调查表，调查表的主要调查对象是具有潜在购买力的人，主要职业类别包括房地产估价师、教师、会计师、保险理赔、资产评估师等。问卷中，主要包括被调查人是否有购买房屋的意向，以及被调查人的年收入、现住房、家庭组成情况等，其中最重要的两个问题分别从“应得补偿”和“自愿降价”的两个相反角度设计调查内容。同时对被鉴定房屋未受损前的房屋市场价值进行调查，最终根据市场调查结果：房屋贬值损失按10%～20%进行计算。

鉴定意见：（1）火灾后房屋复式一层主体结构安全未造成重大影响，复式二层主体结构损坏后修复金额为人民币壹拾贰万陆仟捌佰叁拾贰元整（￥126 832.00元）。（2）火灾后房屋贬值而造成的损失为人民币贰拾伍万至伍拾万元（￥250 000.00元～￥500 000.00元）。

鉴定效果：我所出具的《司法鉴定意见书》为法院判案提供了有力的依据。

复式一层鉴定现场	复式二层鉴定现场

复式二层鉴定现场	复式二层鉴定现场

	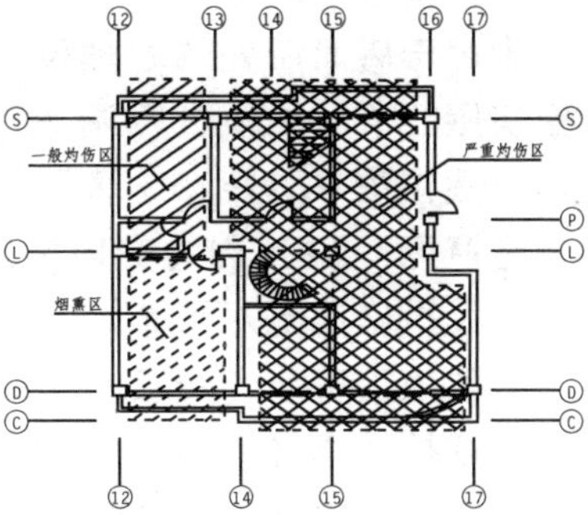
复式二层鉴定现场	复式二层灼伤程度分区示意图

案例39 政府交地延误和面积不足造成开发商的损失鉴定（林莉）

案情背景：原告地产公司与被告政府签订建设用地使用权出让合同。原告在施工过程中发现该宗地块内有2户农户耕地未征用，通讯电缆、排洪管道未迁移，导致整个建设工程中途停工，施工现场人工及机械设备滞留，给原告造成了巨大的经济损失。故法院委托我所对地产的损失数额及价差进行鉴定。接到委托书后，根据法院委托书的鉴定事项，受理部认真研究委托内容，价差引起的损失属于无形损失，由于目前国家对差价如何计算没有统一的标准和判定依据，我所受理该案前，关于价差损失鉴定存在的难点向委托方及原被告双方进行了说明，获得原被告双方认可后，我所才确定正式受理本案鉴定的委托。

委托方：福建省龙岩市长汀县人民法院。

委托内容：（1）对因为交地导致原告重新设计图纸进行施工造成的损失进行鉴定；（2）对因为交地不符合合同约定，导致该宗房地产开发财务成本大幅增加造成的损失进行鉴定；（3）对因为延迟交地导致原告错过房地产销售良机造成的价差损失进行鉴定；（4）对道路未开通导致原告销售房屋商业价值严重缩水造成的差价损失进行鉴定。

鉴定过程：我所接受委托后，指派鉴定人员与法官等人到达鉴定现场，经现场勘验被鉴定房屋为5栋商住楼。通过现场与双方的沟通可知原设计为6栋商住楼。针对委托内容第3点错过房地产销售良机造成的价差我所鉴定人员对于周边的房地产中介机构进行逐一探访，并对被鉴定物标的的位置进行分析。根据本案的特点制定市场调查表，调查表的主要调查对象是具有潜在购买力的人，主要职业类别包括房地产估价师、教师、会计师、保险理赔、资产评估师等。问卷中，主要包括被调查人是否有购买房屋的意向，以及被调查人的年收入、现住房、家庭组成情况等，分析结果表明多数人认为由于店面所处的地理位置特殊，相应的应降低购买成本。同时对被鉴定房屋的市场价值进行调查，最终根据市场调查结果：房屋应降低购买成本范围在按10% ~15%区间。

鉴定意见：（1）因为交地导致原告重新设计图纸进行施工造成的损失金额为人民币玖拾伍万元整（￥950 000.00元）；（2）因为交地不符合合同约定，导致该宗房地产开发财务成本增加损失为人民币贰仟伍佰捌拾玖万伍仟肆佰贰拾元整（￥25 895 420.00元）；（3）因为延迟交地导致原告错过房地产销售良机造成的价差为人民币伍佰柒拾叁万壹仟叁佰零贰元整（￥5 731 302.00元）；（4）道路未开通导致原告销售房屋商业价值严重缩水造成的损失区间为10% ~15%。其中店面的损失额为人民币壹佰贰拾叁万玖仟捌佰肆拾元至壹佰捌拾伍万玖仟柒佰陆拾元整（即￥1 239 840.00元~￥1 859 760.00元），办公的损失额为人民币叁佰柒拾壹万肆仟叁佰肆拾捌元整至伍佰伍拾柒万壹仟伍佰贰拾贰元整（即￥3 714 348.00元~￥5 571 522.00元）。

鉴定效果：价差引起的损失属于无形损失，目前国家对价差如何计算没有统一的标准和判定依据，我所通过市场调查的鉴定方式，得到了原被告双方的一致认可。

鉴定标的物的西侧现状	被鉴定的5栋商住楼

地下室入口现状	地下室现状

现有涵管位置	现有高压线位置

案例 40　高速公路隧道火灾后的损失鉴定（陈开愿）

案情背景： 2013 年 5 月 28 日 19 时 57 分许，案外人姚某驾驶重型厢式货车由莆田开往上海，行经沈海高速公路 B 道，车辆左后轮爆胎，而后车辆起火燃烧造成车辆及路产损失事故。车辆方的保险公司委托鉴定机构做出鉴定损失金额为 90 多万元；高速公司修复了 390 多万元，并且也请了相应的鉴定机构作出了鉴定。损失金额相差悬殊，矛盾不可调和。法院委托我所重新鉴定。

委托方： 福建省宁德市福鼎人民法院。

委托内容： 对沈海高速福鼎至宁德段吉坑隧道交通事故火灾损坏路产的损失进行重新评估鉴定。

鉴定过程： 我所鉴定人员两次抵达沈海高速公路 B 道对事故现场进行勘验，勘验期间，公安交警在沈海高速 B 道吉坑隧道入口处进行封路现场勘验。根据吉坑隧道烧毁的不同程度，可分为严重烧伤区段、中度烧伤区段、轻度烧伤区段。鉴定人员对不同区段的修复痕迹、范围等进行勘验、记录。并对事故现场重新安装的照明、机电、火灾报警系统等进行勘验。确认在事故中被大火烧毁并重新安装的设备及线路等。因事故现场已修复完毕，鉴定人员无法对吉坑隧道施工修复期间施工现场的布控情况、布控材料、人员等进行现场勘验。我所根据委托方提供的资料、专家的丰富现场经验，并参照当天其他施工路段的施工布控情况，综合确认吉坑隧道施工修复期间事故现场的布控情况。

吉坑隧道交通事故火灾损坏路产的修复费用包括：（1）土建部分修复费用；（2）照明电路及部分灯具、配电线路烧毁修复费用；（3）火灾报警系统修复费用；（4）广告宣传费用；（5）交通组织布控材料费用；（6）交通组织布控人员、机械费用；（7）吉坑隧道勘测、设计等费用；（8）施工期间监理费用等。其中土建修复费用中，考虑到该修复工程属于高速路抢修工程，该工程工期赶、难度系数大等，综合考虑，我所对各项修复项目的人工定额单价提高30%，由原有人工定额单价47元调整为61元。

鉴定意见：沈海高速福鼎至宁德段吉坑隧道交通事故火灾损坏路产的损失金额为人民币壹佰陆拾玖万玖仟玖佰陆拾捌元贰角贰分（¥1 699 968.22元)。

鉴定效果：我所鉴定既不以肇事方的纯理论加猜测的预估方案，也不以高速公路公司的按部就班，按规范地每一步都要产生相应的费用；而是按勘验现场实际完成的工作量产生的费用计价，得出来损失金额近170万元。这个金额最终获得原被告双方的认可，法院采信。

吉坑隧道B道入口处	吉坑隧道事故发生现场

对事故现场烧伤区域进行测量	吉坑隧道顶部烧毁区域修复的边线
	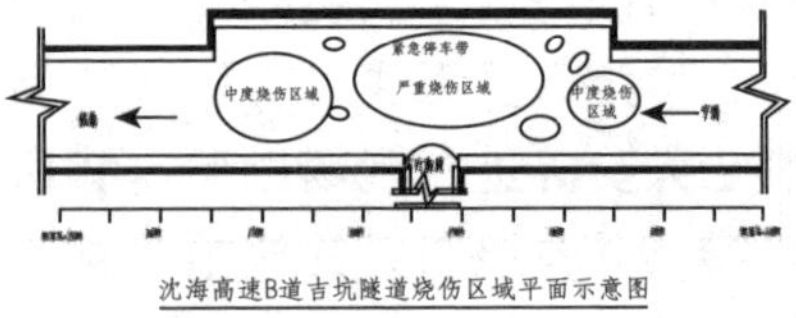
其他路段施工布控情况	事故现场烧伤区域示意图

案例41　桥梁工程造价鉴定（刘汐龙）

案情背景：本案为原告与被告建设工程施工合同纠纷一案，根据委托方资料获悉，原、被告双方对于涉案工程的工程量及工程质量不存在异议，但工程竣工后，双方在进行工程结算时，对于结算金额存在比较大的分歧。

委托方：福建省南平市邵武市人民法院。

委托内容：对原告施工的桥梁工程量进行工程造价司法鉴定。

鉴定过程：我所接到委托书后，组织专家对鉴定事项进行研究，制定相应的勘验方法，然后我所指派司法鉴定人及其助理来到鉴定现场，与法院法官、原告方、被告方汇合，现场勘验时，双方对于沧浪桥、泽月桥的施工图、工程量及零星工程签证单均达成统一意见。我所根据委托方提供的工程数量确认单及零星工程签证单等，对两座桥的工程造价进行鉴定。

鉴定意见：原告施工的A桥梁工程造价为人民币伍佰零陆万捌仟壹佰陆拾壹元整（¥5 068 161.00元），B桥梁工程造价为人民币叁佰壹拾叁万捌仟叁佰壹拾贰元整（¥3 138 312.00元）。

鉴定效果：我所出具的《司法鉴定意见书》为法院如何解决双方争议金额提供了有力的依据。

A桥梁下部

A桥梁上部

B桥梁下部

B桥梁上部

鉴定人员测量桥梁尺寸	鉴定人员测量桥梁高度

案例42　福州娱乐场所的装修费用鉴定（林莉）

案情背景：原告与被告签订房屋租赁合同，现被告要将原房屋收回，但是租赁期限还未到。原告认为期限未到被告违约收回必然会对已装修的部分产生损失。被告认为我是收回属于自己的合法物品，不存在赔偿损失。双方对此各执己见。故法院委托我所对整个营业场所一层至七层进行装修费用的价格评估鉴定。我所接到委托书后，根据法院委托书的鉴定事项，受理部认真研究委托内容，装修费用的价格评估，应考虑其折旧事项，即其折旧费用；价值评估是以确定资产的市场现值为目的，根据市场行情进行估算的市场价值，会涉及“使用年限”“成新率”或“折旧率”“重置价格”等概念。国家有规范规定房屋的使用年限和折旧，但对于装修工程的使用年限和折旧未有规范规定。我所受理该案件前，关于房屋折旧费用存在的难点向委托方及原被告双方进行了说明和可能产生的后果与法院及原被告双方进行了充分沟通，获得原被告双方认可后，我所才确定正式受理本案鉴定的委托。

委托方：福建省福州市晋安区人民法院。

委托内容：对福州市某卡拉OK厅的整个营业场所一层至七层的装修费用进行价格评估鉴定。

鉴定过程：我所接受委托后，指派鉴定人员与法官等人到达鉴定现场，经现场勘验被鉴定房屋为七层框架结构房屋。首先，鉴定人员现场与双方沟通确认勘验方案，在得知无图纸的情况下，鉴定人员逐层逐间进行图纸绘制，对于不同材质的进行分类说明，根据现场勘验及统计一至七层的卡拉OK厅约有50间大小不一的包厢，装修风格多达8种以上（还未包括卫生间及过道），因为不同材质所涉及的造价也是不一样的，鉴定人员分别对其装修风格及材料进行归类、整理、计算装修总金额。最终按照市场调查的房屋的装修折旧年限按5～6年，固定资产的净残值按2%考虑，计算折旧后的装修金额。

鉴定意见：卡拉OK的整个营业场所的装修费用评估价格为人民币壹佰肆拾捌万陆仟叁佰贰拾壹元整（￥1 486 321.00元）。

鉴定效果：我所出具的《司法鉴定意见书》为法官如何判定原告索赔金额提供了重要的依据。

被鉴定房屋外立面	包厢内部现状

包厢内部现状	走道现状

KTV内超市部分	一层大堂现状

案例43　强弱电工程造价增减鉴定（林美晖）

案情背景：原告与被告签订施工合同，原告在施工基本完成后因被告工程款未到位，原告就此退场，被告后续叫他人把未施工部分给施工完成，就此被告一直不愿付原告的工程款，原告上诉至漳州市芗城区人民法院，法院通过摇号将此工程纠纷案委托我所鉴定。

委托方：福建省漳州市芗城区人民法院。

委托内容：对漳州市某医院第二住院部十层至十二层及顶层强弱电造价增减进行鉴定。

鉴定过程：我所接受委托后，鉴定人员与法官等人到达鉴定现场，经过现场勘验，所要鉴定的现场情况为：（1）所要勘验的楼层工程已经大部分进入正常使用（如十一层办公室、值班室等，十二层手术室）；（2）根据图纸与现场勘验的施工项进行一一比对：第十层存在配电箱及强、弱电插座有所增减，而第十一层、第十二层以及设备层因现场特殊条件的严格限制（已投入正常使用），无法进入实际现场进行详细勘验；（3）通过对原被告双方的现场询问，第十一层的实际施工情况与原施工图纸存在较大的变更。由于现场存在实际施工项与施工图纸不太一致或变更较大的情况，且没有完整一套的电气施工图纸（或竣工图），且所鉴定的楼层大部分已经进入正常使用，鉴定人员无法进入每个房间进行全面的详细勘验（没有盖竣工章的正式竣工图），这样就造成鉴定人员无法准确计算出实际施工量；基于上述现场勘验情况，故鉴定人员在现场与原被告双方相关代表协商、讨论后，一致同意根据原被告双方签订的《劳动合同》中规定的“劳动方式：计签60元/平方米”的方法进行工程造价计算。

鉴定意见：漳州市某医院第十层、第十一层、第十二层及顶楼强弱电系统工程施工实际总造价为：人民币贰拾陆万壹仟壹佰捌拾玖元整（￥261 189元）[其中：（1）施工图纸中阴影部分的建筑面积（不包含楼梯、电梯井及电梯前室）工程造价为：人民币壹万肆仟壹佰玖拾元整（￥14 190.00元），（2）增加部分工程造价为：人民币壹万叁仟柒佰叁拾壹元陆角（￥13 731.6元）]。

鉴定效果：我所出具的《司法鉴定意见书》为法官如何确定涉案工程的各项工程金额提供了依据，加快了原被告双方案件审理的进程。

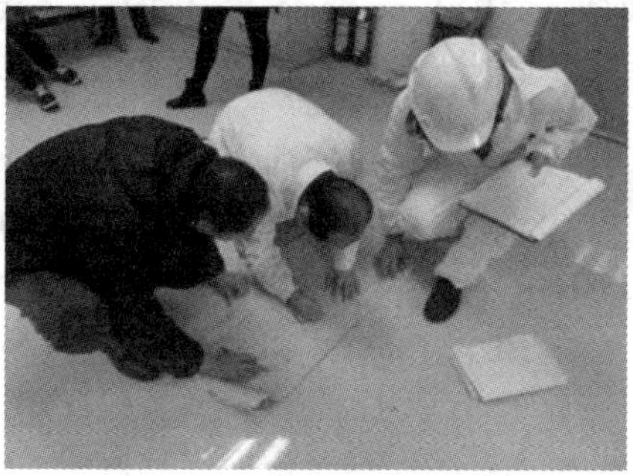	
鉴定人员现场结合图纸勘验	配电箱内线路回路
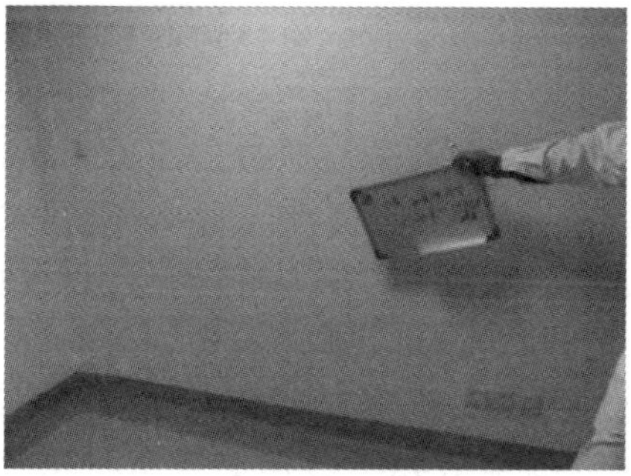	
鉴定人员对第十层房间的强弱电插座分布进行统计	第十层 ICU 大厅办公桌下方插座盒（不是原告安装）
	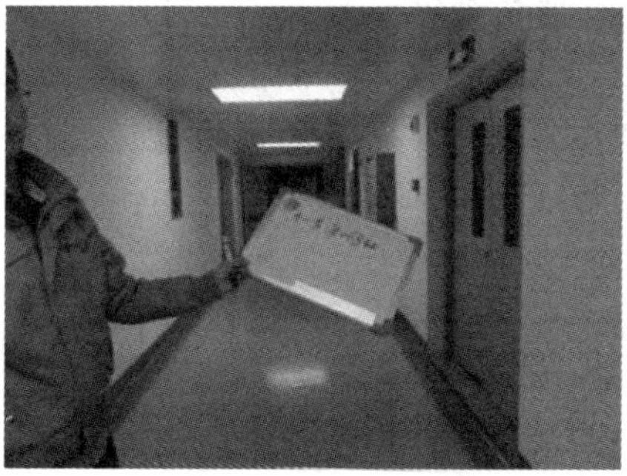
第十层分配电箱，其中标签不是原告贴的	第十一层走廊

案例44　三台打桩机的施工事实、停工天数及窝工损失鉴定（王盼）

案情背景：原告与被告于2013年9月26日签订《桩基施工分包合同》，约定被告的桩基施工工程由原告承包。原告在进行桩基施工时，因建设用地、环保等原因，被告与当地村民发生纠纷，当地村民阻挠原告方施工，造成原告方的锤击式打桩机自2013年11月10日开始停工、窝工。原被告双方就三台打桩机的施工事实及停工天数及窝工损失产生争议，故法院委托我所对原告方三台打桩机的施工事实及停工天数及窝工损失进行鉴定。

委托方：福建省莆田市秀屿区人民法院。

委托内容：对（原告）施工厂房的三台锤击打桩机的施工事实和停工、窝工总天数及停工、窝工期间的机械台班费、人工费、机械折旧费等损失额进行司法鉴定。

鉴定过程：2016年3月9日上午，我所鉴定人员与原被告双方人员一同到达鉴定现场。首先，鉴定人员对案件的情况进行了解，并对原被告进行了询问笔录。然后，在原被告相关人员带领下，鉴定人员对三台打桩机的施工现场进行了勘验，但新建的厂房已投入使用。锤击式打桩机的施工作业已经结束，现场未发现打桩机设备，所以我所鉴定人员主要根据委托方所提供的现有资料进行分析鉴定。本案围绕着要不要用第三台打桩机，我所专家们也展开了内部激烈争论，最终尊重客观事实，确定第三台打桩机要列入计算。根据法院要求，我所鉴定人员分别采用合同法和市场调查法对三台打桩机的损失额进行鉴定。

鉴定意见：（1）原告有三台锤击式打桩机在现场进行施工的事实。（2）三台锤击式打桩机的停工、窝工天数均为119天。（3）根据桩基施工分包合同所计算出的费用：三台打桩机停工、窝工期间的机械台班费、人工费（损失）共计为人民币伍拾叁万伍仟伍佰元整（¥535 500元）；根据市场调查行情所计算出的费用：三台打桩机停工、窝工期间的机械台班费、人工费（损失）共计为人民币肆拾贰万肆仟柒佰捌拾伍元捌角柒分（¥424 785.87元）。

鉴定效果：我所出具的《司法鉴定意见书》为法院判案提供了有力的依据。关于窝工天数的认定，我所专家们确实花了很长时间来研讨其合理性。

鉴定现场	鉴定现场

鉴定现场	村民阻工现场

锤击式打桩机	锤击式打桩机

案例45　火灾烧毁电梯维修费用鉴定（潘晶）

案情背景：根据法院提供的监控录像，春节期间一小孩在乘坐电梯时玩打火机，（对着电梯内的广告牌点火），到达指定楼层离开时，未意识到广告牌上已有遗留的“小火星”，事故发生时正值晚饭时间，乘坐电梯的人少，未能及时发现险情。待物业发现报警灭火后，电梯及配件等物品烧毁，造成物业经济损失。事故电梯的品牌为通力电梯，原告要求的赔偿金额为32万元左右。因小孩监护人与物业方就电梯烧毁损失金额协商不成，遂法院根据原告的申请，委托我所对因火灾烧毁的电梯维修费用进行司法鉴定。

委托方：福建省福州市仓山区人民法院。

委托内容：对因火灾烧毁的福州市仓山区某小区2单元2号电梯维修费用进行鉴定。

鉴定过程：我所接受委托后，指派鉴定人员与法官等人到达鉴定现场。首先，在勘验前我所组织各相关方召开短会，说明勘验现场的鉴定程序；其次，根据委托方的委托鉴定事项，我所鉴定人员在电梯安全员的配合下对2号电梯的四个基本部分（机房、轿厢、门厅、井道）进行勘验，内容包括（1）机房部分，对机房中的曳引机、限速器、控制柜等进行勘验；（2）轿厢部分，对轿厢中的轿厢架、轿底、轿壁、轿顶、轿门及开门机等进行勘验；（3）厅门部分，对厅门、召唤按钮箱等进行勘验；（4）井道部分，对井道中的导轨、对重装置、钢丝绳、随行电缆等进行勘验。同时对相邻电梯轿厢内部的装饰装修和轿顶上的相关设备进行勘验。根据勘验：整个轿厢体（轿底、轿壁、轿顶）“过”火，轿厢体内的木装饰、轿厢操作盘、轿厢内液晶屏等被烧毁；轿厢轿门变形；轿厢顶部空调、蓄电池、检修盒、急停开关、报警装置等被烧毁；井道中的随行电缆部分被烧毁、钢丝绳“过”火呈粉红色；因电梯停在7~8层之间，与发生着火的位置基本一致，确定火灾对下部的电梯井底缓冲机构没有造成影响，也没有对机房内的曳引机、限速器、控制柜等造成影响。最后，根据委托方提供的相关资料、现场勘验及相关规范，我所鉴定专家从电梯使用的安全角度出发和电梯实际的受损情况，所维修的电梯主要构、配件均采用原电梯相同的型号、规格等计算电梯维修费用。

鉴定意见：福州市仓山区某小区2单元2号电梯维修费用评估金额为人民币壹拾捌万叁仟贰佰捌拾壹元整（￥183 281.00元）。

鉴定效果：我所出具的《司法鉴定意见书》为法院判案提供了有力的依据，原被告双方一致认可我所的鉴定意见。

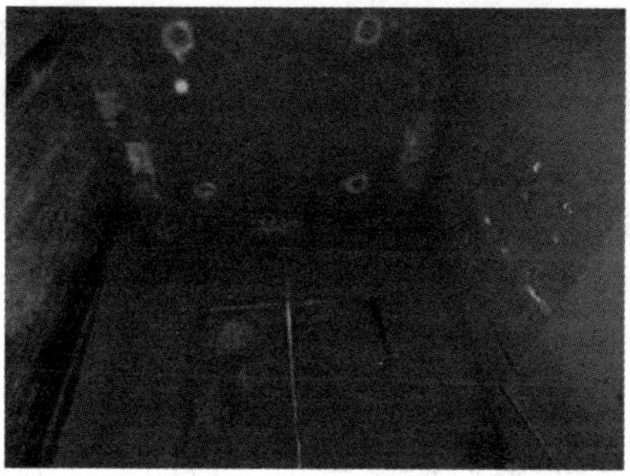	
轿厢内部现状	轿厢内部现状

轿厢内部现状	电梯轿厢顶部空调外机现状

井道内部现状	鉴定人员对电梯机房进行勘验

案例46　广告牌制作成本和收入鉴定（刘汐龙）

案情背景：根据委托方提供的资料知悉，原、被告双方于2008年11月20日签订《广告发布经营合同》一份，合作对经营期限、承包范围、总价、承包方式、费用支付、数量规格等作了详细约定。在合同履行过程中，2011年10月由于被告道路建设改造的需要，暂时要先拆除原告投资建成的灯箱广告，而后一直无法让原告重新安装建设，双方对赔偿事宜存在分歧。因此，法院委托我所对广告牌制作成本及6年的收入进行鉴定。

委托方：福建省南平市光泽县人民法院。

委托内容：（1）对原告建设大型LED灯箱广告12座，灯箱版面宽4米、高2米、距地面净高5~5.6米的广告牌制作成本进行鉴定；（2）对上述广告牌6年的收入进行鉴定。

鉴定过程：我所接到委托书后，组织专家对鉴定事项进行研究，制定相应的勘验方法，然后我所指派司法鉴定人和司法鉴定人助理来到法院，与法院法官、原告方、被告方汇合。勘验前，各方进行短会交流，鉴定人员介绍回避制度以及勘验方法。正式勘验时，鉴定人员对广告牌的总体情况进行初步勘验，之后，根据广告牌的情况，利用相应的勘验工具和设备进行详细测量并拍照，完成现场勘验工作后，对数据进行计算和分析，其中，广告牌6年的收入主要是根据当地广告牌市场的实际情况调查（广告牌发布费用趋势、版面、定期清理、维护等），并综合考虑委托方提供的广告合同，组织相关专家进行研究，最终得出鉴定意见。

鉴定意见：（1）原告建设大型LED灯箱广告12座，灯箱版面宽4米、高2米、距地面净高5~5.6米的广告牌制作成本为人民币叁拾贰万伍仟捌佰贰拾贰元整（￥325 822.00元）；（2）上述广告牌6年的实际收入为人民币肆拾贰万伍仟肆佰元整（￥425 400.00元）。

鉴定效果：我所出具的《司法鉴定意见书》为法院判案提供了有力的依据。

现场未拆除的广告牌	广告牌版面

已拆除的广告牌	鉴定人员测量广告牌高度

鉴定人员测量广告牌尺寸	鉴定人员测量广告牌钢构件厚度

案例47　钢结构房屋造价鉴定（刘汐龙）

案情背景：根据委托方提供的资料获悉，厦门市某生态休闲农业有限公司正在修建的三层钢结构经营管理房屋，在修建工作进行到中途（房屋的地基、地梁及三层钢构框架已完成），遭遇到暴力拆除。对拆除清场、重建及现场剩余钢材的残值没有专业的评估结果，纠纷双方无法达成共识。因此，律师事务所委托我所对钢结构房屋造价等进行司法鉴定。

委托方：北京君颜（厦门）律师事务所。

委托内容：（1）对三层钢构框架、开挖地基、基础、地梁浇筑的工程进行造价以及残值评估；（2）对清除被损毁的地基、地梁和被损毁的钢构框架楼拆除清场所需费用进行评估。

鉴定过程：我所接到委托书后，组织专家对鉴定事项进行研究，制定相应的勘验方法，然后我所指派司法鉴定人和司法鉴定人助理来到鉴定现场，与委托方汇合，勘验前，鉴定人员介绍回避制度以及勘验方法。由于本鉴定项目现场钢结构房屋已被暴力拆除，鉴定人员根据委托方提供的设计图纸对房屋的总体情况进行初步勘验，之后，根据现场条件，对钢筋混凝土结构的地基和钢结构的上部承重结构尺寸进行逐一测量，并拍摄照片，完成现场勘验后，对数据进行计算和分析，并组织相关专家进行研究，最终得出鉴定意见。

鉴定意见：（1）三层钢构框架、开挖地基、基础、地梁浇筑的工程造价为人民币贰拾捌万捌仟肆佰玖拾壹元整（￥288 491.00元），损坏的钢构件残值为人民币叁万陆仟肆佰伍拾元整（￥36 450.00元）；（2）清除被损毁的地基、地梁和被损毁的钢构框架楼拆除清场费用为人民币壹万壹仟捌佰玖拾叁元整（￥11 893.00元）。

鉴定效果：我所出具的《司法鉴定意见书》为委托方向相关方提出赔偿金额提供了的依据。

钢结构房屋已被拆除

钢构件堆放于现场

鉴定人员测量刚构件厚度

鉴定人员测量地梁高度

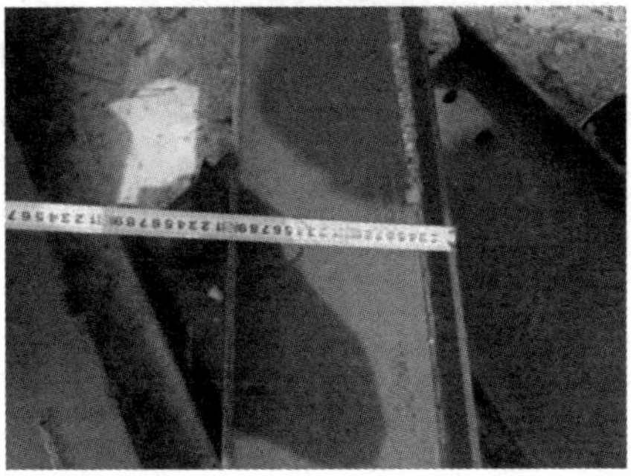	
鉴定人员测量钢构件尺寸	委托方提供钢结构房屋拆除前照片

案例48　房屋装修工程造价鉴定（杨美娟）

案情背景：根据法院提供的资料获悉，2015年10月下旬，原被告双方口头协商，将房屋的装修事宜委托原告施工，材料款、工人工资等根据实际支出额由被告承担，另原告按上述实际支出款项的10%收取管理费和设计费。至2016年1月中旬因原被告双方争议较大，装修事宜无法进行下去。故法院委托我所对其进行鉴定。

委托方：福建省福州市晋安区人民法院。

委托内容：对某单元房产的装修材料（含运费、搬运费）和装修工人工资进行鉴定，不包括发票税费、管理费、设计费、客厅推拉门成品材料款500元（含运费、但不含安装费用，安装费用需由鉴定机构鉴定）、所有灯具（不含卫生间里的浴霸和厨卫集成灯具，该部分需鉴定机构鉴定）及热水器。

鉴定过程：我所接受委托后，首先组织相关鉴定专家组成员对委托方提供的相关资料信息进行审阅、讨论，初步了解涉案工程的情况等，并制定相应的鉴定方案。2016年6月3日，我所鉴定人员到达鉴定现场，开展勘验鉴定工作。主要对原告向被告房屋装修材料进行记录、拍摄。后期对现场勘验的实际项目内容，依据建筑工程工程量清单计价规范、《福建省建筑工程消耗量定额》（FJYD－101－2005）和《福建省装饰装修工程消耗量定额》（FJYD－201－2005）等相关标准和2015年（原被告双方于2015年10月下旬达成口头协议）第四季度福州市材料价格信息指导价，并结合现场勘验所采集的实际数据分析计算。

鉴定意见：某单元装修工程造价费用为人民币壹拾壹万叁仟柒佰玖拾壹元肆角叁分（￥113 791.43元）。

鉴定效果：我所出具的《司法鉴定意见书》为法院判案提供了有力的依据。

鉴定房屋入户门	铝合金窗

客厅吊顶	厨房灶台
	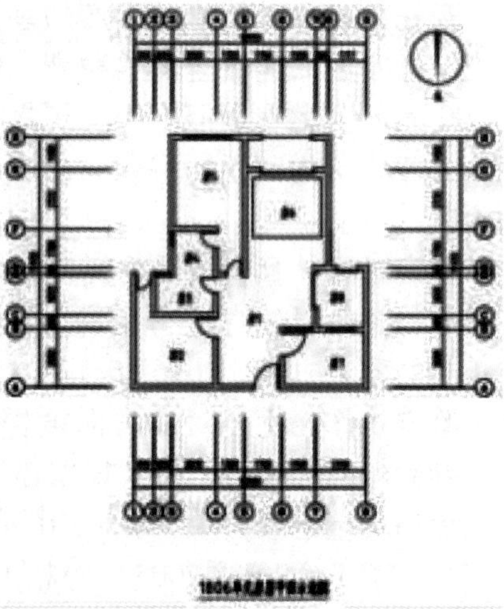
客厅地面瓷砖	房屋平面示意图

质量类

案例49 平潭某一商品房质量鉴定（吴金椿）

案情背景：本案例系为房屋质量鉴定。房屋因漏水困扰，6年来数次找开发商请求解决，开发商认为房子超过保修期，房屋漏水不予负责。房主则认为是开发商所建的房子存在质量问题，理应给予修复。在与开发商协商无果后，房主无奈之下将其告上法庭。

委托方：福建省福州市平潭县人民法院。

委托内容：对该房屋做房屋质量鉴定。

鉴定过程：我所先后派出16人次到现场，对房间墙壁，走廊、外墙、框架梁、框架柱、房屋顶板等进行全方位勘验，房屋漏水明显的，共有12处。根据业主介绍，七层厨房墙面也有一处漏水，因瓷砖粘贴，我所鉴定人员无法查验。另外潮湿墙面面积共有20多平方米，法官代表、原被告双方和鉴定人员共同观看业主提供的漏水视频。由于鉴定工程量巨大，我所还外聘临时工人协助打孔取芯，使用福建省计量科学研究院检测认证的各种鉴定检测仪器，对该房屋进行检测。根据委托方提供的图纸和对现场勘验的详细记录以及多次的专家研讨会，通过对该房屋的构造和委托方所提供的设计图纸对比，发现有3处实物与设计图纸不符，且经鉴定人员的仔细检查，发现八层外走廊砖砌栏板瓷瓶也都有裂缝。根据设计施工图纸，屋盖钢筋混凝土板厚应该是185mm，经过鉴定人员的现场验查，包括屋面的找平层、找坡层、防水隔热层，取样实测总厚度只有98mm，其中钢筋混凝土仅有80mm厚。这样的房屋出现质量和漏水的原因就不言而喻。

鉴定意见：我所鉴定人员坚持诚信、公正、科学、求真的原则，鉴定意见为：因房屋原有的找平层、找坡层、防水隔热层没有做好，导致房屋严重漏水，属于房屋固有质量缺陷，不是业主后天造成的。

鉴定效果：法院采信我所的司法鉴定意见，判令开发商负责，为房主解除了6年的房屋漏水困扰。我所的司法鉴定意见为律师和法官断案提供了有力证据。本案有一定的参考价值，防水保修期一般为5年，第六年房屋漏水，开发商要不要负责？本案的漏水主要原因是屋盖板厚度达不到设计要求，主体结构保修年限是房屋的设计使用年限，商品房一般为70年，因此开发商要承担责任。

法官、开发商、鉴定人员和业主等人在现场，业主聘请专业摄像师对鉴定过程全程录制	鉴定人员在业主屋面板钻孔取芯
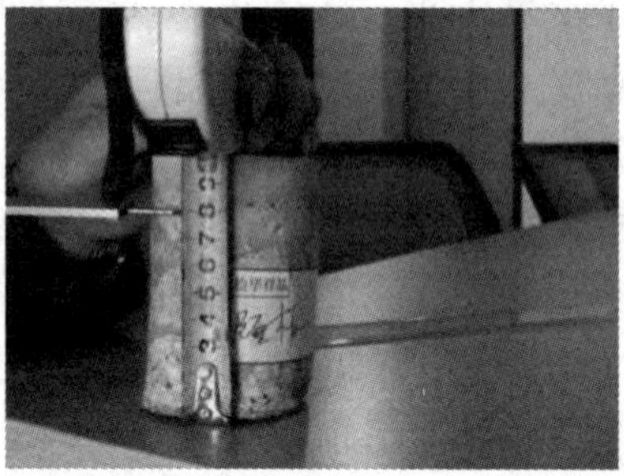	
按设计施工图纸屋面板总厚度应该为185mm，实测总厚度只有98mm	屋面低洼处没有下水管，产生积水

鉴定人员凿开保护层鉴定砂浆强度，发现墙壁砖都是潮湿的	鉴定人员对框架柱做混凝土强度检测

案例50　墙体归属权鉴定（吴金椿）

案情背景：有争议墙体位于教堂北墙东段。我们把它标注为墙段1和墙段2。墙段1长约7.5米，墙段2长约10米，墙体的砌筑结构下部为鹅卵石地基，高度约1米，中间用一层古砖找平，上部为土筑墙。墙体前半段为双方共墙，后半段为自由墙体，共墙的双方都认为本段墙体归自己所有，因此引起冲突。

委托方：福建省宁德市福安市某教堂。

委托内容：对一段墙体的归属权进行鉴定。

鉴定过程：我所鉴定人员带着鉴定仪器，先对现场墙体的外观尺寸、墙体材质、施工工艺、墙体外观及使用仪器进行勘查鉴定，拍照记录，再与教堂四面墙体和相邻的其他房子的墙体的外观尺寸、墙体材质、施工工艺、墙体外观进行比对。发现有争议的墙体不论青砖及石头的规格、墙基所用材料、墙体上所镶嵌的木条及水管的连接构造情况，教堂东墙与争议墙的夹角处的连接方式和墙体风化程度都一致，而与相邻墙体却有诸多不同之处。根据现场观察，有争议墙旁所搭建的木质楼梯，所有的踏板和立板都嵌入墙段2内，门框上的横木也是完全嵌入其中。而在教堂南部相邻的房子里面，可以看见该房子屋内的横梁未嵌入教堂南墙，说明不是自己的墙体，木头不敢嵌入其中。

鉴定意见：我所本着诚信、公正、科学、求真的原则，运用专业的知识结合现场实际勘查、检验、测量等数据，得出鉴定意见：该段有争议墙体为教堂所有。

鉴定效果：教堂存在已经有150多年，相邻的房屋也经过了多次翻建，当事者早已仙逝，房屋档案无据可查，公说公有理、婆说婆有理。如何鉴定才能让双方信服是摆在我们面前的大难题。鉴定专家们多次展开研讨，本案采用“墙体DNA”鉴定法，用了“基础基因”“材料基因”“工艺基因”“砌筑基因”“连接基因”等多位点进行比较，来断定这段“墙体基因”与教堂建筑物还是与邻居建筑物具有更高的相似度。这在司法鉴定技术方法上也是一种创新。我所的鉴定意见最终获得双方的认可。

照片左边为新建房，照片右边旧 瓦片屋顶为教堂，红线框内为争议墙体	鉴定人员正在测量古青砖的规格。古青砖 长270mm，宽170mm，厚30mm～35mm， 不像近代青砖厚度规范
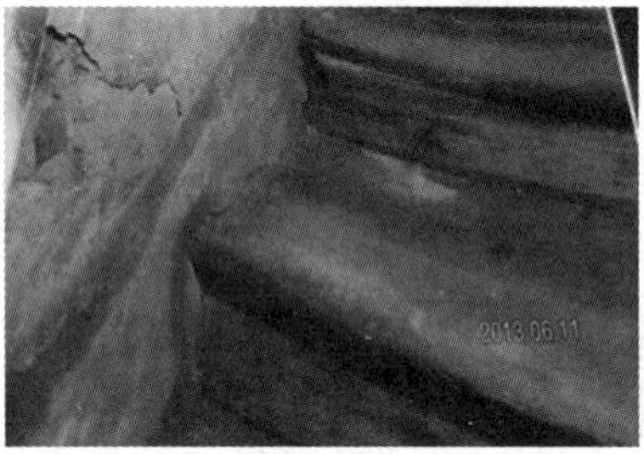	
教堂内楼梯近景。所有踏板和立板都 嵌入到有争议的墙段2内	教堂南墙没有争议墙体相邻房屋的 内景图。图中可见木梁未嵌入到墙体内 （红色区域所示）。说明不是自己的墙体 木头不敢嵌入其中
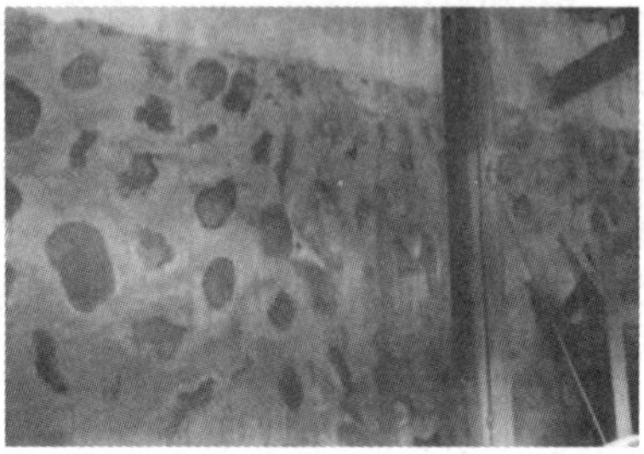	
教堂西墙体下方是由鹅卵石砌成的。 鹅卵石表面同样被削平，其砌筑 工艺与有争议的墙体一致	鉴定人员测量古青砖，发现厚薄不均

案例51 某商业广场风管质量鉴定（李志强）

案情背景：福州市某大型商业广场风管工程合同纠纷一案，因为商场内风管质量是否符合规范要求，法官难以断案。为此，法院委托我所对该商业广场的风管质量进行鉴定。

委托方：福建省福州市中级人民法院。

委托内容：对某商业广场内使用的风管是否符合规范进行司法鉴定。

鉴定过程：事关大型商业广场内的人身安全和施工方巨额工程款，我所对此案极为重视，受理前召开专家研讨会，确认是否受理，提前拟定受理后采取什么方式方法而不影响商场正常营业的鉴定方案。我所鉴定人员到达鉴定现场后，先组织法院法官及原、被告在商场会议室召开鉴定注意事项会议，会议确定了鉴定流程、抽样点及数量，经四方人员签字确认后展开鉴定工作。通风管道是商业广场的重要组成部分，主要作用如下：（1）送风，确保进入商场人员有足够的氧气供应；（2）冷却空气，确保室内温度舒适；（3）排风，污秽空气的排出。我所主要鉴定内容是冷却风管。这些管路为了实用美观都布置在天花板上的狭窄空间内，为了减少对现场的破坏，我所只能派行动灵活的人员入内检测，而且风管都在吊顶上方，空间狭窄，有高空作业的危险性，同时还需要鉴定人员的身材不能高大，免得在上方转不过身体。在如此狭窄的空间内每个检测点的完成都需经过去除风管保温层、切割风管管壁、测量、拍照、记录、恢复等工序。我所十几名鉴定人员对几万平方米的大型商场进行现场抽样检测，勘验时间超过一星期，其难度和劳动强度可想而知。原被告双方代表全程跟踪、拍照、记录，鉴定人员诚信、公正地完成现场采样工作。后期进行数据汇总并结合国家相关质量验收规范，确定风管不符合规范要求。

鉴定意见：依据国家相关质量验收规范，运用专业的知识结合现场实际勘查、检验、测量等数据，得出某商业广场使用的风管保护层厚度和钢板厚度不符合规范要求。

鉴定效果：我所出具的《司法鉴定意见书》为法官判案提供了有利的证据，节约了判案的时间。

鉴定前原被告双方、法院及鉴定人员在现场会议确定鉴定方案等	鉴定人员、原被告双方一起在鉴定现场
	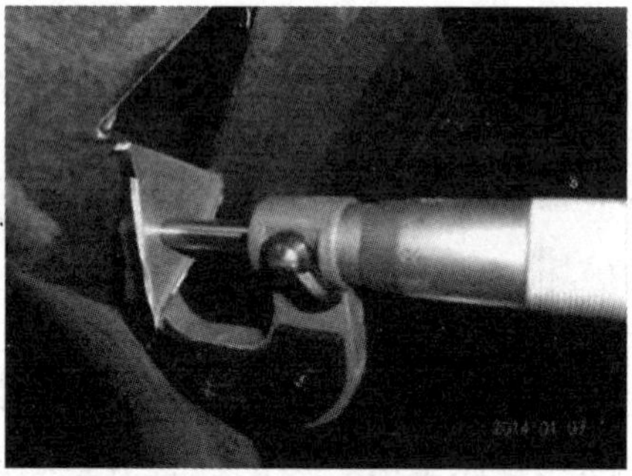
鉴定人员在测量风管的尺寸	鉴定人员在现场测量风管的壁厚

鉴定人员正在对天花板上风管进行检测	鉴定人员在测量角铁的尺寸

案例52　别墅装饰装修工程质量鉴定（潘晶）

案情背景：原告委托被告（某建筑装饰工程有限公司）对其私人别墅

进行装修，工程完工后，原告提出被告施工的装饰、装修部分的外观不符合规定要求，欲对其工程质量是否合格进行鉴定。

委托方：福建省福州市仓山区人民法院。

委托内容：对某私人别墅装饰装修部分工程质量进行司法鉴定。

鉴定过程：我所确认接受委托后，指派鉴定人员到达鉴定现场，根据《福建省家庭装饰装修工程质量标准》等规范标准，采用整套装饰装修检测仪器结合目测观感等手段，对现场的饰面板（砖）、裱糊、吊顶等工程采用抽样方式进行鉴定。别墅是豪华装修，里面的装修材料都是用高端产品，石柱一根都是几万元人民币，瓷砖采用拼花图案，墙纸也采用高端产品。现场勘验：（1）主要是施工工艺不到位，边角没有用麻布处理裂缝，瓷砖空鼓，阴阳角不垂直或水平、墙纸粘贴不牢；（2）23处没有按照图纸施工。

鉴定意见：某私人别墅装饰装修部分工程项目未按照装饰装修图纸施工有23处；饰面板（砖）工程11处检验批不合格、涂装工程2处检验批不合格、裱糊工程3处检验批不合格、吊顶工程4处检验批不合格、细木工制品3处检验批不合格、木地板工程2处检验批不合格、卫生器具安装工程2处检验批不合格，需整改。

鉴定效果：原被告双方对我所的鉴定意见没有异议，为法官断案提供了有力证据。

	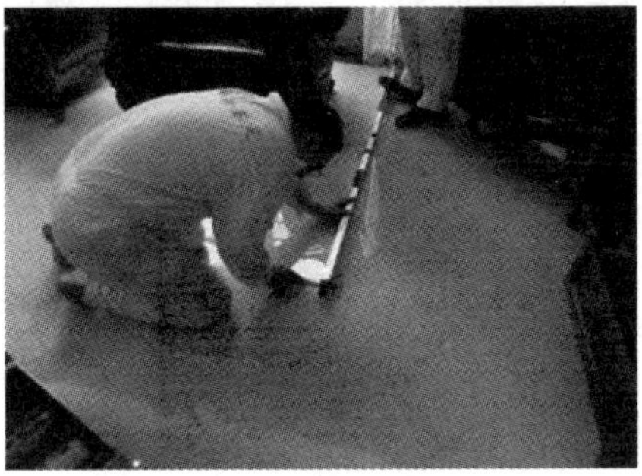
法院法官、原被告双方、鉴定人员在鉴定现场	鉴定人员用靠尺测量客厅地面瓷砖平整度

鉴定人员用激光水平仪测量客厅墙体垂直度	墙纸粘结不平
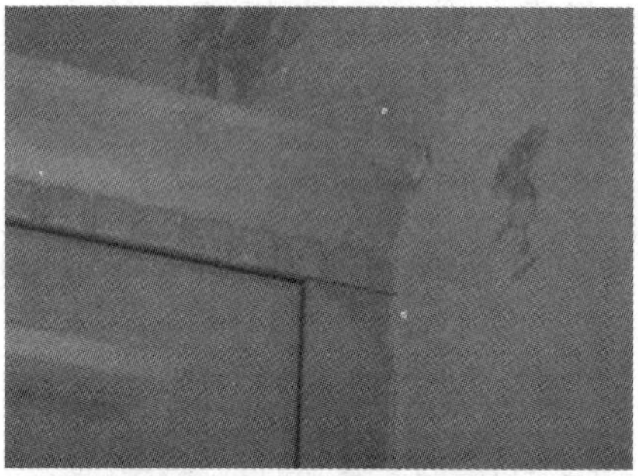	
嬉戏房衣柜与墙体接缝处多处出现裂纹	地面瓷砖空鼓

案例53　店面层高鉴定（吴立善）

案情背景：原告们欲对其新购买的店面进行装修时，认为店面的实际层高达不到购买合同上约定的5.4m层高。原告坚持店面层高未达到合同约定标准，被告坚持店面层高达到合同约定标准。三排店面业主共有几十家，他们联合起来，每排店面推选出一家代表性的店面业主向法院申请对店面层高进行司法鉴定。

委托方：福建省龙岩市武平县人民法院。

委托内容：对武平县某镇三个店面的层高进行鉴定。

鉴定过程：我所确认接受委托后，指派鉴定人员到达鉴定现场，三个店面均为框架结构，屋顶已经施工完面层；针对现场实际情况，我所召集原被告双方和法官共四方人员召开鉴定前会议，介绍鉴定方法、随机采样取点，征得原被告双方同意，进行小范围破坏面层或瓷砖等。店内地面基层还未装修，可以直接采样测量，屋顶有的用砂浆抹平，有的铺好瓷砖，我们采用冲击钻将屋面装饰层铲除露出原砼基层后，用测量仪器测出屋面基层（结构层）相对标高a和地面基层（结构层）相对标高b，测量点处层高c=a-b，按此方法测量五组计算出平均值，该值为店面实际层高。

鉴定意见：第一个店面层高平均值为5.15m，第二个店面层高平均值为5.14m，第三个店面层高平均值为5.13m。

鉴定效果：法官根据鉴定意见出具的层高和店面买卖合同约定的层高进行对比，作出判定。原告们通过鉴定维护了自身的合法权益，几十户店面业主同时受益。

法院法官、原被告双方、 鉴定人员在鉴定现场	鉴定人员正在店内随机 选取测量点

对店面屋顶面层进行铲除， 露出基层（结构层）	屋顶装饰面层厚度

鉴定人员对被鉴定店面进行测量	原被告双方代表对现场记录进行签字确认

案例54　房屋扩建部分安全性鉴定（王盼）

案情背景：该案件为楼上楼下邻里纠纷案，楼上住户将自家的阳台和厨房进行扩建，楼下住户觉得楼上住户的扩建行为将影响到自身房屋的使用安全，要求楼上住户对其扩建部分进行拆除，恢复到房屋的原始状态，楼上住户认为自己的扩建行为不会影响到楼下住户房屋的使用安全，因为他所居住的小区的大部分住户，近年来都跟他一样将阳台和厨房进行扩建，扩建后的房屋并未出现安全问题，楼下业主将楼上业主起诉至法院，到底安不安全？法院也不能判断，遂经双方同意，委托我所对其进行鉴定。

委托方：福建省福州市晋安区人民法院。

委托内容：对401单元房屋阳台和厨房扩建部分及室内地板削薄部分是否影响301单元房屋安全进行司法鉴定。

鉴定过程：通过现场勘验及询问该案件的相关人员，现场存在以下问题：(1) 401房屋在设计使用年限内未经技术鉴定或原设计单位的许可，擅自改变原结构的尺寸和形状；(2) 401南阳台在扩建、改建的过程中将1200mm高的砖砌栏板敲掉850mm，并将原来构造柱里面的钢筋弯向扩建部分一侧，另铺设A10@100钢筋网与原钢筋进行搭接；(3) 401南阳台栏杆连接不牢固、接口质量不符合要求；(4) 北厨房扩建部分由于现场条件有限，无法对混凝土与钢筋进行检测。根据现场勘验、对其扩建后面积及扩建所使用的材料进行登记测量，与原设计进行对比根据被告施工人员提供的资料水泥标号，实际配筋的10#槽钢进行验算。

鉴定意见：(1) 401南阳台扩建部分钢筋在结构布置方面不符合构造要求；作为支撑构件的角钢，膨胀螺丝及电焊部分均未做防锈、防腐蚀处理，易锈蚀；阳台栏杆的连接、质量等不符合规范要求，易发生塌落的危险，对301房屋的安全存在隐患。(2) 401北厨房扩建后的楼板经验算后满足承载力要求，对301房屋的安全不存在隐患。

鉴定效果：我所的鉴定意见既不是原告提出的将扩建部分进行全部拆

除，也不是被告提出的不需要将扩建部分进行拆除，而是通过科学的验算、分析，得出将 401 南阳台扩建部分拆除，北厨房不需要拆除的专业的鉴定意见，为委托人顺利地解决了邻里纠纷。

小区全景（小区大部分阳台都进行了扩建、改建）	各楼层南阳台对比图

401 南阳台扩建装修后现状	原被告北厨房外围对比图
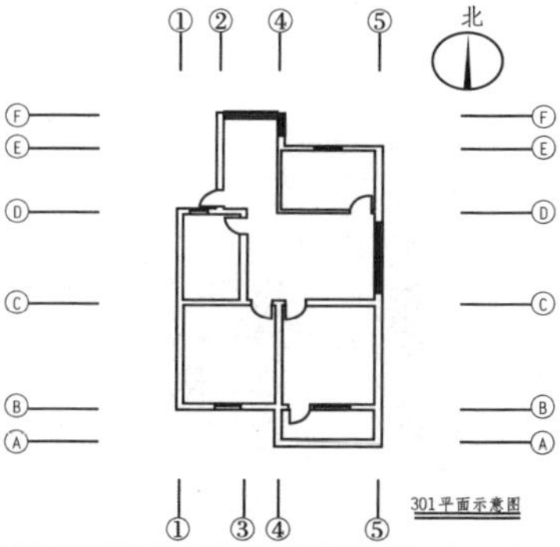	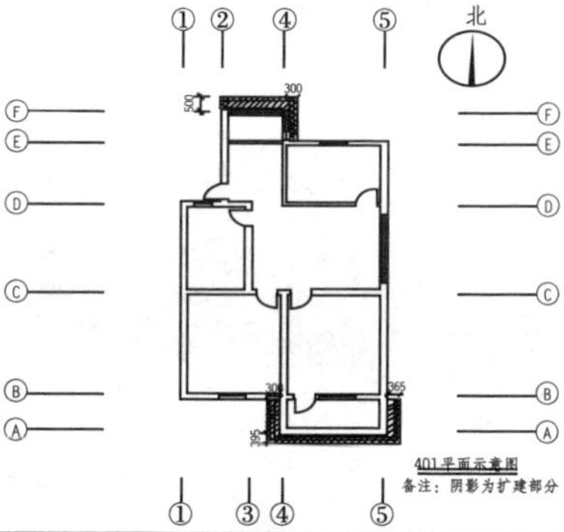
301 平面示意图	401 平面示意图

案例55　连城房屋超建墙体拆除8公分安全性鉴定（上官稳发）

案情背景：原告在建房时，国土资源局强制拆除违建部分，其中一堵18公分的外墙超出了国土资源局批准红线的8公分未拆除。原告认为若国土资源局强拆该堵外墙，将会影响自身的房屋安全。被告认为他们只是依法将原告超建部分的外墙进行拆除，并未对房屋整体进行破坏，他们的拆除行为不会对原告房屋的安全造成影响。该堵18公分的外墙拆除8公分，墙厚变薄到10公分后，房屋是否安全，法院为了科学、公正的判案，为能尽快解决双方矛盾，遂委托我所对超建墙体拆除8公分的安全性进行司法鉴定。

委托方：福建省龙岩市连城县人民法院。

委托内容：对连城县××房屋超建墙体拆除8公分的安全性进行司法鉴定。

鉴定过程：我所确认接受委托后，指派鉴定人员到达被鉴定现场。首先，对房屋进行了解，房屋为毛石条形基础，三层砖混结构，18公分砖墙承重及钢筋混凝土楼屋面，纵、横墙体均为承重构件，南面三层楼板屋面板已有部分被拆除。然后，对房屋的承重墙体、层高、梁板及内部钢筋尺寸等进行测量和数据采集。最后，通过现场采集的数据分别对被鉴定房屋的墙身高厚比和墙体承载力进行验算；考虑到拆除墙体时施工难度较大及在拆除过程中会存在震动性等的扰动，会造成未被拆除部分墙体砂浆的强度降低及对砂浆与砖的黏结性产生不利影响，得出鉴定意见。

鉴定意见：连城县××房屋超建墙体拆除8公分后存在安全隐患，不能拆除。

鉴定效果：我所出具的《司法鉴定意见书》，为法官判断争议房屋超建墙体是否能拆除，拆除后安不安全提供了有力证据，节省了案件的审理时间。

房屋南面被拆除部分	砖墙厚度180mm

已被拆除可见的钢筋	已拆除可见的板筋

鉴定人员测量板筋尺寸	鉴定人员在测量楼板厚度

案例56　夜景灯光工程质量鉴定（林美晖）

案情背景：某地产在夜景灯光工程试验时发现效果不理想，因此怀疑夜景灯光工程是否存在质量缺陷，需要具有资质的鉴定机构进行鉴定，在百度上搜索找到我所。

委托方：福建省某房地产开发有限公司。

委托内容：对某楼盘夜景灯光工程质量进行司法鉴定。

鉴定过程：我所确认接受委托后，指派鉴定人员到达楼盘现场，鉴定人员对22栋别墅、4栋洋楼及96#高层住宅楼进行入户抽样检测：根据委托方提供的设计图纸，依据《建筑电气工程施工质量验收规范》（GB50303－2011）结合现场实际勘验分别从导线的规格型号、保护套管施工工艺、灯具有无安全标识等对夜景灯光工程进行质量鉴定。我们从用电的安全性、材料的标准和施工的规范化着手，逐一进行勘验。对灯具的标识、标牌和CCC强制认证进行核对。

鉴定意见：（1）该工程项目中导线型号为ZR－RVV300/500V的材料不符合设计要求（图纸中未注明使用该型号的导线）。（2）每个回路为2根绝缘导线的线路敷设不符合设计要求（设计要求的均为3根，也就是缺少1根接地保护线）。（3）大部分硬塑料保护管敷设不符合国家施工工艺标准和规范要求。（4）灯具上无“CCC”认证。

鉴定效果：我所出具的《司法鉴定意见书》为原告合理维护自身利益，提供了有力的证据。

委托方代表、现场负责人、 鉴定人员在现场	鉴定人员到达屋面对灯具 进行勘察

屋面景观灯具上无任何标识	68#保护管内为2根导线

	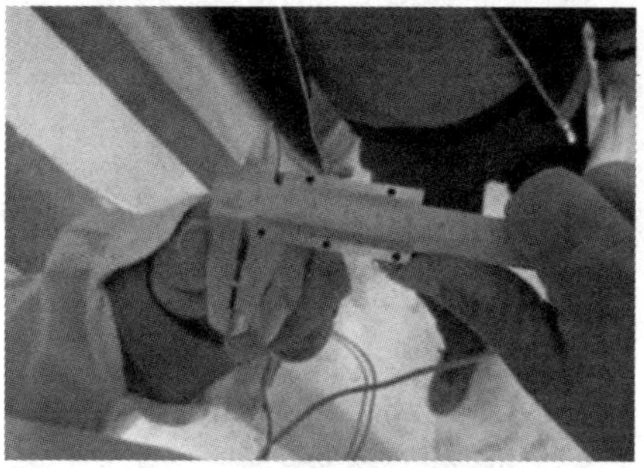
65#4层保护管900弯管处	鉴定人员正在测量线芯直径

案例57　房屋主体结构质量及安全性鉴定（杨美娟）

案情背景： 原告于2013年4月3日购买了一套由某房地产有限公司开发的房屋，2013年8月对房屋进行装修过程中，天棚楼板的混凝土剥落漏出板筋。原告认为该房屋主体存在质量问题，影响居住安全，找开发商要求退房，被告认为该房屋不存在主体结构质量问题，原告要求退房的行为是无理取闹，双方对房屋的质量存在较大分歧，最终对簿公堂。

委托方： 福建省南平市浦城县人民法院。

委托内容： 对原告房屋的主体结构质量及安全性进行鉴定。

鉴定过程： 我所确认接受委托后，指派鉴定人员到达现场。首先，各方代表在场的情况下，对被鉴定房屋柱、梁、板钢筋密度排列，钢筋保护层厚度，楼板厚度（取芯）的检测点位置进行确认。其次，依次对鉴定房屋柱、梁、板钢筋密度排列，钢筋保护层厚度，楼板厚度进行检测、取样、记录。现场钻取芯样共计20个，其中8个芯样在搬运及加工过程中就出现破碎、断裂现象。最后，根据图纸资料、《混凝土结构设计规范》规定及结合现场检测数据，得出鉴定意见。

鉴定意见： 某房屋主体结构质量存在楼板厚度不符合设计要求，混凝土柱、梁、板混凝土强度不符合设计要求，房屋的主体结构存在安全隐患。

鉴定效果： 我所出具的《司法鉴定意见书》为委托方判案提供了有力的证据，最终原告顺利退房。

鉴定人员与法院及原被告 双方代表现场	现场楼板原景

鉴定人员检测柱的钢筋密度、保护层厚度	现场取芯

鉴定人员对芯样进行压力试验	试验后芯样

案例58 房屋内墙面涂装质量鉴定（甘培）

案情背景：根据委托方介绍，被鉴定房屋于2014年年底对房屋的内墙面开始进行油漆装修，2015年7月发现房屋内墙乳胶漆可徒手从墙面上剥落下来，剥落处腻子面层起粉。委托方为了维护自身合法利益，委托我所对其内墙涂装质量进行鉴定。

委托方：钟某。

委托内容：对某房屋内墙面涂装质量进行鉴定。

鉴定过程：我所接受委托后，指派鉴定人员到达鉴定现场，经现场勘验该房屋一至四层内墙乳胶漆（即面漆）已涂刷完毕，地下室内墙除楼梯间区域乳胶漆已涂刷，别的区域只涂刷底漆。鉴定人员分别对内墙乳胶漆面层进行观察、手摸，对墙面进行轻敲等检查，同时在现场随机选取了已涂刷完毕的墙面对乳胶漆进行勘验，乳胶漆面层可徒手从墙面上剥落，腻子层起粉；用空鼓锤轻敲墙面，墙面出现凹痕；用铁抹子铲除腻子层，腻子层不坚实牢固。经现场全面勘验，房屋内墙乳胶漆装饰主要质量问题包括：乳胶漆面层剥落、腻子层起粉、腻子层不坚实牢固。

鉴定意见：某房屋的内墙面涂装质量不符合有关规程要求。

鉴定效果：为委托方向施工方合理提出索赔提供了有力证据，维护了委托方自身的合法利益。

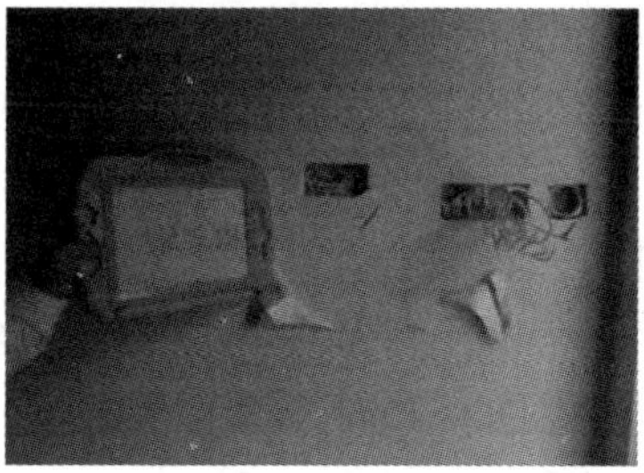	
一层“房1”东墙乳胶漆剥落	一至二层楼梯间乳胶漆剥落

二层“房2”东墙乳胶漆剥落	三层走廊乳胶漆剥落

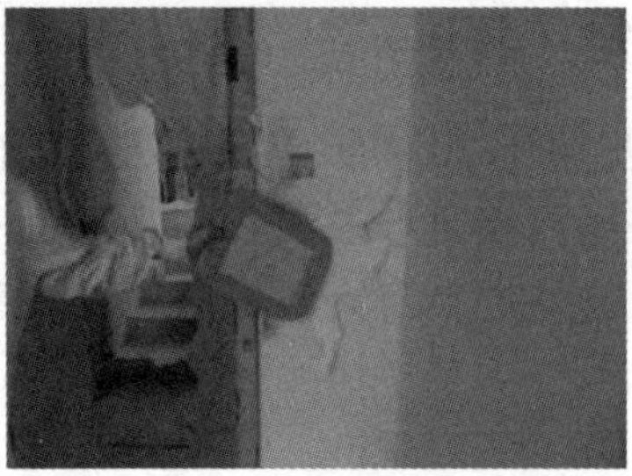	
三层“房2”南墙乳胶漆剥落	凹痕近景

案例59 房屋是否修建维护、厨房是否重建及年代鉴定（刘汐龙）

案情背景：被鉴定房屋主要是因拆迁涉及房屋面积及补偿款问题，为证明房屋有争议部分不是后期加盖，是经过委托方多次维修、保养及修建，委托人委托我所对其进行鉴定。

委托方：陈某。

委托内容：（1）被鉴定房屋是否有经过多次维护、保养及修建；（2）厨房是否倒塌后重建及重建的年代；（3）在原始房的基础上最近一次进行维护、保养、重建、装修的费用。

鉴定过程：我所确认接受委托后，指派鉴定人员到达鉴定现场。首先对鉴定房屋进行全面勘验，其次分别对房屋维护、保养、修建情况和厨房是否倒塌后重建及重建的年代进行分析。从房屋整体勘验：判断原有房间（现为厨房）为木梁结构，横梁、横木条都与其他房间相同，地板也是石头地板，但东面及南面墙体为后来所建。历经数年，其黄土砌筑砂浆已经风化，而后采用水泥砂浆勾缝保护。主要承重的四根木柱、顶部横梁、横木条已全部更换，该房屋年代已久，其厨房不止一次维修、保养、修建，原有的木梁结构已变为现有的砖木结构。我国在1973年成功颁布第一部《砖石结构设计规范》（GBJ3－73），通过对南墙和东墙砌筑材料的实际勘验及墙体砌筑方式风格符合上述规范及标准，从厨房东墙砖缝砂浆和南墙粉刷层的风化程度得出厨房重建年代。最后，根据在原始房的基础上最近一次进行维护、保养、重建、装修计算维修费用。

鉴定意见：（1）该房屋确实经过多次维护、保养及修建；（2）厨房确实重建，重建年代大约在20世纪70年代至90年代；（3）最近一次维修、保养、重建、装修总费用约为人民币：肆万肆仟陆佰叁拾肆元整（￥44 634.00元）。

鉴定效果：我所出具的《司法鉴定意见书》为委托方合理地向相关方

提出房屋补偿面积提供了有力的证据。

被鉴定房屋全景	被鉴定厨房

房间2门槛垫砖	被鉴定房屋木梁支撑维护

厨房东墙黄土砂浆砌筑及水泥砂浆勾缝	厨房南墙黄土砂浆砌筑及面层粉刷

案例60　牛排店装修质量鉴定（李原春）

案情背景：本案为装饰装修合同纠纷案，被告将位于裕荣汇的店铺交由原告装修，被告认为原告的装饰装修工程未按合同要求，使用的材料不符合被告提供的相关规范，材料厚度、品牌等不符合预算书中的要求，双方因装修工程质量等问题产生争议。

委托方：福建省福州市福清市人民法院。

委托内容：（1）店面装修材料是否符合双方合同约定及装修手册消防规范要求；（2）所使用的木材厚度是否符合装修预算报价表的要求；（3）电线品牌、面积等是否符合合同及预算报价表的约定；电话线、网络线是否能正常使用。

鉴定过程：经鉴定人员现场勘验并取样检测：（1）收银台和木作包柱以及正门都是用生态板结构作底，生态板是以三聚氰胺贴面板，三聚氰胺贴面板属于B1级阻燃型材料。（2）木作包柱、收银台以及招牌正面所使用木板拼条和用餐大厅天花木板条都是使用杉木板条，属于B2级可燃型材料，而且木板条只有正面刷防火漆，不符合裕荣汇装修手册消防规范第三部分装修材料的要求；（3）用餐大厅上部吊顶使用胶合板，胶合板属于B2级可燃型材料，而且没有做任何防火处理，也不符合裕荣汇装修手册消防规范要求。（4）用餐大厅上部电线有使用KBG中型金属套管，但厨房吊顶内部有部分电线未使用金属套管，不符合裕荣汇装修手册消防规范要求；（5）厨房和用餐大厅的插座有做接地保护，符合裕荣汇装修手册消防规范要求。

鉴定意见：（1）收银柜台、展示柜、木作包柱、以及门面招牌底板为生态板，符合消防要求。收银台、木作包柱、门面招牌面层木板拼条以及用餐大厅吊顶天花板条均为杉木且只正面刷防火漆；用餐大厅吊顶胶合板以及厨房吊顶内部电线有部分未使用金属套管；上述均不符合裕荣汇装修手册消防规范要求。（2）收银柜台和木作包柱作底生态板厚度与工程预（决）算报价表厚度18mm不一致；用餐公共区域天花板条规格与工程预（决）算报价表中的规格不一致。（3）电线品牌与预算报价表中所要求的品牌不一致；厨房插座的电线线芯截面积实际为2.5mm^2，与工程预（决）算报价表中所要求的4mm^2的线芯截面积不一致；电话线、网络线由于接口处理不当不能正常使用。

鉴定效果：案件审理后，鉴定申请方致电我所，如案件审理需要对装修工程的造价进行鉴定，会向法院建议继续由我所鉴定。

鉴定人员在鉴定现场	鉴定人员在测量板厚
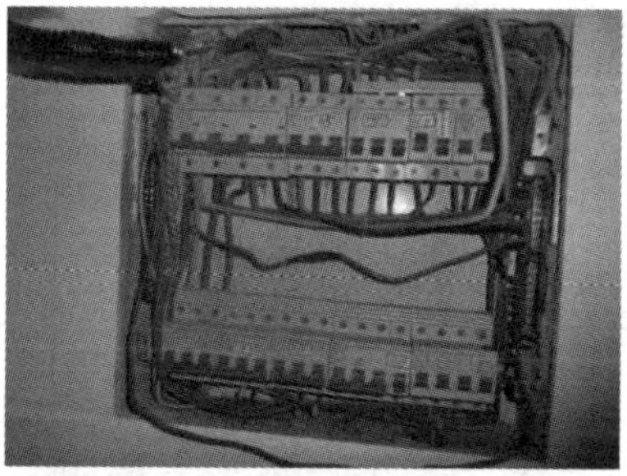	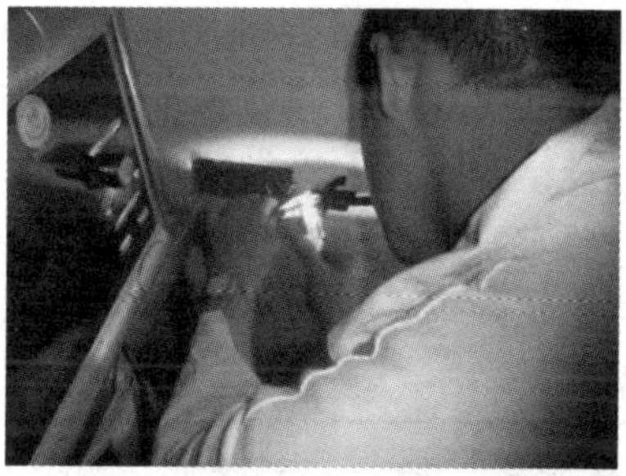
厨房配电箱	鉴定人员在测量电线的线径

鉴定人员在勘验吊顶套管	鉴定人员在测试网线

案例61　商铺漏水鉴定（吴祖容）

案情背景：原告向被告购买商铺，原告认为商铺使用接水盘修复处理漏水的解决方式，不符合交付房产的质量要求。被告认为原告对接水盘的理解存在偏差，被告方设计接水盘是为了配合闭水实验，看在闭水实验下是否还有漏水情况，且诉争商铺在起诉时已经不存在任何漏水问题，诉争商铺一楼墙体上部没有任何水迹，只有根部有水迹，且都是一楼的照片，如果伸缩缝漏水应该是从诉争商铺的屋顶经过二楼墙面至一楼墙面均有水迹。因双方对商铺质量问题产生争议，故法院委托我所对其拆除接水盘后，商铺是否漏水进行鉴定。

委托方： 福建省福州市福清市人民法院。

委托内容： 拆除诉争商铺的接水盘后，对讼争商铺是否漏水进行鉴定。

鉴定过程： 我所接受委托后，指派鉴定人员与法官等人到达鉴定现场，我所鉴定人员分别于11月15日和12月13日两次到达现场进行勘验，对拆除接水盘后，讼争商铺是否漏水进行勘验鉴定。现场勘验时，接水盘已被拆除，拆除的接水盘位置在复式二层轴A－B交轴1－2变形缝的底部，鉴定人员对屋面变形缝两侧根部进行闭水试验并未发现根部有渗水现象，接着对变形缝进行了详细勘验，发现变形缝与通风口交接处存在透光现象。最后，通过现场对原被告的询问商铺施工、拆除接水盘及商铺漏水的时间节点及结合委托方提供的相关资料，得出鉴定意见。

鉴定意见： 在拆除诉争商铺的接水盘后，讼争商铺还会漏水。

鉴定效果： 我所出具的《司法鉴定意见书》为法院判案提供了有力的依据。

鉴定人员到达现场

拆除的接水盘

变形缝处有渗水留下的痕迹

鉴定人员对变形缝进行蓄水试验

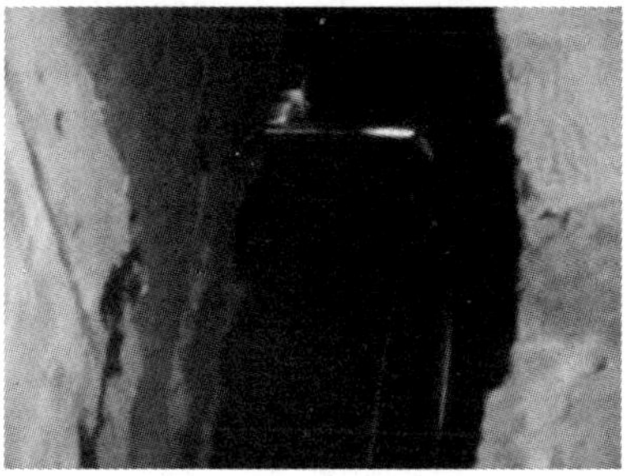	
变形缝的交接处存在透光现象	业主提供房屋渗水的照片

案例 62 动车站外立面玻璃窗是否为玻璃幕墙鉴定（陈开愿）

案情背景：本案为建设合同施工纠纷案，被告方对原告施工的立面玻璃窗是否属于玻璃幕墙有疑义，因此，福州铁路运输法院委托我所对原告完工的 A3、A4 组团立面玻璃窗是否为玻璃幕墙进行鉴定。

委托方：福建省福州市铁路运输法院。

委托内容：对原告完工的 A3、A4 组团立面玻璃窗是否为玻璃幕墙进行鉴定。

鉴定过程：我所确认接受委托后，先组织有关鉴定专家组成员、专业鉴定人员对委托方提供的相关资料、信息进行审阅、讨论，初步了解涉案工程的情况等，并制定相应的鉴定方案。鉴定人员分别对动车站营运中心 A3、A4 的四层立面玻璃窗是否为玻璃幕墙进行勘验，立面玻璃窗的玻璃为通过 CCC 认证的钢化玻璃，钢化玻璃的四周与横梁及立柱相拼接而成，且拼接缝通过嵌缝密封材料进行密封，立柱采用的是规格 67.5mm×190mm 的方形铝合金，横梁采用的是规格 65mm×100mm 的方形铝合金，立柱上部与下部分别于各楼层的顶板与底板固定，立面玻璃窗面板的横梁及立柱都显露于面板外表面。根据现场勘验，鉴定人员分别从玻璃的材料、连接方式等对其进行分析判断，最终得出鉴定意见。

鉴定意见：原告完工的动车站营运中心 A3、A4 组团立面玻璃窗鉴定为：明框玻璃幕墙。

鉴定效果：明框玻璃幕墙是玻璃幕墙的其中一种类型，本案外立面玻璃窗归类到玻璃幕墙就解决了争议。

鉴定人员对立面玻璃窗进行勘验	鉴定人员对立面玻璃窗进行勘验

立面玻璃窗	立面玻璃窗
	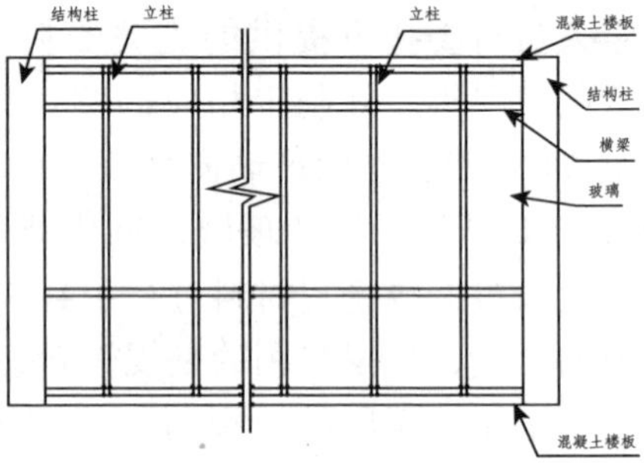
立面玻璃窗	立面玻璃窗示意图

原因类

案例63　连江房屋损坏原因及与被告是否存在因果关系鉴定（吴金椿）

案情背景：原告与被告双方的房屋紧挨着，中间为共墙，原告起诉被告房屋在加层改建过程中对原告房屋造成损坏，理由是被告加层改建后，原告发现自己房屋出现裂缝；而被告认为原告房屋自身就存在质量问题，旧裂缝还用沥青修补过，原告房屋损坏跟自己房屋加层改建没有关系。

委托方：福建省福州市连江县人民法院。

委托内容：对原告房屋损坏原因、损坏程度与原被告房屋加层改建是否存在因果关系进行鉴定。

鉴定过程：我所鉴定人员带着鉴定仪器到达现场，先对原被告房屋的整体外观、地基及房屋的四个角是否有沉降进行观察，鉴定人员肯定了原被告提出的观点都有一定的事实依据，原告房屋确实有新裂缝也有旧裂缝。鉴定人员在现场观察发现被鉴定的标的物所处的位置为北高南低的山脉走势，同时对原、被告双方共墙所处的位置进行地基开挖，往下开挖1.3m以上，其中被告房屋防固地梁高度0.55m，基石高度0.75m。我们用木棍可以从基石下方穿过，再往下挖还是软基松土，这说明原被告双方的基础都没有坐落在持力层上。再用仪器测量房屋的倾斜度，发现被鉴定房屋向东倾斜3mm，向南倾斜29mm。现场测量的裂缝数据显示，裂缝长度最大值达到10.6m，宽度最大值达到16.0mm，有些裂缝甚至已透光并漏水；而部分墙体出现接槎脱离，导致整个墙体的连接处的石灰层脱裂。

鉴定意见：我所多次召开专家研讨会，出具的《司法鉴定意见书》中原告房屋损坏原因有两个：一是该处的地势为北高南低，如果基础没有坐落在持力层上，修建的房子地基则会受力不均，产生不均匀沉降，时间一久，墙体便会开裂；二是被告房屋高大，基础没有坐落持力层上同时还与原告房屋共墙，地基进一步下沉导致原告房屋墙体的开裂。即原告房屋的开裂等现象与被告加层建房的行为具有关联性。

鉴定效果：原被告认可我所的司法鉴定意见，愿意协调赔偿金额。这一鉴定意见得到了法院的采信。

<table>
<tr><td></td><td></td></tr>
<tr><td>照片左边新盖的为被告房屋，紧挨着两层半房屋为原告房屋</td><td>我所鉴定人员在检测房屋的倾斜度</td></tr>
</table>

工人对共墙边上的地基进行开挖	开挖后地基近景
	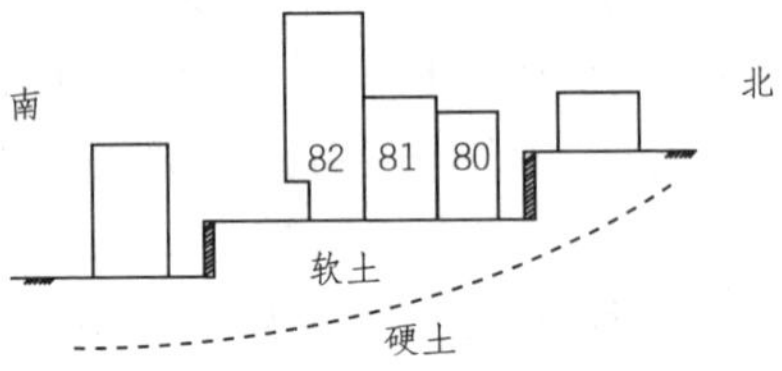
原告屋内裂缝照片	82号为被告房屋，81号为原告房屋，山脉走势北高南低

案例64　活动板房倒塌原因鉴定（甘培）

案情背景：宁德市蕉城区某农业示范区内的活动板房于2013年7月14日受8级大风影响下发生倒塌，原被告双方对活动板房倒塌原因发生争议，由法院委托我所对其倒塌原因进行鉴定。

委托方：福建省福州市晋安区人民法院。

委托内容：对原告宁德市蕉城区某农业示范区内由被告某活动房有限公司搭建的活动房倒塌原因进行司法鉴定。

鉴定过程：我所鉴定人员到达鉴定现场后，先对倒塌的活动板房进行拍照记录，然后对活动板房所处的地理位置、地基及安装质量进行鉴定，鉴定现场发现活动板房周围地基没有砌筑承载基础，活动板房四角防风绳钩没有固定的痕迹，北面的地脚螺栓固定在泥土层里，最后按照活动板房施工标准、《施工现场临时建筑物技术规程》等对活动板房倒塌原因进行鉴定。

鉴定意见：我所本着诚信、公正、科学、求真的原则，运用专业的知识结合现场实际勘查、检验、测量等数据，得出鉴定意见：宁德市蕉城区某农业示范区内的活动板房四周底梁基础施工工艺不符合规范要求，活动板房搭设不符合技术规范和质量验收规范的要求，其抗风荷载和基础荷载能力均未达到规范要求，导致没有足够的承载力来承受外力荷载的作用，从而导致在2013年7月14日受8级大风影响发生倒塌。

鉴定效果： 我所出具的《司法鉴定意见书》为法官断案提供了有力证据，原被告双方在鉴定意见面前再无争议。

法院法官、原被告双方、鉴定人员在鉴定现场	活动板房砼底面基础

活动板房倒塌现状	鉴定人员在现场测量、记录活动板房基础尺寸

活动板房上其中一条防风绳钩未使用	鉴定人员在测量砼基础的厚度

案例65　房屋墙壁倒塌原因鉴定（林启航）

案情背景：原被告房屋原为连成一体的“一”字型夯土墙房屋，被告房屋拆除重建，之后原告房屋靠南面的墙壁倒塌，原告认为自身房屋倒塌是由于被告拆除旧房屋引起的，被告认为原告房屋南墙倒塌跟其建房行为没有关系。到底原告房屋墙壁倒塌原因是什么？跟被告建房行为是否有关系？法官也不能判断，遂法院委托我所做原因鉴定。

委托方：福建省龙岩市武平县人民法院。

委托内容：对原告房屋靠南面的墙壁倒塌原因与相邻房屋拆旧建新是否存在因果关系进行司法鉴定。

鉴定过程：我所鉴定人员到达现场后，对鉴定房屋及周边环境进行勘验。原告房屋为夯土墙房子，原屋面为瓦片，勘验时为彩钢板；被告房屋原为夯土墙房子（与原告连成一体的“一”字型夯土墙房屋），重建后为三层砖混结构房屋，屋顶为不上人屋面。根据鉴定现场，我所鉴定人员分别从墙体倒塌的内因和外因进行分析，内因：（1）倒塌墙体原为原被告双方的房屋共墙，同时也是内墙，不是外墙，不能抵抗风吹雨淋太阳晒；（2）该墙体地基是鹅卵石上面是三合土夯实，没有石灰或水泥防水，吸水后硬度变软。外因：（1）主要是墙体功能的改变、由内墙变成外墙，新建房的业主意识不到要配套外墙的防水措施；（2）该墙与新盖房墙之间有一条狭窄水沟，宽约20～30厘米，人无法进入清理；（3）新砌墙的残渣不可避免地掉落水沟，造成大大小小的“蓄水池”；（4）倒塌前恰遇台风暴雨、水沟排水不畅造成大量水渗入墙脚，导致墙体吸水软化，最终支撑不住上部的重量而倒塌。

鉴定意见：原告房屋靠南面的墙壁倒塌与相邻房屋拆旧建新存在因果关系，主要原因是被告房屋拆旧建新时导致房屋相邻间隙内积水严重，致使原告房屋夯土墙体浸泡软化；次要原因是原告房屋本身墙体存在多条竖向裂缝且夯土墙本质防水性能差。

鉴定效果：我所出具的《司法鉴定意见书》为法官判案提供了有利的证据，顺利地解决了原被告双方关于墙体倒塌原因的争议。

法院人员、原被告双方、鉴定人员在现场

原被告房屋拆旧建新前双方房屋

图片左侧为原告房屋南墙倒塌位置，右侧为被告房屋北墙

原告屋面彩钢板与被告北墙立面存在较大缝隙

原告倒塌的南墙上半部干燥，下半部潮湿

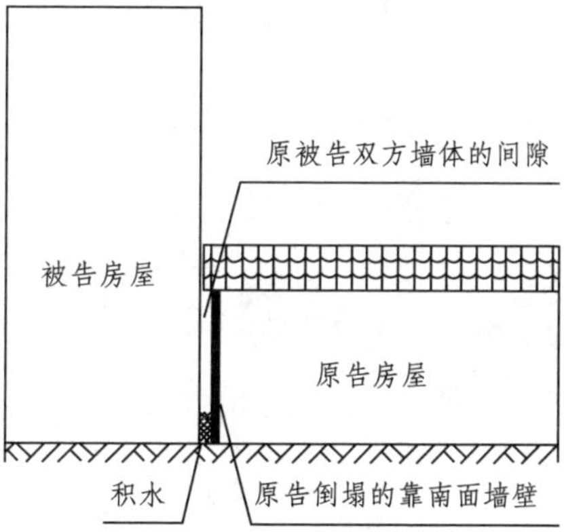

西立面示意图

案例66　龙岩房屋损坏因果关系和关联程度鉴定（林美晖）

案情背景：2010年冬，被告将其所有的房屋拆除重建。原告认为，因被告重建房屋，导致其房屋损坏而无法居住，要求被告赔偿。被告认为，原告房屋的损坏与原告对房屋进行加建及改建、地质状况等亦有关联，不同意赔偿。故法院委托我所对其房屋损坏的因果关系和关联程度进行鉴定。

委托方：福建省龙岩市新罗区人民法院。

委托内容：对新罗区××房屋损害与相邻房屋重建之间的因果关系和关联程度进行司法鉴定。

鉴定过程：我所确认接受委托后，分别指派鉴定人员两次到达现场。鉴定人员首先对现场地形走势、原告房屋存在的裂缝、地面下陷等情况进行勘验，测量原被告房屋与其前排（南侧）房屋地坪高差、被告房屋与其西侧房屋地坪高差、原被告墙体间最窄处的距离。其次，对原被告房屋相邻的墙下基础进行开挖，观察基础类型、埋深及土质情况，并对原告房屋倾斜测量。最后，通过对原告自身房屋情况和被告建房对原告房屋影响进行分析，最终得出鉴定意见。

鉴定意见：我所秉持诚信、公正、科学、求真的原则，运用专业的知识，根据周边地形环境及结合现场勘验情况，得出的鉴定意见为原告房屋下沉、开裂与被告建房具有关联性，同时与原告自身房屋的地基、建成年限、山脉走势、结构具有关联性。对原告房屋损害的各因素关联程度的说明为（仅供参考）：被告建房是造成原告房屋发生损害的主要诱因，约占70%～90%；原告房屋自身原因约占10%～30%。

鉴定效果：我所的鉴定意见为法官合理地划分责任提供了有利证据。

原（右边）、被（左边）告相邻墙的情况	一层轴交－轴墙体开裂

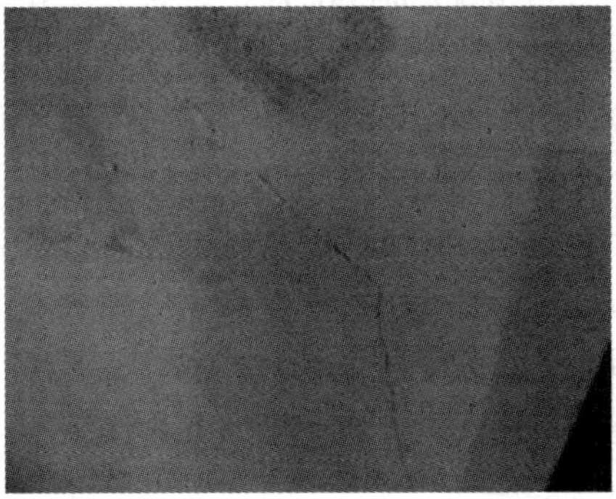

一层西墙裂缝

四层北面山墙屋脊存在开裂

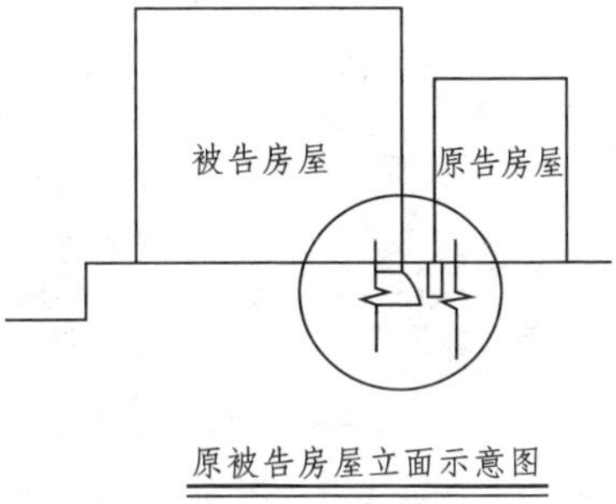

原被告房屋立面示意图

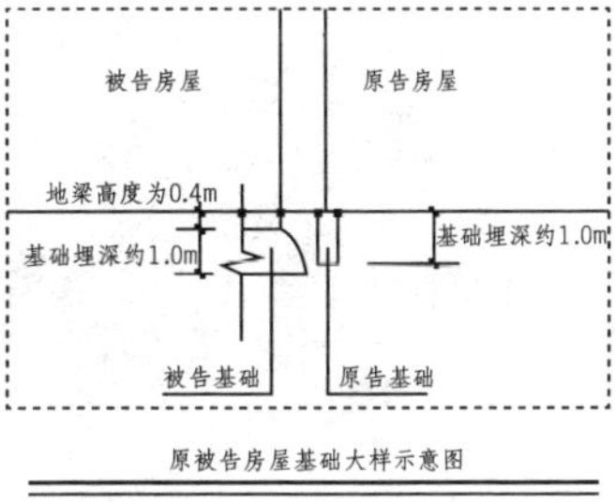

原被告房屋基础大样示意图

案例67　相邻房屋漏水因果关系鉴定（上官稳发）

案情背景：王某801号房屋购买于2005年9月，建筑面积约84.16m^2，并于2006年11月委托百安居装修好后于2010年入住。2013年10月26日到2014年清明节期间发现卫生间的梳妆台底部有水渗出，梳妆台上方桑拿板出现明显渗水造成的干湿色差印记。为了找到渗水水源，王某确认渗水不是自家原因后，说服楼上901和隔壁802号住户配合将水管总阀关闭逐一进行排查后，确定是由802号房屋的水源引起，但802号住户坚称自家从未发现过漏水，也没有对房屋进行改装或修缮，协调不成，王某将802业主起诉至法院。

委托方：福建省福州市鼓楼区人民法院。

委托内容：对原告801号房屋渗水与被告802号房屋漏水是否存在因果关系进行司法鉴定。

鉴定过程：现场勘验时我所鉴定人员全面检查801及802房的给排水管布置；并对801房和802房的给水管道做水压试验。现场勘验中发现801房屋梳妆台上部桑拿板被水渍腐朽变黑，801房的梳妆台位置正好是802房屋内的洗浴间，此处为801房和802房的共墙，且801房的给水管道及802房的洗浴间供水管道都是埋于此共墙内。现场勘验时801房屋梳妆台处已不渗水，801房屋的装修及管道都没有拆除维修的痕迹，但802房屋的洗浴间墙、地面和马桶位置的地面瓷砖都有拆除更换过且洗浴间的热水器已被拆除。最后根据委托方提供的质证照片，从照片中可以看出，802房屋确实存在过管路修理更换的痕迹，综合分析后得出鉴定意见。

鉴定意见：801号房屋渗水与是由于802号房屋洗浴间管道漏水造成的。

鉴定效果：通过鉴定，为法院判案提供了有力的证据，同时也为原告要求被告补偿房屋修缮费用提供了有力证据，维护了原告自身的合法利益。

801室现场对房屋的给水管道做水压测试	802室浴室喷淋处墙面砖与原墙面砖不同

802室浴室喷淋处地面砖与原地面砖不同	802洗浴间管道的更换痕迹及墙体内有明显的潮湿现象

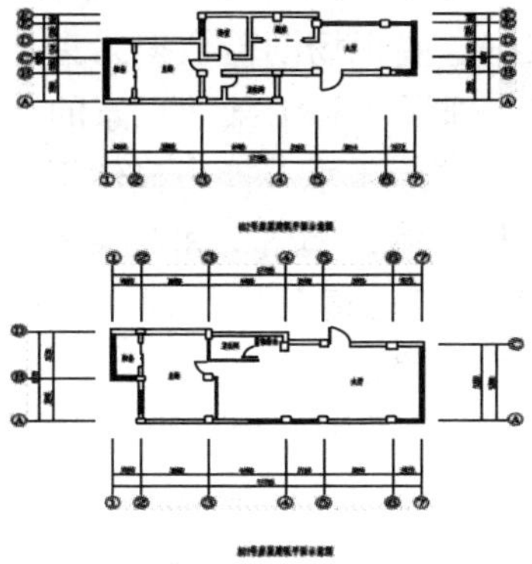	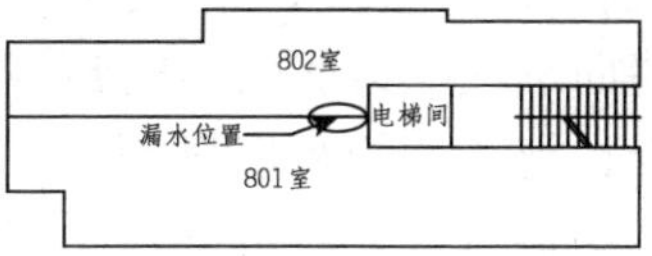
801、802平面示意图	801、802共墙漏水位置示意图

案例68　宁德房屋损坏原因鉴定（上官稳发）

案情背景：宁德市汤某新建五层房屋后，与之间隔两家的黄某房屋墙体出现开裂、破损严重情况，疑与汤某建房有关。经村、镇干部和司法所领导多次调解协商无果，汤某不认为是自己新建房屋造成的，因为汤某新盖楼房与黄某房屋中间还隔着两家民宅，相反汤某家属还说黄某房屋自身出现问题，想趁机讹诈，使得黄某极为难堪。黄某的女儿通过网络找到我所进行咨询，我所受理人员建议黄某对房屋损坏做原因鉴定，故黄某委托我所对其房屋损坏原因和损坏金额进行鉴定。

委托方：黄某。

委托内容：对宁德市黄某的房屋损坏原因、损坏修复金额进行鉴定。

鉴定过程：我所鉴定人员到达现场后，先对黄某的房屋进行现场测绘、拍照、记录，并利用专业仪器测量出裂缝的大小、深度、走向。然后对房屋所处的地理位置、地基及结构进行鉴定。黄某的房屋与汤某新建房连成一排，坐西朝东排列，黄某房屋在中间，新建房屋在最南边，中间还有邻居1和邻居2两家民宅隔离。黄某房屋最先盖的，采用杂石基础，地基深约2米，上面筑有地圈梁，上部结构采用砖混，先盖两层后期加盖两层。黄某的南边邻居1接着盖两层，采用框架结构，其东北角的立柱与黄某的东南角屋角和墙体啮合；邻居2又在邻居1的南边盖四层楼房，两家都采用框架结构，两家的立柱浇筑在一起，形成一体。现在汤某又在邻居2的南边盖5层，采用框架结构，两家的立柱浇筑在一起，形成一体。整个地基基础走势是北高南低，汤某的房屋南边有一条小水沟，常年流水。整排房屋的西边地基基础比较薄落，种水稻属于软基地段。仪器检测黄某的房屋整体倾斜值在正常范围内，而邻居1、邻居2和汤某的房屋都向南倾斜，且超出正常值。另外黄某的房屋南墙被拖向南边，产生巨大的倒“U”贯穿性裂缝，东墙二楼向下产生贯穿性“V”型裂缝。根据这些现场勘验数据采集，和专家研讨分析，得出：由于地质原因，邻居1、邻居2和汤某的三家的房屋立柱形成有机整体，当汤某的房屋盖5层高楼时，地基承载能力显然不够，造成房屋向承载能力弱的南向倾斜。借助于立柱整体，邻居1和黄某房屋东墙的啮合，把黄某的东墙撕裂。判断出汤某盖新房与黄某房屋损坏具有关联性。利用福建省工程造价软件等工具，算出房屋修复费用。

鉴定意见： 凭借我所专家丰富的实践经验，可靠的现场勘验数据，得出黄某的房屋损坏与汤某新建房具有因果关系。

鉴定效果： 我所出具《司法鉴定意见书》后，黄某在精神上得到解脱，再不会被人说成有意讹诈，并且向法院起诉，对打赢官司充满了信心。

黄某房屋正面

汤某新建的房屋

黄某房屋大厅被损坏现象

黄某房屋墙体被拉力拉裂

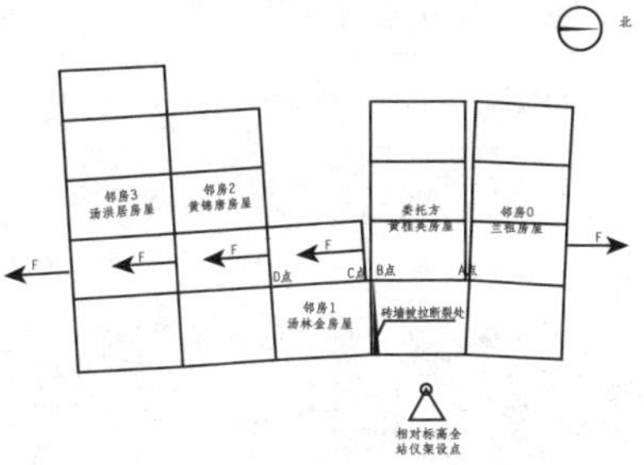	
现场示意图	鉴定人员在测量房屋的垂直度

案例69　楼上楼下漏水原因鉴定（吴祖容）

案情背景： 原告从2013年6月至2014年3月期间发现其居住房屋顶板漏水，因漏水已影响房屋内装修及其生活。本案非常复杂，是多因一果的案例，原告发现漏水并及时告知被告，被告也意识到自己房屋的水管出现漏水，抓紧更换水管，把原来的暗管改成明管，镀锌管换成PPR水管。原告房屋暂时不漏，不久原告房屋顶板又出现漏水，被告坚信此次漏水与自己无关，两家为此闹到法院。法院根据原告的申请，委托我所对原告房屋漏水是否由于被告原因造成进行司法鉴定。

委托方： 福建省福州市鼓楼区人民法院。

委托内容： 对原告××的房屋漏水是否由于被告原因造成进行司法鉴定。

鉴定过程： 我所确认接受委托后，分别指派鉴定人员两次到达现场。第一次对现场进行全面勘察、检测，检查原告房屋的受损情况，原告房屋主卧的南墙和西墙渗水发霉，次卧北墙严重发霉，卫生间和厨房四周墙壁及顶板有漏水痕迹，卫生间吊顶顶部还放有接水盘，盘内有积水存在。被告房屋存在更换水管的事实，卫生间地板修复过，厨房地板换成瓷砖地板，主卧、次卧、客厅部分替换成瓷砖，主次卧没有更换的木地板也明显存在泡水后霉迹。对被告现有管系进行试压。被告还播放隔壁间渗水过来的录像。我所鉴定人员将现场勘验采集的全部数据带回所后展开热烈地探讨。专家们一致认为，数据还不够充分，第二次对被告卫生间至厨房未拆除的镀锌管做试压。最后根据两次的现场勘验结果结合原被告双方的询问笔录，得出鉴定意见。

鉴定意见： 我所秉持诚信、公正、科学、求真的原则，运用专业的知识，结合现场实际勘察、测试，得出的鉴定意见为原告房屋漏水部分是由于被告的原因造成。

鉴定效果：我所的鉴定意见为法官合理地划分责任提供了有力的证据。

原告房屋北墙墙体粉刷层大面积脱落发霉	卫生间水管修复过，接水盘内有积水
	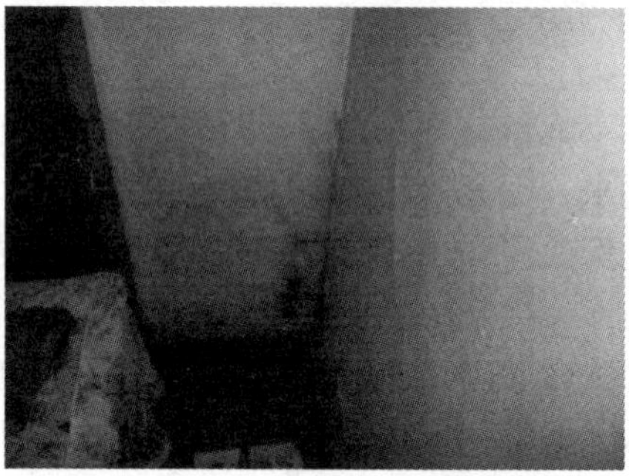
被告大厅地面木地板已被水浸泡发霉腐蚀，一部分地面用瓷砖重新铺设	被告次卧北墙发霉近景
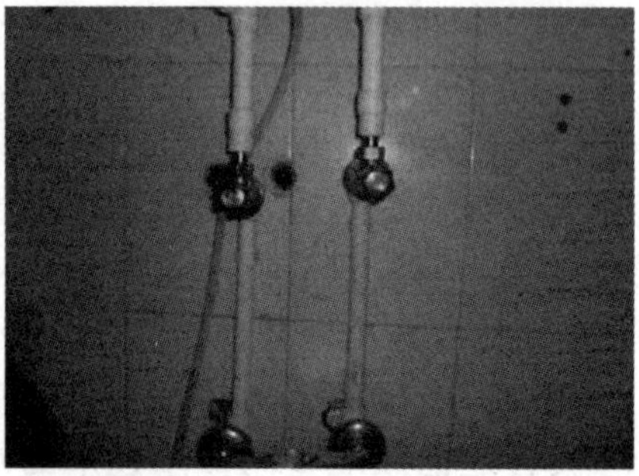	
被告卫生间的水管已从原来的暗管改成明管，旧管冷热水接头还在墙上	现场测试的水压值

案例70 泄洪闸的汇水面积及导致闸门损坏的原因鉴定（陈开愿）

案情背景：2013年5月16日厦门地区普降特大暴雨，水位快速上涨致使厦门某厂房进水被淹。厂方认为厦门市某建设有限公司作为泄洪闸口管理人疏于管理，未尽其职责，泄洪不及而造成其损失；建设公司则认为已尽管理义务，不存在过错，厂房被水淹系天灾不可抗力和位置过低所致。本案为再鉴定案件，本案在委托我所前已委托过一家司法鉴定中心对其厂房水淹受损原因进行鉴定。因建设公司对鉴定中心的鉴定意见书存在质疑，因此，建设公司委托我所对泄洪闸的汇水面积及导致闸门损坏的原因进行鉴定。

委托方：某建设有限公司。

委托内容：对《某厂房水淹受损原因鉴定》建筑工程鉴定意见书是否存在错误及错误地方进行司法鉴定，应包括的内容：(1) 汇水面积的取值；(2) 导致闸门损坏的原因等。

鉴定过程：我所接受委托后，指派鉴定人员与委托方等人到达鉴定现场，勘验日当天，鉴定现场的天气为中雨到大雨，分水岭明显，为我所勘验汇水面积提供了有利的条件。首先，鉴定人员冒雨对排洪设施所承受的汇水面积的范围进行现场初步确定，采用检测仪器——测地型GNSS接收机对勘验现场进行勘绘，该鉴定仪器是目前世界上精度最高的，静态误差达2.5毫米。同时对排洪设施的闸门、排洪渠等尺寸进行勘测。其次，鉴定人员根据现场勘验的数据，经过计算、分析后确定排洪设施所承受的汇水面积的边界线，计算出汇水面积的大小为0.343km^2。根据计算的汇水面积，以及排洪闸的现场勘验数据来计算排洪闸的汇流量。最后，通过鉴定人员计算的汇流量、泄洪闸在发洪时损坏的照片、以及对周边人员的询问调查等因素的综合分析，得出泄洪闸的损坏的原因。

鉴定意见：(1)《某厂房水淹受损原因鉴定意见书》主观上站在了公正、客观的立场上分析，并采用科学的手段，对委托的鉴定事项进行公正的鉴定。我所专家组就对该中心《司法鉴定意见书》中的两个数据的采用持有不同意见。(2) 排洪设施现场中排洪设施所承受的汇水面积为0.343km^2。理论上，在2013年5月16日凌晨事件发生时，泄洪闸只要开启0.19m的高度即可满足排洪设施泄洪的要求。(3) 导致闸门损坏的原因是泄洪闸发生倒灌。

鉴定效果：我所采用先进的鉴定仪器，巧借老天降雨，真实客观的汇水面积测量计算，以无可辩驳的科学数据，获得福建省高级人民法院采信。

环岛干道边积水严重

鉴定人员勘测周边地势的高程

勘测现场周边的地面水流流向

勘测现场周边的地面水流流向

洪涝过后闸门的照片

汇水面积的示意图

案例71　土楼倒塌原因鉴定（吴祖容）

案情背景：根据法院提供的相关资料获悉，原告等人认为：被告方所投资建设的高速公路在路经涉案土楼后方路段存在设计施工质量的缺陷，以致2013年5月19日暴雨天气使高速公路路面汇水冲毁原告等人所属土楼；被告方认为原告方的土楼倒塌系年久失修、天灾不可抗力等原因所致。本案为再再鉴定案件，法院委托我所前，分别于2014年和2015年委托过两家鉴定机构对土楼倒塌原因进行鉴定，因被告方对前两份《司法鉴定意见书》均有异议，要求重新对其因果关系进行鉴定。

委托方：福建省龙岩市永定区人民法院。

委托内容：对土楼倒塌原因以及该房屋损坏与高速设计施工是否存在因果关系进行鉴定。

鉴定过程：当我所鉴定人员于2016年5月25日进行现场勘验时，距离高速路路基交验时间2010年12月27日已经有五年之久，也距离2013年5月19号房屋倒塌之日近三年时间。我所鉴定人员到达现场后分别对鉴定房屋及其周边环境进行勘验，根据现场勘验情况及委托方提供的相关资料，分别对从内外因对其进行鉴定，内因主要包括：土楼的建设年代、结构形式、年久失修等方面；外因主要包括：山体滑坡（土楼后山土坡系村民种植蜜柚的农作物的原状山地，该自然土坡顶黄海高程为358.6m，坡底黄海高程约为338.9m，坡高约为19.7m，坡顶至土楼围墙水平距离约为39.2m，坡度约26度）、事故期间的强降雨（六个小时降雨量达144mm）、高速公路的设计（高速公路途经土楼路段存在山体滑坡的可能性，土楼与土坡之间的安全距离约为1.8m且未对该路段存在可能发生山体滑坡的路段设计有变坡平台和挡土墙等）、道路施工（高速声屏障立柱基础以及土边坡和水沟未按图纸施工，造成水沟漏底和路肩墙开裂，导致该区域山体的汇水面积增大，加速了山体的滑坡）等原因进行综合分析判定。

鉴定意见：（1）土楼倒塌原因：①“××楼”存续年代较为久远，主体结构已经存在安全隐患。墙体开裂使得水能更快渗入墙体，加速房屋倒塌；②2013年5月19日的天灾特大暴雨和高速公路的施工过程频繁活动是引发山体滑坡的诱因；③高速公路在勘察、设计环节存有疏忽，未采取有效的边坡防护措施对该路段进行处理；④高速公路的声屏障基础和水沟等未按图施工以及施工过程存在质量缺陷。（2）土楼倒塌原因与高速设计施工存在一定的关联性。

鉴定效果：我所出具的《司法鉴定意见书》得到了原被告双方的一致认可，加速了案件的审理进程。

土楼现状	墙体年久失修

靠近高速路的一侧山体滑坡	鉴定人员测量高差
	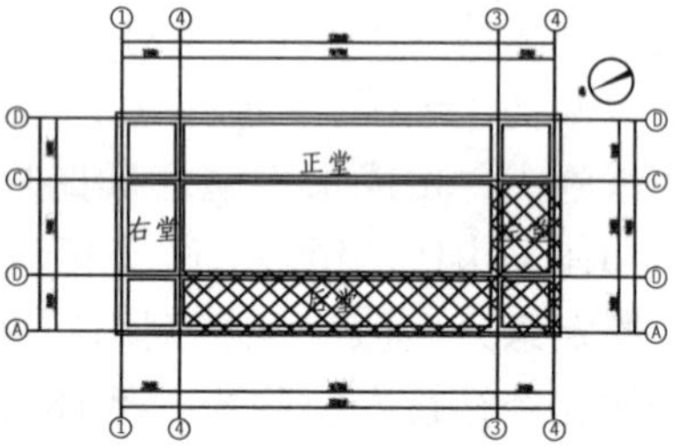
高速路的路肩墙断裂	土楼平面示意图

海事物证司法鉴定

水产养殖类

案例72 三种水产品养殖损失金额鉴定（俞雯馨）

案情背景：由于某海产养殖管理局工作人员的工作失误未能提前通知养殖户将养殖区域的水闸关闭，造成该水域的某水产养殖户的养殖区因得不到海水及时补给，导致养殖户的水产品被太阳暴晒致死。

委托方：福建省某律师事务所。

委托内容：事故后某养殖区内水产品的损失金额及恢复生产所需的费用。

鉴定过程：我所鉴定人员抵达鉴定地点对现场进行勘验、拍照、取证，首先对养殖户的养殖规模进行了解（投入与产出），养殖区的面积大小进行丈量，进入养殖区打捞受害的水产品。通过当地养殖的实际情况及市场调查相结合，得出该养殖场的水产养殖密度、成活率评定花蛤的损失数量为1 329 900粒、海蛏的损失数量为680 876 粒、九节虾的损失数量为7875 条，其次通过市场调查得出这三种海鲜的市场单价，确认市场总值，最后通过对当地的人工费及机械租赁进行了市场调查，得出恢复生产所需费用，综合得出养殖区内水产品的损失金额和恢复生产所需费用的总金额。

鉴定意见：事故后某养殖区内水产品的损失金额及恢复生产所需费用的总金额为33 万多元。

鉴定效果：为当事人争取合理的经济赔偿提供了有力的证据。

鉴定人员对养殖范围进行丈量并向受灾户了解情况

花蛤受害严重，都已开壳、发黑，蛤肉死亡腐烂，泥土表面布满气泡

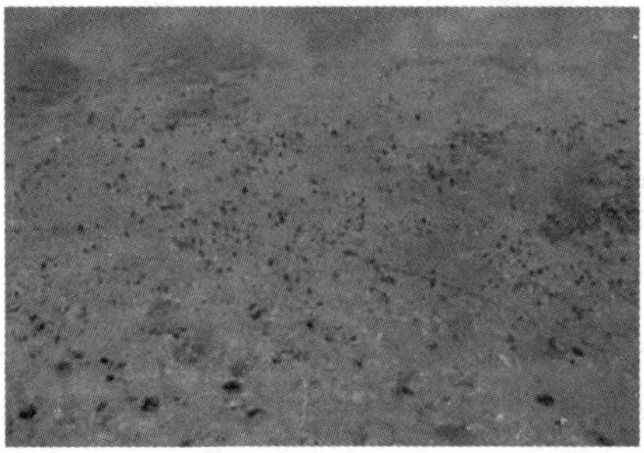	
养殖海蛏和九节虾的区域泥土已发黑，呈现在泥土上面的海蛏已开壳、死亡	养殖区内余水相对甚少。图中花蛤受害严重，都已开壳、发黑

工人在约4m² 范围内挖出的存活的海蛏在40粒左右，图中可以更明显地看出泥土呈黑色	打捞上来的受害花蛤

案例73 沉没货物鲍鱼价值鉴定（龚炳华）

案情背景： 货主林某雇佣连江县安凯镇奇达村吴某货船运送鲍鱼，船上共装有980笼皱纹鲍鱼，于2013年9月25日12点20分从连江可门港岗屿养殖场出发准备运往连江筱埕镇凤贵村养殖场。下午3点左右货船经黄岐半岛后沙海域时，因货船进水导致沉没，鲍鱼全部抛撒在海中。

委托方： 林某。

委托内容： 沉没货物皱纹鲍鱼及鲍鱼箱价值鉴定。

鉴定过程： 我所指派鉴定人员奔赴鉴定现场，首先到达两个鉴定地点1－连江可门港岗屿养殖场，鉴定地点2－连江县筱埕镇凤贵村养殖场；其次分别对鉴定地点1的养殖户的养殖方式、鲍鱼产量、鲍鱼市场价值及鲍鱼箱的规格尺寸进行调查，鉴定地点 2 的养殖户的养殖方式、鲍鱼产量、鲍鱼市场价值及鲍鱼箱的规格尺寸进行调查，最后市场行情调查，计算出此次沉没货物的总价值。

鉴定意见：鉴定人员结合连江县可门港岗屿养殖场及市场行情，对林某沉没货物总价值进行鉴定：每笼皱纹鲍鱼的价格评定为 638 元/笼；每笼鲍鱼箱的价格评定为 28 元/笼，980 箱皱纹鲍鱼及鲍鱼箱的总价值评定为陆拾伍万贰仟陆佰捌拾元整（￥652 680 元）。

鉴定效果：我所出具的《司法鉴定意见书》为委托人林某提出合理的赔偿提供了有力的证据。

<table>
<tr><td></td><td></td></tr>
<tr><td>鉴定地点 1 – 连江可门港岗屿养殖场</td><td>鉴定地点 2 – 连江县筱埕镇风贵村养殖场</td></tr>
<tr><td></td><td></td></tr>
<tr><td>鉴定地点 1 养殖户的养殖方式是每笼 6 盒装捆绑在一起</td><td>委托方的鲍鱼养殖方式是每笼 5 盒，这种规格的鲍鱼箱比鉴定地点 1 的鲍鱼略高，每笼的养殖数量和单价与鉴定地点 1 的调查结果近似</td></tr>
</table>

鉴定人员正在测量林某养鲍笼的尺寸	林某所用的鲍鱼箱出产公司及联系电话

案例74　高速公路建设造成养鳗场损失鉴定（董淑莹）

案情背景：吴某鳗鱼场总面积为160亩，因建设高速公路东南段需掩埋一部分养鳗池，涉及养鳗场其中的4口养鳗池（约50亩）、管理用房、沟渠灌排及电力系统等构筑物。为了顺利拆迁，合情合理赔偿相应的损失，显得尤其重要。为此，“福州东绕城高速公路连江段征地拆迁指挥部”委托我所对连江县琯头镇定安村吴某养鳗场及附属设施进行评估鉴定。

委托方：福建省福州东绕城高速公路连江段征地拆迁指挥部。

委托内容：对福建省连江县琯头镇定安村吴某养鳗场及附属设施进行评估鉴定。

鉴定过程：我所确认接受委托后，指派鉴定人员与委托方等人到达福建省连江县琯头镇定安村吴某养鳗场，根据委托方提供的《鱼塘平面位置图》和现场确认的四口池塘、管理房及附属设施进行勘验、拍照、采集数据。根据现场勘验数据，分别对每口池的现有产量、产值，每口池掩埋面积的大小进行评定计算，最后根据筑路行为对鳗鱼进行搬迁和占用一部分池塘，使池塘内的鳗鱼密度变大、筑路期间影响鳗鱼的外界环境等影响因素分别对四口池的损失率进行评定。

鉴定意见：福州东绕城高速公路征用福建省连江县琯头镇定安村吴某养鳗场及附属设施，造成养鳗场经济损失共计人民币壹佰伍拾万肆仟贰佰肆拾叁元整（￥1 504 243.00元）。

鉴定效果：我所出具的《司法鉴定意见书》为拆迁指挥部如何合理地赔偿提供了有力的依据，在保障村民合法利益的同时又加快了拆迁工作的顺利进行。

鉴定现场	鉴定人员正在测量养鳗池水位

养鳗池附属设施	养鳗池淡水补给管

鉴定人员正在测量养鳗池面积	养鳗场管理用房

案例75　鱼塘搬迁损失鉴定（董淑莹）

案情背景：林某承包的鱼塘总面积为70亩，与村委会签订的承包期为五年时间。因建设高速公路需要需对其承包的鱼塘进行征用并将鱼塘内的鱼虾进行迁移。为了高速公路的顺利建设，合情合理赔偿鱼塘承包方的相应损失，显得尤其重要。为此，“连江县潘渡片区征迁指挥部”委托我所对林某养鱼池搬迁损失进行评估鉴定。

委托方：福建省福州市连江县潘渡片区征迁指挥部。

委托内容：对福建省连江县潘渡乡林某养鱼池搬迁损失进行评估鉴定。

鉴定过程：我所确认接受委托后，指派鉴定人员与委托方等人到达鉴定现场。现场勘验时，首先，对被鉴定鱼塘面积、养殖的种类（罗氏沼虾、草鱼、鳗鱼）、投苗数量等进行了解；其次，对林某提供给委托方的相关票据进行审核（其中罗氏沼虾购买五个批次的虾苗，根据虾苗的放养时间及结合罗氏沼虾的养殖周期，分析得出前面四个批次的罗氏沼虾的饲养周期都已超过，不对其进行评估。第五批次的罗氏沼虾投苗时间至现场勘验日的养殖时间为三个半月左右，还未达到商品规格，故此次只针对第五个批次的罗氏沼虾的产量进行评定）和各养殖种类的现有产量进行评定；最后，根据搬迁行为将会对罗氏沼虾、草鱼及鳗鱼进行捕捞、运输，同时更换生存环境等影响因素分别对罗氏沼虾、草鱼、鳗鱼的损失率和搬迁费用进行计算。

鉴定意见：福建省连江县潘渡乡林某养鱼池搬迁损失共计人民币叁拾叁万捌仟陆佰陆拾元整（￥338 660.00元）。

鉴定效果：我所出具的《司法鉴定意见书》为征迁指挥部如何合理的赔偿提供了有力的依据，保障鱼塘承包方的合法利益同时加快了征迁工作的顺利进行。

各相关人员在鉴定现场	各相关人员在鉴定现场

鱼塘现状	鱼塘现状

鱼塘现状	现场询问笔录

船舶类

案例76　某船舶实物与证书是否同一鉴定（龚炳华）

案情背景： 该鉴定标的物在被鉴定之前因非法运输成品油已经被海关扣押并且海关怀疑该船是套牌船，鉴于拿不出权威的证据，担心万一不是套牌船说成套牌船，就会使船东的利益受到损害。

委托方： 莆田海关缉私分局。

委托内容： 对涉案挂牌“××××0510”号船与船舶登记机关登记注册的“××××0510”是否同一进行鉴定。

鉴定过程： 我所派出经验丰富的老轮机长和其他鉴定人员奔赴现场，首先对被鉴定标的的外观和尺寸进行测量，得出的数据与登记注册的证书上的数据基本相同，从船体的外表面并未发现什么破绽，其次我所鉴定人员对船体内部的机器进行鉴定，在勘验的过程中发现主机铭牌已被拆卸，无法核实正确的出厂日期与型号，但这些并不能难倒我所的鉴定人员，在一次次反复的勘验过程中，在从字体非常小的机器操纵盘的压力表和温度表上发现出厂日期标识，同时通过对船上辅机勘验，发现部分设备有出厂日期和型号。

鉴定意见：被鉴定标的物与船舶登记机关登记注册的船舶不一致。

鉴定效果：我所出具的《司法鉴定意见书》为海关扣押该船并且解体该船提供了可靠证据。

被鉴定标的物全景	我所鉴定人员在测量锚链直径

我所鉴定人员在记录铭牌上的数据	我所鉴定人员在记录铭牌上的数据

主机机架上面的系列号（2012－147－10）	主机增压空气压力表（NO. 20120508337） 根据编号应为2012年5月出

案例77　运沙船沉没事故鉴定（俞裕钦）

案情背景：一艘2000吨运沙船沉没在洞庭湖，根据当地海事局出具的事故报告，认定是船舶触碰湖底不明物沉没。这个结论意味着××保险公司需要赔付船舶打捞费及船舶全损的费用。保险公司觉得不可能触碰不明物，就是无法拿出有力的证据。事情已经过去半年，赔付给船东几乎成为定局。最后保险公司找到我所，委托我所做不是触碰、搁浅、触礁的鉴定，这种带要求的鉴定，我所首先给委托方阐述鉴定意见有可能对委托方有利，也可能不利的风险提示。委托方依然相信我所的鉴定技术，授予委托书。

委托方：××保险公司。

委托内容：论证“×××”轮沉没非触碰、搁浅、触礁所致。

鉴定过程：委托方无法提供我所要求的全部资料。到现场勘验时，要到船舶沉没现场测量水深由于条件限制，委托方无法办到。要求将打捞上岸的事故船舶升起后勘验船底损坏情况，委托方也无法办到。鉴定工作一度陷入山穷水尽，但我所鉴定人员坚持不懈，在现有的资料中不断寻找蛛丝马迹。

首先，根据《沿海内河船舶保险条款解释》之“保险责任”中对触碰的定义，参照“船舶保险事故现场查勘询问笔录”及“内河交通事故调查结论书”可得出，发生事故时，“×××”轮正在鲶鱼口洲头接卵石，该洲头并非码头，事故原因不是“×××”轮与港口作业的“××××”轮等港口设备及其他船舶发生碰撞，根据当事人自述及其自绘图，事发时“×××”轮船艏对着鲶鱼口，两侧则为“××××”轮及自卸驳，船舶无法倒退，即使船舶后方有障碍物也无法发生接触或碰撞，而且船艉状况整体良好，船舶后方未发现障碍物。因此可以排除“×××”轮码头、港口设备、航标及钻井平台的直接接触或撞击的可能，即事故原因并非触碰所致。

其次，根据《沿海内河船舶保险条款解释》之“保险责任”中对搁浅的定义分别对有可能发生的情况进行了假设，（1）参照该航行水域的情况及现场勘验情况，现场测量得船底外板至雷达架顶端的高度共约12.4m，参照当事人在事发时所拍的照片，估计上层建筑顶上的雷达架露出水面部分约1.4m，估算船舶沉入河里的部分高为12.4m－1.4m＝11m，以此说明船舶事故点的河床应为11m深。查《内河船舶检验证书簿》船舶满载为3.67m，而河床远不止3.67m深，因此可以排除船舶在正常作业时底部与河床发生紧密接触的可能。从而得出船舶在正常作业时底部与河床发生紧密接触的可能不成立。（2）参照“船舶保险事故现场查勘询问笔录”中当事人的描述，船舶装载卵石是从后舱向前舱装载的，每堆卵石约200吨，装载第七堆的时候发现船舶倒不动。假设船舶在装载到第七堆的时候搁浅在浅滩，而船舶从后舱向前舱装卵石，说明装载到第六堆时船舶已经做过一段倒车来装载第七堆，也说明装载到第七堆之前都没有发生“搁浅”，则在装载到第七堆之前船舶所受的总重力和河水对其的浮力应该是相等的，处于应力平衡状态。当装载到第七堆时才“搁浅”的话，此时船底与搁浅处之间的相互应力应当为第七堆的重量再减去一定的河水对船舶的浮力，假设第七堆为200吨，船底与搁浅处之间的相互应力应不大于200吨，在此取200吨用以计算船底与搁浅处之间的摩擦力。因为船舶多在鲶鱼口洲头采集砂石，所以如搁浅船底与卵石之间的摩擦力为主要摩擦力。船舶事发时正处于倒车而倒不动的状态，取钢与卵石之间的起动摩擦系数用以计算，通过计算得出即使船舶克服船底摩擦力强制起动也无法使船底外面扭曲变形得如此严重，也无法导致船舶两侧舷侧结构扭曲变形及被拉断。因此，船舶装载时搁浅在浅滩造成船底变形和舷侧结构变形及断裂的假设不成立。（3）查《内河船舶检验证书簿》被鉴定船舶的满载为3.67m，河床深度估算为11m。假设有水下不明障碍物，不是固定物，就是移动物，此障碍物的高度至少为11m－3.67m＝7.33m。①假设该不明物是固定的（如礁石或沙堆等），在一个长期从事水域作业的港池，出现固定物不被人们发现的可能性是非常小的，并且真有这个固定物在它的周围的水流必定会形成漩流，固定物的假设显然行不通。②假设不明障碍物为移动物，又分动物和不明移动物体。大海的鲸鱼（世界上最大的动物）其高度也没有7.33m，在岳阳湖有7.33m高大动物的假设站不住脚。假设有7.33m高大的不明移动物体，其重力一定要大于该水域的浮力，这么高大的物体在11m水深的湖床，必定引起水流变化，它是如何移动到挖沙的出事水域而又不被挖沙船和过往船舶的船员发现。故水下不明移动物体的假设不成立。综上三点“×××”轮沉没并非搁浅所致。

最后，根据《沿海内河船舶保险条款解释》之“保险责任”中“（十五）触礁的定义，参照“船舶保险事故现场查勘询问笔录”当事人自述，发生该事故时，“×××”轮正在鲶鱼口装载卵石，该轮处于作业状态，而不是处于航行状态，而且没有记载在鲶鱼口洲头一代的作业区有礁石。因此，事故原因并非触礁所致。

鉴定意见：通过对触碰、搁浅和触礁的论证，结合现场勘验情况及相关材料，综合分析，运沙船沉没非触碰、搁浅、触礁所致。

鉴定效果：帮助委托方解决了半年的困扰，并且成功拒赔。

打捞上岸后的事故船舶照片	“×××”轮沉没时，露出水面船艏部分长约7.4m

船舶沉没时，上层建筑全部沉入河里，只有上层建筑顶上的雷达架露出一部分，估计露出水面部分约1.4m	船舶中部的舷侧列板、舭列板及船底外板变扭曲变形

船舶右舷断裂处，钢材扭曲变形严重	鉴定人员正在测量上层建筑顶上的雷达架的高度，测得高度为3.4m

案例78　船舶技术鉴定（龚炳华）

案情背景：某公司所属的“×1”“×2”“×3”船因公司逾期无法履行法院判决所确定的义务，需要做船舶质量鉴定和评估，以便于拍卖。

委托方：福建省厦门市海事法院。

委托内容：对“×1”“×2”“×3”船进行司法技术鉴定。

鉴定过程：我所指派鉴定人员及助理到达码头，与拍卖行和评估公司人员一起对上述船舶进行检验、拍照取证，根据上述船舶的建成时间、改建时间及现场勘验的船舶的设备、钢板及实际使用情况，判断上述船舶的船况。

鉴定意见：“×1”船况最差，投入航运前要经过船厂大修，同时要配备好消防救生等设备。“×2”船况居中，投入航运前要经过船厂大修，同时要配备好消防救生等设备。“×3”船况最好，投入航运前可以船员自己检修，同时要配备好消防救生设备。

鉴定效果：明确“×1”“×2”“×3”三艘船只的船况，保障了航行人员的安全，解决了双方人员的矛盾。

被鉴定目标物“×1”	被鉴定目标物“×2”

我所鉴定人员对现场进行勘查	机舱内部图片

	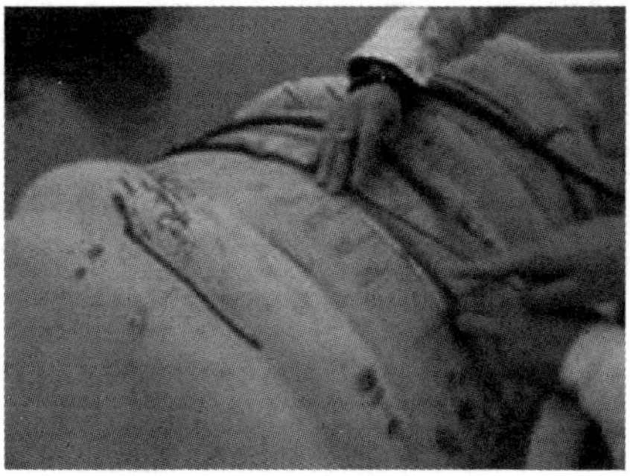
“×2”船舱全貌	“×3”救生筏有效期已过

案例 79　船舶螺旋桨损坏鉴定（俞裕钦）

案情背景：一艘被保险的船舶“××101”轮在后仓卸货时发现螺旋桨一叶断了 30～40 厘米，损坏的具体原因不明。

委托方：××保险公司。

委托内容：对螺旋桨损坏情况分析及维修费用进行鉴定。

鉴定过程：由于受损的螺旋桨已送至船厂修理，我所鉴定人员赶赴船厂对螺旋桨损坏部位进行测量并标示，并且对应力腐蚀开裂断口和腐蚀疲劳断裂断口进行分析。同时参考《中国船舶工业总公司“船舶修理价格表”》（92 黄本）、《中华人民共和国交通部“修船价格手册”》（93 蓝本）结合市场行情，计算出“××101”轮此次的维修费用。

鉴定意见：对螺旋桨断口损坏情况进行分析，计算出此次船舶螺旋桨损坏的维修费用为 15 万多元。

鉴定效果：为委托人赔付被保险人索赔费用提供了有力的依据。

螺旋桨在船厂被拆卸下来	专家及公估人员正在测量螺旋桨

螺旋桨桨叶标记为1、2、3、4	腐蚀疲劳断口
	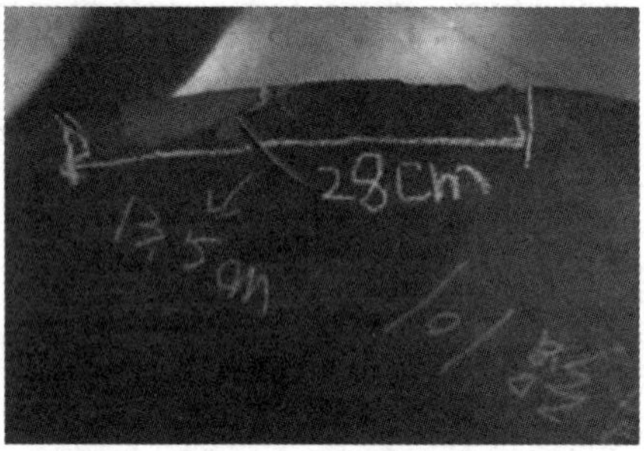
裂纹源区	脆性撕裂断口

案例80　船舶触礁施救费用评估鉴定（董淑莹）

案情背景：2014年1月2日，某船务有限公司所属船舶载运890吨海砂自漳州开往玉环航次中，途径海坛海峡老萝水道，在船浪礁附近触礁，发现船艏破洞进水，之后在竹屿口内冲滩。事故造成船舶船艏破洞进水，未造成人员伤亡，未造成海域污染。

委托方：平安保险杭州中心支公司。

委托内容：对抢险施救费用进行评估。

鉴定过程：我所指派鉴定人员到达现场先后对船底触礁后堵漏施工作业的部位进行拍照和核实，然后针对抢险、探摸、堵漏施工费用问题先后与“××水下工程有限公司”进行四次谈判，第一次谈判主要针对打捞公司的收费依据，第二次谈判打捞公司同意优惠10%，第三次我所通过参照中国潜水打捞行业协会文件中潜协字〔2010〕33号《空气潜水作业指导价格》评估出比较合理的抢险施救费用，让打捞公司进一步优惠，第四次我所鉴定人员陪同船东再次与打捞公司关于施救费问题要求打捞公司进一步优惠。最终谈判结果是在原有报价的基础上优惠30 000元。

鉴定意见：“××”轮触礁事故的施救费用评估为193 787元。按照保单上规定的免赔率20%，计算出免赔金额为38 757元，保险人在施救费用上应该赔付给被保险人155 030元。

鉴定效果：根据我所出具的《司法鉴定意见书》，为保险公司赔付被保险人提供了有力的证据，也保障了被保险人的合法利益，同时经过我所有理、有据、有节地与水下工程公司谈判，让保险人和被保险人双方都得到了经济实惠。

被鉴定船舶	鉴定人员向船东了解船舶概况
	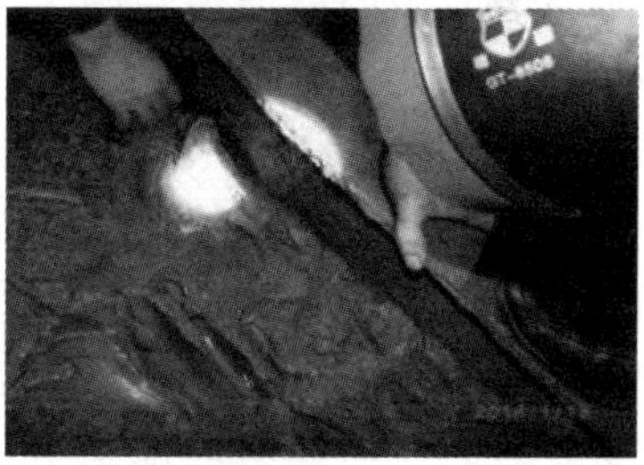
“××”轮船舱底部	“××”轮船员与鉴定人员一同检查船舱破口
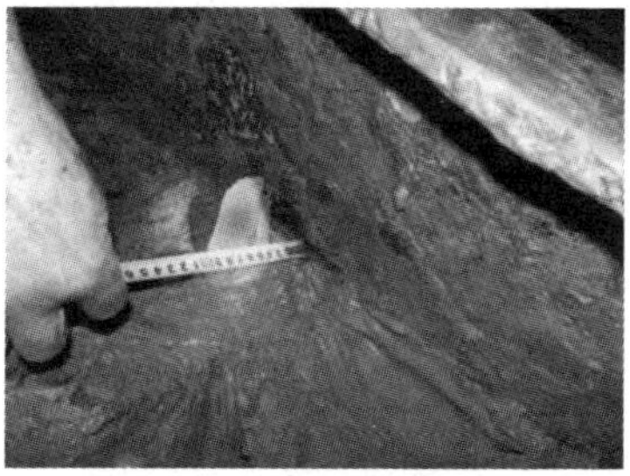	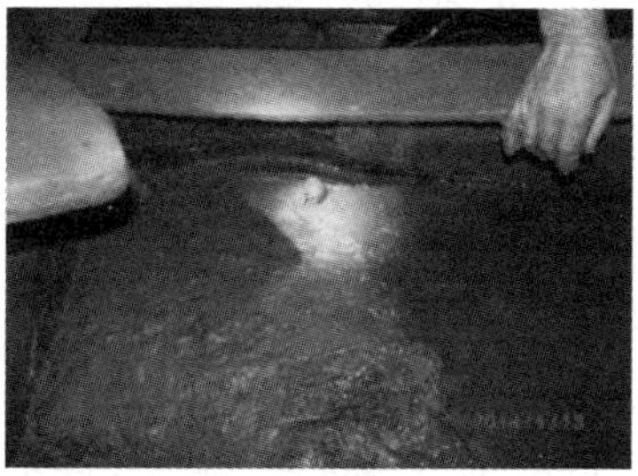
鉴定人员在测量破口长度	用水下专用胶料与钢板进行堵漏后的舱底

案例81　船舶生锈腐蚀原因鉴定（俞雯馨）

案情背景：船舶上漆后不到一个月还没有与海水接触就生锈，针对船舶生锈原因，船厂和船东有争议，厦门海事法院委托我所对船舶出现生锈、腐蚀现象形成的原因进行司法鉴定。

委托方：福建省厦门市海事法院。

委托内容：对“××的船舶”出现生锈、腐蚀现象形成的原因进行司法鉴定。

鉴定过程：我所鉴定人员三次赶往不同地点进行鉴定。首先，赶往铜陵法庭，在法官及被告等人员在场的情况下，对船厂负责人提供的生锈船用剩余未开封油漆进行取样和封样，法官和被告各留一瓶样品，我所带走三瓶。已经开封的油漆，不作为样品。之后我所将油漆样品送至具备国家级资质的专业检验站进行检验。其次，三方人员赶往船舶重新上漆现场，对原生锈船舶进行拍照取证，这两艘被鉴定渔船换成光明牌船用油漆。最后，双方人员赶往船舶生产现场进行勘验、拍照取证，考察船厂的喷漆环境。我所从船舶钢板质量、施工工艺、油漆质量等三大方向入手查找船舶生锈原因。船舶钢板是武汉钢铁厂生产的，有质量保证书；船厂的喷漆施工设备和施工条件基本满足工艺要求，渔船采取滚轮涂刷油漆，如果是局部生锈，有可能是滚刷不均，从法院提供过来的资料看，船舶是全部生锈，排除了施工工艺的问题；油漆质量我所委托具有国家级检验鉴定资质的单位做检验，发现油漆的耐盐雾性指标不合格。最终找到船舶生锈问题之症结。

鉴定意见：通过对船舶造成生锈、腐蚀原理及原因的分析，我所鉴定人员秉着诚信、公正、科学、求真的原则，得出的鉴定意见为：船舶生锈、腐蚀是由于钢铁表面覆盖保护膜油漆质量不合格造成的。

鉴定效果：我所出具的《司法鉴定意见书》为法院提供了有力的证据，使原被告双方持久性的纷争得以解决。

在法庭现场装好的五瓶样品	三方代表已签字封存好的样品

鉴定人员、法院法官、船厂负责人一起到生锈船修理现场	重新刷过油漆的原生锈船舶现场

船舶生产的现场工作环境	鉴定人员在船舶公司做询问笔录

案例82 船舶搁浅损失评估鉴定（龚炳华）

案情背景：××轮从广东揭阳港卸完货后，在山东烟台外附近水域。突然间船员感觉到船体震动一下，很剧烈，怀疑可能是船体碰到水下不明物体，船体可能受损，立即组织船员进行检查。由于是空船，船员下大舱检查舱底，未发现异常。测量各油水舱也未发现异常，船舶继续航行去曹妃甸港。船舶抵达锚地后为准备装货，大副安排船员进行排出压载舱的压载水，压载水排完也没发现船体有漏水现象。于次日早上船员发现第二货仓进水，检查压载水舱也已漏满海水。船舶立即通知码头停止装货，并组织排水和堵漏。

委托方：中国平安财产保险股份有限公司广西分公司。

委托内容：对“××”轮实际损失情况进行分析及评估。

鉴定过程：我所鉴定人员于2014年3月22日，3月28日和4月21日三次到某造船实业有限公司对在坞“××”轮的损失情况进行现场勘查。第一次现场勘验主要是对搁浅内底板破坏的面积大小及确认需更换钢板的具体位置。第二次现场勘验主要是核实舵杆上的裂纹，是否由本次搁浅影响产生的形变。第三次到达现场勘验主要是在受损船舶钢板更换完毕，刷好油漆的情况下，从船底准确测量更换船底板的面积。每次到现场都测量和拍摄下重要证据。

鉴定意见： 我所坚持“诚信、公正、科学、求真”的原则，“××”轮船底结构钢材更换量的理算为24 503.15KG，即钢板维修费为人民币269 534.65元，船舶维修费用为人民币328 214.25元，舵杆损伤不予赔付。保险单特别约定，每次理赔免赔额按60 000元，保险人实际应该赔付给被保险人268 214.25元。

鉴定效果： 我所出具的《司法鉴定意见书》得到了保险公司和船东的一致认可。

船舶维修地点：福安市某船业有限公司	被保险船舶正停在船坞内进行维修

鉴定人员正在对船底板进行勘验	鉴定人员正在测量钢板尺寸

鉴定人员勘查舵系损坏情况	专家测量船底板更换钢板的尺寸

案例83　铁矿砂品位鉴定（龚炳华）

案情背景： 2013年4月7日香港某海运有限公司的船舶从马来西亚LU-MUT（卢穆特）港装载9100吨铁矿砂前往天津的曹妃甸港，途经东山港海域时，因货物表面发生液化状态导致船舶有倾覆的危险，遂临时将货物堆放在古雷作业区10号泊位堆场。后因堆放费用及时间存在异议，特委托我所对剩下的铁矿砂品位进行鉴定。

委托方： 厦门海事法院。

委托内容： 对铁矿砂品位进行司法鉴定。

鉴定过程： 2014年7月9日，我所指派鉴定人员与各方代表一同到达现场取样。根据现场询问笔录铁矿砂入库时间为2013年4月12日，由于当时抢救性转移，部分铁矿砂在运送过程中遗失，已经不足9100吨。鉴定人员抵达现场时，铁矿砂已经在十号泊位上堆放一年以上。鉴定人员抵达现场时铁矿砂已经被雨水浸湿后结块，为使测试样品更合理且具有代表性，在堆放点选取10个平均分布的点取样。铲掉表面被雨水冲刷及暴晒层，取内部样品。

鉴定意见： 这批铁矿砂中TFe的含量为50.0%，SiO_2为7.34%，Al_2O_3为1.91%，P为0.034%，S为0.35%，含水量为26.68%，有92.88%的颗粒粒度小于1mm。可以确定此批铁矿砂为粉矿，品位为50，等级为五级，除硫含量超标以外，其他元素含量均在五级粉矿标准以内。因此，古雷作业区10号泊位临时堆放的铁矿砂的牌号鉴定为FKⅤ-1。

鉴定效果： 为法院对该铁矿砂的处理，提供了较准确的理化性质信息。

堆放在10号泊位上的铁矿砂	漳州古雷港海腾码头10号泊位

鉴定人员在铲掉表层被长期暴晒 及雨水冲刷的铁矿砂	码头方代表及律师见证取样

已经贴好封样标签的样品	我所保留三份样品，其余 两方各取一袋备案

案例84　海水湿损后油菜籽损失评估鉴定（董淑莹）

案情背景：2014年5月25日约12时30分某轮在目的港福州松下码头卸“油菜籽”时，发现货物湿损，经船东和某有限公司双方聘请的公估，到现场检验，共同认定属于海水湿损。后经分卸后，将受损货物存放于公司七号仓库，数量为1197吨。为进一步确认“油菜籽”损失金额，故保险公司委托我所对某有限公司所属的油菜籽损失金额进行评估。

委托方：中国平安财产保险股份有限公司福建分公司。

委托内容：对某有限公司所属的油菜籽损失金额进行评估。

鉴定过程：2014年5月28日，保险公司、某有限公司负责人代表、鉴定人员前往存放受损油菜籽的第二现场某有限公司七号仓，并对整个现场情况进行拍照、采样取证。我所委托SGS对受损和未受损的样品进行测试，主要对油菜籽的气味、色泽、杂质、生芽粒、生霉粒、13－二十二－烯酸（芥酸）、含油量、水分及挥发物的指标进行测试，通过对受损和未受损的各项指标进行对比计算出受损数量，最后根据报损清单中，油菜籽的单价为USD622.5/T，结合2014年5月25日的美元汇率6.234进行换算，评估出油菜籽的损失金额。

鉴定意见：油菜籽的受损量评估为14.364吨，受损金额按单价为USD622.5/T，根据2014年5月25日的美元汇率6.234换算，油菜籽评估金额约为人民币伍万伍仟柒佰肆拾贰元整（￥55 742元）。

鉴定效果：我所出具的《司法鉴定意见书》为委托人合理地赔偿受害方提供了有力的证据。

	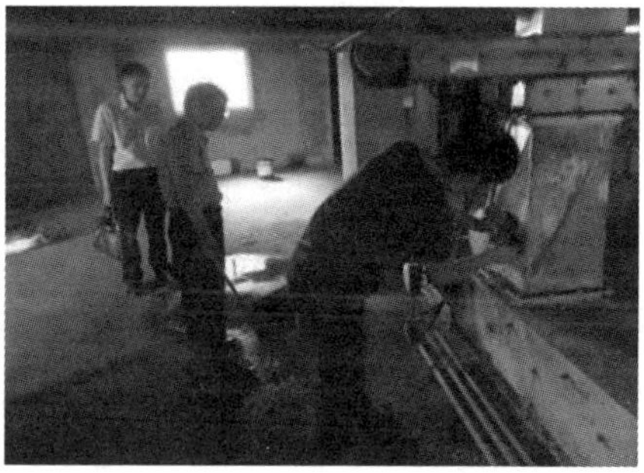
鉴定地点存放油菜籽仓库的外景，其中七号仓存放的是湿损的油菜籽	鉴定人员、保险公司、××有限公司人员在七号仓对受损油菜籽进行取样

鉴定人员对受损油菜籽样品进行装袋	鉴定人员对未受损的油菜籽进行取样

鉴定人员对未受损的油菜籽样品进行装袋	已封样好的两种样品

案例85　船舶加喷泡沫数量鉴定（俞裕钦）

案情背景：2013年7月24日上午10时左右，某渔船在闸坡渔港内对船舶冷冻舱装修时发生爆炸燃烧，造成5人重伤的恶性事故，经济损失超过100万元。分不清是船东的责任还是施工方包工头的责任。必须借助于“××1轮”和其姐妹船“××2轮”两艘渔船冰柜的加喷量和相应的喷泡材料费用及人工工资额，如果总金额在30 000元以内，就是包工头的责任，超过30 000元就是船东的责任。法院委托我所对上述渔船的冰柜加喷量和材料费用以及人工工资进行评估鉴定。

委托方：广东省广州市海事法院。

委托内容：对“××1轮”和“××2轮”两艘渔船需要加喷泡沫固定冰柜的加喷泡沫量和相应的泡沫材料费用以及人工工资进行鉴定。

鉴定过程：鉴定工作开始前，事发船只已投入生产。我所鉴定人员于2014年9月10日抵达现场，两艘渔船临时调回接受鉴定，由于船期紧张，给我们专家组的时间只有一天。同时上船的还有法官、原被告双方代表和律师。每艘渔船有4个冰柜（冷藏舱），从头到尾成一字排列，每个柜上面有出入口，两个柜之间有约1米见方的联通口。原告施工过程中采取的是钻孔灌填的方式，船舶4号舱中木板均已钻孔但仅部分灌填。为了科学直观地观察渔船冰柜（冷藏舱）舱壁内的喷泡情况，我所专家与船东沟通后，拆掉一块舱壁木板进行观察，发现木板内存在三种介质：（1）渔船生产公司喷填的泡沫；（2）原告方喷填的泡沫；（3）空气（未填充）。原告方与渔船生产公司所做的喷泡工程差异明显，两种泡沫之间会有一层较硬的氧化层，且由于两次喷泡的材质不同、色泽不同，形成的泡沫软硬程度也不一样。我们要计算出原告方（后期）喷泡的金额，需要了解所喷泡沫的厂家，规格型号，单价，膨胀系数，已在渔船上喷泡沫的体积。前期工作到位，喷泡的体积也比较简单，冰柜（冷藏舱）有效表面积乘以后期喷泡厚度就能够计算出来。如果在每面舱壁上取 5 个点，每个点取芯直径为 50mm，则可以从芯样中辨别原告的喷泡并且测量出所喷泡沫厚度，用算术平均值计算后期加喷泡沫的体积。被告原来以为我们没有能力做出鉴定，到勘验现场发现我们专家可以辨别出前期喷泡和后期喷泡，并且有方法有程序地实施鉴定，立即阻止我们取芯采样。至此现场勘验司法鉴定活动中断，司法鉴定意见书似乎无法做出来，其实不然，上面分析过我们要的是喷泡金额和工人工资，不是后期喷泡厚度。后期喷泡厚度只是三级参数，与冰柜（冷藏舱）长度和高度一个性质。因此我所就把它设定为参数“X”。加喷泡厚度 X 值讨论，X 的取值范围为 0→0.40m，以 30 000 元作为临界值，当 $X > 0.030$m 时，所需材料及人工费用大于 30 000 元。当 $X \leqslant 0.030$m 时，所需费用小于等于 30 000 元。

鉴定意见：经过现场拍照、取样、检测、分析及查阅相关资料给出如下鉴定意见：

所需加喷泡沫量为：$M = 677.6X$（m^3）

材料费为：$F = 489\ 594.4X$（元）

人工工资为：$G = 489\ 594.4X$（元）

X—需加喷泡沫厚度平均值，临界值 $X = 0.03$ 定义域 $\{0,\ 0.40\}$ 单位 m。

鉴定效果：问题简化到只讨论参数“X”（需加喷泡沫厚度平均值）就可以了。原告、被告心里都清楚，后期加喷的平均厚度是否大于 3 厘米。

鉴定现场	鉴定人员打开冷冻舱观察

冷冻舱	冷冻舱木制舱壁

冷冻舱通道	随机选点拆开木制舱壁观察新旧泡沫 原泡沫为黄色，新喷泡沫为白色

案例86　船舶碰撞码头损失评估鉴定（俞裕钦）

案情背景：某船舶在靠码头时，船头正对着码头23# -1桩基方向撞入，造成水线以上的船头与护轮坎、消防管、铁链钩碰撞，水线下球鼻艏与23# -1基桩、水平撑和靠船构件碰撞，致使上述构件被损坏。码头方提供了一份关于《码头受损专项检测报告》，这份报告涉及的码头受损项的修复费用，第一次报价为四百多万，第二次报价为两百多万，保险人觉得该修复费用不合理，故于2014年3月28日委托我所，对某船碰撞事故引起的码头损失和修复费用进行司法鉴定。

委托方：中国平安财产保险股份有限公司福建省分公司。

委托内容：对某船舶碰撞事故引起的码头损失和修复费用进行司法鉴定。

鉴定过程：我所鉴定人员于2014年3月28日抵达现场，首先对现场进行了全面的勘验，对受损构件进行拍照、取证、测量。对码头构件被船头碰坏位置、数量、程度、记录了精确的数字。码头方提供的《码头受损专项检测报告》，我所专家给予公正的评价，首先检测的方法、方式和手段正确，码头检测检验批正确，在批内构件损坏数量和程度定位准确。但是保险公司关心的是本次碰撞事故造成的损失，所以损坏数量必须排除非此次事故造成的受损构件。码头受损的修复方案，特别是修复造价评估大大偏离市场行情，需要 250 万元的修复费用。我所认为码头修复工程造价，要以设计施工图纸和码头竣工结算审核书为主要依据，结合现时现状的市场行情。为此我所专家昼夜研究码头设计施工图纸，针对码头实际损坏情况，设计可行的修复方案、进行市场调查，认真审核工程造价，最后得出码头修复造价。

鉴定意见：码头受损构件修复费用评估为人民币壹佰贰拾捌万叁仟捌佰元整（¥1 283 800.00 元）。

感悟：作为鉴定所应该具备一定鉴定实力，除足够的专家团队、检测仪器外，还应当具备相应可以实施的施工队朋友，在了解市场行情和具体实施工程项目时都具备可以实现的潜力，这样的意见书更具备后续的保障能力，这样的意见书更容易获得法官的采信。

20# - 25#排架	与船头触碰的区域
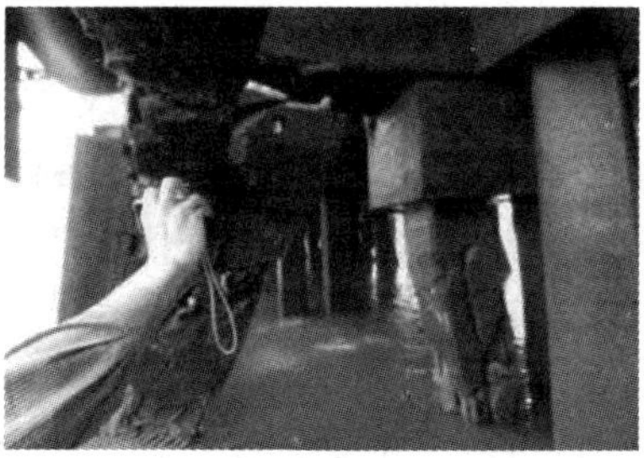	
码头靠船构件、水平撑及桩断裂， 混凝土内部钢筋外露	鉴定人员正在测量受损构件尺寸

被撞毁的护轮坎长约5.5m 和消防水管6m损坏	鉴定人员正在测量护轮坎尺寸 高度宽度都为250mm

案例87　船舱内煤炭热值降低原因鉴定（董淑莹）

案情背景：委托人委托船务公司装载的货物为褐煤；装货港为印尼东加里曼丹MuaraBerau锚地；卸货港为福清国电江阴电厂自备码头。船舶从装港开航时间为2015年1月25日；船舶预计到港时间为2015年2月2日；船舶实际靠泊开始卸货时间为2015年3月8日。船舶到港后，中华人民共和国出入境检验检疫对货物进行检验，发现煤炭热值降低。为确定煤炭热值降低原因委托我所对其进行鉴定。

委托方：福建某进出口贸易有限公司。

委托内容：对某轮煤炭热值降低原因进行鉴定。

鉴定过程：我所根据委托人介绍和提供的资料，组织有关专业鉴定人员进行审阅、讨论，初步了解涉案项目的情况等，制定相应的鉴定方案。首先了解煤炭的基本指标（水分、灰分、挥发分、固定碳、全硫、发热量）；其次对卸货港和装货港的基本指标差值进行对比分析，最后分别通过对褐煤的特性（褐煤最易自热，自热可能使煤温上升到着火温度而导致自燃）；货物的运输存储时间（从船舶装港开航到船舶靠泊卸货，褐煤在船舱内储存的时间长达40天）；货物的存储条件（运输期间船舱封闭等条件下，会加速煤炭的氧化发热，氧化升温，温度越高，氧化速度愈快，引起自燃）；不同煤介（根据装货驳船资料，该批褐煤属于动力配煤，共有15艘驳船，每艘驳船内的褐煤煤炭指标都不相同）进行分析，得出鉴定意见。

鉴定意见：充分考虑了煤炭检验过程中采样、制样环节对检验结果的影响，导致某轮煤炭的灰分增加、热值降低的最主要原因是，该煤炭实际海上运输时间较长，经过较长时间的氧化、蓄热，煤炭温度升高导致局部自燃。

鉴定效果：我所出具的鉴定意见书为委托人向船务公司索赔提供了有

力的证据。

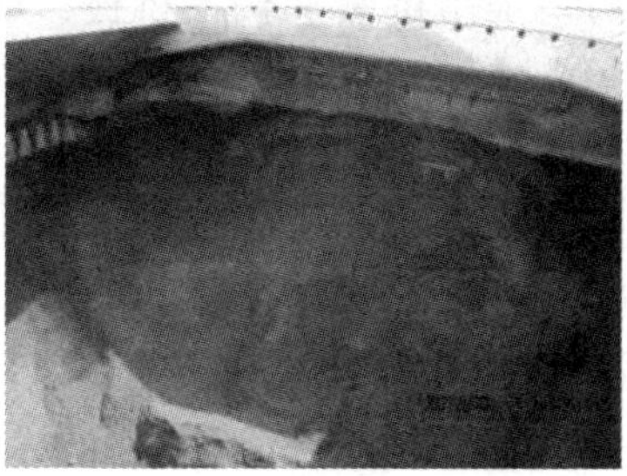	
委托方提供的卸货煤照片局部自燃	委托方提供的卸货煤照片局部自燃

委托方提供的卸货煤照片局部自燃	委托方提供的卸货煤照片局部自燃
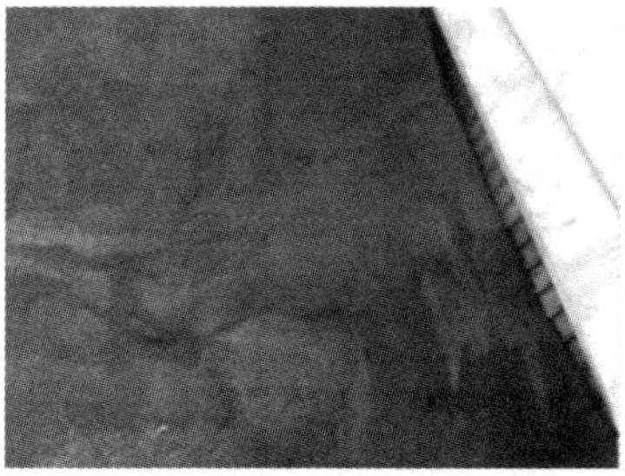	
委托方提供的卸货煤照片局部自燃	委托方提供的卸货煤照片局部自燃

案例88　泊位及钢引桥、吊桥墩等设施被船舶触碰鉴定（林启航）

案情背景：2013年5月，被鉴定船舶在某海域触碰码头，造成船舶艏尖舱破损，船舶倾覆（后经扶正），事故未造成人员伤亡和水域污染，属水上交通小事故。原告认为码头泊位及钢引桥、吊桥墩等设施被船舶触碰造成损失，要求被告赔偿700多万，被告认为原告的索赔原因和金额不合理，故前后两次向法院申请进行鉴定。

委托方：福建省厦门市海事法院。

委托内容：（1）本案中被船舶触碰的钢引桥、吊桥墩（包括桥板、承台、桩）等部位或者本案中钢引桥、邻近的一个吊桥墩（包括桥板、承台、桩）等部位是否存在质量问题；（2）本案中被船舶触碰的钢引桥、吊桥墩（包括桥板、承台、桩）等部位或者本案中钢引桥、邻近的一个吊桥墩（包括桥板、承台、桩）等部位在船舶触碰前是否缺乏维护、保养；（3）本案中的钢引桥、吊桥墩等设施被船舶触碰的部位扣除折旧损耗、自然损耗等后的残值金额；（4）本案中的钢引桥、吊桥墩等设施被船舶触碰的部位所需的合理修复费用；（5）本案的钢引桥及设备设施、吊桥墩在有正常维护保养，且无质量问题的情况下，经本案船舶触碰后是否会导致钢引桥及设备设施、吊桥墩掉到海里的后果；（6）本案的钢引桥及设备设施、吊桥墩如果缺乏维护保养，则对本案船舶触碰事故损害结果的原因力。

鉴定过程：我所确认接受委托后，先对委托方提供的相关资料信息组织有关专业鉴定人员进行审阅、讨论，初步了解涉案工程的情况等，制定相应的鉴定方案。第一次现场勘验于2016年5月，鉴定人员协同法院及原被告双方代表一起到达现场。事故发生至今已有3年多时间，由于现场勘验条件的限制，鉴定人员对现场进行初步勘验，泊位存在通过钢人行桥相连的6个墩类构筑物，被船舶触碰的钢引桥已经被打捞放置到岸边，未发现提升装置、吊桥立柱等构件。鉴定人员对钢引桥尺寸进行现场测量，勘验发现钢引桥沿长边方向的两侧存在多处的凹坑，两边的卷扬机设施已损坏严重，页片已弯曲生锈。第二次现场勘验于2016年6月，鉴定人员乘坐船舶到达需鉴定的吊桥墩附近进行鉴定。由于委托方需要进行补充鉴定，第三次现场勘验于2016年9月22日，鉴定人员再次到达需鉴定的泊位附近进行鉴定。

鉴定意见：（1）钢引桥符合设计图纸要求，吊桥墩质量符合设计图纸要求，但存在一定的质量缺陷，影响正常使用；（2）钢引桥、吊桥墩缺乏维护、保养；（3）本案中的钢引桥可修复利用，不存在残值，吊桥墩等设施被船舶触碰的部位不存在扣除折旧损耗、自然损耗等后的残值金额；（4）本案中的钢引桥、吊桥墩等设施被船舶触碰的部位所需的评估修复费用为人民币伍佰贰拾贰万零贰佰捌拾壹元整（￥5 220 281.00元）；（5）本案的钢引桥及设备设施、吊桥墩在有正常维护保养，且无质量问题的情况下，经本案船舶触碰后不会导致钢引桥及设备设施、吊桥墩掉到海里的后果；（6）本案的钢引桥及设备设施、吊桥墩缺乏维护保养，与本案船舶触碰事故损害结果存在关联性。

鉴定效果：我所出具的两份《司法鉴定意见书》为法院定责、定损提供了依据。

鉴定人员在现场向原被告 双方了解案件概况	泊位现状

钢引桥现状	鉴定人员对吊桥墩进行现场检测

系缆墩的钢管桩存在裂缝及缺口	靠船墩现状

案例89 船舶沉没后价值鉴定（俞裕钦）

案情背景：一挖泥船与另一船舶在沙埕港水域发生碰撞后沉没，一个月后整体起浮出水，搁浅在某船厂外滩上。撞船方船舶被扣押，两船舶所属船务公司就事故船舶损失赔偿事宜争执不下，一方认为挖泥船事故前的市场价值为250万~350万，另一方认为船龄为46年的挖泥船早已到报废船龄，事故前的船舶市场价值接近废钢价。为进一步确认事故船舶的损失，两船务公司共同委托我所对其进行司法鉴定。

委托方：宁波某疏浚工程有限公司、东莞市某船务有限公司。

委托内容：（1）某轮事故前市场价值是多少？（2）事故后是否有修理价值，如有修理费用是多少？（3）如无修理价值，该船残值为多少？

鉴定过程：我所确认接受委托后，两次指派鉴定人员与委托双方等人到达鉴定现场。第一次现场勘验时被鉴定船舶已在海底浸水一个月，船舶各层甲板舱壁和驾驶室内存在着大量的泥巴，各船舶设备锈蚀；第二次现场勘验主要对挖泥船最近一次的船舶修理项目中甲板部分钢板进行复核。两次现场勘验船舶机舱都不具备勘验条件，船舶的参数以委托方提供的证书资料上的数据为准。其中，船舶市场价值主要从两个方面考虑：（1）根据被鉴定船舶的船舶概况并结合船舶相关知识及经验对与被鉴定船舶大致相同的船舶进行调查；（2）事故前被鉴定船舶通过修理在使用功能和经济上提高船舶的整体价值。事故后是否有价值主要从被鉴定沉没海底的时间、船舶现状和船舶使用的年限已长达46年考虑；船舶残值主要从废钢解出重量、设备解出重量、船舶船龄系数及船舶钢板和设备现状等综合考虑，最终得出鉴定意见。

鉴定意见：（1）某轮事故前市场价值评估为人民币壹佰壹拾陆万至壹佰叁拾壹万元（￥1 160 000.00 ~ ￥1 310 000.00 元）；（2）事故后某轮无修理价值，修理费为零；（3）某轮残值为人民币贰拾叁万肆仟陆佰玖拾陆元整（￥234 696.00 元）。

鉴定效果：我所出具的《司法鉴定意见书》为委托双方如何处理事故船舶赔偿问题提供了有力的依据。

被鉴定船舶	被鉴定船舶驾驶室

被鉴定船舶船体上长满海蛎壳	被鉴定船舶存在大量的淤泥

被鉴定船舶设备上锈蚀严重	鉴定人员正在复核船体钢板

案例90　渔业避风港封港费用评估鉴定（龚炳华）

案情背景： 建设福平铁路需要征用某村渔业避风港等地皮，为了顺利征地，合情合理赔偿相应的损失，显得尤其重要。为此，“平潭综合实验区福平铁路（平潭段）项目建设指挥部”委托我所对某村渔业避风港封港费用评估进行司法鉴定。

委托方： 平潭综合实验区福平铁路（平潭段）项目建设指挥部。

委托内容： 对渔业避风港封港费用评估进行司法鉴定。

鉴定过程： 我所鉴定人员协同平潭综合实验区福平铁路（平潭段）项目建设指挥部相关人员及相关干部人员到达渔业避风港现场，在现场我所鉴定人员就避风港的现场情况进行了勘验。现场勘验完毕后，我所鉴定人员与委托方及相关干部人员召开了会议，对所鉴定的事项的情况进行进一步了解。最后，鉴定人员根据委托内容，分别从渔船燃油费用、客渡船费用、渔民补助费用、渔船机械损耗费用几个方面评估避风港封港费用。

鉴定意见：渔业避风港封港费用评定为人民币壹佰贰拾陆万肆仟陆佰壹拾玖元叁角伍分（¥1 264 619.35元）。

鉴定效果：我所出具的《司法鉴定意见书》为建设指挥部如何合情合理地赔偿渔业避风港费用提供了依据，促进征地工作的顺利进行。

各方代表在鉴定现场	原避风港现状

原避风港现状	各方代表就鉴定事项召开会议

临时避风港所在地	临时避风港所在地

案例91　船舶航行轨迹鉴定（俞雯馨）

案情背景：为查明涉案船舶是否走私货物，海关部门需对涉案船舶驾驶台上拆下的AIS、海图等仪器设备中的相关数据进行调取，以便进一步确认涉案船舶相关仪器设备中具体的航行轨迹。

委托方：中华人民共和国马尾海关缉私分局。

委托内容：对某轮船上两台导航仪的航行轨迹进行鉴定。

鉴定过程：我所接受委托后，根据委托方提供的被鉴定船舶驾驶台上拆下的两台相关设备进行数据调取、整理。经整理一台海图机菜单中的航点列表有3条数据；航迹列表中有68条数据。另一台船载自动识别系统（AIS）HM－5912菜单中的AIS功能收件箱共有97条英文广播，航点列表中有10条数据。根据AIS系统采用VHF通信，受VHF所用频率特性制约，它的作用距离较为有限，一般通信距离约为20至30海里左右。所有船载AIS持续不断地向其他船舶和VTS（Vessel Traffic Services船舶交通管制中心）播发静态和动态的本船航行信息，同时也连续地接收其他船舶和VTS站的数据，不需要船舶驾驶员的人为干预。根据对收件箱中97条英文广播翻译后得出该轮设备接收广播的区域范围在台湾海峡附近海域。

鉴定意见：海图机RE－2010菜单中的航点列表有3条数据，航点区域2条靠近平潭牛山岛附近海域，1条靠近连江县马祖岛附近海域；航迹列表中有68条数据，航程区域主要集中在靠近福建省的泉州石狮、莆田、平潭、连江、闽江口附近海域，山东省的烟台市、荣成市附近海域及台湾海峡附近海域。船载自动识别系统（AIS）HM－5912菜单中的AIS功能收件箱共97条广播，根据AIS收件箱广播信息的相关内容及结合AIS工作原理，被鉴定的船载自动识别系统（AIS）HM－5912，接收广播的区域范围在台湾海峡附近海域；航点列表中有10条数据，航点区域1条靠近台湾海峡附近海域，其他主要集中靠近在闽江附近海域。

鉴定效果：我所出具的《司法鉴定意见书》为海关执法部门提供了有力的依据。

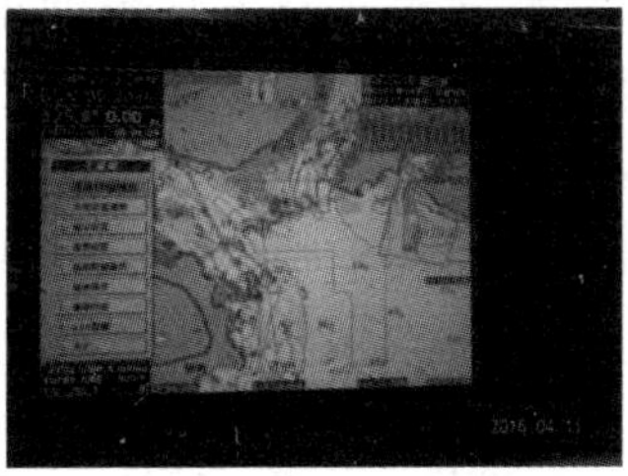	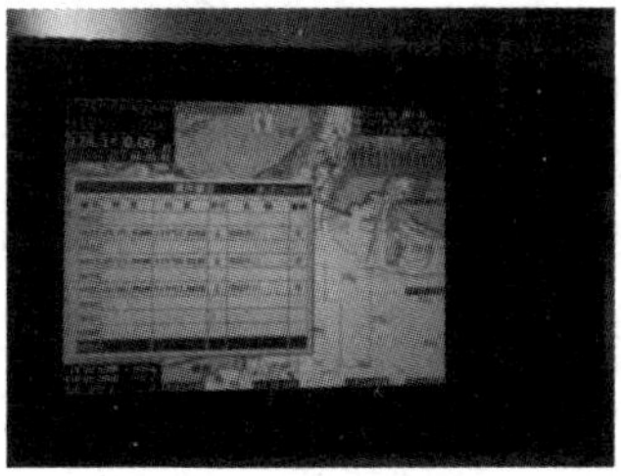
主菜单界面	调用航点界面

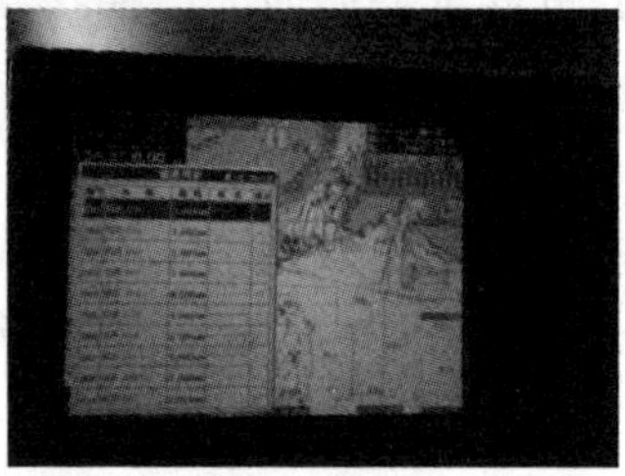	
航迹列表界面	航迹界面
	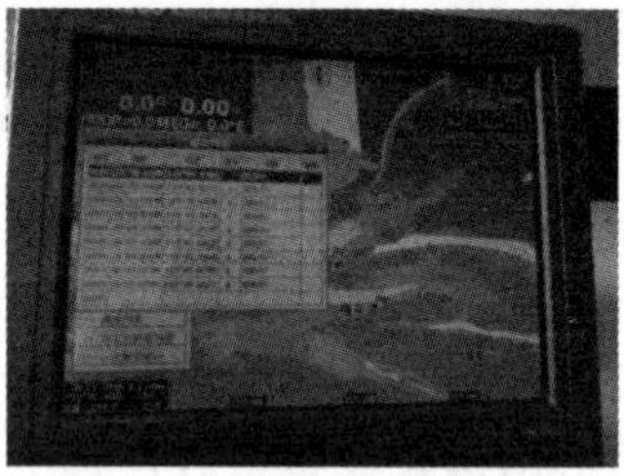
收件箱广播界面	航点列表界面

案例92　涵管堵塞突然疏卡造成经济损失鉴定（林启航）

案情背景：某高速公路涵洞因洪灾造成涵洞堵塞后无法排水，于2015年5月19日晚21时左右突然疏卡，造成原告承包经营的处于下游的5口鱼塘因排洪沟被冲毁导致大量的泥浆水进入鱼塘，造成鱼塘内的鱼死亡。原告要求的赔偿金额为三十多万元，被告方不同意，多次协商未果，起诉至法院。故法院根据原告的鉴定申请，委托我所对其进行鉴定。收到委托书后，我所对委托方提供的相关资料信息组织有关专业鉴定人员进行审阅、讨论，针对受鉴项目觉得难度很大，是否受理存在争议。为此，我所与法院联系，启动受理前的初步勘验方案。在法官和原被告双方代表的带领下对事故现场进行了初步调查了解，经过初步勘验后，确认可以接受委托。

委托方：福建省三明市沙县人民法院。

委托内容：对原告承包的鱼塘的渔业经济损失是否是由被告某高速公路有限责任公司涵洞因洪灾造成该涵洞泥石流堵塞，无法排水，于2015年5月19日晚21时左右突然疏卡所造成的以及所造成的渔业经济损失具体金额是多少、鱼塘排洪沟被冲毁的经济损失具体金额是多少进行司法鉴定。

鉴定过程：我所接受委托后，指派鉴定人员与法官等人到达鉴定现场，在各有关方的陪同下运用专业的鉴定仪器分别对高速公路涵洞及周边地形、涉案鱼塘排洪沟、鱼塘面积及鱼塘周边等进行现场勘验、测量、拍照等。本案多次到现场取证。首先，根据现场采集和委托方提供的相关数据分别对高速涵管周边至下坑片鱼塘排洪沟区域内的汇水面积、鱼塘排洪沟流速、流量及堰塞湖的泄洪情况分别进行计算，确定鱼塘的渔业经济损失与高速公路是否存在因果关系；其次，根据鱼塘面积、投苗量、投苗种类结合各类鱼的生活习性、养殖周期等评估鱼塘鱼类产值；根据鱼塘边上的田地、鱼塘距离排洪沟的距离、及鱼塘高度等综合判定事故鱼塘鱼的损失率，排洪沟实际被冲毁面积；最后分别计算渔业和排洪沟的损失金额。

鉴定意见：（1）原告承包的鱼塘的渔业经济损失与被告某高速公路有限责任公司涵洞因洪灾造成该涵洞泥石流堵塞，无法排水，于2015年5月19日晚21时左右突然疏卡存在因果关系；（2）原告承包的鱼塘的渔业经济损失估算为人民币壹拾肆万陆仟壹佰肆拾元整（￥146 140.00元）；（3）鱼塘排洪沟被冲毁的经济损失（修复费用）为人民币贰万捌仟陆佰玖拾壹元整（￥28 691.00元）。

鉴定效果：我所出具的《司法鉴定意见书》为法院如何定责、定损、判案提供了有力的证据。

鉴定人员正在现场测量

鉴定人员正在现场测量

排洪沟现状

鱼塘现状

鱼塘现状	鱼塘水沟与田地的高度差

案例93　棘胸蛙死亡因果关系、参与度、损失金额及给水管道迁移费用鉴定（董淑莹）

案情背景：本案为财产损害赔偿纠纷一案，原告认为被告明溪县某林业有限责任公司在上游砍伐行为造成原告养殖场内的水源污染导致棘胸蛙死亡，向被告索赔九十万左右（包括棘胸蛙死亡价值737 336元和给水管道迁移162 277元），被告不服原告对损失的估算，为尽快解决此案，原告向法院提交了鉴定申请。针对本案我所先后三次前往鉴定现场。第一次为收到委托书后，对委托方提供的相关资料信息组织有关专业鉴定人员进行审阅、讨论，针对受鉴项目觉得难度大，是否受理存在争议。为此，我所与法院联系，启动受理前的初步勘验方案。2016年5月19日在法官和原告的带领下对事故现场进行了初步调查了解。经过初步勘验后，确认可以接受委托；第二次为鉴定前原告减少委托事项，只对棘胸蛙死亡原因及参与度鉴定；第三次为棘胸蛙死亡原因及参与度《鉴定意见书》提交法院后，原告再次申请对棘胸蛙的死亡金额和给水管道迁移费用进行鉴定。

委托方：福建省三明市明溪县人民法院。

委托内容：对申请人所有的位于明溪县胡坊镇某养殖场所死亡的棘胸蛙、棘胸蛙苗与明溪县某林业有限责任公司在上游砍伐行为的因果关系及参与度，在2015年8月10日至2015年9月9日死亡的棘胸蛙、棘胸蛙苗价值及取水点迁移给水管道工程费用进行司法鉴定。

鉴定过程：我所接受委托后，指派鉴定人员与法官等人到达鉴定现场。现场勘验时：鉴定人员对所要勘验的项目和勘验方法向相关方进行简短介绍；随后，在各有关方的陪同下运用专业的鉴定仪器分别对养殖场所的水源地、周边地形、养殖场所及周边环境等进行现场勘验、测量、拍照、取证等；最后，在法官的见证下对原告方进行询问并记录。现场勘验结束后：

鉴定人员对涉案养殖场棘胸蛙场地选择的基本条件进行分析（主要包括棘胸蛙养殖场地的选择、棘胸蛙养殖场建造、水源、水质）；棘胸蛙养殖自身原因分析（养殖经验、常见蛙病）；被告砍伐行为分析（山体滑坡、树木焚烧行为、机械的使用等）。其中，特别值得一提的是，询问笔录时间花了近2个小时［主要包括种蛙总数量、种蛙购买批次及时间、种蛙每批次购买数量、种蛙每批次购买金额（每对）、种蛙每批次雌雄比例、事故前种蛙总数量（种蛙成活率）、种蛙每年的产卵时间、产卵次数、每次产卵量、蛙卵的孵化率、事故中蛙卵的死亡数量、蛙卵单价等］。最后，依次根据委托鉴定事项，得出鉴定意见。

鉴定意见：明溪县某林业有限责任公司上游砍伐行为造成水源污染是棘胸蛙、棘胸蛙苗死亡的主要原因，参与度为65%～75%；同时与棘胸蛙、棘胸蛙苗养殖自身情况死亡具有关联性，参与度为25%～35%。在2015年8月10日至2015年9月9日死亡的棘胸蛙、棘胸蛙苗损失金额为人民币叁拾捌万柒仟伍佰陆拾肆元整（￥387 564.00元）；取水点迁移给水管道工程费用为人民币玖万玖仟玖佰陆拾叁元整（￥99 963.00元）。

鉴定效果：我所在鉴定范围和能力允许范围内受理该例案件，为法院如何为该案件定责、定损提供了依据，进一步加快了法院审理案件的进程。

鉴定现场

鉴定现场

取水口现状

棘胸蛙养殖场所鉴定现场

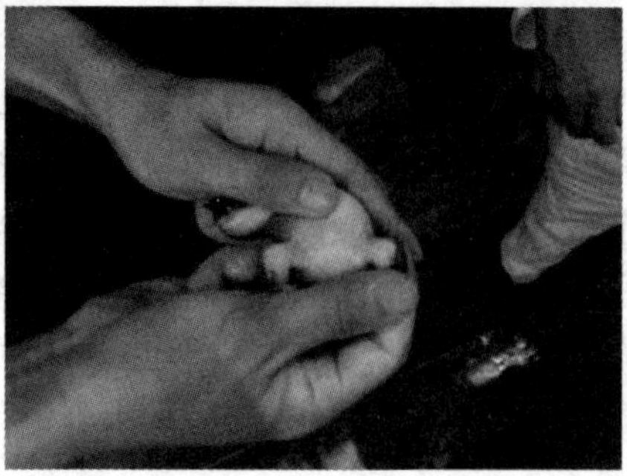

养殖场内的棘胸蛙

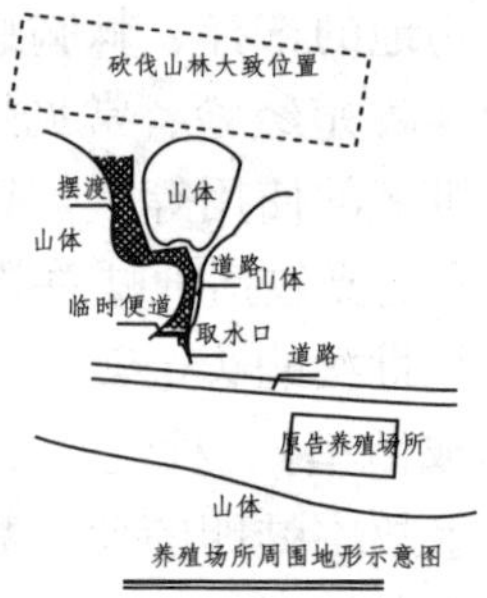

养殖场所周围地形示意图

案例94　黄泥沙流入鱼塘损失鉴定（董淑莹）

案情背景：本案为原告与两高速公路有限公司的财产损害赔偿纠纷案，原告向被告索赔58万元左右。2010年原告为了发展养殖业，以租赁的方式流转多家农户的粮田，用于改建养殖鱼塘。该鱼塘位于高速公路的下方，2010年开始，被告建设高速公路开挖而堆放在山坳里的黄泥沙，因雨水的冲刷，漫过拦泥坝而不断流入原告的鱼塘中。2011年因雷雨天气导致鱼塘内大量鱼死亡，之后几年，由于黄泥沙的沉积，导致鱼塘内的养殖面积变小和养殖水面深度变低。为此，原告几年来多次信访，请求政府协调解决，协调无果，信访部门建议原告请求诉讼解决，因此，原告在受到侵权的第六个年头，起诉至法院。

委托方：福建省龙岩市上杭县人民法院。

委托内容：（1）对相关的排除妨碍设施建设费用进行鉴定评估；（2）对恢复养殖环境的费用进行鉴定评估；（3）对因损害行为给申请人造成的损失（包括直接损失和预期损失）进行评估。

鉴定过程：我所确认接受委托后，指派鉴定人员与委托方等人到达鉴定现场。根据委托事项分别对其进行确认勘验。（1）排除妨碍设施建设：根据现场勘验的需清除的黄泥有两个区域，第一个区域为已经被完全掩埋的鱼塘部分，第二个区域为剩余未完全掩埋鱼塘流入黄泥沙造成养殖水面深度的减少部分。经鉴定人员现场测算，两区域的面积分别约为2.94亩、9.27亩，黄泥沙覆盖深度分别平均约为1.65m、0.8m，经计算流入鱼塘中的黄泥沙约8100m^3。（2）恢复养殖环境：为避免黄泥沙再次流入原告鱼塘内，彻底排除危害，采用增砌挡泥坝高度和改建排水沟方式进行恢复养殖环境。（3）鱼塘损失：根据鱼塘的养殖种类计算鱼塘的利润，直接损失根据2011年黄泥沙大量冲到鱼塘，造成整个鱼塘鱼死亡和库容量减少的损失率加上2012年至2016年这段期间黄泥沙每逢下雨就冲刷一定量到鱼塘造成鱼部分死亡库容量进一步减少的损失率；预期损失主要为排除妨碍和恢复养殖环境期间对增砌拦泥坝和鱼塘清淤时间的估算，最后按鱼塘日利润乘以天数计算。

鉴定意见：（1）排除妨碍设施建设费用评估金额为人民币捌万捌仟肆佰零伍元整（￥88 405.00元）；（2）恢复养殖环境的费用评估金额为人民币陆万贰仟捌佰肆拾伍元整（￥62 845.00元）；（3）损害行为造成的损失（包括直接损失和预期损失）评估为壹拾伍万零叁佰陆拾捌元整（￥150 368.00元）

鉴定效果：我所出具的《司法鉴定意见书》为法院判案提供了有力的证据，同时解决了原告六年来的困扰。

鉴定现场

被掩埋鱼塘现状

未被掩埋鱼塘现状

鉴定人员正在测量鱼塘面积

鉴定人员正在测量拦泥坝相关数据	委托方提供的鱼塘排干水后的照片

法医临床、病理、物证类

案例95　内固定钢板断裂致医疗纠纷鉴定（施亚锦）

案情背景： G某，女，77岁，某年3月5日因摔伤致左股骨髁间粉碎性骨折，次日在某市医院行“左股骨髁间粉碎性骨折切开复位国产锁定钢板+钢丝内固定术+人工植骨术”。同年9月发现内固定钢板断裂，遂到另一家医院治疗，进行“切开取钢板+复位锁定钢板内固定+取左侧髂骨植骨术”治疗后骨折愈合。患方认为内固定物断裂的根本原因是由于首家医院手术不当造成的，医院存在过错，遂向当地法院提起诉讼。法院委托鉴定机构对相关事宜进行鉴定。

委托事项： 某市医院对患者G某的诊疗行为是否存在过错以及医疗行为与损害结果之间是否存在因果关系及参与度进行鉴定。

鉴定过程：（1）初步审核材料后召开听证会，进一步了解诊疗过程，并对G某进行体格检查。（2）逐一审阅送检材料，查阅相关医学文献，咨询相关专科专家。（3）鉴定人完成鉴定意见书初稿。（4）专家组讨论分析，确定鉴定意见。

鉴定意见： 医方采用的锁定钢板具有稳定作用强，创伤小，但操作难度大的特点。经测量X线片，股骨骨折处直径3cm，内固定钢板长15cm，已达5倍的要求。骨折断端基本达到解剖复位，但医方在粉碎性骨折间隙处，即钢板断裂处附近加了一枚螺钉，该螺钉并未起到加固作用，反而将骨折处应力转移至内固定钢板上，且螺丝嵌入骨折断端，不利于骨折愈合，导致内固定钢板长期负荷过大，终因金属疲劳而发生断裂。另外，对于老年人，自身修复能力差，又属粉碎性骨折，局部血供差，应采用自身髂骨植入较为理想。对于长骨骨折患者，在采用钢板内固定的情况下，可同时采用小夹板、石膏套外固定以减少内固定钢板的负担。院方在植骨材料选择和外固定方面也存在不足。同时，患者年龄较大，局部血液循环差，愈合能力较差，存在影响骨折愈合的自身因素。综合分析，患者内固定钢板断裂的主要原因是医方在固定方法和植骨材料的选择上存在不足，医方存在医疗过错，其过错与损害后果之间存在因果关系，参与度60%左右。

鉴定经验总结：对于内固定钢板断裂所致的医疗纠纷的司法鉴定，首先要清楚钢板断裂的原因有哪些，然后根据可能引起钢板断裂的原因收集相关鉴定资料来确定该案例中钢板断裂的真正原因，从而确定医方在医疗过程中是否存在过错以及医疗行为与损害后果之间的因果关系。钢板断裂的原因主要有以下几点：

1. 内固定钢板的质量与材料选择：钢板断裂首先应考虑钢板的质量问题。按严格的行业规定，医疗器械厂家都是采取符合标准的材料制造骨折内固定物，且必须通过国家技术监督部门严格的质量检验。所以应要求医方提供断裂钢板以及断裂钢板的产品说明书和质量检测合格证，在这些材料遗失的情况下可要求医方提供与手术钢板品牌、型号均一致的钢板及其产品说明书、质量检验合格证。坚固有效的内固定是预防内固定断裂或弯曲而发生再骨折的重要保障。目前主要应用的钢板螺丝钉类型主要有加压钢板、微创钢板、异形钢板、重建钢板和锁定钢板。每种钢板有其各自优缺点，适应症也不同。无论选择何种钢板固定，都必须结合患者的具体情况、骨折类型和损伤程度等适当选择。四肢长管状骨骨折内固定钢板的长度至少是骨折端骨干直径的5倍。当骨折严重时，应适当选用更厚实、更长的内固定钢板。

2. 手术方法的选择：对于长骨进行内固定时，先要对骨折部位进行复位，恢复结构的完整性和连续性，这是预防内固定物断裂的前提。专家认为：骨折端存在2mm间隙或内侧有骨缺损者，易引起再骨折和钢板断裂。因此，骨折复位不良、内固定物的应力过大是造成钢板断裂的主要原因。钢板应置放在张力侧，内固定螺钉至少有四枚，并避免置于骨折间隙内。当长骨骨折端存在较严重骨质缺损时，为促进骨折处的骨痂生长及骨折的愈合，应予以植骨，即骨质填充。骨质填充材料目前主要有三种：人造骨粒、异体同种骨粒、取自身髂骨进行植骨。相比之下，取自身髂骨进行植骨的效果最佳，但增加了患者的痛苦及医疗费用。

3. 功能锻炼和术后负重：术后不正确的功能锻炼、过早负重及遭受外伤也是内固定断裂的重要原因。正确且恰当的功能锻炼可以促进肢体血液循环，消除肿胀，促进血肿吸收和骨痂生长，防止肌肉萎缩、骨质疏松和关节僵硬，有利于关节功能恢复。而过早或不恰当的功能锻炼，可能妨碍骨折部位的固定，影响骨折愈合，易使内固定物断裂。另外，医生过分信任内固定物的可靠性，让患者过于积极地采取负重下地、行走、弃拐等，可能造成内固定物断裂。应在患者出院时说明注意事项。

案例96　损伤时间（生前伤/死后伤）鉴定（吴雪梅）

案情背景：某年12月30日6时许，某高速公路路面上发现一具经车辆多次碾压的无名尸体。整具尸体严重毁损，公安机关仅提取了部分肝、肾组织，委托鉴定机构进行法医病理学检验以明确该人遭受碾压时是否已经死亡。

委托事项：死者被碾压时生命体征是否存在。

病理检验所见：肝脏：破碎肝组织一块，重400g，切面见碎裂缝隙处有出血。组织病理学检查见肝实质挫裂伤伴出血，被膜下出血，挫裂伤边缘见纤维蛋白渗出，有凝血反应存在。肾脏：破碎肾脏三块，表面检查及切面检查见挫伤、出血。组织病理学检查见肾皮质挫伤、出血，被膜下小血肿形成，肾外脂肪囊有渗出性出血。

鉴定意见：根据法医病理学检查发现死者肝脏有大量的挫裂伤，同时挫伤边缘有纤维蛋白渗出，有凝血反应存在。肾脏也存在挫伤出血，同时存在生活反应。

生活反应的存在说明人体被碾压时，其生命体征是存在的，由此说明死者是在生命体征存在的情况下被碾压的。

鉴定经验总结：损伤时间推断是指用形态学或其他检测技术推测损伤形成的时间。其中包括生前伤与死后伤的鉴别、伤后存活时间的推断。机体受暴力作用后，在损伤局部及全身均可出现一系列的生活反应。这些生活反应通过肉眼、光镜或其他实验室检查方法可窥见，这是诊断生前伤的基础。可以从以下方面鉴别生前伤：（1）出血：生前损伤出血既可聚集于损伤局部组织内，也可以流到远端组织疏松部位，为活动性出血，一般出血较多，均可见血凝块形成。死后损伤出血量一般不多，常常局限于损伤局部，无血凝块形成；（2）组织收缩：活体的软组织有一定的紧张度，当遭受暴力作用形成创时，创缘的软组织可发生收缩，使创口哆开。死后一段时间该现象消失，需要注意的是死后短时间内形成的创也可见组织收缩；（3）肿胀；（4）痂皮形成；（5）创口感染；（6）异物移动：人体内发现吸入或吞咽异物是确定生前伤的指征之一；（7）局部淋巴结被膜下淋巴窦红细胞聚集；（8）血栓形成；（9）栓塞：包括空气栓塞、脂肪栓塞、血栓栓塞等；（10）炎症反应：一般炎症的早期以变质和渗出为主，后期则以增生为主；（11）创伤愈合。另外还有一些不常用的检测手段，如炎症介质的检测、细胞因子的检测、组织形态学检测、血液生物化学指标检测、损伤后全身组织的反应等。值得注意的是濒死伤的诊断，濒死伤指死亡前短时间内形成的损伤，由于损伤后生存时间极短，生活反应可能极不明显，更难发现有诊断价值的形态学改变。濒死伤尚很难与死后短时间内形成的死后伤相区别。

案例 97　手指缺失伤残鉴定（施亚锦）

案情背景：某年 6 月 9 日，蒋某（女，47 岁）在某铁件厂工作中被冲床压伤双手拇指，伤后在某手外科医院治疗，现医疗终结，蒋某本人委托我司法鉴定所对其伤残程度依照 GB/T16180－2014《劳动能力鉴定职工工伤与职业病致残等级》（以下简称《工标》）进行鉴定。

委托事项：伤残程度鉴定。

鉴定过程：（1）初步审核材料，符合受理条件，对送检材料进一步审核、甄别，与委托人签订司法鉴定委托书并进行合同评审，收集鉴定材料并填写材料流转记录单；（2）对被鉴定人进行体格检查并记录；（3）按照拟稿、复核、校对、审核、签发的程序制作并发放鉴定意见书。

鉴定意见：被鉴定人蒋某被冲床压伤致左侧拇指及大鱼际毁损伤，右侧拇指毁损伤等，经手术治疗，现左手拇指及大鱼际部缺失，右手拇指缺失，依照 GB/T16180—2014《劳动能力鉴定职工工伤与职业病致残等级》第 5.4.2.10 条之规定，其损伤构成四级伤残。

鉴定经验总结：这是一例比较常见的伤残程度鉴定，而我们却作为典型案例引用原因有两点：一是想通过对这个案例鉴定意见形成过程的分析，来说明同一损伤的伤残程度用不同的计算方法可能会有不同的结果，我们鉴定人在平时工作中要特别注意；还有就是引用不同的标准也可能会有不同的伤残等级结果。下面我们就以这个案子为例具体说明这两点：

体格检查见蒋某左手拇指及大鱼际部缺失，右手拇指缺失，余手指活动正常。X 线片示左手第一指骨及第一掌骨完全缺如，右手第一指骨完全缺如及第一掌骨部分缺如。《工标》第 5.4.2.10 条规定为双手拇指完全缺失或功能丧失，蒋某的损伤与此条相符，可根据该条评定为四级伤残。但是《工标》中手指损伤的伤残评定除了直接比对条款外，还可以通过计算缺失或丧失功能的评分来评定伤残等级，所以我们还要根据手功能缺损评估参考表来计算其功能缺失分值，当两种方法评定的结果不同时，采用等级高的方法。根据加权系数计算（$A+B\times(200-A)/200$）蒋某双手功能缺失分值为 80 分，对应伤残等级为六级，低于直接比对条款的四级，所以该例直接比对条款评定为四级伤残。

我们目前最常用的伤残标准为《工标》和《人体损伤致残程度分级》（以下简称《分级》），同一损伤，用不同标准结果也很可能不同。比如这例，根据《分级》标准，没有直接对应的具体条款，只能通过计算功能丧失分值来评定，计算方法同上，功能丧失分值为80分，符合《分级》5、7、6、7（手或者足功能丧失分值大于等于60分）的规定，评定为七级伤残。

通过上面的分析可见，同一个损伤用不同方法或采用不同标准可出现多种不同的结果，这时候我们鉴定人就要注意了，在适用标准固定的情况下，哪种方法评定级别高采用哪种方法，在平时实践中，每种方法都要试做一次，以免造成评定结果偏低。如可同时适用多个标准，则应向当事人说明引用不同标准的差异。

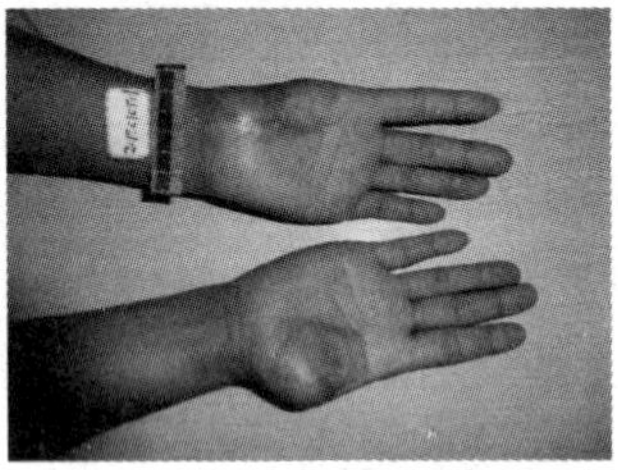	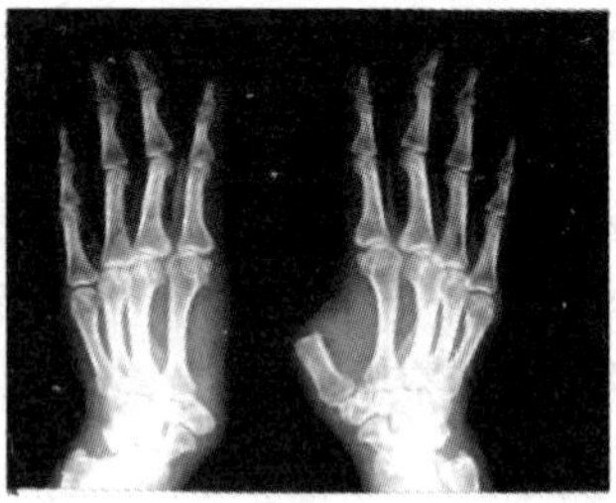
蒋某双手外观	蒋某双手X线片

案例98　误诊为胆囊炎的心源性猝死的鉴定（施亚锦）

案情背景：某某以“中上腹持续性闷痛1天”为主诉，于2017年2月18日至2017年3月1日在××县医院住院治疗，出院诊断为“胆囊炎？急性胃炎”。2017年8月29日23时30分左右以“上腹部疼痛3+小时”就诊于××县医院急诊科。2017年8月30日0时2分以“反复中上腹持续性绞痛6月，再发3+小时”为主诉入××县医院内一科，初步诊断为腹痛原因待查：急性胆囊炎？于当日0时5分突发呼吸、心跳骤停，抢救无效死亡。2017年9月1日经××市第一医院病理科对某某尸体进行尸解，死亡原因为“冠心病猝死”。现福建省××市××县人民法院委托我所对××县医院在治疗患者某某（已亡）过程中是否存在过错以及过错和患者死亡的因果关系（过错参与度）进行鉴定。

委托事项：对××县医院在治疗患者某某（已亡）过程中是否存在过错以及过错和患者死亡的因果关系（过错参与度）进行鉴定。

鉴定过程：（1）初步审核材料，符合受理条件，受理案件；（2）召开医患双方及鉴定人、专家参加的司法鉴定听证会；（3）专家出具专家意见；（4）查阅相关文献资料，组织研讨，出具鉴定意见。

鉴定意见：××县医院在治疗患者某某（已亡）过程中存在因果关系，

结合患者病情及该院医疗条件，综合分析认为：××县医院的诊疗过错与某某死亡后果之间的参与度在20%～30%。

分析说明：依据××市第一医院病理科进行的系统的尸体剖验检查和病理学检查，死亡原因为“冠心病猝死”。某某患有冠状动脉粥样硬化性心脏病，同时发现其心肌内存在大片状梗死灶。故本所鉴定人认为某某系罹患冠状动脉粥样硬化性心脏病并发大面积心肌梗死导致心源性猝死。尸解并病理检验意见书记载其左右冠脉均严重狭窄，心脏心肌纤维广泛凝固性坏死，左右心后壁见大片状梗死灶。从就诊到突发心肺骤停只有一小时二十分钟左右，发病突然，病情凶险，发展迅猛，是导致本次严重后果的主要原因。即使诊断明确，治疗成功率也是非常低的。

在第一次诊疗中医生未重视高血压、高敏肌钙蛋白升高等冠状动脉粥样硬化性心脏的危险因素，未考虑患者存在冠状动脉粥样硬化性心脏病的可能，侵犯了患者的知情权，延误了患者的诊疗机会。第二次诊疗中急诊未进行心电图检查，致使未能及时发现异常，失去了及早诊断和治疗的时机。

案例99　离婚案争议小孩的血缘关系鉴定（陈丽娜）

案情背景：M某（男）与F某（女）经人介绍后办理结婚登记手续，后F某生育女儿m某。因婚前缺乏足够了解，婚后M某与F某争吵不断。在F某生育期间，M某对F某态度冷淡，致F某对婚姻绝望，故F某向××法院起诉离婚。因M某认为m某出生日期不符合十月怀胎的惯例，故M某申请对m某进行亲子鉴定，以明确m某是M某与F某的亲生女儿事实。

委托事项：明确M某是否为孩子m某的生物学父亲，明确F某是否为孩子m某的生物学母亲。

鉴定过程：（1）法院发出委托书；（2）初步审核材料，符合受理条件；（3）采样：表格填写、身份核对、拍照、采血、信封填写；（4）DNA检验：DNA提取、PCR扩增、检测；（5）按照拟稿、复核、校对、审核、签发的程序制作并发放鉴定意见书。

鉴定意见：

检材分型 基因座	D3S1358	TH01	D21S11	D18S51	PentaE	D5S818	D13S317
2018-N-01	15/18	9/9	29/30.3	14/16	17/20	10/12	10/12
2018-N-02	16/17	9/9	30/32.2	14/21	13/22	12/12	8/11

（续表）

2018-N-03	15/17	9/9	29/30	14/16	20/22	12/12	8/10
PI 值	1. 448016	1. 917546	1. 944769	3. 810976	10. 224948	2. 078138	3. 49162
检材分型基因座	D7S820	D16S539	CSF1PO	PentaD	vWA	D8S1179	TPO ×
2018-N-01	11/12	12/13	11/12	9/13	15/17		8/11
2018-N-02	8/12	9/11	10/10	10/12	14/17	11/15	8/11
2018-N-03	11/12	11/12	10/12	12/13	14/15	11/15	8/11
PI 值	1. 440507	2. 429543	1. 356484	4. 940711	16. 50165	1. 888217	1. 231072
检材分型基因座	FGA	D19S433	D12S391	D6S1043	D2S1338	D1S1656	——
2018-N-01	22/24	14/15. 2	18/18	12/14	23/24	15/16	——
2018-N-02	18/22	15/16	18/20	12/19	19/20	15/16	——
2018-N-03	18/22	15. 2/16	18/18	14/19	20/24	15/15	——
PI 值	2. 442599	3. 019324	5. 260389	3. 046923	2. 910361	1. 631321	——

在上述结果中，孩子 m 某样本编号为 2018 – N – 03 的每个基因座中的两个等位基因，其中一个可以从父亲 M 某样本编号为 2018 – N – 01 的基因型中找到来源，另一个等位基因可以从母亲 F 某样本编号为 2018 – N – 02 的基因型中找到来源，且计算累积亲权指数为 770 939 408. 986 592，大于 10 000。

在排除同卵多胞胎、近亲及外源干扰的前提下，依据现有资料和 DNA 分析，支持 M 某是孩子 m 某的生物学父亲，支持 F 某是孩子 m 某的生物学母亲。

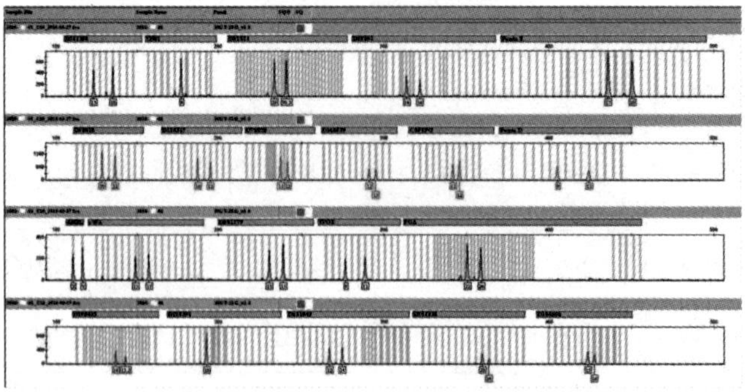

图一：父亲 M 某基因座谱图

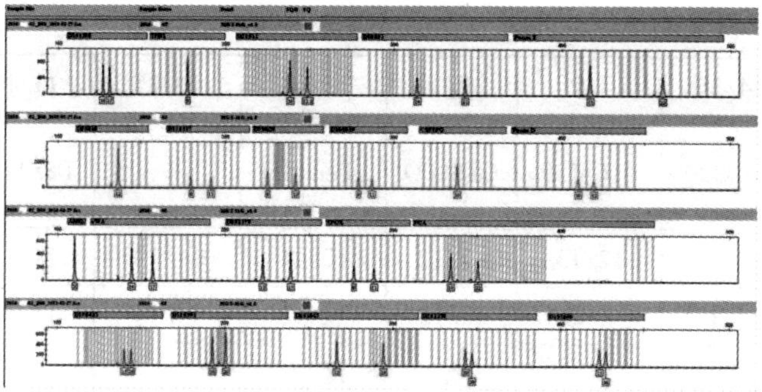

图二：母亲 F 某基因座谱图

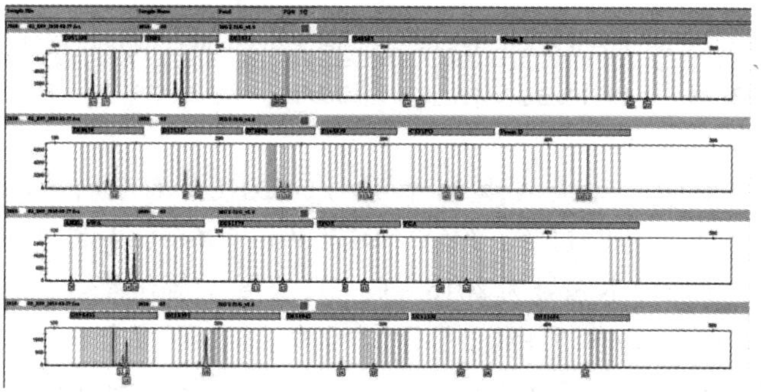

图三：孩子 m 某基因座谱图

案例 100　抚养权争议作 DNA 鉴定发现小孩非亲生血缘关系鉴定（欧雅君）

案情背景：A 某（男）与 B 某（女）未到民政部门进行结婚登记，但育有一子 a 某。现两者已分开，孩子 a 某归 A 某抚养。因孩子 a 某申报户口需要，当地户籍室要求其进行亲子鉴定，以明确 A 某是否为孩子 a 某的生物学父亲。

委托事项：明确 A 某是否为孩子 a 某的生物学父亲。

鉴定过程：（1）初步审核材料，符合受理条件，与委托人签订司法鉴定委托书；（2）采样：表格填写、身份核对、拍照、采血、信封填写；（3）DNA检验：DNA 提取、PCR 扩增、检测；（4）按照拟稿、复核、校对、审核、签发的程序制作并发放鉴定意见书。

鉴定意见：

检材分型 基因座	D3S1358	TH01	D21S11	D18S51	PentaE	D5S818	D13S317
2018-C-01	16/16	6/9	28/29	13/14	16/16	9/11	8/9

（续表）

2018-C-02	14/16	7/9	29/30	13/14	10/11	11/13	10/12
检材分型 基因座	D7S820	D16S539	CSF1PO	PentaD	vWA	D8S1179	TPO ×
2018-C-01	8/8	12/13	12/12	12/14	14/17	11/11	8/11
2018-C-02	11/11	9/13	12/12	12/12	14/14	14/15	8/8
检材分型 基因座	FGA	D19S433	D12S391	D6S1043	D2S1338	D1S1656	——
2018-C-01	20/24	14.2/14.2	19/20	12/13	19/23	12/17.3	——
2018-C-02	23/23	13/14.2	15/18	19/19	23/25	11/16	——

在上述结果中，父亲A某样本编号为2018－C－01不能在PentaE、D13S317、D7S820、D8S1179、FGA、D12S391、D6S1043和D1S1656等基因座提供给孩子a某样本编号为2018－C－02必要的等位基因，且计算累积亲权指数为261.462 327 915 431，小于10 000。

依据现有资料和DNA分析，排除A某是孩子a某的生物学父亲。

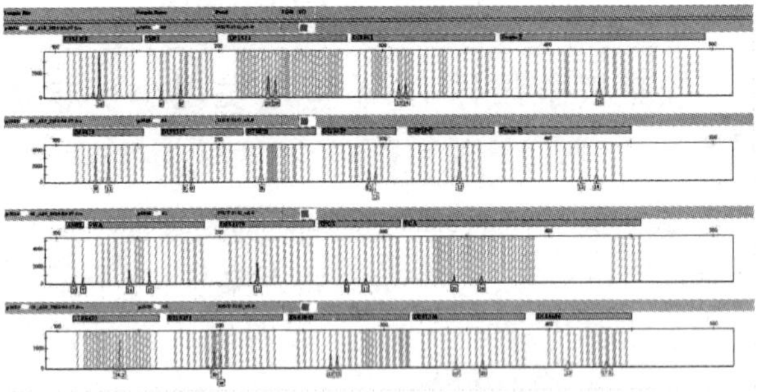

图一：父亲A某基因座谱图

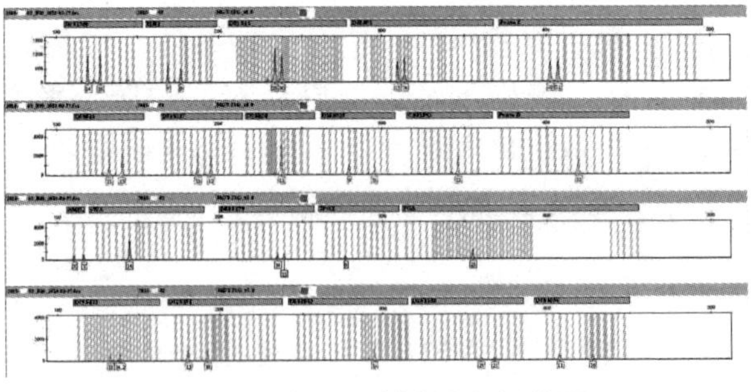

图二：孩子a某基因座谱图

鉴定经验总结：亲子鉴定中，采样环节影响着后续检验与最终的鉴定意见，因此采样环节至关重要。采样环节注意事项：

准备工作：仔细核对采样箱中的各类物品是否齐全、够用；清洁采样场所，重点清洁操作台面。

身份核对：核对身份时需逐户单独核对，不相关人员不可在场；核对前，需要跟大人强调：问答一人时，其他人不得插入回答；大人的核对重点放在是否掉包，照片、身份证号码、出生年月日、家庭地址、户口簿上其他家属的信息，或者询问不大不小的孩子该大人的姓名和身份；小孩身份核对重点除了掉包外还需要确认年龄大小等方面问题，例如兄妹变姐弟，询问方式：年龄、生肖、年级、兄弟姐妹等；核对时当事人提供的证件、姓名、出生年月日、父母亲名字等信息确认是否统一；必须询问大人小孩之间的真实关系，避免领养孩子的非亲二次实验。

拍照：单亲+1小孩：大人左边，孩子右边（当孩子特别小时，大人抱小孩但是不能遮住大人脖子以上的部位）；单亲+2小孩（或更多）：大人最左边，孩子从左到右排列（当孩子特别小时，大人抱小孩但是不能遮住大人脖子以上的部位），双胞胎需标出两个人的明显特征（默认左大右小）；当人数较多时，建议脑袋处于同一水平线，或交叉开；照相时当事人需免冠，去眼镜，耳朵、眉毛必须露出等；角度需水平不能仰视或俯视，另外侧照45°。

采血：采样人必须穿白大褂，戴口罩手套；采样前采样后，桌面必须清洁干净；采血时按一定顺序（从大到小）逐个叫当事人的名字进行采血，采一个血盖一下手印（叫到的当事人也可盖了手印再采血），保证血跟手印是同一个人所留，采完血样需再次确认名字是否相符；指纹盖在空白较多的地方，不建议盖在名字等上面；签字签在空白处，签字时注意避免污染；采血时勿压迫血管，让血喷溅出来。建议轻轻接触表皮；采完每个人，需注意采血笔头、手套是否遗留血迹，如有，采血笔头需用棉签多次清洁，手套扔掉；特别注意：需要逐个进行盖手印和采血，不能一次性盖手印，然后一次性采血。

参考文献

1.《全国人民代表大会常务委员会关于司法鉴定管理问题的决定》(2005年2月28日第十届全国人民代表大会常务委员会第十四次会议通过，2005年10月1日起施行)。

2.《司法鉴定机构登记管理办法》(由国务院批准，于2005年9月30日起施行)。

3.《司法鉴定人登记管理办法》(由国务院批准，于2005年9月30日起施行)。

4.《司法鉴定程序通则》(中华人民共和国司法部令第132号，2015年12月24日司法部部务会议修订通过，2016年5月1日起施行)。

5.《福建省司法鉴定管理条例》(2014年9月26日福建省十二届人大常委会第11次会议通过，2014年9月30日福建省人民代表大会常务委员会公布，2014年12月1日起施行)。

6.《司法鉴定执业分类规定（试行)》(司发通〔2000〕159号，本执业分类规定自2000年1月1日起施行)。

7.《人民法院司法鉴定工作暂行规定》(法发〔2001〕23号，最高人民法院2001年11月16日发布)。

8.《人民法院对外委托司法鉴定管理规定》(法释〔2002〕8号，2002年2月22日最高人民法院审判委员会第1214次会议通过)。

9.《诉讼费用交纳办法》(国务院令第481号，2006年12月8日国务院第159次常务会议通过，2007年4月1日起施行)。

10.《最高人民法院关于民事诉讼证据的若干规定》(由最高人民法院审判委员会第1201次会议通过，2002年4月1日起施行)。

11.《中华人民共和国民法总则》(第十二届全国人民代表大会第五次会议于2017年3月15日通过，自2017年10月1日起实施)。

12.《中华人民共和国民事诉讼法》(由全国人民代表大会常务委员会第二十八次会议第二次修正，2013年1月1日起施行)。

13.《中华人民共和国刑事诉讼法》(由中华人民共和国第十一届全国人民代表大会第五次会议修正，2013年1月1日起正式实施)。

14.《最高人民法院关于适用〈中华人民共和国民事诉讼法〉的解释》

（由最高人民法院审判委员会第1636次会议通过，2015年2月4日起施行）。

15.《中华人民共和国行政诉讼法》（十二届全国人大常委会第十一次会议2014年11月1日表决通过了修改行政诉讼法的决定，国家主席习近平签署第15号主席令予以公布）。

16.《中华人民共和国行政处罚法》（2009年8月27日第十一届全国人民代表大会常务委员会第十次会议修正）。

17.《建筑工程施工质量验收统一标准》（GB 50300－2013）。

18.《中华人民共和国建筑法》（2011年4月22日第十一届全国人民代表大会常务委员会第二十次会议修正，2011年7月1日起施行）。

19.《中华人民共和国合同法》（由中华人民共和国第九届全国人民代表大会第二次会议于1999年3月15日通过，于1999年10月1日起施行）。

20.《最高人民法院关于审理建设工程施工合同纠纷案件适用法律问题的解释》（法释〔2004〕14号，2004年9月29日最高人民法院审判委员会第1327次会议通过，2005年1月1日起施行）。

21.《招标投标法》（1999年8月30日第九届全国人民代表大会常务委员会第十一次会议通过1999年8月30日中华人民共和国主席令第二十一号公布，自2000年1月1日起施行）。

22.《民用建筑可靠性鉴定标准》（GB 50292－2015）。

23.《工业建筑可靠性鉴定标准》（GB 50144－2008）。

24.《建筑抗震鉴定标准》（GB 50023－2009）。

25.《危险房屋鉴定标准》（JGJ125－2016）。

26.《实施工程建设强制性标准监督规定》（建设部令第81号，于2000年8月21日经第27次部常务会议通过，2000年8月25日起施行）。

27.《房屋完损等级评定标准》（城住字〔1984〕第678号，1985年施行）。

28.《爆破安全规程》（GB 6722－2014）。

29.《火灾后建筑结构鉴定标准》CECS252：2009。

30.《中华人民共和国防震减灾法》（由中华人民共和国第十一届全国人民代表大会常务委员会第六次会议于2008年12月27日修订通过，2009年5月1日起施行）。

31.《建筑抗震加固建设标准》（建标158－2011）。

32.《房屋建筑工程质量保修办法》（建设部令第80号，于2000年6月26日经第24次部常务会议讨论通过，2000年6月30日发布，自发布之日起施行）。

33.《城市房地产开发经营管理条例》（国务院令第588号文件，2011年1月8日国务院第138次常务会议通过）。

34.《商品房销售管理办法》（建设部令第88号，经中华人民共和国建设部第38次部常务会议审议通过，2001年6月1日起施行)。

35.《钻芯法检测混凝土强度技术规程》(JGJ/T 384-2016)。

36.《混凝土结构设计规范》(GB50010-2015)。

37.《回弹法检测混凝土抗压强度技术规程》(DBJT 13-71-2015)。

38.《建设工程工程量清单计价规范》(GB 50500-2013)。

39.《中华人民共和国资产评估法》(主席令第46号，2016年7月2日第十二届全国人大常委会第二十一次会议审议通过，2016年12月1日起施行)。

40.《中华人民共和国海商法》(1992年11月7日第七届全国人民代表大会常务委员会第二十八次会议通过，1992年11月7日中华人民共和国主席令第六十四号公布)。

41.《中华人民共和国海事诉讼特别程序法》(由中华人民共和国第九届全国人民代表大会常务委员会第十三次会议于1999年12月25日修订通过，2000年7月1日起施行)。

42.《海洋调查规范》(GB/T 12763-2007)。

43.《海洋监测规范》(GB/T 17378-2007)。

44.《国际海上避碰规则公约》。

45.《中华人民共和国海上交通安全法》(1983年9月2日第六届全国人民代表大会常务委员会第二次会议通过，1983年9月2日中华人民共和国主席令第七号公布，自1984年1月1日起施行)。

46.《中华人民共和国社会保险法》(由中华人民共和国第十一届全国人民代表大会常务委员会第十七次会议于2010年10月28日通过，2011年7月1日起施行)。

47.《内河船舶法定检验技术规则》(2011)。

48.《国内航行海船法定检验技术规则》(2011)。

49. 司法部司法鉴定管理局/最高人民法院司法行政装备管理局组织编写，邓甲明、王少南主编：《人体损伤致残程度分级适用指南》，法律出版社2016年版。

50. 司法部司法鉴定管理局组织编写，朱广友主编：《人体损伤程度鉴定标准适用指南》，法律出版社2013年版。

51. 朱炎苗、吴军主编：《医疗纠纷司法鉴定争议案例评析》，中国检察出版社2008年版。

52. 刘技辉主编：《法医临床学》(第5版)，人民卫生出版社2016年版。

53. 丛斌主编：《法医病理学》(第5版)，人民卫生出版社2016年版。

54.《劳动能力鉴定职工工伤与职业病致残等级》GB/T 16180-2014。

55.《人身损害误工期、护理期、营养期评定规范》GA/T 1193-2014。

56. 部分来自网络媒体。